国家出版基金项目
NATIONAL PUBLICATION FOUNDATION
“十四五”国家重点图书
出 版 规 划 项 目

中国语言资源保护工程

中国濒危语言志　编委会

总主编

曹志耘

主　编

李大勤

委　员（音序）

丁石庆　刘　宾　冉启斌

本书执行编委　刘　宾

中国濒危语言志　少数民族语言系列

总主编　曹志耘
主　编　李大勤

云南新平苦聪话

刘劲荣　著

创于1897
商務印書館
The Commercial Press

图书在版编目（CIP）数据

云南新平苦聪话/刘劲荣著. --北京：商务印书馆，2024. --（中国濒危语言志）. -- ISBN 978-7-100-24194-6

Ⅰ. H17

中国国家版本馆CIP数据核字第20246DM408号

云南新平苦聪话

刘劲荣 著

出版发行：商务印书馆

地　　址：北京王府井大街36号

邮政编码：100710

印　　刷：北京雅昌艺术印刷有限公司

开　　本：787×1092 1/16　　印　　张：18

版　　次：2024年11月第1版　　印　　次：2024年11月北京第1次印刷

书　　号：ISBN 978-7-100-24194-6

定　　价：228.00元

哀牢山下戛洒江　元江上游 /2017.7.16/ 李江 摄

苦聪话样本采集点小坝多村　新平县小坝多村 /2017.7.16/ 陶贵学 摄

尼戛祭祀　新平县旧哈村 /2018.4.24/ 刘劲荣 摄

调查工作现场　新平县小坝多村 /2017.7.16/ 何根源 摄

语法标注缩略语对照表

缩略语	英文	汉义
COMIT	comitative marker	伴随标记
COMPL	complementizer	补语助词/补语标记
CONJ	conjunction	连词，连接词
CON	continuous aspect	持续体
COP	copula	系词，系动词
CRS	currently related state	现时相关状态
EMPH	emphasis mood	强调语气/式
EVID	evidential	示证/传信
DNW	downward	向下/直下
F	female	雌性
FUT	future tense	将来时
IMPERF	imperfective aspect	未完成体
INCHO	inchoative aspect	起始体
IND	indicative	直陈式，直陈语气
INFX	infix	中缀
INTRJ	interjection	叹词，感叹词
INTER	interrogative marker	疑问标记
IMP	imperative	祈使式/命令式
LOC	locative	处所格/位格

续 表

缩略语	英文	汉义
M	masculine	雄性
MOOD	mood marker	语气标记
OM	object marker	宾语标记
TAM	tense, aspect and mood	时、体、语气
TOP	topic marker	话题标记/提顿词
NEG	negation	否定
NMLZ	nominalizer marker	名词化标记/转指标记
PAST	past tense	过去时
PFV	perfective aspect (marker)	完成体（标记）
POSS	possessive	领属格
PROG	progressive aspect	进行体
RM	relator, relation marker	关系词、关系标记
SUF	suffix	后缀
VEN	ventitive	向心/来向
ANDT	andative	离心
UPW	up-ward	朝上/向上

序

2022年2月16日，智利火地岛上最后一位会说Yagán语的老人，93岁的Cristina Calderón去世了。她的女儿Lidia González Calderón说："随着她的离去，我们民族文化记忆的重要组成部分也消失了。"近几十年来，在全球范围内，语言濒危现象正日趋普遍和严重，语言保护也已成为世界性的课题。

中国是一个语言资源大国，在现代化的进程中，也同样面临少数民族语言和汉语方言逐渐衰亡、传统语言文化快速流失的问题。根据我们对《中国的语言》（孙宏开、胡增益、黄行主编，商务印书馆，2007年）一书的统计，在该书收录的129种语言当中，有64种使用人口在10000人以下，有24种使用人口在1000人以下，有11种使用人口不足百人。而根据"语保工程"的调查，近几年中至少又有3种语言降入使用人口不足百人语言之列。汉语方言尽管使用人数众多，但许多小方言、方言岛也在迅速衰亡。即使是那些还在使用的大方言，其语言结构和表达功能也已大大萎缩，或多或少都变成"残缺"的语言了。

冥冥之中，我们成了见证历史的人。

然而，作为语言学工作者，绝不应该坐观潮起潮落。事实上，联合国教科文组织早在1993年就确定当年为"抢救濒危语言年"，同时启动"世界濒危语言计划"，连续发布"全球濒危语言地图"。联合国则把2019年定为"国际土著语言年"，接着又把2022—2032年确定为"国际土著语言十年"，持续倡导开展语言保护全球行动。三十多年来，国际上先后成立了上百个抢救濒危语言的机构和基金会，各种规模和形式的濒危语言抢救保护项目在世界各地以及网络上展开。我国学者在20世纪90年代已开始关注濒危语言问题，自21世纪初以来，开展了多项濒危语言方言调查研究课题，出版了一系列重要成果，例如孙宏开先生主持的"中国新发现语言研究丛书"、张振兴先生等主持的"汉语濒危方言调查研究丛书"、鲍厚星先生主持的"濒危汉语方言研究丛书（湖南卷）"等。

自2011年以来，党和政府在多个重要文件中先后做出了"科学保护各民族语言文字"、

“保护传承方言文化”、“加强少数民族语言文字和经典文献的保护和传播”、“科学保护方言和少数民族语言文字”等指示。为了全面、及时抢救保存中国语言方言资源，教育部、国家语委于2015年启动了规模宏大的“中国语言资源保护工程”，专门设立了濒危语言方言调查项目，迄今已调查106个濒危语言点和138个濒危汉语方言点。对于濒危语言方言点，除了一般调查点的基本调查内容以外，还要求对该语言或方言进行全面系统的调查，并编写濒危语言志书稿。随着工程的实施，语保工作者奔赴全国各地，帕米尔高原、喜马拉雅山区、藏彝走廊、滇缅边境、黑龙江畔、海南丛林等地都留下了他们的足迹和身影。一批批鲜活的田野调查语料、音视频数据和口头文化资源汇聚到中国语言资源库，一些从未被记录过的语言、方言在即将消亡前留下了它们的声音。

为了更好地利用这些珍贵的语言文化遗产，在教育部语言文字信息管理司的领导下，商务印书馆和中国语言资源保护研究中心组织申报了国家出版基金项目“中国濒危语言志”，并有幸获得批准。该项目计划按统一规格、以EP同步的方式编写出版50卷志书，其中少数民族语言30卷，汉语方言20卷（第一批30卷已于2019年出版，并荣获第五届中国出版政府奖图书奖提名奖）。自项目启动以来，教育部语言文字信息管理司领导高度重视，亲自指导志书的编写出版工作，各位主编、执行编委以及北京语言大学、中国传媒大学的工作人员认真负责，严格把关，付出了大量心血，商务印书馆则配备了精兵强将以确保出版水准。这套丛书可以说是政府、学术界和出版社三方紧密合作的结果。在投入这么多资源、付出这么大努力之后，我们有理由期待一套传世精品的出现。

当然，艰辛和困难一言难尽，不足和遗憾也在所难免。让我们感到欣慰的是，在这些语言方言即将隐入历史深处的时候，我们赶到了它们身边，倾听它们的声音，记录它们的风采。我们已经尽了最大的努力，让时间去检验吧。

曹志耘

2024年3月11日

目录

第一章　导论　1

第一节　调查点概况　2

一　调查点概况　2

二　经济生活及文化生活　3

第二节　苦聪话的方言与系属　5

一　方言　5

二　系属　10

第三节　苦聪话的濒危状况　17

一　苦聪话濒危度测评　17

二　语言使用状况及口传文化　18

第四节　苦聪话研究概况　21

第五节　调查说明　23

一　调查过程　23

二　发音人简况　24

第二章　语音　27

第一节　语音系统　28

一　声母　28

二　韵母　30

三　声调　32

四　音节　32

第二节　音变　34

一　脱落　34

二　变调　35

三　变读　36

第三节　拼写符号　38

一　字母表　38

二　声韵调拼写　38

三　拼写规则　41

四　拼写样本　42

第三章　词汇　43

第一节　词汇特点　44

一　音节的特点　44

二　借词的特点　44

三　独特的词语表达方式　45

第二节　构词法　47

一　单纯词　47

二 合成词 48
第三节 词汇的构成 56
一 固有词 56
二 借词 57
第四节 民俗文化词 60
一 房屋 60
二 服饰 61
三 民间信仰 63
四 祭祀用品 65
五 娱乐文化 66
六 劳动生产 68
七 农副产品 69
八 生活工具 70

第四章 分类词表 73
第一节 《中国语言资源调查手册·民族语言（藏缅语族）》通用词 75
一 天文地理 75
二 时间方位 76
三 植物 77
四 动物 78
五 房舍器具 79
六 服饰饮食 80
七 身体医疗 82
八 婚丧信仰 83
九 人品称谓 84
十 农工商文 85
十一 动作行为 87
十二 性质状态 89
十三 数量 91
十四 代副介连词 93
第二节 《中国语言资源调查手册·民族语言（藏缅语族）》扩展词 95
一 天文地理 95

二　时间方位　97
三　植物　98
四　动物　100
五　房舍器具　103
六　服饰饮食　107
七　身体医疗　109
八　婚丧信仰　112
九　人品称谓　112
十　农工商文　114
十一　动作行为　116
十二　性质状态　121
十三　数量　122
十四　代副介连词　123
第三节　其他词　124
一　天文地理　124
二　时间方位　125
三　植物　125
四　动物　126
五　房舍器具　127
六　服饰饮食　127
七　身体医疗　129
八　婚丧信仰　129
九　人品称谓　130
十　农工商文　130
十一　动作行为　131
十二　性质状态　133
十三　代副介连词　134
十四　地名　134
十五　四音格词　134

第五章　语法　141

第一节　词类　142
一　名词　142
二　代词　146
三　数词　152
四　量词　158

五　动词　162

六　形容词　176

七　副词　180

八　助词　183

九　连词　187

十　语气词　190

十一　拟声词　192

十二　判断词　192

第二节　短语　194

一　主谓短语　194

二　联合短语　194

三　同位短语　195

四　定中短语　195

五　支配短语　198

六　述补短语　199

第三节　句子　200

一　单句　200

二　复句　210

第六章　语料　217

第一节　语法例句　218

第二节　话语材料　230

一　谜语及俗语　230

二　歌谣　234

三　故事　237

参考文献　265

调查手记　267

后　记　272

第一章 导论

第一节

调查点概况

一　调查点概况

拉祜族是云南特有的民族，主要分布于云南省澜沧江和元江流域的普洱、临沧、西双版纳及玉溪等地州市的澜沧、孟连、镇沅、双江、勐海、新平等20余个县境内。据2010年第六次全国人口普查统计，拉祜族总人口为48.5万人。

苦聪自称$ko^{31}tʂ^{h}o^{33}$“锅搓”。《新唐书·西南蛮传》记载的“锅挫蛮”，即源于古氐羌部落的苦聪人，清代前后又有“郭搓”“果葱”“古宗”“苦聪”等族称。这些都是拉祜语不同时代的汉语音译，其义为“山地人”。1987年经云南省人民政府批准，苦聪人恢复为拉祜族，成为拉祜族的一个支系①，人口5万余人②，主要分布在云南省哀牢山和无量山一带高山地区的镇沅、金平、新平、元江、绿春等县。

新平彝族傣族自治县（以下简称新平县）位于云南省中部偏西南。全县总人口285 344人，其中拉祜族人口5932人（2020年统计数据），占总人口的2.12%，主要分布在平掌、水塘、漠沙等乡镇，与境内的傣族、哈尼族等少数民族相邻交错而居。小坝多村是新平拉祜族苦聪人（以下简称“新平苦聪人”）聚居村之一，是本次苦聪话调查的中心点。该村隶属新平县漠沙镇，地处漠沙镇西北边，距镇政府所在地22公里，距县城56公里。全村总面积29.64平方公里，山河相间，最高海拔2647米，平均海拔1650米。受地形影响，当地气候变化较大，雨量充沛，适宜种植温带作物。③

① 云发【1987】98号文件《关于苦聪人族属问题的批复》。

②③ 龚家祥、陶贵学主编《新平拉祜族苦聪人历史文化》，2021年，云南，云南民族出版社。

二 经济生活及文化生活

（一）经济生活

历史上新平苦聪人长期生活在哀牢山原始森林的边缘地带，经济社会发展较为缓慢，一直保留着原始的刀耕火种和游牧（耕）式的生产方式。新中国成立后，实行土地改革，让世代贫苦的新平苦聪人分到了田地，结束了居无定所的生活。十一届三中全会后，新平苦聪人开始推行以家庭联产承包为基础、统分结合的双层经营体制。进入21世纪后，国家加大了对山区贫困民族的扶贫力度，新平苦聪人居住区的基础设施、人居环境、产业结构等有了进一步的改善。2016—2020年，新平苦聪人居住区开展了扶贫攻坚、异地搬迁、村庄改造等帮扶工作，拉祜族苦聪人全面脱贫，逐步过上了富裕、文明的生活。

（二）文化习俗

历史上新平苦聪人村寨建筑风貌主要以茅草房、“闪片房”为主。茅草房主要用茅草盖顶，“闪片房”屋顶均为人工打制的木片，房墙多用土石垒成，或用圆木或树条编扎成墙。房屋内部结构一般是一楼一底，楼上堆放粮食与杂物，楼下住人。新中国成立后，国家把新平苦聪人列为“直过民族”（特指中华人民共和国成立后，未经民主改革，直接由原始社会跨越几种社会形态过渡到社会主义社会的民族），并将其作为重点扶贫对象。通过实施易地扶贫搬迁、旧村改造等工程，使新平苦聪人居住区水、电、路、网等基础设施得到较大提升，增强了其教育、卫生、文化等公共服务，改善了他们的生产生活条件。上述举措使昔日贫穷落后的苦聪村落焕然一新，该村村貌也发生了翻天覆地的变化。

新平苦聪人在较早时期的服饰以树皮衣、蜘蛛网衣、树叶衣为主。猎获的山麂、岩羊、貂鼠等野兽的皮毛，也是早期新平苦聪人衣物制作原料的主要来源。新平苦聪人的树皮衣是一种很古老的服饰，被誉为“服装活化石”。 树皮衣的制作从扒树皮、拍打成片状到缝制，工序烦琐，堪称一绝。传统的男子服饰以黑色为主基调，上身着右衽襟黑布长衣，下身穿黑色大管裤，一般不佩戴饰品；传统的女子服饰以蓝色为主基调，上身着右衽襟蓝布长衣，常用五彩色线或色布组成各种各样精美的图案镶在衣襟边、袖口等处，还可嵌上闪亮的银泡，既美观大方，又高贵典雅。苦聪人无论男女日常外出时都喜披一件羊皮或鹿皮领褂。

新平苦聪人崇拜自然，日月星辰、山川石木、风雨雷电、鸟兽鱼虫，都是崇拜的对象。meŋ^{31}ɕɛ^{33}meŋ^{31}“祭竜”是新平苦聪人一年中最为隆重的祭祀活动。每年农历正月的第一个属牛日，人们杀猪宰鸡，聚集在“竜树”下进行祭献，人们一般选择长在山上最高处的树为竜树，认为竜树长得越高，庇佑的范围就越广。村民祭竜树是希望在新的一年中，祈求竜树保佑寨子安宁和谐，庄稼无病无灾，家人身体健康。

新平苦聪人的传统节日主要是$k^{h}a^{53}la^{33}$“卡腊”节，苦聪话称为$ŋa^{33}xɔ^{33}piɛ^{33}piɛ^{33}$“阿贺别别”节。该节日传说是为了纪念苦聪英雄“卡腊”。每年农历正月初三，新平苦聪人在村旁一棵象征英雄“卡腊”的栗树下汇聚，进行隆重的祭奠活动。祭奠开始，在悠悠牛角号和点点深沉的牛皮鼓声中，男女老幼面对卡腊化身的大树，随主持者的颂唱频频跪拜。随后众人围拢就餐，饮酒笙歌，尽欢而散。

新平苦聪人世代承传着多彩灿烂的民间文学，如神话《人类的来源》《月亮和太阳》等，传说《龙的传说》《彩虹的传说》等，寓言《喜鹊和乌鸦的故事》《猴子和穿山甲》等，故事《搓拉杀妖》《扎莫和娜西》等。2003年，新平苦聪人王振明、王振荣收集整理的《苦聪民间故事集》在云南民族出版社出版。这些神话、传说和故事，反映了新平苦聪人对自然的崇拜和对真、善、美的颂扬。

新平苦聪人能歌善舞，用以伴奏的传统乐器主要有葫芦笙、三弦、唢呐、木叶、牛角号、响篾等；歌曲有年歌、山歌、情歌、民谣等；舞蹈主要有鼓舞、三弦舞、唢呐舞、跳哑巴舞等多种表现形式；歌舞一体的有“打歌”“跳乐”“比脚歌”“梭歌”等；唱的曲调有“阿乖乐”“阿三起”“小心肝”等。这些歌舞曲调有着鲜明的特色，是新平苦聪人表达情感的主要形式，反映了新平苦聪人淳朴、善良、热情的个性和乐观向上的精神风貌。节日庆典或婚礼上，人们常以跳“芦笙舞”、唱“阿乖乐”等歌舞形式欢聚一堂，歌唱新生活、颂扬新时代。

第二节

苦聪话的方言与系属

一　方言

笔者先后对新平、镇沅、金平[①]等地的苦聪话进行过调查，发现这些地点的苦聪话在语音方面都有所差异，但差异不大。

（一）声母

新平苦聪话共有声母33个，镇沅苦聪话共有声母34个，金平苦聪话共有声母33个，元江苦聪话共有声母28个。具体情况如表1-1所示：

表1-1　新平苦聪话、镇沅苦聪话、金平苦聪话、元江苦聪话声母对照表[②]

声母	新平苦聪话	镇沅苦聪话	金平苦聪话	元江苦聪话
p	+	+	+	+
p^h	+	+	+	+
b	+	+	+	+
m	+	+	+	+
f	+	+	+	+
v	+	+	+	+
t	+	+	+	+

① 元江语料来自常俊之的《元江苦聪话参考语法》，新平、金平及镇沅苦聪话的语料来自笔者的调查。

② 表中“+”表示该地方言存在该音位或声调，“-”表示不存在该音位或声调。下同。

续 表

声母	新平苦聪话	镇沅苦聪话	金平苦聪话	元江苦聪话
tʰ	+	+	+	+
d	+	+	+	+
ts	+	+	+	+
tsʰ	+	+	+	+
dz	+	+	+	+
s	+	+	+	+
z	+	+	+	+
n	+	+	+	+
l	+	+	+	+
ɬ	—	—	+	—
tʂ	+	+	—	—
tʂʰ	+	+	—	—
dʐ	+	+	—	—
ʂ	+	+	—	—
ʐ	+	+	+	—
dʒ	—	—	+	—
tɕ	+	+	+	+
tɕʰ	+	+	+	+
dʑ	+	+	+	+
ɕ	+	+	+	+
ʑ	+	+	+	+
ȵ	—	+	—	+
k	+	+	+	+
kʰ	+	+	+	+
g	+	+	+	+
x	+	+	+	+
ɣ	+	+	+	+
ŋ	+	+	+	+

续 表

声母	新平苦聪话	镇沅苦聪话	金平苦聪话	元江苦聪话
q	–	–	+	–
q^h	–	–	+	–
w	+	+	+	–

说明：

四种方言中的双唇无擦浊通音w均只出现在汉语借词中。

（二）元音韵母

包括单元音韵母和复元音韵母，新平苦聪话共有单元音韵母10个，复元音韵母11个，鼻韵尾韵母12个；镇沅苦聪话共有单元音韵母9个，复元音韵母12个；金平苦聪话共有单元音韵母9个，复元音韵母7个；元江苦聪话共有单元音韵母11个，复元音韵母21个。具体情况如表1–2所示：

表1–2 新平苦聪话、镇沅苦聪话、金平苦聪话、元江苦聪话韵母对照表

韵母	新平苦聪话	镇沅苦聪话	金平苦聪话	元江苦聪话
i	+	+	+	+
e	+	+	+	–
ɛ	+	+	+	+
a	+	+	+	+
u	+	+	+	+
o	+	+	+	+
ɔ	+	+	+	+
y	–	–	–	+
ɯ	+	+	+	+
ɤ	+	+	+	+
ʌ	+	–	–	+
ia	+	+	+	–
iɛ	+	+	–	+
iɔ	–	–	–	+
io	–	–	+	–

续表

韵母	新平苦聪话	镇沅苦聪话	金平苦聪话	元江苦聪话
ua	+	+	+	+
ai	+	+	−	+
au	+	+	+	+
ui	+	+	+	+
uɛ	−	+	−	+
iu	+	+	+	+
ei	+	+	+	+
ou	+	+	−	+
uo	−	−	−	+
iau	+	+	−	+
uai	+	+	−	−
an	+	−	−	−
en	+	−	−	−
in	+	−	−	−
on	+	−	−	−
un	+	−	−	−
aŋ	+	−	−	+
iŋ	+	−	−	+
oŋ	+	−	−	−
ian	+	−	−	−
uan	+	−	−	−
uaŋ	+	−	−	+
iaŋ	+	−	−	+
ɛŋ	−	−	−	+
ɤŋ	−	−	−	+
uŋ	−	−	−	+
iɛŋ	−	−	−	+
uɛŋ	−	−	−	+

说明：

1. 苦聪话前高元音 i 在舌尖辅音后读[ɿ]。

2. 苦聪话各语言点韵母系统中，都存在单元音韵母和复元音韵母，其中新平苦聪话和元江苦聪话存在鼻韵尾韵母。

（三）声调

新平苦聪话有7个声调，镇沅苦聪话、金平苦聪话有8个声调，元江苦聪话有4个声调。具体情况如表1-3所示：

表1-3 新平苦聪话、镇沅苦聪话、金平苦聪话、元江苦聪话声调对照表

声调	新平苦聪话	镇沅苦聪话	金平苦聪话	元江苦聪话
55	+	+	−	+
33	+	+	+	+
11	−	−	+	−
53	+	+	+	−
54	−	+	+	−
31	+	+	+	+
21	+	+	+	−
13	−	−	+	−
24	+	+	−	−
35	+	+	+	+

说明：

新平苦聪话、镇沅苦聪话、金平苦聪话均为本人调查的第一手资料，调查时采用常竑恩《拉祜语简志》（2009）中的标调方法：53调和31调为松元音的调值，而与此相对的紧元音的调值记录为54调和21调。元江苦聪话的语料来自常俊之的《元江苦聪话参考语法》（2011）。

（四）词汇

我们从基本词汇选择代名词、指示词、数词、名词、形容词、连接词等共20个词进行对比分析。具体情况如表1-4所示：

表1-4 新平苦聪话、镇沅苦聪话、元江苦聪话、金平苦聪话核心词对照表

序号	词汇	新平苦聪话	镇沅苦聪话	元江苦聪话	金平苦聪话
1	我	$ŋa^{31}$	$ŋa^{31}$	$ŋa^{31}$	$ŋa^{31}$

续 表

序号	词汇	新平苦聪话	镇沅苦聪话	元江苦聪话	金平苦聪话
2	你	nɔ^{31}	nɔ^{31}	nɔ^{31}	nɔ^{31}
3	这里	ts^{h}i^{33}kau^{24}	tɕ^{h}i^{33}xɔ^{33}	ts^{h}ɔ^{35}	tɕ^{h}ɔ^{31}xɔ^{33}
4	那里	mi^{53}kau^{24}	ɔ^{33}po^{33}	u^{33}tu^{33}	ɕi^{35}pɔ^{24}
5	这个	ts^{h}i^{24}tɤ^{33}ma^{31}	tɕ^{h}i^{33}	ɕi^{35}	tɕ^{h}ɛ^{24}te^{53}ma^{31}
6	谁	su^{33}	a^{33}ṣu^{33}	a^{55}sv^{33}	a^{24}su^{33}
7	一	tɤ^{31}	tɤ^{31}	ti^{31}	te^{53}
8	大	ɤ^{24}	ɤ^{55}	ɣɯ^{35}	ɯ^{24}
9	薄	pʌ^{31}	pɤ^{31}	pʌ^{31}	pa^{53}qa^{53}
10	重	xan^{31}	xaŋ^{31}	xɛŋ^{31}	xɔ^{53}
11	男	z̩ɔ^{33}k^{h}a^{55}	ɔ^{31}k^{h}a^{54}	zʌ^{31}k^{h}a^{33}zʌ^{31}	xɔ^{35}q^{h}a^{53}pa^{24}
12	女	z̩ɤ^{31}mɤ^{33}	z̩ɤ^{31}ma^{33}	zʌ^{31}mi^{31}zʌ^{31}	za^{53}mi^{53}ma^{33}
13	人	tṣ^{h}o^{33}	tṣ^{h}ɔ^{33}	ts^{h}u^{33}	ts^{h}ɔ^{33}
14	树	ṣɤ^{33}tɕɛ^{31}	ṣɤ^{54}tsɛ^{31}	sɤ^{33}tɕɛ^{31}	si^{54}tsɛ^{31}
15	狗	p^{h}ʌ^{31}	p^{h}ɯ^{31}	p^{h}ɯ^{31}	p^{h}ɯ^{53}
16	血	sɤ^{24}ɣɤ^{31}	ṣɤ^{24}	a^{31}sɤ^{35}	a^{31}sɤ^{24}
17	走	dzu^{31}	dz̩u^{31}	dzu^{31}	dzu^{53}
18	说	ko^{33}	ku^{54}	kv^{33}	qo^{54}
19	红	ni^{33}	ȵi^{55}	ȵi^{33}	ni^{33}
20	和	xɯ^{33}	lɛ^{33}	xiɛ^{55}ȵɛ^{33}	lɛ^{33}

从上表中可以看出，苦聪话各方言的核心词汇在语音上大都相似，但又存在细微差异。例如，镇沅及元江的苦聪话有舌面前鼻音ȵ，而新平和金平的苦聪话则没有该音位。又如，镇沅和金平苦聪话的并列连词lɛ^{33}“和”为固有词，这与拉祜纳标准音相同，而新平则使用汉语借词xɯ^{33}“和”。

二　系属

《云南省金平县者米乡苦聪人社会文化调查》[1]认为，苦聪人内部是分支系的，只有黑苦聪自称“锅搓”，其他两个支系是黄苦聪和白苦聪。若按此分类，新平苦聪话则属于黑苦

① 云南民族大学人文学院民族学教研室编，《云南省金平县者米乡苦聪人社会文化调查》，2016年，云南：云南出版集团，云南人民出版社。

聪，即自称“锅搓”的这一支系。常竑恩《拉祜语简志》(2009)[①]认为，拉祜语分拉祜纳和拉祜熙两大方言，这是历史原因造成的。新中国成立初期，苦聪人暂未定族称，因此，《拉祜语简志》中把拉祜语定为两大方言，未涉及苦聪话。把苦聪人确定为拉祜族后，经过多个点的调查，我们发现苦聪话与拉祜语标准音之间有着极为密切的关系，与拉祜纳方言的通晓度接近50%。可见，把苦聪话作为拉祜语的另一种方言已成必然。为了更好地说明这个问题，下面我们将对新平苦聪话与标准语拉祜纳方言、拉祜熙方言做进一步的比较分析。

(一)声母

拉祜纳标准音共有声母30个；南段拉祜熙方言共有声母32个，新平苦聪话共有声母33个。具体情况如表1-5所示：

表1-5　新平苦聪话、拉祜纳标准音、南段拉祜熙方言声母对照表

	新平苦聪话	南段拉祜熙方言	拉祜纳标准音
p	+	+	+
p^h	+	+	+
b	+	+	+
m	+	+	+
pf	−	+	−
f	+	+	+
v	+	+	+
t	+	+	+
t^h	+	+	+
d	+	+	+
ts	+	+	+
ts^h	+	+	+
dz	+	+	+
n	+	+	+
l	+	+	+
s	+	+	+
z	+	+	+
tʂ	+	−	−

① 常竑恩主编，刘劲荣、张蓉兰修订，《拉祜语简志》，2009年，北京：民族出版社。

续 表

	新平苦聪话	南段拉祜熙方言	拉祜纳标准音
tʂ^{h}	+	−	−
ʂ	+	−	−
ʐ	+	−	−
dʐ	+	−	−
tɕ	+	+	+
tɕ^{h}	+	+	+
dʑ	+	+	+
ɕ	+	+	+
ʑ	+	+	+
ȵ	−	+	−
k	+	+	+
k^{h}	+	+	+
ɡ	+	+	+
x	+	+	+
ɣ	+	+	+
ŋ	+	+	+
q	−	+	+
q^{h}	−	+	+
w	+	+	+

说明：

（1）拉祜纳标准音中的ts和tɕ、ts^{h}和tɕ^{h}不区别词义，仅作为音位变体处理。

（2）南段拉祜熙方言中的舌尖前辅音ts、ts^{h}、dz、s与韵母o、ɔ、u、ɯ、ɤ结合时，部分发音人发成舌叶辅音tʃ、tʃ^{h}、dʒ、ʃ。

（3）三种方言中的双唇无擦浊通音w均只出现在汉语借词中。

（二）韵母

拉祜纳标准音共有单元音韵母9个，复元音韵母10个；南段拉祜熙方言共有单元音韵母10个，复元音韵母7个；新平苦聪话共有单元音韵母10个，复元音韵母11个，鼻韵尾韵母12个。

表1-6　新平苦聪话、拉祜纳标准音、南段拉祜熙方言韵母对照表

韵母	新平苦聪话	南段拉祜熙方言	拉祜纳标准音
i	+	+	+
ɨ	–	+	–
e	+	+	+
ɛ	+	+	+
a	+	+	+
ɔ	+	+	+
ʌ	+	–	–
o	+	+	+
ɤ	+	+	+
u	+	+	+
ɯ	+	+	+
ia	+	+	+
iɛ	+	–	–
ua	+	+	+
ai	+	+	+
au	+	+	+
ao	–	+	–
ui	+	+	+
iu	+	–	+
ei	+	–	+
ou	+	–	+
iau	+	+	+
uai	+	–	+
an	+	–	–
en	+	–	–
in	+	–	–

续 表

韵母	新平苦聪话	南段拉祜熙方言	拉祜纳标准音
on	+	−	−
un	+	−	−
aŋ	+	−	−
iŋ	+	−	−
oŋ	+	−	−
ian	+	−	−
uan	+	−	−
uaŋ	+	−	−
iaŋ	+	−	−

说明：

（1）拉祜纳标准音和南段拉祜熙方言中有韵母i的变体ɿ，但只出现在ts、ts^h、dz、s、z之后。i和ɿ没有对立关系，故本文将i和ɿ合并为i音位。

（2）拉祜纳标准音和南段拉祜熙方言的单元音韵母中都存在松紧元音的对立。而新平苦聪话中高降调的松紧元音对立关系已消失，仅保留低降调的松紧元音对立。

（3）鼻辅音韵尾只出现在苦聪话中，拉祜纳标准语和南段拉祜熙方言均无鼻辅音韵尾。

（三）声调

拉祜纳标准音有7个声调，南段拉祜熙方言有6个声调，新平苦聪话有7个声调。具体情况见表1-7所示：

表1-7 新平苦聪话、拉祜纳标准音、南段拉祜熙方言声调对照表

声调	新平苦聪话	南段拉祜熙方言	拉祜纳标准音
55	+	−	−
33	+	+	+
53	+	+	+
54	−	+	+
31	+	+	+
21	+	+	+
24	+	+	−

续 表

声调	新平苦聪话	南段拉祜熙方言	拉祜纳标准音
35	+	−	+
11	−	−	+

说明：本文采用常竑恩《拉祜语简志》中的标调方法：53调和31调为松元音的调值，而与此相对的紧元音的调值分别记录为54调和21调。

（四）词汇

我们从基本词汇选择代名词、指示词、数词、名词、形容词、连接词等共20个词①进行比较分析，具体结果如表1-8所示：

表1-8　新平苦聪话、拉祜纳标准音、南段拉祜熙方言基本词汇对照表

序号	词汇	新平苦聪话	南段拉祜熙方言	拉祜纳标准音
1	我	ŋa^{31}	ŋa^{31}	ŋa^{31}
2	你	nɔ^{31}	nɔ^{31}	nɔ^{31}
3	这里	ts^{h}i^{33}kau^{24}	sɔ^{31}ɕi^{31}	tʃ^{h}o^{31}ka^{31}
4	那里	mi^{53}kau^{24}	o^{33}ɕi^{31}	o^{53}ka^{31}
5	这个	ts^{h}i^{24}tɤ^{33}ma^{31}	ɕe^{31}tɛ^{53}	tɕ^{h}i^{33}te^{53}ma^{31}
6	谁	su^{33}	a^{55}si^{55}	a^{33}ʃu^{11}
7	一	tɤ^{31}	tɛ^{53}	te^{53}
8	大	ɤ^{24}	ɯ^{31}	ɯ^{11}
9	薄	pʌ^{31}	pa^{53}	pa^{53}
10	重	xan^{31}	na^{31}na^{33}	xɛ^{53}
11	男	ʐɔ^{33}k^{h}a^{55}	xɔ^{33}q^{h}a^{54}	xɔ^{35}q^{h}a^{54}
12	女	ʐɤ^{31}mɤ^{33}	ʑa^{33}mi^{53}	ʒa^{53}mi^{53}
13	人	tʂ^{h}o^{33}	ts^{h}ɔ^{33}	tʃ^{h}ɔ^{33}
14	树	ʂɤ^{33}tɕɛ^{31}	si^{54}tɕɛ^{31}	si^{54}
15	狗	p^{h}ʌ^{31}	p^{h}ɯ^{53}	p^{h}ɯ^{53}

① 通过基本词汇的初步比较分析，我们发现，拉祜纳与拉祜熙约有70%的相似度，苦聪话与拉祜纳约有60%的相似度。我们还从基本词汇中选取代名词、指示词、数词、名词、形容词等20个词汇进行比较，旨在说明苦聪话和拉祜纳、拉祜熙词汇具有较高的相似度。

续表

序号	词汇	新平苦聪话	南段拉祜熙方言	拉祜纳标准音
16	血	sɤ^{24}ɣɤ^{31}	ɔ^{31}si^{31}	si^{11}
17	走	dzu^{31}	tɕi^{31}	dʒu^{53}
18	说	to^{31}	u^{24}	ʒɔ^{33}
19	红	ni^{33}	ni^{33}	ni^{33}
20	和	xɯ^{33}	lɛ^{33}	lɛ^{33}

从上表中可以看出，拉祜纳标准音、南段拉祜熙方言和新平苦聪话三种方言有声韵调完全相同的词，也有声母相同而韵母或声调不同的词，这是新平苦聪话属拉祜语方言的一个有力证据。

第三节

苦聪话的濒危状况

一　苦聪话濒危度测评

联合国教科文组织的文件《语言活力与语言濒危》[①]设定了6项指标来评估语言活力和语言濒危状况，2项指标用以评估语言态度，1项指标用来评估记录的紧迫性。立足于以上9项指标，我们对红星小组的苦聪话进行了评估。具体情况如表1–9所示：

表1–9　红星小组《语言活力和语言濒危》对应指标

序号	指标	评级	情况描述
1	代际语言传承	3	确有危险等级。为了让儿童能更快地融入到通用语语言教学环境中，很多父母在家庭中不再使用，因此儿童也不再将苦聪话作为母语习得。其结果是，该语言最年轻的使用者为父辈一代，父母对即将或已经入学的孩子使用通用语。
2	语言使用者的绝对人数	2	很危险等级。在村寨里，仅有36岁以上中老年人的交流用语为苦聪话，很多年轻的父母一辈（30岁左右的），特别是外出务工的年轻父母已不再使用苦聪话交流。
3	语言使用者占总人口比例	3	确有危险等级。大多数人都使用该语言。红星小组苦聪话的使用已出现断代式传承障碍。36岁以上的村民仍具备苦聪话的听说能力。6—35岁年龄段的苦聪人丧失了苦聪话"说"的能力，只保留"听"的能力。特别是一些正在读书或打工的人，连"听"的能力也丧失了，不再具备本民族语者的资格。

① 联合国教科文组织濒危语言问题特别专家组，范俊军等译，《语言活力与语言濒危》，《民族语文》2006年第3期。

续 表

序号	指标	评级	情况描述
4	现存语言使用域的走向	2	有限或仅限于正式语域。该村在祭竜时仍会使用苦聪话。
5	对新语域和媒体的反应	0	无活力。该语言不用于任何新语域。广播媒体、教育等新语域都不再使用苦聪话。
6	语言教育材料与读写材料	0	苦聪话族群没有可用的拼写符号及语言教育、读写材料。
7	政府和机构的语言态度和语言政策（包括官方地位和官方使用）	3	消极同化。政府有保护政策。本地通用语在村外的任何场合广泛使用，但近些年开始重视和支持苦聪话的保护。
8	语言族群成员对母语的态度	5	所有成员都重视自己的语言，不希望自己的民族语消失，同时又希望能熟练掌握汉语，方便交流、求学和找工作。中青年人对放弃使用苦聪话的村民表示理解，而60岁以上老年人的民族认同感最为强烈，对后辈们放弃使用苦聪话的做法很不认同。
9	语言记录材料的数量和质量	2	2016年前该语言无课本或词典，语法方面只有一些概况描写。少量的几篇论文对语料进行过简单的注释或说明。早期的调查记录是书面材料，无音频或视频资料。

如上表所示，新平苦聪话的代际传承存在断层，语言使用者占总人口比例较低，苦聪话使用的走向属于危险层级；对新语域和媒体的翻译无相关苦聪话材料，语言调查记录材料的数量较少，没有语言教育材料和读写材料；当地主要使用汉语进行政策宣传和学校教育，双语村级负责人和教师较少，但新平苦聪人对使用苦聪话有强烈的愿望。综合以上9个方面的情况，我们认为：新平苦聪话处于濒危状态。

二　语言使用状况及口传文化

（一）村民使用语言情况及程度

新平县漠沙镇小坝多村红星小组共71户，6岁以上者218人，其中6—16岁者33人，17—35岁者59人，36—59岁者97人，60岁以上者29人。经过入户调查、400词测试及语言态度问卷调查，我们了解到村里36岁以上的村民其日常交流用语仍是苦聪话，但6—35岁[①]者母语使用能力下降。可见村民的苦聪话已出现断代式传承障碍。

① 6岁以下的儿童因语言使用系统还未完全形成，本文暂不计入调查对象。

1. 苦聪话使用情况

全组第一语言为苦聪话且程度为熟练的有105人，其中36—59岁的有81人，占这个年龄阶段的83.5%，占全村人数的35.37%。60岁以上的有24人，占这个年龄阶段的82.76%，占全村人数的10.48%。第二语言为苦聪话且程度为熟练的有14人，大部分为族外婚村民。第二语言为苦聪话且程度为一般的有53人，集中在17—35岁年龄段，共有41人，占这个年龄段的69.49%，占全村人数的17.9%。第二语言为苦聪话且程度为略懂的有9人，均为6—35岁的村民，占全村人数的4%。

2. 汉语（当地方言）使用情况

全组第一语言为汉语且程度为熟练的有110人，主要是6—59岁的村民。第二语言为汉语且程度为熟练者有105人。全组没有不会汉语的村民，村中有位80岁的老人也可以熟练地使用汉语。

3. 彝语和傣语使用情况

该小组共有彝族55人，均为嫁入或入赘的外族人及其子女。这些彝族均已不会讲彝语，婚后定居在红星组的45岁以上的中老年彝族人大都学会了苦聪话且能熟练使用，但45岁以下的彝族和傣族均不会苦聪话，或只是略懂。如全村唯一的傣族人封立芳，42岁，是傣汉双语人，第一语言是傣语且熟练，第二语言是汉语且熟练，但不会苦聪话。

4. 族际婚姻家庭的语言使用情况

村寨里族际通婚的情况比较多，也出现得比较早。该小组现共有29户族际婚姻家庭，占全组71户的40.8%，包括苦聪与汉族、彝族、傣族三种民族成分的族际通婚。部分族外婚姻的后代将民族成分随父（母）改为汉族或彝族。早在20世纪五六十年代，村中就有族际通婚的情况，大部分是新平苦聪人与彝族通婚。这些早期定居在红星组的彝族媳妇或女婿刚来时只会讲汉语，但因为家庭交流用语是苦聪话，他们后来也就渐渐学会了苦聪话，且能熟练运用。不过80年代之后，族际婚姻家庭交流用语有很大不同。主要表现为外族家庭成员不愿学习苦聪话，家庭成员间的交流用语也随之改用汉语。

（二）苦聪话濒危原因分析

在新平县漠沙镇小坝多村，红星、龙潭新寨、香箐棚、竹棚寨四个村民小组形成小聚居的局面，这是红星组还保留本族语言的重要原因所在。虽然外围都是汉语语言环境，但500人左右的小聚居规模还是让他们能拥有一个讲母语的语域。不过，这种局面可能在不久的将来会被打破。当然，造成红星组苦聪话濒危的原因是多方面的，特定的居住环境、聚居人数较少、外来文化强势侵入和渗透、与其他民族通婚、学业压力等都可能是成为该组苦聪话濒危的主要原因。

1. 使用人口减少是造成苦聪话濒危的内部因素

从居住环境上看，红星组处在彝族村寨的包围之中。自20世纪70年代搬迁到离乡镇较近的现址后，交通变得便利了，与其他民族交流的机会和需求也增多了，但讲苦聪话的人数却在逐渐减少。新平苦聪人只有在村寨里才会用苦聪话交流，这就直接导致了本民族语言日趋走向濒危。

2. 外来文化的强势渗透及外出务工是造成苦聪话濒危的外部因素

苦聪话被当地较为强势的汉语包围着，电视、手机等现代化产品的使用较为普遍。另外，红星小组是特困村，很多青年人选择外出务工，很少有母语交流的机会。这些都加快了苦聪话的濒危速度。

3. 几代人的族际通婚是影响苦聪话代际传承的客观因素

红星组的村民从20世纪50年代开始就和外村的彝族或汉族通婚，族际婚已有几代人的历史。如今，全组共71户就有29户是族际婚姻，剩余的42户也有一些人是早期族际婚姻的后代。只有45岁以上嫁入或入赘的族外人学会了苦聪话，45岁以下的族外人仍然只说汉语，这在较大程度上限制了苦聪话的代际传承。

4. 长辈的语言传授方式是影响苦聪话代际传承的主观因素

一种语言是否濒危，代际传承是一项重要指标。村里的长辈为了让后代们更好地适应全汉语的外部环境，从孩子牙牙学语时就只教他们学说汉语。迫于升学和工作的压力，年轻人也只能接受这样的现实。

（三）口传文化情况

根据我们调查的情况来看，红星小组苦聪话口传文化可以说是几乎消失殆尽。目前我们只收集到较为完整的民间故事十三篇及不完整的故事两篇，而能够讲述十三篇完整民间故事的只有该村的两位兄弟，即本项目的发音合作人龚家祥及其兄长龚家有。

第四节

苦聪话研究概况

为解决民族识别中遗留下来的问题，1985、1986年，云南省政府、省民委组织相关专家，对金平、绿春、镇沅、新平等地的苦聪话进行调查。通过与拉祜语的比较分析，相关专家认为苦聪人与拉祜族在语言、风俗、宗教信仰等方面都较为接近，决定将苦聪人恢复为拉祜族。

澳大利亚大卫·布莱德勒（David Bradley）的著作《拉祜方言》（*Lahu Dialects*）（1979）一书中对居住在东南亚一带的拉祜语方言进行了研究，认为拉祜方言可分为黑拉祜、红拉祜、拉祜赛莱、黄拉祜以及多样化的黑拉祜方言（拉祜普和拉祜巴拉），但对苦聪话基本未有提及。金有景的《中国拉祜语方言地图集》（1992）一书中记录了各地区（村寨）使用各种拉祜语方言的情况。其中涉及到苦聪话的方言点主要有5个，分别是红河州金平县的六六新村和鼓登寨、红河州绿春县的半坡寨和土戛寨、普洱市镇沅县的者东村等，并提供了有限的词汇材料。常俊之《元江苦聪话参考语法》（2009）是我国第一部详细描写和研究苦聪话的专著，该书以元江县烧灰箐村的苦聪话为调查点，从音系、词汇、语法等方面对元江苦聪话进行了比较全面的共时考察和深入的分析。

以苦聪话为研究内容的期刊论文较少。孙剑艺的论文《拉祜语苦聪话的若干特点》（1992）简要介绍了镇沅苦聪话的语音、词汇和语法方面的一些特点，并把苦聪话和拉祜纳方言进行了比较，指出镇沅苦聪话与拉祜纳方言较为接近，也存在一些不同的特点，如镇沅苦聪话的促调并不像拉祜纳方言那样具有明显的紧喉作用。李洁、张伟的《苦聪话概况》（2003）一文以云南省新平县平掌乡库独木村的苦聪话为调查对象，从语音、词汇、语法三个方面对苦聪话的特点进行了研究。

以苦聪话为研究对象的硕士论文有李洁《苦聪话研究》（2003）、曹培培《镇沅苦聪话拉祜纳方言音系对比研究》(2014)、魏昆昆《镇沅苦聪话单字音声调的统计分析》(2014)、刘莉娟《镇沅苦聪话亲属称谓的语义分析》(2015)、关东晨《新平苦聪话方位词研究》(2017)、谭妮《新平苦聪话代词研究》(2017)、乔明《新平苦聪话动词研究》(2017)、闫蕊《新平苦聪话形容词研究》、郭晨阳《新平苦聪话否定范畴研究》(2017)等。曹培培(2014)、魏昆昆(2014)两文均采用实验语音学的方法对苦聪话语音进行研究,刘莉娟(2015)对镇沅苦聪话亲属称谓词进行语义分析,关东晨(2017)在对苦聪话中的方位词进行分类描写的基础上分析了方位词的语法功能和具体用法,谭妮(2017)对新平苦聪话的代词进行客观的描写并进行比较分析,乔明(2017)对新平苦聪话的动词进行了系统地探讨,闫蕊(2017)对新平苦聪话的形容词进行描写与分析,郭晨阳(2017)对新平苦聪话的否定标记及否定表达作了专题性研究。

1999年刘劲荣、邢凯、李洁到新平和金平两县进行田野调查,初步调查了苦聪话的使用情况,记录了2000余个词汇和100多个句子。2012年刘劲荣、张琪、张雨江、扎拉、李一峰等一行到镇沅进行苦聪话调查,记录了近3000个词汇和300个句子,并对苦聪话的使用情况进行了调查,对苦聪话也有了更加深入的认识。

第五节

调查说明

一　调查过程

本项目主持人刘劲荣带领团队成员对新平苦聪话进行过四次调查。

第一次是2016年7月12日—8月15日。语料采录地点在云南省玉溪市新平县漠沙镇小坝多村村委会。项目主持人带领12位团队成员就3000个“语保”词汇、100个语法例句、7篇话语材料及4个口头文化故事、2个歌谣展开了相关的田野调查。调查的主要发音合作人有4位：新平县漠沙镇小坝多村红星小组龚家祥、新平县漠沙镇小坝多村红星小组组长李发良、新平县漠沙镇小坝多村香箐棚小组组长田有明、新平县漠沙镇小坝多村村民龚云强。龚家祥副教授是新平县县委党校教研室主任，李发良、田有明、龚云强是当地土生土长的苦聪农民。4位发音合作人中，龚家祥老师和李发良、田有明、龚云强共同完成了如下工作：《中国语言资源调查手册·民族语言（藏缅语族）》“调查表”中“叁 词汇”部分中的通用词（原表1200词）和扩展词（原表1800词）的对词，“肆 语法”部分中的100个语法例句发音，“伍 话语”部分中的7个长篇话语材料的讲述。调查结束返回昆明时，龚家祥老师跟随调查组到云南民族大学录音棚完成了话语材料的摄录工作。龚家祥老师作为苦聪话的主要发音人，承担了前述词汇、语法例句和长篇话语材料的音像同步的摄录工作，同时也作为地方普通话发音合作人，完成了1篇地方普通话的朗读、2篇话题讲述、1则歌谣、2篇口头文化故事的音视频同步采录工作。

第二次是2017年3月28日—4月4日。此间，部分项目组成员赴调查点进行语料补充调查。调查地点同第一次。调查的主要内容是补充词汇、语法例句和长篇话语材料。此次田野调查的主要发音合作人有3位：李发良、田有明、龚云强。李发良和田有明主要提供了

500多个词语、100多个语法典型例句；龚云强主要提供了3篇民间故事。

第三次是2017年7月15—25日。此间，项目组成员赴调查点再次进行语料补充调查。调查地点在新平县漠沙镇小坝多村红星小组和香箐棚小组。调查的内容主要是词汇、语法例句和长篇话语材料采录。另外，调查组还对前期的调查材料进行了核对。此次调查的主要发音合作人有4位：龚家祥、李发良、田有明、龚云强。龚家祥老师提供了400个词语、300个语法例句和3个长篇话语材料；李发良主要完成了3个长篇话语材料及2个民间故事的讲述任务；田有明和龚云强各完成了4个长篇话语材料的讲述任务。此外，龚家祥还配合项目组成员对之前提供的长篇话语材料进行了核对。

第四次是2018年9月5—10日。项目组成员赴调查点进行最后的语料补充调查。调查地点同第一次，调查的内容主要是对“其他词”进行补充记录，调查的主要发音合作人有4位：龚家祥、李发良、田有明、龚云强。这次共记录1200个其他特色词汇，其中龚家祥老师提供了400个特色词汇，李发良、田有明和龚云强各提供了300个特色词汇。此外，本次调研还就书稿中的一些语法例句进行补充和核查。

本书使用的语料主要来自承担“语保工程”项目之后的四次田野调查，这四次调查都是在云南省玉溪市新平县漠沙镇小坝多村进行的。在调查中，龚家祥老师是最主要的发音合作者，他提供的口语语料主要包括语音、词汇、语法和长篇话语材料。

二 发音人简况

（一）龚家祥

男，拉祜族苦聪人，1962年8月出生，新平县漠沙镇小坝多村红星小组人，玉溪师范学校新平分校毕业。1979年10月参加工作，任小坝多红星小学教师，2013年2月调入中共新平县委党校，现任新平县委党校副教授、教研室主任。父母、配偶均为本地拉祜族苦聪人，没有长期离开过本地。龚家祥的苦聪话和汉语均流利自如，是调查的主要发音合作人，不仅承担了3000词、100句及长篇语料的发音，还参与了语料的录制工作。

（二）李发良

男，拉祜族苦聪人，1964年6月出生，新平县漠沙镇小坝多村红星小组人，农民，小学文化。父母、配偶均为本地拉祜族苦聪人，没有长期离开过本地，拉祜族苦聪话和汉语均流利自如。调查前期参与3000词记录，后期提供本书部分长篇语料和语法例句。

（三）田有明

男，拉祜族苦聪人，1964年9月出生，新平县漠沙镇小坝多村香箐棚小组人，农民，小学文化。父母、配偶均为本地拉祜族苦聪人，没有长期离开过本地，拉祜族苦聪话、汉语均流利自如，时任小坝多村香箐棚小组组长。调查前期参与3000词记录，后期提供本书部分例句。

（四）李正昌

男，拉祜族苦聪人，1965年3月出生，新平县漠沙镇小坝多村人，农民，初中文化。父母、配偶均为本地拉祜族苦聪人，没有长期离开过本地。拉祜族苦聪话和汉语均流利自如，调查前期参与3000词的记录。

（五）龚家有

男，拉祜族苦聪人，1954年3月出生，新平县漠沙镇小坝多村人，农民，初中文化。父母、配偶均为本地拉祜族苦聪人，没有长期离开过本地。拉祜族苦聪话和汉语均流利自如，提供本书部分例句。

第二章 语音

第一节

语音系统

新平苦聪话有33个声母，33个韵母。塞音、塞擦音、擦音有清浊对立。韵母有单元音韵母10个，复元音韵母11个，鼻韵尾韵母12个。受汉语借词的影响有前鼻辅音韵尾-n和后鼻辅音韵尾-ŋ，共有12个鼻韵尾韵母。有7个声调，调值分别为55、33、53、31、21、35、24。音节结构共有6种类型。

一　声母

苦聪话声母共有33个，分别为p、p^{h}、b、m、f、v、t、t^{h}、d、ts、ts^{h}、dz、n、l、s、z、tʂ、tʂ^{h}、dʐ、ʂ、ʐ、tɕ、tɕ^{h}、dʑ、ɕ、ʑ、k、k^{h}、ɡ、ŋ、x、ɣ、w，比拉祜语标准语多出5个舌尖后音，即tʂ、tʂ^{h}、dʐ、ʂ、ʐ。

声母及其特征列表如下：

表2-1　苦聪话声母

			双唇	唇齿	舌尖前	舌尖后	舌面前	舌根
塞音	清	不送气	p		t			k
		送气	p^{h}		t^{h}			k^{h}
	浊	不送气	b		d			ɡ
塞擦音	清	不送气			ts	tʂ	tɕ	
		送气			ts^{h}	tʂ^{h}	tɕ^{h}	
	浊	不送气			dz	dʐ	dʑ	

续表

		双唇	唇齿	舌尖前	舌尖后	舌面前	舌根
鼻音	浊	m		n			ŋ
边音	浊			l			
擦音	清		f	s	ʂ	ɕ	x
	浊		v	z	ʐ	ʑ	ɣ
无擦通音	浊	w					

声母说明：

1. 与标准拉祜语音相比①，苦聪话小舌音q、q^{h}已基本演化为舌根音k、k^{h}。

2. 苦聪话里舌面辅音有时变读为舌叶辅音tʃ、tʃ^{h}、dʒ、ʃ、ʒ，但没有区别词义的作用，因而统一归纳为舌面辅音音位tɕ、tɕ^{h}、dʑ、ɕ、ʑ。

3. 无擦通音w是由于受汉语借词影响而产生的，如wei^{31}tɕ^{h}iaŋ^{31}“围墙”、tsuan^{33}wa^{31}ʑɛ^{31}“砖瓦房”等。

4. 苦聪话浊辅音比较丰富。除浊鼻音m、n、ŋ和浊边音l外，各发音部分的非送气辅音都有规整的清浊对立，如塞音p和b、t和d、k和g，塞擦音ts和dz、tʂ和dʐ、tɕ和dʑ，擦音的f和v、s和z、ʂ和ʐ、ɕ和ʑ、x和ɣ。送气辅音只有清音而无相对的浊音。

例词：

p	po^{31}	晴	pi^{31}	缝儿	pɔ^{31}mɤ^{55}	虫子
p^{h}	p^{h}a^{31}ni^{33}	后天	p^{h}ɤ^{31}si^{24}	跳蚤	p^{h}ʌ^{31}	狗
b	biɛ^{33}	淋	bɔ^{31}	叫	bɤ^{31}na^{33}	痣
m	mon^{31}ts^{h}ɤ^{33}	太阳	mi^{31}ʐɤ^{33}	旱地	mɤ^{31}xɤ^{33}	风
f	fɤ^{33}	淹	fa^{33}	老鼠	fu^{55}	肚子
v	va^{53}vi^{33}	花	vi^{33}	旱	vɤ^{31}tɕɛ^{31}	竹子
t	ti^{31}pɔ^{31}	田埂	tɤ^{31}ni^{33}mɤ^{33}	整天	ta^{55}	挑
t^{h}	t^{h}a^{31}	时候	t^{h}ɔ^{55}	斟	t^{h}an^{24}ʑɛ^{24}	发烧
d	dɔ^{31}	喝	di^{31}	圆	don^{33}	钟

① 常竑恩主编，刘劲荣、张蓉兰修订，《拉祜语简志》（2009年，北京：民族出版社）一书中指出：拉祜语以拉祜纳方言为基础，该方言以澜沧拉祜族自治县首府勐朗坝为中心，向外辐射含糯福、竹塘、东岗的班利一带的语音为标准音区。

ts	tsɤ^{55}	阴	tsa^{31}tɕɛ^{31}	稻子	tsi^{31}	檩
tsʰ	tsʰi^{31}ni^{33}kʰɔ^{31}	今年	tsʰu^{35}	醋	tsʰɔ^{31}	抽
dz	dzi^{31}pʰɤ^{33}	尿布	dzu^{33}kʰɤ^{33}pɤ^{35}	梳头	dzɤ^{31}pʰiɛ^{33}	白酒
n	ni^{33}ʐa^{55}	天气	no^{33}	葱	na^{33}	称
l	lɤ^{33}pɤ^{33}	月亮	lu^{55}	晒	lɔ^{31}tsʰa^{31}zɤ^{31}	溪
s	si^{33}mi^{31}kʰɔ^{31}	前年	sa^{33}si^{24}	水果	ʂɤ^{33}tɕɛ^{31}	树
z	za^{31}ni^{33}	今天	zu^{55}	站	zi^{31}pu^{55}	草
tʂ	tʂen^{35}ɣɤ^{31}	露	tʂɔ^{31}ku^{55}	驼子	tʂɤ^{33}	找
tʂʰ	tʂʰɔ^{31}piau^{33}	肥皂	tʂʰo^{33}	人	tʂʰa^{33}	欠
dʐ	lɔ^{31}dʐi^{31}pɔ^{24}	河岸	dʐi^{31}pɔ^{24}	旁边	ɣa^{31}kɔ^{33}dʐi^{31}pɔ^{24}	路边
ʂ	ʂa^{55}tsʰi^{53}pɔ^{33}	咽气	ʂʅ^{31}liu^{33}si^{24}	石榴	ʂoŋ^{33}tsʰi^{33}li^{33}	钉子
ʐ	ʐɤ^{31}mɤ^{33}	女人	ʐo^{33}	小麦	ʐa^{24}	难
tɕ	vɤ^{31}tɕɛ^{31}	竹子	a^{55}tɕɛ^{31}	姐姐	tɕɛ^{33}	双
tɕʰ	tɕʰin^{33}pi^{31}	铅笔	tɕʰa^{33}	迈	tɕʰɛ^{31}	刮
dʑ	dʑɛ^{33}	相信	min^{31}dʑɔ^{31}	火镰	piɛ^{31}dʑɔ^{31}mɔ^{31}	蜂王
ɕ	ɕin^{35}	旋	ɕu^{24}	牙齿	ɕɛ^{33}	搀
ʑ	ni^{33}ʑa^{55}	天气	ʑɛ^{31}si^{24}	香菜	ʑɛ^{31}biɛ^{33}	盖房子
k	ko^{33}	冰	kɤ^{33}lɔ^{31}kɔ^{55}	山谷	kɔ^{31}lɔ^{35}	回来
kʰ	kʰa^{33}xɔ^{55}	乡下	kʰɤ^{31}tʰa^{31}	什么时候	kʰɔ^{31}ta^{55}la^{31}	年初
g	go^{33}pʰa^{31}tsa^{55}	韭菜	gɯ^{31}nɤ^{35}	玩	gɔ^{31}	吸儿
ŋ	ŋʌ^{31}	鱼	ŋa^{31}pɔ^{35}	旁边	ŋɤ^{31}ʂɤ^{33}	柏树
x	xa^{55}gɯ^{31}ʐɛ^{33}	沙子	xɔ^{53}tsʰa^{31}	火柴	xu^{33}liɛ^{31}	出嫁
ɣ	ɣɔ^{31}	他	ɣa^{31}kɔ^{33}	路	ɣɤ^{31}liɛ^{31}	热水
w	wa^{31}tɕʰɔ^{31}	麻雀	wei^{31}tɕʰiaŋ^{31}	围墙	wan^{33}tsʰi^{31}	尺子

二　韵母

苦聪话有10个单元音韵母、11个复元音韵母和12个鼻韵尾韵母。

（一）单元音韵母

苦聪话的10个单元音又可以分为前元音、央元音、后元音三种。

1. 前元音3个：i、e、ɛ。例词如下：

i	vi^{33}	旱	tsʰi^{31}	羊
e	ʑe^{31}si^{24}	香菜	ke^{33}	去
ɛ	ʑɛ^{31}xɔ^{33}	家里	ʂɤ^{33}tɕɛ^{31}	树

2. 央元音1个：ᴀ（由于苦聪话的元音ᴀ不区分词义，下文都使用前元音a代替）。例如：ɣa^{31}kɔ^{33}“路”、xa^{55}pɤ^{33}“石头”。

3. 后元音6个：ɯ、ɤ、ʌ、u、o、ɔ。其中圆唇元音3个：u、o、ɔ；展唇元音3个：ɯ、ɤ、ʌ。例词如下：

ɯ	kʰɯ^{33}	脚	pɯ^{35}la^{31}	蚊子
ɤ	lɤ^{33}pɤ^{33}	月亮	mɤ^{31}xɤ^{33}	风
ʌ	ŋʌ^{31}	鱼	pʰʌ^{31}	狗
u	lu^{55}	晒	tu^{33}tɔ^{33}	起来
o	ko^{33}	冰	po^{31}	晴
ɔ	ti^{31}pɔ^{31}	田埂	lɔ^{33}	坝

（二）复元音韵母

苦聪话的复元音韵母共有11个，其中二合元音韵母9个，三合元音韵母2个。含有二合元音韵母的词大部分是拉祜语中的固有词，而含有三合元音韵母的词大多为汉语借词。

后响二合元音韵母有3个：ia、iɛ、ua。例词如下：

ia	tɕʰa^{33}	迈	di^{31}tɕa^{33}	吵架
iɛ	biɛ^{33}	淋	mon^{31}piɛ^{31}piɛ^{31}	闪电
ua	pu^{31}xua^{35}	蜻蜓	xua^{31}zuai^{55}	合算

前响二合元音韵母有6个：ui、iu、ai、ei、au、ou。例词如下：

ui	lui^{31}ʑɔ^{55}	进去	tui^{55}ʑɔ^{31}	出去
iu	tɕiu^{55}	就	ʂi^{31}liu^{33}si^{24}	石榴
ai	men^{31}ɣai^{33}	挣	tai^{24}	行
ei	mei^{31}tsen^{33}dɔ^{33}	针灸	mei^{24}ɕi^{33}	妹夫
au	a^{55}ŋau^{31}ɣɔ^{31}	莴笋	pau^{33}tsi^{33}	包子
ou	ʑou^{31}tʰiau^{31}	油条	sou^{35}ʑin^{31}	寿命

三合元音韵母2个：iau、uai。例词如下：

uai	tsuai^{24}	有	kuai^{33}	乖
iau	tʂʰɔ^{31}piau^{33}	肥皂	miau^{35}	庙

（三）鼻韵尾韵母

苦聪话的鼻韵尾韵母共12个：an、en、in、on、un、aŋ、iŋ、oŋ、ian、uan、iaŋ、uaŋ。

例词如下：

an	nan^{31}	推	xan^{31}	重
en	p^{h}en^{33}	桌子	men^{31}	饿
in	ɕin^{35}	旋	p^{h}in^{31}	平
on	mon^{31}	马	son^{33}	松
un	xun^{33}	随便	ts^{h}un^{31}	寸
aŋ	tsaŋ^{35}	丈	tʂaŋ^{33}	章
iŋ	niŋ^{31}moŋ^{31}sɿ^{24}	柠檬		
oŋ	toŋ^{33}	蹲	k^{h}oŋ^{33}	白
ian	tɕian^{35}ʑou^{31}	酱油	k^{h}ua^{24}lian^{33}	项链
uan	tʂ^{h}uan^{24}	快	tʂ^{h}uan^{31}	船
iaŋ	tɕ^{h}iaŋ^{31}	墙壁	tɕiaŋ^{33}	刚刚
uaŋ	tʂ^{h}uaŋ^{31}	床	liu^{31}xuaŋ^{31}	硫黄

三　声调

苦聪话有7个声调，分别是：高平[55]、中平[33]、高降[53]、中降[31]、低降[21]、中升[35]、低升[24]。例词如下：

55	高平	kɔ^{55}	夹
33	中平	mɔ^{33}	贵
53	高降	tɔ^{53}	出
31	中降	mɔ^{31}	蘑菇
21	低降	mɔ^{21}	猴子
35	中升	tsɔ^{35}	坛子
24	低升	mɔ^{24}	孵

在苦聪话中，部分合音也会引起声调的变化，如k^{h}a^{31}e^{33}＝k^{h}ai^{24}“怎么”、gʌ^{31}ɛ^{33}＝gai^{24}“想”、ka^{31}ɔ^{33}＝kau^{24}“地方”等。

四　音节

（一）音节构成

苦聪话音节的构成方式主要有6种。如下所示：

表2-2 音节结构及例词表

序号	音节结构类型	例词	汉义	例词	汉义
1	V+T	$ɤ^{31}$	四	$ɤ^{24}$	大
2	C+V+T	$nɔ^{31}$	你	$tsɔ^{35}$	坛子
3	C+V+V+T	$biɛ^{33}$	淋	lui^{31}	进
4	C+V+V+V+T	$kuai^{33}$	乖	$miau^{35}$	庙
5	C+V+C+T	nan^{31}	推	tan^{24}	淡
6	C+V+V+C+T	$tʂ^{h}uaŋ^{31}$	床	$tɕiaŋ^{33}$	刚

说明：

1. C代表辅音，V代表元音，T代表声调。

2. 苦聪话音节类型结构共6个类型，类型1、类型2和类型3多为固有词，类型4、类型5和类型6多为汉语借词。

3. 在类型3中，当元音为二合元音时，可以分为主元音和次元音，靠近辅音的为主元音，位于尾部的元音为次元音。

4. 在类型4中，当元音为三合元音时，中间的元音为主元音，其余的元音为次元音。

5. 类型5和类型6主要出现在汉语借词中，元音的主次关系与汉语相同。

（二）声韵组合情况

根据统计，新平苦聪话的声韵母组合共有312种。其中，声母以舌尖前辅音和舌尖后辅音出现的频率最高，与韵母配合共有189组；舌根辅音的组合情况共94组；双唇辅音及唇齿辅音有78组；舌面前辅音组合情况有55组。零声母只出现在除ʌ、o以外的其他的8个单元音韵母中；无擦通音w共有4组组合情况。

第二节

音变

新平苦聪话的音变主要表现在语流过程中的脱落、变调等情况。

一 脱落

在新平苦聪话中，有些由声母和韵母组合成的音节会在语流过程中出现声母脱落情况。其中较为典型的有两种情况：

（一）宾语/受事标记tʰa^{31}变读为a^{33}。例如：

nɔ^{31} i^{33} ɔ^{24}lɔ^{31}lɔ^{31}si^{33} a^{33} mɔ^{31} ε^{33}?

你 那 乞丐 OM 看见 INTER

你看见那个乞丐了吗？

ni^{33}ʑa^{33} tɤ^{31}ni^{33} a^{33} tɤ^{31}ni^{33} nɤ^{33}.

日子 一天 OM 一天 好

日子一天比一天好。

xa^{31}tsʰi^{31}mɤ^{33} tɤ^{31}ni^{33} a^{33} tɤ^{31}ni^{33} mo^{33} tɔ^{53}la^{33}.

大尖山 一天 OM 一天 高 起来

大尖山一天比一天高了起来。

例句中的宾语/受事标记tʰa^{31}在语流音变中声母脱落并变调为a^{33}。

（二）ŋa^{31}ɣɯ^{33}“我们”中ɣɯ^{33}变读为ɯ^{33}。例如：

ŋa^{31}ɯ^{33} ʑɔ^{24} ʐɤ^{33}niε^{24} ɕε^{33} ɣɤ^{31} tsuai^{24}.

我们 家 小孩 三 个 有

我们家有三个小孩。

ŋa^{31}ɯ^{33} ʑɛ^{31} xɔ^{31} pɔ^{24}.

我们 房子 卖 MOOD

我们卖了房子。

ŋa^{31}ɯ^{33} tɤ^{31} ʐɤ^{33} tɔ^{33}ma^{31} ke^{33} niɛ^{33} xui^{24} k^{h}ai^{33} mɛ^{24}.

我们 一 百 多个 去 CONJ 会 开 FUT

我们一百多人去开会。

例句中的ŋa^{31}ɣɯ^{33}“我们”在语流音变中第二个音节的声母ɣ已脱落。类似的情况还有：

ɣo^{31}ɣɯ^{31}→ɣo^{31}（ɣ）ɯ^{31}“他们”

ɣa^{33}zɤ^{31}→（ɣ）a^{33}zɤ^{31}“鸡崽”

ŋɤ^{31}ga^{55}mo^{33}→（ŋ）ɤ^{31}ga^{55}mo^{33}“大鱼”

ɣɔ^{31}ke^{33}ʑo^{24}→ɣɔ^{31}ke^{33}（ʑ）o^{24}“他去了”

二 变调

苦聪话中33调、24调、35调在一定的条件下都会产生变调，以中升调35的变化最为复杂。苦聪话多数词类的词在相互组合时往往产生一定的声调变化。

（一）33调变53调

ko^{33}“说”在句中受到后面汉语借词ʂi^{33}“是”的33调的影响，产生了异化。也就是说，为了变得和ʂi^{33}不同，ko^{33}“说”由中平调变为高降调，变调情况是ko^{33}→ko^{53}。例如：

ŋa^{31} ko^{53} ʂi^{33} nɤ^{33}

我 说 是 TOP

我说的是呢……

（二）33调变24调

完成体标记pɔ^{33}在句中受前面声调的影响，多会读作24调，变调情况是pɔ^{33}→pɔ^{24}。例如：

sa^{24}bɔ^{33}si^{33}tʂ^{h}o^{33} fa^{33}t^{h}ɔ^{31}la^{33} bɔ^{33} piɛ^{31} pɔ^{24}.

猎人 兔子 打 死 PFV

猎人把兔子打死了。

ʂu^{33} ni^{31} pɔ^{24} ni^{33} pɔ^{24}.

书 两 次 看 PFV

看了两遍书。

（三）24调变31调

升调24调受前一个音节31调的影响，同化为31调。例如，miɛ^{24}“好吃”受否定成分

“不”ma^{31}修饰时，miɛ^{24}的24调变为和ma^{31}相同的31调，即ma^{31}miɛ^{31}“不好吃”。变调情况是31＋24→31＋31。

（四）24调变33调

mɛ^{24}“要”在陈述句中使用本调24调，但在排比句中受语气的影响就变为中平调33调。例如：

tʂɤ^{31}　nɤ^{33}　mɛ^{24}!

吃　好　要

要吃好！

kɔ^{24}　nɤ^{33}　pi^{31}　mɛ^{33}!　tʂɤ^{31}　nɤ^{33}　pi^{31}　mɛ^{33}!　vɤ^{31}　nɤ^{33}　pi^{31}　mɛ^{33}!

过　好　给　要　吃　好　给　要　穿　好　给　要

要过（得）好！要吃（得）好！要穿（得）好！

（五）35调变44调

升调35调受前后中平调33调的影响，在语流中同化为平调44调。例如语素mɤ^{35}“现”读作35调，但在词a^{33}mɤ^{35}gɤ^{33}“现在”中受前后音节均为33调的影响变为平调44调。变调情况是33＋35＋33→33＋44＋33。

（六）35调变33调

汉语借词ʂi^{35}“是”在全部为汉语借词的小句中读作35调，但在有汉语借词的小句中变为33调，变调情况是ʂi^{35}→ʂi^{33}。例如：

ŋa^{31}　ko^{53}　ʂi^{33}　nɤ^{33},　tʂu^{31}ʐau^{35}　ʂi^{35}

我　说　是　TOP　主要　是

我说的是呢，主要是……

三　变读

（一）汉语普通话声母是舌尖后音tʂ、tʂ^{h}、ʂ、ʐ的词借入苦聪话后，受当地汉语方言影响，一部分读音变为舌尖前音ts、ts^{h}、s、z。例如：

xɔ^{31}ts^{h}ɤ^{33}　火车　tsen^{35}min^{31}si^{33}tʂ^{h}o^{33}　证人　tsa^{31}　炸

tsen^{33}　争　sua^{31}tsi^{33}　刷子

一部分仍为舌尖后音tʂ、tʂ^{h}、ʂ、ʐ。例如：

tʂaŋ^{33}　章　tʂ^{h}uan^{31}xua^{31}　划船　tʂ^{h}uan^{31}xua^{31}si^{33}tʂ^{h}o^{33}　摆渡人

ʂi^{31}liu^{33}si^{24}　石榴　ʂu^{33}pen^{31}　书

另外，汉语声母是舌面前音tɕ的也变为舌尖前音ts。例如：

tsi^{33}ʐan^{31}　居然　tsi^{33}ts^{h}i^{35}　机器

（二）汉语中韵母是an、ian、uan的词在借入苦聪话后变为in。例如：

ʑin^{35}t^{h}ai^{31}	砚台	（ian→in）
tin^{33}xua^{55}	电话	（ian→in）
ʑin^{31}tsu^{33}pi^{31}	圆珠笔	（yan→in）

汉语中韵母是iɛ的词在借入苦聪话后变为ɛ，如tɕ^{h}ɛ^{31}si^{24}“茄子”。

汉语中韵母是y的词在借入苦聪话后变为o，如ʑou^{31}tin^{35}tɕo^{31}“邮局”。

第三节

拼写符号

新平苦聪话没有文字，重大的历史事件都是靠口耳相传，或者是使用汉文作为传授知识、提高文化水平的工具。拼写符号的设计旨在更有效地保护和传承新平苦聪人的语言与文化。

苦聪话是拉祜语的一个方言，所以本拼写符号参照了现行拉祜文拼音符号，即尽量使用相同字母，只有在拉祜标准音中没有相应的音时才使用其他拉丁字母表示。

本节内容主要包括字母表、声母表、韵母表、声调表和拼写规则五个方面。

一　字母表

A a	B b	C c	D d	E e	F f	G g	H h	I i	J j
K k	L l	M m	N n	O o	P p	Q q	R r	S s	T t
U u	V v	W w	X x	Y y	Z z				

二　声韵调拼写

（一）声母拼写

表 2-3　声母表

声母	声母国际音标	拼音	拼音国际音标	汉义
p	p	pol	po^{31}	晴
ph	p^h	phalni	$p^ha^{31}ni^{33}$	后天
b	b	biee	$biɛ^{33}$	淋

续 表

声母	声母国际音标	拼音	拼音国际音标	汉义
m	m	monlzheo	mon^{31}tsʰɤ^{33}	太阳
f	f	feo	fɤ^{33}	淹
v	v	vadvi	va^{53}vi^{33}	花
t	t	tilpawl	ti^{31}pɔ^{31}	田埂
th	tʰ	thal	tʰa^{31}	时候
d	d	dawl	dɔ^{31}	喝
z	ts	zeok	tsɤ^{55}	阴
zh	tsʰ	zhilnikhawl	tsʰi^{31}ni^{33}kʰɔ^{31}	今年
dz	dz	dzilpheo	dzi^{31}pʰɤ^{33}	尿布
n	n	niyak	ni^{33}ʑa^{55}	天气
l	l	leopeo	lɤ^{33}pɤ^{33}	月亮
s	s	similkhawl	si^{33}mi^{31}kʰɔ^{31}	前年
r	z	ralni	za^{31}ni^{33}	今天
zr	tʂ	zrenqxeol	tʂen^{35}ɣɤ^{31}	露
zrh	tʂʰ	zrhawlpiao	tʂʰɔ^{31}piau^{33}	肥皂
dzr	dʐ	lawldzrilpawz	lɔ^{31}dʐi^{31}pɔ^{24}	河岸
sr	ʂ	sragzhidpaw	ʂa^{55}tsʰi^{53}pɔ^{33}	咽气
rr	ʐ	rrogagmo	ʐo^{33}ga^{55}mo^{33}	大麦
c	tɕ	veolciel	vɤ^{31}tɕɛ^{31}	竹子
ch	tɕʰ	chiel	tɕʰɛ^{31}	刮
j	dʑ	jie	dʑɛ^{33}	相信
sh	ɕ	shinq	ɕin^{35}	头旋
y	ʑ	yielhaw	ʑɛ^{31}xɔ^{33}	家里
k	k	keomol	kɤ^{33}mo^{31}	山
kh	kʰ	gophalzak	go^{33}pʰa^{31}tsa^{55}	韭菜
g	g	gawl	gɔ^{31}	吸
ng	ŋ	ngeolleongeolmal	ŋɤ^{31}lɤ^{33}ŋɤ^{31}ma^{31}	端午
h	x	haggeulzrie	xa^{55}gɯ^{31}ʐɛ^{33}	沙子

续表

声母	声母国际音标	拼音	拼音国际音标	汉义
x	ɣ	xeolzreo	ɣɤ^{31}ʐɤ^{33}	水田
w	w	walchawl	wa^{31}tɕʰɔ^{31}	麻雀

（二）韵母拼写

表2-4　韵母表

韵母	韵母国际音标	拼音	拼音国际音标	汉义
i	i	vi	vi^{33}	旱
e	e	shelsiz	ʑe^{31}si^{24}	香菜
ie	ɛ	yielhaw	ʑɛ^{31}xɔ^{33}	家里
u	u	luk	lu^{55}	晒
o	o	ko	ko^{33}	冰
aw	ɔ	tilpawl	ti^{31}pɔ^{31}	田埂
eu	ɯ	kheu	kʰɯ^{33}	脚
eo	ɤ	leopeo	lɤ^{33}pɤ^{33}	月亮
vd	ʌ	ngvdl	ŋʌ^{31}	鱼
a	a	hakpeo	xa^{55}pɤ^{33}	石头
ia	ia	chia	tɕʰa^{33}	迈
iee	iɛ	biee	biɛ^{33}	淋
ua	ua	pulhuaq	pu^{31}xua^{35}	蜻蜓
ui	ui	luilyawk	lui^{31}ʑɔ^{55}	进去
ai	ai	menlxai	men^{31}ɣai^{33}	挣
ei	ei	meilzendaw	mei^{31}tsen^{33}dɔ^{33}	针灸
au	au	agngaulxawl	a^{55}ŋau^{31}ɣɔ^{31}	莴笋
ou	ou	yawlthiaol	ʑou^{31}tʰiau^{31}	油条
iu	iu	ciuk	ɕiu^{33}	修
uai	uai	zuaiz	tsuai^{24}	有
iao	iau	zrhawlpiao	tʂʰɔ^{31}piau^{33}	肥皂

续 表

韵母	韵母国际音标	拼音	拼音国际音标	汉义
an	an	nanl	nan^{31}	推
en	en	phen	$p^{h}en^{33}$	桌子
in	in	shinq	$çin^{35}$	头旋
on	on	monl	mon^{31}	马
un	un	hun	xun^{33}	随便
ang	aŋ	zangq	$tsaŋ^{35}$	丈
ing	iŋ	ninglmonglsiz	$niŋ^{31}moŋ^{31}si^{24}$	柠檬
ong	oŋ	tong	$toŋ^{33}$	蹲
ian	ian	cianqyoul	$tçian^{35}ʑou^{31}$	酱油
uan	uan	zrhuanz	$tʂ^{h}uan^{24}$	快
uang	uaŋ	zrhuangl	$tʂ^{h}uaŋ^{31}$	床
iang	iaŋ	chiangl	$tç^{h}iaŋ^{31}$	墙

（三）声调拼写

表2-5 声调表

声调名称	调号	调值	拼音	国际音标	汉义
第一调		33	maw	$mɔ^{33}$	贵
第二调	l	31	mawl	$mɔ^{31}$	蘑菇
第三调	d	53	tawdlaw	$tɔ^{53}lɔ^{33}$	出来
第四调	q	35	zawq	$tsɔ^{35}$	坛子
第五调	r	21	mawr	$mɔ^{21}$	猴子
第六调	z	24	mawz	$mɔ^{24}$	孵
第七调	k	55	kawk	$kɔ^{55}$	夹

三 拼写规则

苦聪话拼音符号的拼写采用三拼法，即声母加韵母加调号，就可以拼出一个音节的实际读音。在书写时先写声母再写韵母，最后加调号来表示一个音节；每个词的内部音节之间不间隔，每个音节之间空一格；句首第一个字母大写，其他的符号均不大写。

四　拼写样本

1. Teolka　cha　teolka　pau　xal　tie.

   一个　进　一个　出　编　上

   一条绳子往里穿，一条绳子往外穿。

2. Xasaz　yul　kawllal,　varsaz　yul　kawllal.

   鸡肉　拿　过来　猪肉　拿　过来

   鸡肉拿过来，猪肉拿过来。

3. Asraw　zrho　zeomenl　phvdl　yiel　sraw　taz.

   以后　人　干活　狗　家　守　CON

   此后，祖先负责操持家务，狗负责看守家门。

4. Ngal　yielkhaw　kel　mal　daw　miez,　daw　khual　mal　koz.　Nilzhi　piɛ　likkoz.

   我　山里　去　水竹　砍　要　砍　回来　竹子　撇　二十　片　撇

   我上山去砍竹子，把竹子砍成相同的两片，一共二十片。

5. Khakhu　khiɛlpik　chil　tel　miez.

   背篓　屁股　底　上　要

   是为了以后做成背篓的底子。

第三章 词汇

第一节

词汇特点

新平苦聪话的词汇在音节数量上以双音节占优势，借词较多且来源具有多样性，词汇系统中还有一定数量的能体现本族群独特生活、思维方式的词语。

一　音节的特点

在苦聪话词汇系统中，双音节词所占比例相对较多，单音节词和三音节词次之；也有不少四音节词，还有少数的五音节以上的词语。其中动词、形容词、量词等以单音节词居多，而名词、拟声词、方位词、汉语借词等则以双音节为主。

单音节词：ŋɤ^{33}“霜”、mɔ^{21}“猴子”、ɣo^{31}“缝衣针”、men^{33}“坐”、ta^{55}“挑”。

双音节词：mon^{31}kɤ^{33}“星星”、za^{31}tɔ^{33}“害羞”、xa^{55}pɤ^{33}“石头”、mɔ^{31}tʰɔ^{33}“打雷”、kʰan^{24}ba^{31}“陀螺”。

三音节词：a^{33}sɔ^{35}pɔ^{24}“明天”、lɤ^{31}mɤ^{33}ku^{24}“老虎”、a^{35}mu^{31}ku^{35}“瓢”、lɔ^{31}tsʰa^{31}zɿɤ^{31}“小河”、sa^{24}ni^{33}ku^{55}“麂子”。

四音节词：pʰɤ^{33}kɤ^{33}pɤ^{31}li^{55}“衬衫”、ni^{33}ni^{33}kɤ^{31}kɤ^{31}“漂漂亮亮”、ʑɛ^{31}na^{33}ʑɛ^{31}kʰɔ^{33}“深山老林”、mɤ^{31}kɤ^{31}pa^{55}kɤ^{31}“精耕细作”。

多音节词：la^{33}kɤ^{33}niɛ^{33}dɔ^{33}lɔ^{55}“短裤”、lɤ^{33}ka^{35}ga^{31}ʂɤ^{33}vi^{33}“柳絮”、a^{55}tiɛ^{33}ku^{55}vi^{33}ku^{33}lu^{33}“蜗牛”、a^{31}li^{33}kiɛ^{55}liɛ^{33}zɤ^{31}men^{33}“黄鳝”、ɣo^{31}mɤ^{33}ni^{33}ku^{55}lu^{33}“胡萝卜”。

二　借词的特点

历史上，新平苦聪人在一些商品贸易中与傣族、哈尼族、彝族、汉族等进行交往和交流。所以，在新平苦聪话中就借入了一些其他民族语言的词汇，如借自傣语的词

tʂʰɔ^{31}piau^{33}“肥皂”、借自彝语的词la^{24}tsɤ^{31}“辣椒”，以及借自哈尼语的词piɛ^{31}si^{24}“芋头”、li^{55}ga^{31}“赶集”等。借词中以汉语借词居多，故本文仅从汉语词汇的借入为出发点讨论其特点。

新平苦聪话中汉语借词的特点主要体现在以下几个方面：

第一，从词类分布来看，借词大多以名词为主，主要涉及生产生活用词和食品类词汇。这些词汇的借入丰富了新平苦聪话的词汇系统，更多地满足了人们交际的需要。例如：

xɔ^{31}tsʰɤ^{33} 火车　　tɕʰin^{33}pi^{31} 铅笔

ʂi^{31}liu^{33}si^{24} 石榴　　tsi^{33}tsʰi^{35} 机器

第二，从语音来看，汉借词基本符合苦聪话的语音特点。这类借词分别借自汉语普通话和当地汉语方言。

1. 借自汉语普通话。例如：

ʑin^{31}tsu^{33}pi^{31} 圆珠笔　　ɯ^{24}fu^{31} 二胡

pʰau^{35} 炮　　tʰɔ^{33}la^{33}tsi^{33} 拖拉机

2. 借自当地汉语方言。例如：

tɕʰau^{31}ʂan^{33}xui^{35} 朝山会　　tan^{33}tɕʰɤ^{33} 自行车

第三，从词法来看，借入时词法或句法规则要符合苦聪话的OV语序。例如：

ma^{31}tɕiaŋ^{35}　dɔ^{33}　打麻将　　pɔ^{33}lɔ^{31}　si^{24}　菠萝（果）

麻将汉语借词　打固有词　　菠萝汉语借词　果固有词

三　独特的词语表达方式

苦聪话的词汇除了反映人们的日常生活外，还有一些富有特色的词，这反映了新平苦聪人独特的思维方式和认知方式。例如：

mon^{31}tsʰɤ^{33}　tɔ^{33}　ɣɔ^{33}　pɔ^{24}　东方　　mon^{31}tsʰɤ^{33}　kɤ^{33}　kʰɤ^{33}　pɔ^{24}　西方

太阳　出　的　边　　太阳　落　下　边

mɔ^{31}　pa^{24}　磨的上扇　　mɔ^{31}　mɤ^{33}　磨的下扇

磨　M　　磨　F

kʰɤ^{31}ku^{33}　kʰiɛ^{31}pi^{33}　碗底　　pʰen^{33}　kʰɯ^{33}　桌脚

碗　屁股　　桌子　脚

lɔ^{31}　ma^{31}miɛ^{33}　下游

河　尾巴

除此之外，苦聪话中还有一些有特点的文化词值得注意。例如：

mon^{31}ɕiɛ^{33}	meŋ^{33}	祭竜	mon^{31}ɕiɛ^{33}	pa^{24}	竜树王	mon^{31}ɕiɛ^{33}	mɤ^{33}	竜树娘
竜树	祭		竜树	M		竜树	F	

这些都是与祭祀相关的词汇，在一定程度上体现出了苦聪话独特的词语表达方式。

第二节

构词法

苦聪话的词语，从结构上可以分为单纯词和合成词。单纯词又可以根据音节数量的多少分为单音节单纯词和多音节单纯词。合成词主要是复合式和派生式两种构词方式。除此之外，在原有词根的基础上，苦聪话还可通过重叠、拟声、变音或变调等手段进行构词。

一　单纯词

单纯词是指由一个语素构成的词。从音节的构成来看，单纯词又分为单音节单纯词和多音节单纯词。

（一）单音节单纯词

单音节单纯词包括名词、动词、形容词、代词、数词、量词、副词等。例如：

vɤ^{31}	雪	mi^{31}	土	ʂɤ^{33}	木头	ʐo^{33}	小麦	no^{33}	葱	mɔ^{21}	猴子
biɛ^{33}	淋	fɤ^{33}	淹	bɔ^{31}	叫	vu^{33}	下～蛋	mɔ^{24}	孵	ɣɤ^{31}	阉
sa^{55}	蒸	zi^{31}	揉	tsɤ^{31}	吃	po^{31}	晴	mɔ^{33}	贵	p^{h}o^{21}	肿
tsɤ^{55}	阴	niɛ^{33}	短	zɤ^{31}	长	ŋa^{31}	我	ɣɔ^{31}	他	nɔ^{31}	你
tɤ^{31}	一	ɕɛ^{33}	三	sɤ^{24}	七	kɔ^{31}	九	ʑɛ^{55}	很	xɔ^{31}	卖
k^{h}ɯ^{33}	匹	ma^{31}	只	tʂan^{33}	张	tʂ^{h}uaŋ^{31}	床	tɕɛ^{33}	双	pɤ^{31}	把

（二）多音节单纯词

1. 联绵词

联绵词就是用两个音节连接在一起表达一种词汇意义且不能拆开使用的词。其中包括双声、叠韵和其他非双声叠韵词三种情况。

（1）双声词

指的是两个声母相同的联绵词。例如：

$pin^{31}pi^{31}$	归	$k^ha^{55}k^hu^{33}$	背篓/箩筐

（2）叠韵词

指的是两个音节的韵母相同的联绵词。例如：

$p^hi^{55}\ li^{33}$	笛子	$na^{55}ka^{31}$	额头
$k^ha^{55}ba^{55}$	弓	$ɣɤ^{31}sɤ^{55}$	虹

（3）其他

也有音节声韵都不相同的联绵词。例如：

$i^{33}kiɛ^{53}$	够	$tsa^{31}si^{31}$	非常
$mon^{31}kɤ^{33}$	星星	$sen^{33}ku^{53}$	升名词

2. 拟声词

拟声词是根据语言的内在机制和构成规则，通过对客观世界的模拟所造出的词。例如：

$ʂua^{31}ʂua^{31}$	树叶声	$ɕiu^{55}ɕiu^{55}$	草声
$p^hiu^{31}p^hiu^{31}$	烤玉米声	$xon^{21}\ xon^{21}$	老虎叫声

3. 音译外来词

在这里主要是音译汉语词。例如：

$tsen^{35}fu^{31}$	政府	$ɯ^{24}fu^{31}$	二胡
$ʐin^{35}t^hai^{31}$	砚台	$tso^{33}kɔ^{31}$	中国

二　合成词

合成词可以分为复合式和派生式两类。

（一）复合式

从构词角度来看，苦聪话中的复合词是由两个或两个以上的词根语素，按一定规则组合而成的词。合成词主要有并列型、偏正型、主谓型、支配型和补充型五种结构方式。

1. 并列型

由两个音节意义相同、相近、相关或相反的词根并列组合而成。

（1）名词性语素＋名词性语素。例如：

ba^{24}	$ʐɛ^{24}$	父母	$ʂɤ^{33}tɕɛ^{31}$	$ʂɤ^{33}ka^{55}$	木材	$zɤ^{31}$	ni^{33}	子女
父	母		树	树枝		儿子	女儿	

（2）动词性语素 + 动词性语素。例如：

ko^{33} ɣɤ^{31} 说笑	tui^{55} la^{31} 出来	la^{31} kɔ^{31} 来回
说 笑	出 来	来 回

2. 偏正型

苦聪话构词法中的偏正型分为修饰语在前和修饰语在后两种语序。因而，构成偏正型复合词时，大多是后一词根修饰限制前一词根。中心词由名词性的或者动词性的语素乃至形容词性的语素来充任；修饰语素则可以是形容词性语素，也可以是名词性语素等。

（1）名词性语素 + 形容词性修饰语素。例如：

tʂ^{h}o^{33} ka^{24} 哑巴	nu^{31} ni^{33} 黄牛	tʂ^{h}o^{33} mon^{31} 老人
人 傻	牛 黄	人 老

（2）名词性语素 + 名词性修饰语素。例如：

ŋɤ^{31} vu^{33} 鱼卵	ts^{h}i^{31} k^{h}ɔ^{33} 羊圈	mon^{31} k^{h}ɔ^{33} 马厩
鱼 子	羊 圈	马 圈

（3）名词性语素 + 动词性修饰语素。例如：

ɔ^{24} ka^{33} 剩饭	ɣu^{31}tsa^{55} ka^{33} 剩菜
饭 剩	菜 剩

（4）动词性修饰语素 + 动词性中心语素。例如：

k^{h}ɔ^{31} ko^{33} 背地里说	k^{h}o^{31} nɤ^{33} 偷听	k^{h}u^{31} ɣɤ^{31} 偷笑
偷 说	偷 听	偷 笑

3. 补充型

整个词是由中心语素和补充性语素构成，后一语素对前一语素进行补充说明。

（1）前一名词性语素表示指称的事物，后一语素表示该事物的状态或者单位。例如：

la^{21} p^{h}i^{33} 肩膀	ŋɤ^{31} ka^{55} 钓鱼竿
手 坡	鱼 枝

（2）前一动词性语素表示动作，后一动词性语素表示动作的结果。例如：

mɔ^{31} pɔ^{24} 看见	ni^{33} tsun^{31} 瞄准
见 到	看 准

4. 支配型

名词性语素在前，动词性语素在后，前一语素表示动作、行为所支配或关涉的事物。例如：

ŋɤ^{31} tiau^{35} 钓鱼	mon^{31} tsi^{31} 骑马
鱼 钓	马 骑

5. 主谓型

由一个名词性语素和一个动词性语素构成，前一语素表示被陈述的事物，后一语素陈述前一事物。例如：

（1）名词性语素 + 动词性语素。例如：

tʂʰo^{33} kʰo^{31} 贼　　　mi^{31} mi^{31} 地震

人　偷盗　　　地　抖

（2）名词性语素 + 形容词性语素。例如：

kʰɯ^{33} si^{24} 爪子　　　mon^{31} na^{33} 黑夜

脚　弯　　　天　黑

（二）派生式

派生式合成词是由词根附加词缀构成。词缀附加在词根之前或之后，构成词类标志，无特殊的词汇意义。根据附加词缀所在的位置，有前缀和后缀之分。

1. 前缀

（1）kʰai^{24}-与后面的词根一起构成疑问代词。例如：

kʰai^{24}kɛ^{55} 怎样　　　kʰai^{24}ti^{33} 怎么

kʰai^{24}kau^{24} 哪里　　　kʰai^{24}si^{33} 什么

（2）前缀a-可以与不同的语素构成新词。

①a^{31}-与词根构成方位词。例如：

a^{31}xɔ^{55} 下面　　　a^{31}kʰo^{33} 里面

a^{31}dzi^{31}pɔ^{24} 边儿　　　a^{31}ka^{35}kɔ^{33} 中间

②a^{31}-、a^{55}-、a^{33}-与词根构成亲属称谓词。例如：

a^{31}bi^{24} 奶奶　　　a^{55}ʐu^{31} 姑

a^{31}pʰi^{31}mɤ^{33} 外祖母　　　a^{33}te^{33} 爸爸

③a^{33}-与词根构成时间名词。例如：

a^{33}sɔ^{35}pɔ^{24} 明天　　　a^{33}ʂɔ^{33} 以后

④a^{33}-、a^{31}-、a^{55}-、a^{35}-与词根构成表示生产生活中常见的物品、家禽类名词。例如：

a^{35}mu^{31}ku^{35} 瓢　　　a^{55}tsu^{33}pa^{33} 筷子

a^{31}kʰo^{33} 窟窿　　　a^{31}min^{35} 火

a^{31}pɔ^{35}si^{24}ga^{55}mo^{33} 苹果　　　a^{31}tsʰi^{33} 锅

（3）i^{33}-与词根构成表时间、空间的名词。例如：

i^{33}gɤ^{33} 以前　　　i^{33}gɤ^{33}tɔ^{33}kʰɔ^{31} 往年

i^{33}ɣɔ^{31}ʂɔ^{35} 在……前　　　i^{33}ka^{53}kɔ^{33} 在……之间

2. 后缀

（1）-mɤ^{33}表示雌性或女性，可以与词根构成名词。例如：

non^{33}mɤ^{33}	妹妹	miɛ^{24}mɤ^{33}	嫂子	a^{33}vu^{33}mɤ^{33}	舅妈	ʐɤ^{31}k^{h}ɤ^{31}mɤ^{33}	儿媳妇
nu^{31}mɤ^{33}	母牛	va^{21}mɤ^{33}	母猪	ɣa^{33}mɤ^{33}	母鸡	p^{h}ʌ^{31}mɤ^{33}	母狗

（2）-pa^{24}表示男性或雄性，可以与词根构成名词。例如：

a^{33}vu^{33}pa^{24}	舅舅	a^{33}vi^{55}pa^{24}	哥哥
nu^{31}pa^{24}	公牛	miɛ^{55}niɛ^{33}pa^{24}	公猫

（3）-si^{24}表示植物的“果实”，语素si^{24}来自sa^{33}si^{24}“果实”，具有较强的构词能力，可以广泛地跟在表示植物的名词语素后边，表示该种植物的果实。例如：

a^{31}pɔ^{35}si^{24}ga^{55}mo^{33}	苹果	tɕ^{h}ɛ^{31}miɛ^{31}si^{24}	核桃
a^{55}vɤ^{31}si^{24}	桃子	bɤ^{31}si^{24}	樱桃

-si^{24}在苦聪话中从表示“果实”的实际意义，可以引申为表示“球状”或“椭圆状”物体。例如：

ni^{33}mʌ^{33}	si^{24}	心脏	miɛ^{33}	si^{24}	眼珠	va^{21}k^{h}ɯ^{33}	si^{24} 猪蹄菜
心	表形貌		眼睛	表形貌		猪脚	表形貌

（4）-biɛ^{33}liɛ^{33}是双音节词缀，表“糊状”物体，可以与词根构成新的名词。例如：

min^{31}	biɛ^{33}liɛ^{33}	稀泥	ɔ^{24}	biɛ^{33}liɛ^{33}	稀饭	ɣu^{31}tsi^{33}	biɛ^{33}liɛ^{33}	酸腌菜
土	糊状		饭	糊状		酸菜	糊状	

（5）-ɣɯ^{33}“们”，附加在人称代词后表复数。例如：

人称	单数	复数
第一人称	ŋa^{31}我	ŋa^{31}ɣɯ^{33}我们
第二人称	nɔ^{31}你	nɔ^{31}ɣɯ^{33}你们
第三人称	ɣɔ^{31}他	ɣɔ^{31}ɣɯ^{33}他们

（三）重叠式

重叠词是由两个相同的词根重叠而成，可分为全部重叠（AA式）和部分重叠（ABA式和ABB式）。

1. 全部重叠

动词性语素或形容词性语素可通过重叠构成新词。单音节词根语素的重叠直接构成新词，构成的新词与原词根语素的词汇意义相关或者通过重叠表示该动作的重复。例如：

ni^{33}	ni^{33}ni^{33}	看一看	tu^{55}	tu^{55}tu^{55}	点燃	ko^{33}	ko^{33}ko^{33}	说一说
看	看看		烧	烧烧		说	说说	

lo^{33} lo^{33}lo^{33} 慢慢　　la^{33} la^{33}la^{33} 快快　　bɯ^{55} bɯ^{55}bɯ^{55} 胖胖

慢　慢慢　　快　快快　　胖　胖胖

2. 部分重叠

共有ABA式和ABB式两种。

（1）ABA式

由第一个音节和第三个音节重叠构词。重叠后表示程度的加深，并使音韵更加和谐。例如：

xɔ^{31}ni^{33}xɔ^{31} 大哭　　zɤ^{31}mi^{31}zɤ^{31} 姑娘

哭 又 哭　　姑娘　姑

（2）ABB式

在双音节词中重叠后一语素构成ABB式，从而构成新词。例如：

mon^{31}piɛ^{31} piɛ^{31} 闪电　　ɔ^{24}tiɛ^{33} tiɛ^{33} 献饭

电闪　闪　　饭留　留

mon^{31}zi^{31} zi^{31} 下雨　　tʂ^{h}o^{33}po^{33} po^{33} 热闹

雨　下　　人闹　闹

另外，反响型量词也可以重叠，构成ABB式。例如：

tʂa^{33} tɤ^{31}tʂa^{33}tʂa^{33}　　vi^{33} tɤ^{31}vi^{33}vi^{33}

条　一条条　　朵　一朵朵

反响型量词tʂa^{33}“条”来自名词a^{31}tʂa^{33}“绳子”，反响型量词vi^{33}“朵”来自名词va^{33}vi^{33}“花”。

另外，ABB式还可以扩展为ABAB型。例如tɤ^{31}tʂa^{33}tʂa^{33}“一条条”可以扩展为tɤ^{31}tʂa^{33}tɤ^{31}tʂa^{33}“一条一条”、tɤ^{31}p^{h}iɛ^{31}p^{h}iɛ^{31}“一页页”可以扩展为tɤ^{31}p^{h}iɛ^{31}tɤ^{31}p^{h}iɛ^{31}“一页一页”。

（四）四音格词

根据音节是否重叠及语音和谐关系，苦聪话的四音格词可以分为六类，即ABAB式、AABB式、ABCB式、ABAC式、ABCD式、ABCC式。

1. ABAB式

由前两个音节进行组合，然后整体重叠构成新词。例如：

kɤ^{31}lo^{55} kɤ^{31}lo^{55} 角落　　ɣɤ^{31}k^{h}iɛ^{33} ɣɤ^{31}k^{h}iɛ^{33} 眯眯笑

角儿　角儿　　眯笑　眯笑

ts^{h}i^{31}li^{31} ts^{h}i^{31}li^{31} 打冷战　　te^{31}ʐa^{33} te^{31}ʐa^{33} 一件一件

凉抖　凉抖　　一件　一件

2. AABB式

由两个动词性语素分别重叠而成，表示动作的重复。例如：

xɔ^{31} xɔ^{31} vɤ^{31} vɤ^{31} 做买卖	ko^{33} ko^{33} ɣɤ^{31} ɣɤ^{31} 开玩笑
卖 卖 买 买	说 说 笑 笑

由两个名词性语素分别重叠而成，表示范围的扩大。例如：

ɣɔ^{31} ɣɔ^{31} nɔ^{31} nɔ^{31} 前前后后	xɔ^{33} xɔ^{33} tsi^{33} tsi^{33} 里里外外
前 前 后 后	里 里 外 外

由两个形容词性语素重叠而成，表示事物的一种状态。例如：

tsʰa^{31} tsʰa^{31} kʰɤ^{55} kʰɤ^{55} 乱七八糟	ka^{33} ka^{33} tsʰi^{33} tsʰi^{33} 冷冷清清
脏 脏 乱 乱	冷 冷 清 清

3. ABCB式

由两个近义的词联合构成四音格词，词义转移，形成新词。例如：

i^{35} ɣɔ^{33} xɔ^{31} ɣɔ^{33} 旅馆	tu^{31} tsɔ^{31} ma^{35} tsɔ^{31} 有头有尾
睡 处 卖 处	头 有 尾巴 有
tʰiɛ^{31} pa^{31} tʰi^{55} pa^{31} 踩踏	la^{21} tiɛ^{33} kʰɯ^{33} tiɛ^{33} 指手画脚
踩 者 踢 者	手 指 脚 指

4. ABAC式

由第一个音节和第三个音节重叠构成，表示词义的扩大。例如：

ʂɤ^{33} tɕɛ^{31} ʂɤ^{33} ka^{33} 木材	tsɔ^{24} tɔ^{24} tsɔ^{24} lu^{31} 咳来咳去
树 棵 树 枝	咳 来 咳 去
tɤ^{31} loŋ^{31} tɤ^{31} ɕin^{33} 千千万万	mɤ^{31} mɔ^{31} mɤ^{31} si^{33} 长生不老
一 千 一 万	命 老 命 长

5. ABCD式

四个音节没有重叠，有的四音格词四个音节不能拆分。例如：

ki^{33}le^{33}ka^{55}la^{55} 乱七八糟	ɣɯ^{31}pɤ^{33}ba^{55}la^{55} 四四方方
ki^{35}li^{35}kɯ^{31}lɯ^{33} 模糊不清	ni^{33}li^{33}ŋɤ^{33}lɯ^{33} 摇摇晃晃

而有的四音格词四个音节可以拆分。例如：

lɔ^{31}dzu^{31}kɯ^{33}pʰo^{33} 跋山涉水	tu^{31} nɤ^{33} kʰɤ^{31}tsɤ^{55} 有情有理
河 走 山 移	话 好 听 真
ʂɤ^{33}pʰie^{31}va^{33}vi^{33} 红花绿叶	xa^{33}pʰi^{31} pie^{31}pa^{33} 石头坡
树 叶 花 朵	石头 滑 掉

6. ABCC式

四个音节中后两个音节叠音。例如：

mon^{31}zi^{31}pie^{33}pie^{33} 阴雨绵绵	miɛ^{31}ɣɯ^{31} lo^{31} lo^{31} 泪汪汪
雨 绵 绵	眼 泪 流 流
p^{h}u^{31}miɛ^{33}k^{h}a^{33}k^{h}a^{33} 银光闪闪	mɤ^{31}ɣɯ^{31}le^{33}le^{33} 馋涎欲滴
银 光 闪 闪	口 水 滴 滴

7. ABBC式

四个音节中的中间两个音节是叠音。例如：

tɤ^{31}pu^{35}pu^{35}mɔ^{33} 步步高升	tɤ^{31}liɛ^{33}liɛ^{33}ke^{33} 到处走
一 步 步 高	一 处 处 走
tɤ^{31}ni^{33}ni^{33}nɤ^{33} 一天比一天好	tɤ^{31}k^{h}ɔ^{31}k^{h}ɔ^{31}ɤ^{24} 一年比一年大
一 天 天 好	一 年 年 大

（五）拟声法

拟声式构词是通过对外界事物的模仿而构成的新词。这类词从视觉、听觉、触觉等各个方面进行模仿创造，涉及到日常生产生活中的各种声音。用拟声法构词的形式有以下几种：

1. 单音节拟声词。例如：

maŋ^{35}	母牛叫	xiŋ^{53}	水牛叫声	mai^{24}	绵羊叫声
piɛ^{35}	小牛叫声	tʂ^{h}ua^{31}	砍甘蔗的声音	tua^{31}	砍大树的声音

2. 双音节拟声词。例如：

ku^{31}lu^{31}	喝水的声音	u^{35}waŋ^{35}	公牛叫声
kui^{55}liu^{21}	一种鸟叫声	ti^{31}tɔ^{31}	雨打在瓦片上的声音

双音节拟声词还有一种重叠的AA式结构。例如：

xon^{21}xon^{21}	老虎叫声	kɔ^{55}kɔ^{55}	山鸡叫声
xie^{55}xie^{55}	母鹿叫声	ʂua^{31}ʂua^{31}	下雨声
oŋ^{35}oŋ^{35}	蛤蟆叫声		

3. 多音节拟声词

多音节拟声词分重叠式和非重叠式两种情况。

（1）重叠式

① AAA拟声词。例如：

aŋ^{53}aŋ^{53}aŋ^{53}	狗叫声	xi^{55}xi^{55}xi^{55}	小鸭子叫声
tɕu^{55}tɕu^{55}tɕu^{55}	小鸡叫声	xon^{55}xon^{55}xon^{55}	公鹿子叫声

② ABA式重叠拟声词。例如：

kɔ^{31}tɛ^{53}kɔ^{31} 母鸡叫声

③ ABB式重叠拟声词。例如：

miɛ^{33}kɛ^{33}kɛ^{33} 大羊叫声 mi^{55}ke^{55}ke^{55} 小羊叫声

④ ABAB式重叠拟声词。例如：

ti^{31}tɤ^{31}ti^{31}tɤ^{31} 烧火时发出的声音 o^{33}ɕi^{31}o^{33}ɕi^{31} 赶牛时发出的声音

（2）非重叠式。例如：

ke^{55}kɔ^{33}lɔ^{33} 打雷声 k^{h}ɤ^{31}t^{h}ɤ^{31}lɤ^{31} 老鼠啃玉米的声音

xɔ^{31}t^{h}ɔ^{31}lɔ^{31} 吸水烟筒

（六）其他构词方法

苦聪话除了上述几种方式外，还可以通过语音变换手段进行构词。

1. 元音韵母交替

通过改变元音韵母来构成新词。例如：

dzu^{31}流（水）—— dzɔ^{31}使流（水） kɯ^{33}怕 —— kɔ^{33}吓（使怕）

2. 声调变换

通过改变声调来构成新词。例如：

tsa^{31}炸 ——tsa^{55}煮 tu^{31}烧 —— tu^{55}使烧

3. 元音韵母交替 + 声调变换

通过改变元音韵母和声调来构成新词。例如：

tsa^{24}喂（使吃）—— tsɤ^{31}吃

第三节

词汇的构成

苦聪话的词汇系统有固有词和借词两种。固有词包括藏缅语族彝语支同源词和苦聪话的特有词。彝语支同源词是苦聪话词汇不可或缺的部分，苦聪话中有相当一部分的核心词与彝语支语言词汇有同源关系。这些彝语支的共同词汇表明苦聪话与彝语支语言有亲属关系。

一 固有词

苦聪话的词汇系统中，固有词占主导地位。部分词汇可以从亲属语言中找到共同来源。比较如下：

	苦聪（新平）	彝语（武定）	傈僳	哈尼（绿春）	纳西
猪	va^{21}	va̱^{55}	vɛ̱^{31}pa^{55}	a^{31}ɣa̰^{31}	bu^{21}
鼻子	na^{55}kʰɔ^{31}	nu^{33}mu^{33}	na̱^{33}kʰṵ^{33}	na^{55}me^{55}	ȵi^{55}mɚ^{21}
头	tu^{31}ku^{33}	u^{33}	o^{55}du̱^{33}	u^{31}du^{31}	kv̩^{33}
脚	kʰɯ^{33}	tɕʰi^{33}	tɕʰi^{33}pʰɛ^{35}	a^{31}kʰɯ^{55}	kʰɯ^{33}
盐	tɕʰɛ^{31}liɛ^{31}	tsʰu^{33}	tsʰa^{31}bo̱^{33}	tsʰa^{31}	dɤ̱^{31} tsʰe^{33}
火	a^{31}min^{35}	mu^{33}tu̱^{55}	a^{55}to^{55}	mi^{31}dza^{31}	mi^{33}
喝	dɔ^{31}	ntʰɑ^{11}	do^{33}	do^{55}	tʰɯ^{21}
走	dzu^{31}	sɯ^{33}	gi^{33}	zu^{31}	dʑi^{33}
来	la^{31}	le^{11}	la^{33}	la^{55}	lɯ^{33}
看	ni^{33}	na̱^{2}	lo^{55}	xu^{33}	ly^{21}
拿	ʑu^{31}	jv̩^{11}	ʑu̱^{33}wa^{33}	ba̱^{31}ɣa^{33}	y^{21}dɯ^{33}

黑	na^{33}	na^{2}	nɛ^{33}	na̠^{33}	na^{21}
红	ni^{33}	ne^{11}	si^{31}	ȵi^{55}	xy^{21}
你	nɔ^{31}	na^{11}	nu^{33}	no^{55}	nv̩^{21}
我	ŋa^{31}	ŋu^{11}	ŋua^{33}	ŋa^{55}	ŋə^{21}
二	ni^{31}	ȵi^{55}	ȵi^{31}	ȵi^{31}	ȵi^{21}
七	sɤ^{24}	ɕi^{55}	ʃi^{31}	sl̠^{31}	ʂɚ^{33}

二 借词

苦聪话中除了本民族固有的词汇，也有大量的借词，并且涉及到人们生活的方方面面。由于受汉语的影响较深，苦聪话中大量借词来自汉语。

（一）借入方式

1. 音译词

完全由汉语音译过来，其语义与汉语词所表达义项相同。

（1）单音节音译词。例如：

pi^{31} 笔　miau^{35} 庙　ɕi^{31} 锡　tsʰɔ^{31} 抽　xai^{31} 还　tʂʰuaŋ^{31} 床

mɤ^{31} 墨　tsʰu^{35} 醋　pʰin^{31} 平　tsa^{31} 炸　toŋ^{33} 蹲　kuai^{33} 乖

（2）双音节音译词。例如：

ʑin^{35}tʰai^{31} 砚台　ɯ^{24}fu^{31} 二胡　si^{55}tɕʰin^{31} 事情　pu^{31}kuan^{31} 不管

ta^{24}ɕiaŋ^{24} 大象　tsen^{35}fu^{31} 政府　pin^{33}pa^{35} 冰棒　tɕɛ^{31}fu^{33} 姐夫

（3）三音节音译词。例如：

tʰu^{31}xua^{31}ʂu^{33} 连环画　son^{33}xua^{33}tan^{35} 松花蛋

ʑin^{31}tsu^{33}pi^{31} 圆珠笔　ɕia^{35}pa^{33}ku^{31} 下巴

2. 半音半译词

除了音译外来词外，还有些是一半借自外来词的音译，一半采用本民族固有词汇，两者相组合而构成的新词。半音半译词也由汉语的VO语序变成OV语序。

（1）修饰式半音半译词。例如：

ma^{31}san^{33} tɕɛ^{31} 桑树　ɕiaŋ^{33}tʂoŋ^{33} tɕɛ^{31} 椿树　miɛ^{33} pʰen^{31} 脸盆

麻桑（借词）树（固有词）　香椿（借词）树（固有词）　脸（固有词）盆（借词）

（2）支配式半音半译词。例如：

ma^{31}tɕiaŋ^{35} dɔ^{33} 打麻将　ŋɤ^{31} tiau^{35} 钓鱼　pʰai^{31} dɔ^{33} 打牌

麻将（借词）打（固有词）　鱼（固有词）钓（借词）　牌（借词）打（固有词）

ʐan^{31}ʂui^{31}	dɔ^{33} 打吊针	tsi^{31}p^{h}au^{35}	p^{h}iɛ^{31} 放鞭炮
银水（借词）	打（固有词）	纸炮（借词）	放（固有词）

（3）并列式半音半译词。例如：

lɔ^{31}	koŋ^{31} 锣鼓	xua^{31}	zuai^{55} 合算
锣（借词）	鼓（固有词）	合（借词）	算（固有词）

3. 仿译词

将外来词的构词材料按照苦聪话中的语序翻译成词，这是个重新创造命名的造词过程。例如：

p^{h}ɤ^{33}ts^{h}i^{31}	si^{33}i^{33} 洗衣机	su^{35}ts^{h}i^{31}	na^{33}ts^{h}i^{31} 牙膏	
衣服 洗	用具	牙 洗	药	
to^{31}ko^{33}	si^{33}i^{33} 手机	mon^{31}	t^{h}a^{31}pu^{31}	si^{33}i^{33} 飞机
话 说	用具	天	上 飞	用具

（二）借词的语义类别

很多词汇的借入除了需要从语法意义和词汇意义上来分析外，还要从其他类别意义上进行比较分析。

1. 称谓类。例如：

a^{33}te^{33} 爸爸　　a^{33}ma^{33} 妈妈　　zi^{31}ma^{33} 姨　　zi^{31}te^{33} 姨父

2. 经济作物类。例如：

tʂu^{35}ma^{31} 苎麻　　ts^{h}an^{31}si^{33} 蚕丝

3. 生产器物类。例如：

ts^{h}i^{35}ʐou^{31} 汽油　　fon^{33}kui^{35} 风车　　t^{h}ui^{33}tɕin^{31} 推剪

t^{h}ɔ^{33}la^{33}tsi^{33} 拖拉机

4. 生活用品类。例如：

pɔ^{33}li^{31} 玻璃　　tin^{33}si^{35} 电视　　xuo^{31}t^{h}ɔŋ^{31} 吹火筒

5. 日常饮食类。例如：

pau^{33}tsi^{33} 包子　　xon^{31}toŋ^{35} 馄饨　　tɕian^{35}ʐou^{31} 酱油

6. 动物、植物类。例如：

xai^{31}t^{h}aŋ^{31}vi^{33} 海棠花　　ʂui^{31}ɕin^{33}vi^{33} 水仙花　　zin^{33}zaŋ^{33}ŋa^{33}zɤ^{31} 鸳鸯

7. 建筑建材类。例如：

lan^{31}kan^{33} 栏杆　　t^{h}iɛ^{33}xua^{33}pan^{31} 天花板　　tɕ^{h}iaŋ^{31} 墙

8. 动作行为类。例如：

di^{31}tɕa^{33} 吵架　　ma^{31}tɕiaŋ^{35}dɔ^{33} 打麻将

9. 地点场合类。例如：

kɔ^{31}tɕa^{33} 国家　　tsen^{35}fu^{31} 政府　　ɕin^{35}xɔ^{55} 县

tsʰun^{33}xɔ^{55} 村　　ta^{35}ɕiau^{31} 大学

10. 民俗信仰类。例如：

ko^{55}tu^{31}ʂen^{31} 灶神　　tɕʰau^{31}ʂan^{33}xui^{35} 庙会

pʰu^{31}sa^{33} 菩萨　　kuan^{33}ʑin^{33} 观音

11. 学习用品类。例如：

xʌ^{31}pan^{31} 黑板　　ʂu^{24}pen^{31}ma^{53}tʂʰɔ^{33} 书包

pi^{31} 钢笔　　ʑin^{31}tsu^{33}pi^{31} 圆珠笔

逐渐增多的借词丰富了苦聪话的词汇，扩大了苦聪话的社会交际功能，增强了该语言更好地服务当地经济社会发展的能力。

第四节

民俗文化词

苦聪话中仍保留有不少反映风俗习惯、文化特色方面的词语。本节主要从新平苦聪话词汇中选取19个文化词，按照房屋、服饰、民间信仰、祭祀用品、娱乐文化、劳动生产、农副产品、生活工具等进行分类排列，并附图片及简要的相关文字说明。

一 房屋

min³¹ʑɛ³¹ "土掌房"

新平苦聪人传统居住建筑叫"土掌房"，其主要材料是泥土。土掌房的地基由石头垒成，墙面由土坯砌成。土坯的制作过程是：由木头做成类似砖块形状的长方体盒子，把就

图 1 民居土掌房 新平县小坝多村 /2018.1.18/ 陶贵学 摄

地取材的土加水和成泥，放入木头盒子后即用木块刮平表面，成型后倒出。湿的土坯需要半个月左右风干，风干后垒起来以备建房之用。由于建房需要大量土坯，所以要提前做好准备。建房时，用泥把准备好的土坯砌成墙体，然后在屋顶铺上竹片，再铺上一层土，随后用木桩打实。现在土掌房多用瓦做屋顶，因此也被称作“瓦房”。这种房子建筑成本低且冬暖夏凉，在苦聪地区较为普遍。

二 服饰

（一）u³³tʰi³³ “包头”

“包头”一般是一条长二至三丈的黑布，是苦聪妇女用于装饰的标志性用品。女子从小留长发，辫成单辫，盘绕头上。包头两端用花线秀起几道箍，既好看又包边。包头可以用来遮阳、避雨、挡风、御寒，赶路时可以用它背娃娃，也可在歇息时将之铺垫在地上让娃娃睡觉，人们赶集、外出时亦可用于携带食品。

图 2 包头 新平县县城 /2020.11.20/ 刘劲荣 摄

（二）ʐɤ³¹mɤ³³pʰɤ³³kɤ³³ “女子服饰”

苦聪女子的衣服分为内衣、外衣。内衣用漂白布做成长衫，无衣袋，袖口有各种颜色的线或布条镶成彩色图案，少则两三箍，多则七八箍。外衣为领褂，黑色布料做成，立领、有袖，对襟。少女头戴绣花黑布圆帽（帽顶上用红、黄、蓝等色的线做成泡花），耳佩银

图 3　苦聪妇女日常服装　新平县县城 /2020.11.15/ 刘剑荣 摄

环，蓄长发，脑后编单辫，身着无领右衽襟长衣，袖口环镶三至八道彩色花边，外套为无领、对襟的黑褂，两襟为两个自然的大口袋，每边系一排约十二至十四颗圆形银纽；胸戴“凸”行围腰，围腰黑布底，以绣镶边的蓝布作中心，上绣各类绒花，成排缀上千颗银泡，下摆缀一排三十多串的银芝麻铃，用一条八股头银链系挂于胸前；下着黑色大管裤，脚套花绒袜，穿毛边布鞋。中老年妇女蓄长发，编单辫盘于头顶，缠戴长约二至三丈的黑布大包头，包布两端绣有花边，美观平整；其上衣和裤子与少女大致相似，只是在布料的色调、围腰的配饰上，与少妇相比显得较淡雅简洁。刚出嫁的女子，手袖下端一箍一箍地镶着各色布条，直到袖口，以示有配偶。小女孩常用各种野花挂于耳坠上作为装饰。

苦聪妇女服饰丰富多彩，主要用银泡、各色线钉在女装的衣领、袖口、胸襟、裤管脚边，镶嵌有各种颜色的图案，不同图案表示不同的文化内涵。日常穿着主要以旗袍式为主，衣长约120厘米，宽约40厘米，高领，长手袖，右开襟，两边齐腰处开岔口；在长袍的衣领、袖筒及托肩上，镶以红、黄、白、绿等颜色布条组合成的图形，图案以圆环和线条为主，长袍上部左右两边手臂部位及前胸和后背绣有三道明显的红、黄、绿布条，象征苦聪人在迁徙史上三次大的战争；长袍下部开衩处前后两边镶有各种颜色拼接起来的三角形图案，表示新平苦聪人团结和睦；在图案旁边刺绣锯齿状花纹代表犬牙，表示狗在人们生活中起着重要作用，也可用于避邪；开襟左右两边、袖口、衣角、后背等部位镶有各种彩色布条、花边，代表新平苦聪人居住在深山老林。

受外来服饰文化影响，苦聪女服也有变化，托肩和前胸等部位钉有繁星似的银泡、银穗、银坠，代表房子、田地、粮食等，银制品越多越显华贵。

（三）ʐɔ̜^{33}k^{h}a^{33}p^{h}ɤ^{33}kɤ^{33}“男子服饰”

新平苦聪男子包黑布包头，上着青蓝或黑色对襟衣，下着黑蓝色大管裤，裤脚宽大，裤腰用不同颜色的宽约五寸的布缝在上面。未婚男子戴黑绒丝编制的圆帽。无论男女，日常外披一件羊皮或鹿皮领褂。就配饰而言，成年男女都喜欢戴银手镯，男子一般一只手戴一只，女子则根据家庭条件，有的戴一只，有的戴三、五对。

图 4　男士对襟衣　新平县县城 /2020.11.15/ 刘劲荣 摄

三　民间信仰

（一）ni^{33}ka^{31}“祭司”

新平苦聪人民间信仰活动中的祭司称为“尼戛”。在宗教活动中主持与宗教有关的祭祀，如祭竜、祈福、祭山神等。

图 5　祭司“尼戛”　新平县旧哈村 /2016.1.9/ 刘劲荣 摄

（二）meŋ^{31}ɕiɛ^{33}meŋ^{31}“祭竜”

“祭竜”也叫祭日子，是祈求来年风调雨顺、五谷丰登的祭祀活动。每年的农历二月第一个属牛日，人们杀鸡杀猪，对“竜树”进行祭献。祭竜活动时，打扫完祭竜的场子后，全寨人聚在一起祭献大鼓和竜树：在竜树下摆放一个猪头、一块腊肉、一碗米、一碗水和适量食盐，点香烧纸，然后打鼓、吹芦笙、跳三弦舞和竹片舞。其中tsa^{31}kʰɤ^{33}si^{24}fu^{31}pi^{31}“洒米赐福”是新平苦聪人祭竜活动中的一个重要内容，即祭司“尼戛”在祭竜过程中将米和茶撒给希望得到赐福的人。

图6　祭竜　新平县旧哈村/2017.3.29/刘劲荣 摄

（三）ku^{31}ni^{33}tiɛ^{33}“祭鼓神”

新平苦聪人祭竜活动中，在祭司主持下，举行祭献大鼓仪式“祭鼓神”，祈求风调雨顺、五谷丰登。

图7　祭鼓神　新平县水塘镇/2017.2.13/陶贵学 摄

四　祭祀用品

（一）lie^{31}ni^{33}ɔ^{24}tie^{33} “祭山神”

新平苦聪人认为，山里的一切都在山神的管辖之下，人畜安危，五谷丰歉，狩猎成败皆拜山神所赐。为此，每年农历三月十六日，人们相互邀约，每家拿一只鸡、三炷香等祭物进行献祭。山神供奉在深山里，以一棵大树或用石头搭一个平台作为标志。

图 8　祭山神　新平县小坝多村 /2018.2.22/ 陶贵学 摄

（二）meŋ^{31}ɕie^{33}meŋ^{31}si^{33}a^{33}t^{h}i^{31}t^{h}i^{31} “祭竜物”

新平苦聪人把长在山顶上最高的树选为竜树，认为竜树长得越高，庇佑的范围就越广。人们祭竜树祈求保佑，希望寨子安宁和谐，庄稼无病无灾，家人身体健康。竜树下会设置一个祭台，用于放置献祭的供品。

图 9　祭竜物品　新平县小坝多村 /2017.4.8/ 刘劲荣 摄

（三）vɤ³¹pa³³la³³"篾搭拉"

"篾搭拉"为新平苦聪人信仰的神灵。新平苦聪人认为天空是曾经作为锅盖的"篾笆"变成的，于是用竹子编成篾搭拉，作为敬献祖先的器物，保佑后代健康平安、六畜兴旺。

图 10 "篾搭拉" 新平县小坝乡村 /2016.12.16/ 陶贵学 摄

五 娱乐文化

（一）ʂɤ³¹pʰiɛ³¹mɤ³³"吹叶子"

"吹叶子"是新平苦聪人的一种娱乐或表达爱情的方式。苦聪人上山劳作，或到夜晚，寨旁、竹篷下或密林中，可见燃起的篝火，可听到悠扬的吹叶子声以及唱情歌的声音。

图 11　吹叶子　新平县小坝多村 /2017.4.19/ 陶贵学 摄

（二）kʌ³³dzu³¹ “打跳”

“打跳”是新平苦聪人自娱自乐的一种歌舞形式。逢年过节或喜庆时都要举行较为隆重而热烈的打跳活动。这种活动一般由弦匠用小三弦伴奏领舞，其余的人携手围圈，依三弦曲调而歌舞；参与人数可多可少，舞步为三步一跺脚，节奏感较强。

图 12　新平苦聪人打跳　新平县小坝多村 /2017.5.22/ 陶贵学 摄

六 劳动生产

（一）$ʂɤ^{33}p^hiɛ^{31}tɕ^hɛ^{33}$ “采茶”

“采茶”是苦聪妇女必备的劳动技能之一。新平苦聪人居住地普遍种植茶叶，其中“邦迈茶树王”位于拉祜族聚居的邦迈村民小组西北面的山地上，该树干直径约40多厘米，高6米，树幅8米，一棵树干上分出12枝。新平苦聪人种茶历史悠久，茶叶成为当地经济收入主要来源之一。流传于苦聪人居住区的传统民间采茶调是苦聪妇女在采茶的劳动中慢慢哼出来的一种传统民歌形式，分“排曲”和“杂调”。“排曲”为代代相传下来的调子，“杂调”则是对唱者根据不同场景，即兴而作。

图13 苦聪人采茶 新平县小坝多村/2017.1.29/陶贵学 摄

（二）$ɣɤ^{31}zɤ^{33}men^{31}$ “犁地”

“犁地”是新平苦聪人耕种田地的一个重要环节之一。汉族的迁入带来了先进的农耕技术，新平苦聪人学会了水田耕作，扩大了锄耕和牛耕的面积，促进了社会生产力的发展。

图 14　犁地　新平县小坝多村 /2016.5.12/ 陶贵学 摄

七　农副产品

（一）pie^{31}k^{h}ɔ^{33} “蜂房”

“蜂房”是新平苦聪人为饲养蜜蜂而制作的蜂房。其制作，一般是选取一段圆木，将中部掏空，顶部留槽，正面挖一个小洞供蜜蜂出入。蜂房两端将木板用牛粪固定，吸引蜜蜂来筑巢。

图 15　苦聪人蜂房　新平县小坝多村 /2017.7.16/ 何根源 摄

（二）$za^{33}p^{h}i\varepsilon^{31}lu^{55}$“晒烟叶”

“晒烟叶”是烟草加工的一个重要环节。新平苦聪人不仅学会了种植烟叶，还会对烟叶进行粗加工，以获取更高的经济收益。

图16　晒草烟　新平县小坝乡村/2016.7.18/陶贵学 摄

八　生活工具

（一）$ʂɤ^{33}tsu^{31}$“木梯”

“木梯”是用实木制作而成的攀楼工具。传统木梯有两种，一种是框架式，一种是独木式。框架式木梯呈长方形，一般长3～4米；两边为主搭梁，中间穿9至11根横担，梯头和梯脚的横担两边要穿出主搭梁3～5厘米，穿出处要凿手指粗的洞，然后再穿入核肖，以固定梯架。独木式楼梯则用一根长3～4米，直径20厘米以上的圆木制成；在此圆木上自下而上，用木锯每隔30～40厘米锯入10～15厘米，然后用斧子自上而下削成斜面；有几个斜面，就有几个台阶。独木式楼梯一般根据楼房的高度，设7级或9级梯台。

（二）$pu^{31}ka^{55}$“背架”

“背架”是哀牢山新平苦聪人传统的生产用具。木制，主要有两种形式：一种用木条和木板做成“井”字形，用两条背绳固定在背架上，将两臂穿入背绳中，用两肩背重物和柴禾；另一种是在一块约12厘米长的木板上的中间，挖空一半圆形，形如月牙，然后固定一条背绳，使用时背绳置于头顶，让半圆部分卡于背负者后颈，两边木板部分挡在双肩上。其中月牙形背架是妇女背负重物的主要用具。

图 17　木梯　新平县小坝多村 /2016.5.12/ 陶贵学 摄

图 18　背架　新平县小坝多村 /2016.3.24/ 陶贵学 摄

（三）$sɔ^{33}mon^{33}bɤ^{31}lɤ^{31}$“蓑衣”

蓑衣为新平苦聪人用棕榈编制而成，一般较为厚实耐用，可以像衣服一样穿在身上用以遮风挡雨。

图19 蓑衣 新平县小坝多村/2017.3.11/陶贵学 摄

第四章　分类词表

1. 本章第一、二两节收录《中国语言资源调查手册·民族语言（藏缅语族）》"调查表"中"叁 词汇"的词条，标记"（无）"的词条不予收录。第一节为通用词（共收录1169条），是"语保工程"调查中汉语方言与少数民族语言共有的调查词表。第二节为扩展词（共收录1769条），是依据各语族的实际情况制定的调查词表。第一节和第二节中的词语按照不同的义类分为如下14类：

一 天文地理	六 服饰饮食	十一 动作行为
二 时间方位	七 身体医疗	十二 性质状态
三 植物	八 婚丧信仰	十三 数量
四 动物	九 人品称谓	十四 代副介连词
五 房舍器具	十 农工商文	

2. 第三节为"其他词"，收词908条，主要为《中国语言资源调查手册·民族语言（藏缅语族）》"调查表"中"叁 词汇"未收录的词语，其中包括特色词、文化词以及部分借词等。

第一节

《中国语言资源调查手册·民族语言（藏缅语族）》通用词

一　天文地理

太阳～下山了 mon^{31}tsʰɤ^{33}

月亮～出来了 lɤ^{33}pɤ^{33}

星星 mon^{31}kɤ^{33}

云 mon^{31}fi^{33}

风 mɤ^{31}xɤ^{33}

闪电名词 mon^{31}piɛ^{31}piɛ^{31}

雷 mon^{31}tʰɔ^{33}

雨 mon^{31}zi^{31}

下雨 mon^{31}zi^{31}zi^{31}

淋衣服被雨～湿了 biɛ^{33}

晒～粮食 lu^{55}

雪 vɤ^{31}

冰 ko^{33}

冰雹 vɤ^{31}lɤ^{31}tsʰu^{33}

霜 ŋɤ^{33}

雾 mon^{31}fi^{33}

露 tʂen^{35}ɣɤ^{31}

虹统称 ɣɤ^{31}sɤ^{55}

日食 pʰɤ^{31}mon^{31}tsʰɤ^{33}tsɤ^{31}

月食 pʰɤ^{31}lɤ^{33}pɤ^{33}tsɤ^{31}

天气 ni^{33}ʑa^{55}

晴天～ po^{31}

阴天～ tsɤ^{55}

旱天～ vi^{33}

涝天～ biɛ^{33}

天亮 mon^{31}tʰi^{31}

水田 ɣɤ^{31}ʐɤ^{33}

旱地浇不上水的耕地 mi^{31}ʐɤ^{33}

田埂 ti^{31}pɔ^{31}

路野外的 ɣa^{31}kɔ^{33}

山 kɤ^{33}mo^{31}

山谷 kɤ^{33}lɔ^{31}kɔ^{55}

江大的河 lɔ^{31}ka^{55}mo^{33}

溪小的河 lɔ^{31}tsʰa^{31}zɤ^{31}

水沟儿较小的水道 ɣɯ^{31}kʰɤ^{31}bi^{35}ʐɤ^{31}

湖 liɛ^{55}dɤ^{33}ga^{55}mɔ^{33}

池塘 liɛ^{55}dɤ^{33}tʰan^{31}

水坑儿地面上有积水的小洼儿 i^{55}ka^{33}dɤ^{33}len^{33}

洪水 i^{55}ka^{33}ni^{55}ku^{55}lu^{55}

淹被水~了 fɤ^{33}

河岸 lɔ^{31}dzi̩^{31}pɔ^{24}

坝拦河修筑拦水的 lɔ^{33}

地震 mi^{31}ŋɯ^{33}

窟窿小的 a^{31}kʰo^{33}

缝儿统称 pi^{31}

石头统称 xa^{55}pɤ^{33}

土统称 mi^{31}

泥湿的 mi^{31}biɛ^{33}liɛ^{33}

沙子 xa^{55}gɯ^{31}ʐɛ^{33}

炭木炭 li^{55}tsi^{33}

灰烧成的 kʰɔ^{31}liɛ^{55}

灰尘桌面上的 kʰɔ^{31}liɛ^{55}pʰɤ^{33}

火 a^{31}min^{35}

烟烧火形成的 mo^{31}kʰo^{31}

失火 a^{31}min^{35}pʰiɛ^{31}kiɛ^{33}

水 a^{55}ka^{33}

凉水 i^{55}ka^{33}tsʰi^{31}

热水洗漱用水 ɣɤ^{31}liɛ^{31}

开水饮用水 ɣɤ^{31}pɤ^{31}

二　时间方位

时候吃饭的~ tʰa^{31}

什么时候 kʰɤ^{31}tʰa^{31}

现在 a^{33}mɤ^{35}gɤ^{33}

以前十年~ i^{33}gɤ^{33}

以后十年~ a^{33}ʂɔ^{33}

一辈子 tʂʰo^{33}mɤ^{31}tɤ^{31}si^{35}

今年 tsʰi^{31}ni^{33}kʰɔ^{31}

明年 ni^{31}ʐa^{55}kʰɔ^{31}

后年 ni^{31}ni^{33}kʰɔ^{31}

去年 a^{31}mi^{31}kʰɔ^{31}

前年 si^{33}mi^{31}kʰɔ^{31}

往年过去的年份 i^{33}gɤ^{33}tɔ^{33}kʰɔ^{31}

年初 kʰɔ^{31}ta^{55}la^{31}

年底 kʰɔ^{31}ma^{35}ta^{31}

今天 za^{31}ni^{33}

明天 a^{33}sɔ^{35}pɔ^{24}

后天 pʰa^{31}ni^{33}

大后天 pʰi^{33}tɤ^{31}ni^{33}

昨天 a^{31}mi^{31}ni^{33}

前天 si^{55}mi^{31}ni^{33}

大前天 vu^{31}mi^{31}ni^{33}

整天 tɤ^{31}ni^{33}mɤ^{33}

每天 kʰai^{35}tɤ^{31}ni^{33}

早晨 tɤ^{31}na^{31}

上午 mɔ^{31}sɔ^{35}

中午 mɔ^{31}lɔ^{31}kɔ^{33}

下午 mɔ^{31}pʰɤ^{31}lɤ^{33}

傍晚 miɛ^{33}fu^{55}lɤ^{33}

白天 mɔ^{31}lɔ^{31}kɔ^{33}

夜晚与白天相对，统称 mɔ^{31}ʐa^{55}

半夜 ɣa^{33}pɔ^{31}ɣɔ^{31}sɔ^{35}

正月农历 tɤ^{31}lɤ^{33}

大年初一农历 kʰɔ^{31}tɤ^{31}ni^{33}

元宵节 kʰɔ^{31}bi^{35}zɤ^{31}

清明 ɔ^{33}tiɛ^{33}liɛ^{31}

端午 ŋɤ^{31}lɤ^{33}ŋɤ^{31}ma^{31}

七月十五农历，节日名 sɤ^{35}lɤ^{33}tɕʰi^{33}ŋɤ^{31}ma^{31}

中秋 xi^{55}lɤ^{33}tɕ^{h}i^{33}ŋɤ^{31}ma^{31}

冬至 ka^{55}ni^{31}ni^{33}pɤ^{31}pɔ^{24}

腊月农历十二月 ts^{h}i^{33}ni^{31}ma^{31}lɤ^{33}

除夕农历 ɕɛ^{55}tɕ^{h}i^{33}mɔ^{31}ʑa^{55}

历书 ni^{33}ʑa^{55}ga^{31}

阴历 ni^{33}ʑa^{55}bi^{35}

阳历 ni^{33}ʑa^{55}sɤ^{55}

地方 mon^{31}mi^{31}

什么地方 k^{h}ai^{35}kau^{35}mon^{31}mi^{31}

家里 ʑɛ^{31}xɔ^{33}

城里 k^{h}a^{33}ga^{55}mo^{33}

乡下 k^{h}a^{33}xɔ^{55}

上面从～滚下来 a^{55}nɔ^{33}

下面从～爬上去 a^{31}xɔ^{55}

左边 la^{31}fei^{33}pɔ^{35}

右边 la^{31}tsɔ^{33}pɔ^{35}

中间排队排在～ a^{31}ka^{35}kɔ^{33}

前面排队排在～ ɣɔ^{31}ʂɔ^{35}

后面排队排在～ ɣɔ^{31}nɔ^{35}

末尾排队排在～ ma^{35}ta^{31}

对面 mɔ^{55}pɔ^{35}

面前 miɛ^{33}ɣɔ^{31}ʂɔ^{35}

背后 ɣɔ^{31}nɔ^{35}

里面躲在～ a^{31}k^{h}o^{33}

外面衣服晒在～ a^{31}dzi^{31}pɔ^{35}

旁边 ŋa^{31}pɔ^{35}

上碗在桌子～ a^{55}nɔ^{33}

下凳子在桌子～ a^{31}xɔ^{55}

边儿桌子的～ a^{31}dzi^{31}pɔ^{24}

角儿桌子的～ kɤ^{31}lɔ^{33}

上去他～了 tɛ^{55}ʑɔ^{33}

下来他～了 za^{31}la^{31}

进去他～了 lui^{31}ʑɔ^{55}

出来他～了 tɔ^{53}lɔ^{33}

出去他～了 tui^{55}ʑɔ^{33}

回来他～了 kɔ^{31}lɔ^{35}

起来天冷～了 tu^{33}tɔ^{33}

三 植物

树 ʂɤ^{33}tɕɛ^{31}

木头 ʂɤ^{33}

松树统称 t^{h}o^{31}ʂɤ^{33}

柏树统称 ŋɤ^{31}ʂɤ^{33}

柳树 lɤ^{33}ka^{35}ga^{31}ʂɤ^{33}

竹子统称 vɤ^{31}tɕɛ^{31}

笋 vɤ^{31}p^{h}u^{33}

叶子 a^{55}p^{h}iɛ^{31}

花 va^{53}vi^{33}

花蕾花骨朵 va^{53}vi^{33}p^{h}u^{31}t^{h}ɤ^{31}

草 zi^{31}pu^{55}

藤 a^{55}tsa^{33}

刺名词 a^{55}tɕ^{h}u^{31}

水果 sa^{33}si^{24}

苹果 a^{31}pɔ^{35}si^{24}ga^{55}mo^{33}

桃子 a^{55}vɤ^{31}si^{24}

梨 liɛ^{31}si^{24}

李子 li^{31}tsi^{33}si^{24}

柿子 va^{31}bɤ^{31}si^{24}

石榴 ʂi^{31}liu^{33}si^{24}

栗子 pi^{31}ku^{33}lu^{33}si^{24}

核桃 tɕ^{h}ɛ^{31}miɛ^{31}si^{24}

甘蔗 po^{31}tɕ^{h}ɔ^{33}ta^{31}

木耳 mɔ^{31}na^{55}ku^{33}

蘑菇野生的 mɔ^{31}

香菇 $ts^hi^{31}mɔ^{31}$

稻指植物 $tsa^{31}tɕɛ^{31}$

稻谷指籽实（脱粒后是大米）$tsa^{31}si^{24}$

稻草脱粒后的 $tsa^{31}pu^{55}$

大麦指植物 $zo̩^{33}ga^{55}mo^{33}$

小麦指植物 $zo̩^{33}$

麦秸脱粒后的 $zo̩^{33}tɕɛ^{31}$

谷子指植物（籽实脱粒后是小米）$tɕ^hu^{31}si^{24}$

高粱指植物 $nɔ^{55}nu^{31}$

玉米指成株的植物 $sɤ^{33}mɤ^{33}$

棉花指植物 $sɤ^{33}lɤ^{31}$

油菜油料作物，不是蔬菜 $tɕ^hu^{33}ɣu^{31}tsa^{55}$

向日葵指植物 $lɤ^{33}pɤ^{33}ma^{33}tɕɛ^{31}$

蚕豆 $ka^{31}li^{53}pa^{24}$

豌豆 $la^{31}tsa^{55}si^{24}$

花生指果实 $lɔ^{31}ti^{33}pa^{35}$

黄豆 $nɔ^{33}mɤ^{33}si^{24}$

绿豆 $nɔ^{33}tsa^{55}si^{24}$

豇豆长条形的 $a^{55}tʂ^hu^{33}nɔ^{33}si^{24}$

大白菜东北～ $ɣu^{31}tsa^{55}p^hu^{33}lu^{33}ga^{55}mo^{33}$

包心菜圆白菜，卷心菜，球形的 $a^{31}p^hiɛ^{31}xɤ^{33}ɣu^{31}tsa^{55}$

芹菜 $va^{31}k^hiɛ^{31}ɣɔ^{31}$

莴笋 $a^{55}ŋau^{31}ɣɔ^{31}$

韭菜 $go^{33}p^ha^{31}tsa^{55}$

香菜芫荽 $ze^{31}si^{24}$

葱 $nɔ^{31}$

蒜 $suan^{24}p^hu^{33}$

姜 $tɕ^hu^{31}pi^{24}$

洋葱 $nɔ^{33}ga^{55}mo^{33}$

辣椒统称 $la^{24}tsɤ^{31}$

茄子统称 $tɕ^hɛ^{31}si^{24}$

西红柿 $tsi^{33}piɛ^{33}liɛ^{33}si^{24}$

萝卜统称 $ɣo^{31}mɤ^{33}$

胡萝卜 $ɣo^{31}mɤ^{33}ni^{33}ku^{55}lu^{33}$

黄瓜 $a^{55}p^hɤ^{31}si^{24}$

南瓜 $a^{55}ti^{33}si^{24}$

荸荠 $ts^hi^{31}go^{31}si^{24}$

红薯统称 $men^{24}ni^{33}$

马铃薯 $mi^{31}vu^{33}$

芋头 $piɛ^{31}si^{24}$

山药圆柱形的 $liɛ^{33}men^{24}$

四　动物

老虎 $lɤ^{31}mɤ^{33}ku^{24}$

猴子 $mɔ^{21}$

蛇统称 $vɤ^{21}$

老鼠家里的 fa^{33}

蝙蝠 $nɤ^{33}ŋiɛ^{53}liɛ^{31}$

鸟儿飞鸟，统称 $ŋa^{33}$

麻雀 $wa^{31}tɕ^hɔ^{31}$

喜鹊 $a^{55}tsɔ^{31}li^{31}$

乌鸦 $a^{55}na^{33}ka^{31}$

鸽子 $kɔ^{31}tsi^{33}$

翅膀鸟的，统称 $tɔ^{31}la^{31}$

爪子鸟的，统称 $ɣa^{33}k^hɤ^{33}si^{24}$

尾巴 $ma^{35}ta^{31}$

窝鸟的 $a^{31}p^hɤ^{33}$

虫子统称 $pɔ^{31}mɤ^{55}$

蝴蝶统称 $pu^{31}lu^{33}$

蜻蜓统称 $pu^{31}xua^{35}$

蜜蜂 $piɛ^{31}$

蜂蜜 $piɛ^{31}ɣɤ^{31}$

知了统称 $ta^{55}vi^{33}li^{33}$

蚂蚁 $pu^{31}ɣɔ^{33}$

蚯蚓 pi^{31}ti^{31}li^{31}

蚕 mu^{31}ka^{33}pi^{53}pu^{31}

蜘蛛会结网的 men^{31}ka^{33}la^{33}

蚊子统称 pɤ^{55}

苍蝇统称 pɤ^{55}ɣoŋ^{33}

跳蚤咬人的 p^{h}ɤ^{31}si^{24}

虱子 si^{33}

鱼 ŋʌ^{31}

鲤鱼 ŋʌ^{31}

鳙鱼胖头鱼 ŋʌ^{31}

鲫鱼 ŋʌ^{31}

鳞鱼的 ŋʌ^{31}gɤ^{31}

螃蟹统称 a^{55}gan^{33}lan^{33}

青蛙统称 pa^{24}tiɛ^{33}liɛ^{33}

癞蛤蟆表皮多疙瘩 pa^{24}kɔ^{33}lɔ^{33}

马 mon^{31}

驴 la^{33}mon^{31}gin^{33}

骡 lo^{31}

牛 nu^{31}

公牛统称 nu^{31}pa^{24}

母牛统称 nu^{31}mɤ^{33}

放牛 nu^{31}lɔ^{55}

羊 ts^{h}i^{31}

猪 va^{21}

种猪配种用的公猪 va^{21}ʐɤ^{31}

公猪成年的，已阉的 va^{21}pa^{24}

母猪成年的，未阉的 va^{21}ʐɛ^{33}mɤ^{33}

猪崽 va^{21}ʐɤ^{31}

猪圈 va^{21}k^{h}ɔ^{33}

养猪 va^{21}ʐu^{33}

猫 miɛ^{55}niɛ^{33}

公猫 miɛ^{55}niɛ^{33}pa^{24}

母猫 miɛ^{55}niɛ^{33}mɤ^{33}

狗统称 p^{h}ʌ^{31}

公狗 p^{h}ʌ^{31}pa^{24}

母狗 p^{h}ʌ^{31}mɤ^{33}

叫狗～ bɔ^{31}

兔子 fa^{33}t^{h}ɔ^{33}la^{55}

鸡 ɣa^{33}

公鸡成年的，未阉的 ɣa^{33}p^{h}u^{31}ku^{55}

母鸡已下蛋的 ɣa^{33}mɤ^{33}

叫公鸡～，即打鸣儿 bɔ^{31}

下鸡～蛋 vu^{33}

孵～小鸡 mɔ^{24}

鸭 a^{33}piɛ^{31}

鹅 a^{55}ŋau^{31}

喂～猪 tsa^{24}

阉～公猪 ɣɤ^{31}

阉～母猪 ɣɤ^{31}

阉～鸡 ɣɤ^{31}

杀猪统称 va^{21}si^{55}

杀～鱼 si^{55}

五　房舍器具

村庄一个～ k^{h}a^{33}xɔ^{33}

胡同统称：一条～ ka^{53}kɔ^{33}

街道 li^{33}t^{h}a^{31}

盖房子 ʑɛ^{31}biɛ^{33}

房子整座的，不包括院子 ʑɛ^{31}

屋子房子里分隔而成的，统称 ʑɛ^{31}xɔ^{33}

卧室 i^{35}ɣɔ^{33}

茅屋茅草等盖的 zi^{31}pu^{35}ʑɛ^{31}

厨房 ɔ^{24}tsa^{55}ʑɛ^{31}

灶统称 ku^{55}tu^{31}

锅统称a^{31}ts^{h}i^{33}

饭锅煮饭的ɔ^{24}mu^{31}k^{h}u^{33}

菜锅炒菜的ɣu^{31}tsa^{55}mu^{31}k^{h}u^{33}

厕所旧式的，统称k^{h}iɛ^{31}t^{h}an^{31}

檩左右方向的ʑɛ^{31}tsi^{31}

柱子ʑɛ^{31}k^{h}ɤ^{33}

大门ɣa^{33}mi^{33}ga^{55}mo^{33}

门槛儿a^{33}mi^{33}t^{h}iɛ^{33}

窗旧式的ʑɛ^{31}k^{h}o^{33}

梯子可移动的tsu^{31}

扫帚统称mi^{53}si^{33}

扫地ʑɛ^{31}za^{33}

垃圾za^{33}pu^{55}

家具统称en^{53}kɔ^{33}

东西我的～a^{35}t^{h}i^{31}t^{h}i^{31}

炕土、砖砌的，睡觉用ku^{33}

床木制的，睡觉用i^{35}ɣɔ^{33}p^{h}ɤ^{33}

枕头i^{35}gɤ^{31}

被子ka^{53}lu^{33}

棉絮sɤ^{33}lɤ^{31}

床单i^{35}ɣɔ^{33}p^{h}u^{33}

褥子i^{35}k^{h}ɔ^{31}

蚊帐pɯ^{35}la^{31}

桌子统称p^{h}en^{33}

柜子统称en^{53}kɔ^{33}

案子长条形的ʂɤ^{33}pa^{33}la^{33}

椅子统称mu^{53}k^{h}u^{31}

凳子统称mu^{53}k^{h}u^{31}

菜刀ɣu^{31}tsa^{55}ɣɤ^{31}si^{55}a^{35}k^{h}o^{31}

瓢舀水的a^{35}mu^{31}ku^{35}

缸i^{55}ka^{33}to^{33}ɣɔ^{33}

坛子装酒的～tsɔ^{35}

瓶子装酒的～dzɤ^{31}kon^{33}

盖子杯子的～u^{35}lu^{33}

碗统称k^{h}ɤ^{31}ku^{35}

筷子a^{55}tsu^{33}pa^{33}

汤匙a^{55}ɣɤ^{31}zi^{35}ku^{33}

柴火统称ʂɤ^{33}

火柴xɔ^{53}ts^{h}a^{31}

锁sɔ^{31}pa^{35}

钥匙sɔ^{31}lɤ^{33}

暖水瓶ɣɤ^{31}bɤ^{31}to^{33}si^{33}

脸盆miɛ^{33}p^{h}en^{31}

洗脸水miɛ^{33}p^{h}u^{31}ts^{h}i^{31}ɣɤ^{31}

毛巾洗脸用miɛ^{33}p^{h}u^{31}si^{33}p^{h}ɤ^{33}

手绢la^{31}pu^{35}si^{33}p^{h}ɤ^{33}

肥皂洗衣服用tʂ^{h}ɔ^{31}piau^{33}

梳子旧式的，不是篦子pɤ^{35}

缝衣针ɣo^{31}

剪子p^{h}ɤ^{33}tɕa^{31}si^{33}

蜡烛piɛ^{31}zɔ^{33}min^{35}

手电筒ʑɤ^{31}miɛ^{33}

雨伞挡雨的，统称k^{h}ɔ^{33}si^{33}

自行车tan^{33}tɕ^{h}ɤ^{33}

六　服饰饮食

衣服统称p^{h}ɤ^{33}kɤ^{33}

穿～衣服vɤ^{31}

脱～衣服kiɛ^{33}

系～鞋带p^{h}ɤ^{33}

衬衫p^{h}ɤ^{33}kɤ^{33}pɤ^{31}li^{55}

背心两条肩带的，内衣xan^{35}ʑi^{33}

毛衣a^{31}mo^{33}p^{h}ɤ^{33}kɤ^{33}

棉衣sɤ^{33}lɤ^{31}p^{h}ɤ^{33}kɤ^{33}

袖子 p^{h}ɤ^{33}la^{31}

口袋衣服上的 ma^{55}tɕ^{h}o^{33}

裤子 la^{33}kɤ^{33}

短裤外穿的 la^{33}kɤ^{33}niɛ^{33}dɔ^{33}lɔ^{55}

裤腿 la^{33}kɤ^{33}pa^{33}

帽子统称 u^{35}lu^{33}

鞋子 k^{h}ɤ^{55}nu^{33}

袜子 k^{h}ɤ^{55}vɤ^{31}

围巾 kɔ^{35}ku^{31}xɤ^{33}p^{h}ɤ^{33}

围裙 p^{h}ɤ^{33}zɤ̩^{31}mi^{31}

尿布 dzi^{31}p^{h}ɤ^{33}

扣子 tɕ^{h}ɛ^{35}tɕa^{33}

扣～扣子 sɔ^{31}niɛ^{35}pɤ^{33}

戒指 la^{31}pi^{24}

手镯 la^{31}kɔ^{31}

理发 dzu^{33}k^{h}ɤ^{33}tɕ^{h}ɛ^{31}

梳头 dzu^{33}k^{h}ɤ^{33}pɤ^{35}

米饭 tsa^{31}k^{h}ɤ^{33}ɔ^{24}

稀饭用米熬的，统称 ɔ^{24}piɛ^{33}

面粉麦子磨的，统称 zo̩^{33}mɤ^{33}

面儿玉米～，辣椒～ a^{31}men^{33}len^{33}

馒头无馅的，统称 ɔ^{24}pɤ^{33}lɤ^{33}

包子 pau^{33}tsi^{33}

饺子 ɔ^{24}ma^{33}tɕ^{h}ɛ^{33}liɛ^{33}

馄饨 xon^{31}toŋ^{35}

馅儿 sa^{24}nɔ^{31}niɛ^{33}

油条长条形的，旧称 ʑou^{31}t^{h}iau^{31}

豆浆 nɔ^{53}ɣɤ^{31}

豆腐脑 nɔ^{53}u^{35}nɔ^{31}

元宵食品 ɔ^{24}ma^{55}di^{31}li^{31}

粽子 tson^{35}tsi^{33}

年糕用黏性大的米或米粉做的 ts^{h}i^{33}nu^{31}ɔ^{24}ma^{55}

点心统称 tin^{31}ɕin^{33}

菜吃饭时吃的，统称 ɣu^{31}tsa^{55}

干菜统称 ɣu^{31}tsa^{55}ku^{33}

豆腐 nɔ^{53}ma^{33}

猪血当菜的 va^{21}sɤ^{24}

猪蹄当菜的 va^{21}k^{h}ɤ^{33}si^{24}

猪舌头当菜的 va^{21}lɤ^{33}p^{h}i^{31}

猪肝当菜的 va^{21}ɕɛ^{24}

下水猪牛羊的内脏 fu^{35}xɔ^{33}a^{33}t^{h}i^{31}t^{h}i^{31}

鸡蛋 ɣa^{33}vu^{33}

松花蛋 son^{33}xua^{33}tan^{35}

猪油 va^{21}ts^{h}u^{33}

香油 tɕ^{h}ɛ^{31}miɛ^{31}ts^{h}u^{33}

酱油 tɕian^{35}ʑou^{31}

盐名词 tɕ^{h}ɛ^{31}liɛ^{31}

醋 s^{h}u^{35}

香烟 za^{33}

旱烟 za^{33}non^{33}

白酒 dzɤ^{31}p^{h}iɛ^{33}

黄酒 dzɤ^{31}si^{33}

江米酒酒酿，醪糟 dzɤ^{31}p^{h}u^{33}

茶叶 ʂɤ^{33}p^{h}iɛ^{31}

沏～茶 ti^{33}

冰棍儿 pin^{33}pa^{35}

做饭统称 ɔ^{24}gu^{33}

炒菜统称 ɣu^{31}tsa^{55}lu^{33}

煮～带壳的鸡蛋 tsa^{55}

煎～鸡蛋 ŋu^{55}

炸～油条 tsa^{31}

蒸～鱼 sa^{55}

揉～面做馒头等 zi^{31}

擀～面，～皮儿 zi^{31}

吃早饭 mɔ^{31}sɔ^{35}ɔ^{24}tsɤ^{31}

吃午饭 mɔ^{31}lɔ^{31}kɔ^{33}ɔ^{24}tsɤ^{31}

吃晚饭 mɔ^{31}ʑa^{55}ɔ^{24}tsɤ^{31}

吃～饭 tsɤ^{31}

喝～酒 dɔ^{31}

喝～茶 dɔ^{31}

抽～烟 ts^{h}ɔ^{31}

盛～饭 ni^{55}

夹用筷子～菜 kɔ^{55}

斟～酒 t^{h}ɔ^{55}

渴口～ si^{55}

饿肚子～ men^{31}

噎吃饭～着了 ka^{55}

七　身体医疗

头人的，统称 tu^{31}ku^{33}

头发 dzu^{33}k^{h}ɤ^{33}

辫子 dzu^{33}k^{h}ɤ^{33}ɣa^{31}ta^{24}

旋 ɕin^{35}

额头 na^{55}ka^{31}

相貌 mian^{33}mau^{33}

脸洗～ miɛ^{33}p^{h}u^{31}

眼睛 miɛ^{33}si^{24}

眼珠统称 miɛ^{53}k^{h}ɤ^{55}

眼泪 miɛ^{53}ɣɤ^{31}

眉毛 miɛ^{33}mo^{33}

耳朵 na^{55}po^{33}

鼻子 na^{55}k^{h}ɔ^{31}

鼻涕统称 nu^{53}biɛ^{33}

擤～鼻涕 si^{33}

嘴巴人的，统称 men^{31}nɤ^{33}

嘴唇 men^{31}ku^{24}

口水～流出来 men^{31}ɣɤ^{31}

舌头 lɤ^{33}p^{h}i^{31}

牙齿 ɕu^{24}

下巴 ɕia^{35}pa^{33}ku^{31}

胡子嘴周围的 mo^{31}tʂɤ^{33}

脖子 kɔ^{35}ku^{31}

喉咙 kɔ^{35}ku^{31}k^{h}o^{33}

肩膀 la^{31}p^{h}i^{33}

胳膊 la^{31}tu^{35}lu^{35}

手包括手臂：他的～摔断了 la^{31}

左手 la^{31}tso^{31}

右手 la^{31}fei^{33}

拳头 la^{31}tʂ^{h}ui^{31}p^{h}u^{33}

手指 la^{31}nu^{33}

大拇指 la^{31}ʑɛ^{33}mɤ^{33}

食指 la^{31}zɤ^{31}

中指 la^{31}ka^{35}kɔ^{33}

无名指 la^{31}nu^{33}zɤ^{31}

小拇指 la^{31}nu^{33}bi^{35}zɤ^{31}

指甲 la^{31}si^{24}

腿 p^{h}i^{31}pa^{33}

脚不包括小腿，只指脚：他的～摔断了 k^{h}ɯ^{33}

膝盖指部位 k^{h}ɯ^{33}mɤ^{33}li^{31}

背名词 kɔ^{31}tsɤ^{55}

肚子腹部 fu^{55}

肚脐 pi^{53}tu^{31}

乳房女性的 tsu^{55}miɛ^{55}

屁股 k^{h}ɪɛ^{31}pɪ^{55}

肛门 k^{h}iɛ^{31}k^{h}o^{33}

阴茎成人的 ni^{24}ta^{31}

女阴成人的 tʂ^{h}ɤ^{33}piɛ^{31}

肏动词 gu^{33}

精液 ni^{24}ʂon^{31}

来月经 kɔ^{31}mɤ^{33}la^{31}

拉屎 k^{h}iɛ^{31}on^{31}

撒尿 dzi^{31}bi^{35}

放屁 vi^{31}p^{h}iɛ^{31}

病了 na^{31}ʑɛ^{24}

着凉 liaŋ^{31}ʐɔ^{33}

咳嗽 tsɔ^{24}

发烧 t^{h}an^{24}ʑɛ^{24}

发抖 ŋɤ^{33}ʑɛ^{24}

肚子疼 fu^{55}na^{31}

拉肚子 k^{h}iɛ^{31}tsi^{33}t^{h}ɔ^{53}

患疟疾 na^{31}p^{h}ɤ^{33}ʐɔ^{33}

中暑 lu^{55}na^{31}pɤ^{33}

肿 p^{h}o^{21}

化脓 biɛ^{31}biɛ^{31}

疤好了的 ts^{h}u^{31}pi^{35}pɤ^{33}

癣 k^{h}iɛ^{31}pi^{35}ɕin^{31}

痣凸起的 bɤ^{31}na^{33}

疙瘩蚊子咬后形成的 a^{31}p^{h}u^{31}lu^{31}

狐臭 tsɤ^{55}nu^{31}

看病 na^{31}ni^{33}

诊脉 la^{31}mɤ^{31}ni^{55}

针灸 mei^{31}tsen^{33}dɔ^{33}

打针 tsen^{33}dɔ^{33}

打吊针 ʑan^{31}ʂui^{31}dɔ^{33}

吃药统称 na^{55}ts^{h}i^{31}tsɤ^{31}

汤药 na^{55}ts^{h}i^{31}ɣɤ^{31}

病轻了 na^{31}nɤ^{33}kau^{33}

八 婚丧信仰

说媒 tsu^{31}nɔ^{33}

媒人 mi^{31}mɤ^{33}nɤ^{33}si^{33}tʂ^{h}o^{33}

相亲 ni^{33}na^{55}

订婚 dzɤ^{31}bi^{35}zɤ^{31}dɔ^{31}

嫁妆 xu^{33}liɛ^{31}si^{33}a^{35}t^{h}i^{31}t^{h}i^{31}

结婚统称 k^{h}ɤ^{31}mɤ^{33}tsɤ^{33}

娶妻子男子～，动宾 ʐɤ^{31}mɤ^{33}tsɤ^{33}

出嫁女子～ xu^{33}liɛ^{31}

拜堂 tu^{31}ku^{33}tɕo^{33}

新郎 ma^{55}ʂɤ^{55}

新娘子 ʐɤ^{31}mi^{31}ʂɤ^{55}

孕妇 ʐɤ^{31}zu^{33}mʌ^{33}

怀孕 kɔ^{31}xan^{31}

害喜妊娠反应 tsɤ^{31}mɤ^{31}gɔ^{33}

分娩 ʐɤ^{31}niɛ^{53}ɕɛ^{33}

流产 ʐɤ^{31}niɛ^{53}kɤ^{33}k^{h}ai^{33}ʑo^{33}

双胞胎 ni^{31}ma^{31}ʐu^{33}

坐月子 ʑiɛ^{31}men^{33}tau^{31}

吃奶 tsu^{55}miɛ^{55}miɛ^{55}

断奶 tsu^{55}miɛ^{55}kɤ^{31}

满月 lɤ^{33}pɤ^{33}piɛ^{33}

生日统称 ɕiɛ^{33}si^{33}ni^{33}ʑa^{53}

做寿 min^{24}zɤ^{31}

死统称 si^{35}pɔ^{33}

死婉称，指老人：他～了 ma^{31}tsɔ^{31}tɔ^{33}

自杀 ɣɔ^{31}gu^{33}kɔ^{31}pɤ^{33}

咽气 ʂa^{55}ts^{h}i^{53}pɔ^{33}

入殓 koŋ^{31}ba^{24}to^{53}pɔ^{33}

棺材 koŋ^{31}ba^{55}

出殡 ta^{53}tui^{53}ʑo^{33}

灵位 la^{31}ku^{31}

坟墓单个的，老人的 tu^{55}p^{h}ɤ^{31}

上坟 ɔ^{24}tiɛ^{33}liɛ^{31}

纸钱 su^{24}pʰiɛ^{31}pa^{33}la^{33}

老天爷 mon^{31}ʑɛ^{33}mɤ^{33}

菩萨统称 pʰu^{31}sa^{33}

观音 kuan^{33}ʑin^{33}

灶神 ko^{55}tu^{31}ʂen^{31}

寺庙 miau^{35}

和尚 mi^{31}mɤ^{33}mɤ^{31}tsɤ^{33}si^{33}

尼姑 ʑɔ^{33}kʰa^{33}mɤ^{31}tsɤ^{33}si^{33}

算命统称 min^{24}ga^{31}

运气 ʑin^{35}tsʰi^{35}

九　人品称谓

人一个～ tʂʰo^{33}

男人成年的，统称 ʐɔ^{33}kʰa^{55}

女人三四十岁已婚的，统称 ʐɤ^{31}mɤ^{33}

单身汉 tɤ^{31}ɣɤ^{31}xiɛ^{55}

老姑娘 ʐɤ^{31}mi^{31}ʐu^{24}mon^{31}pɔ^{24}

婴儿 ʐɤ^{31}niɛ^{33}ni^{33}ʐɤ^{31}

小孩三四岁的，统称 ʐɤ^{31}niɛ^{33}

男孩统称：外面有个～在哭 ʐɔ^{33}kʰa^{55}ʑɤ^{31}

女孩统称：外面有个～在哭 ʐɤ^{31}mi^{31}ʐɤ^{31}

老人七八十岁的，统称 tʂʰo^{33}mon^{31}

亲戚统称 kɔ^{31}ʑen^{24}e^{33}tʂʰo^{33}

朋友统称 a^{31}tʂʰo^{31}

邻居统称 tɤ^{31}tsi^{31}gɤ^{33}

客人 tʂʰo^{33}tsɔ^{31}ɛ^{33}

农民 ʐɤ^{33}men^{31}liɛ^{31}

商人 a^{55}tʰi^{31}tʰi^{31}xɔ^{31}liɛ^{31}

手艺人统称 la^{31}pɤ^{24}si^{33}tʂʰo^{33}

泥水匠 mi^{31}ɣɔ^{33}dɔ^{31}nɤ^{33}si^{33}tʂʰo^{33}

木匠 ʑɛ^{31}ʂɤ^{33}gu^{33}pɤ^{55}si^{33}tʂʰo^{33}

裁缝 pʰɤ^{33}kɤ^{33}kɯ^{55}si^{33}tʂʰo^{33}

理发师 dʐu^{33}kʰɤ^{33}tɕʰɛ^{31}si^{33}tʂʰo^{33}

厨师 ɔ^{24}vu^{31}tsa^{55}ku^{33}si^{33}tʂʰo^{33}

师傅 ti^{33}pɯ^{55}si^{33}tʂʰo^{33}

徒弟 min^{31}ta^{24}ti^{33}si^{33}tʂʰo^{33}

乞丐统称，非贬称 ɔ^{24}lɔ^{31}

妓女 tsʰɤ^{33}xɔ^{31}liɛ^{31}

流氓 vu^{31}li^{53}vu^{31}lɤ^{33}

贼 tʂʰo^{33}kʰo^{31}

瞎子统称，非贬称 miɛ^{33}tsu^{55}lu^{33}

聋子统称，非贬称 na^{55}ba^{31}

哑巴统称，非贬称 tʂʰo^{33}ka^{24}

驼子统称，非贬称 tʂɔ^{31}ku^{55}

瘸子统称，非贬称 kʰɯ^{33}pɔ^{33}lɔ^{33}

疯子统称，非贬称 tʂʰo^{33}go^{55}lu^{55}

傻子统称，非贬称 tʂʰo^{33}ka^{24}

笨蛋蠢的人 ma^{31}mɤ^{24}pɤ^{55}

爷爷呼称，最通用的 a^{55}bu^{31}

奶奶呼称，最通用的 a^{31}bi^{24}

外祖父叙称 a^{31}pʰi^{31}pa^{24}

外祖母叙称 a^{31}pʰi^{31}mɤ^{33}

父母合称 ba^{24}ʑɛ^{24}

父亲叙称 ba^{24}

母亲叙称 ʑɛ^{24}

爸爸呼称，最通用的 a^{33}te^{33}

妈妈呼称，最通用的 a^{33}ma^{33}

继父叙称 ba^{24}tʂa^{55}

继母叙称 ʑɛ^{24}tʂa^{55}

岳父叙称 ʐɔ^{31}pʰɤ^{31}

岳母叙称 ʐɔ^{31}mɤ^{33}

公公叙称 ʐɔ^{31}pʰɤ^{31}

婆婆叙称 ʐɔ^{31}mɤ^{33}

伯父呼称，统称 ta^{24}te^{33}

伯母呼称，统称ta^{24}mo^{33}

叔父呼称，统称a^{33}ʑɛ^{33}

排行最小的叔父呼称lau^{31}ʑɛ^{33}

叔母呼称，统称mi^{24}mi^{33}

姑统称，呼称a^{55}ʐu^{31}

姑父呼称，统称a^{55}ʐu^{31}p^{h}ɤ^{31}

舅舅呼称a^{33}vu^{33}pa^{24}

舅妈呼称a^{33}vu^{33}mɤ^{33}

姨统称，呼称zi^{31}ma^{33}

姨父呼称，统称zi^{31}te^{33}

弟兄合称vi^{55}ni^{33}

姊妹合称vi^{55}ni^{33}

哥哥呼称，统称a^{33}vi^{55}pa^{24}

嫂子呼称，统称miɛ^{24}mɤ^{33}

弟弟叙称niɛ^{33}niɛ^{33}

弟媳叙称niɛ^{24}niɛ^{24}mi^{31}mɤ^{33}

姐姐呼称，统称a^{55}tɕɛ^{31}

姐夫呼称tɕɛ^{31}fu^{33}

妹妹叙称non^{33}mɤ^{33}

妹夫叙称mei^{24}ɕi^{33}

堂兄弟叙称，统称tɤ^{31}ʑɛ^{31}xɔ^{33}vi^{55}niɛ^{33}

表兄弟叙称，统称piau^{31}vi^{55}piau^{31}niɛ^{33}

妯娌弟兄妻子的合称ni^{31}vi^{55}

连襟姊妹丈夫的关系，叙称ni^{31}vi^{55}

儿子叙称：我的～ʐɤ^{31}

儿媳妇叙称：我的～ʐɤ^{31}k^{h}ɤ^{31}mɤ^{33}

女儿叙称：我的～ʐɤ^{31}mi^{31}

女婿叙称：我的～ma^{33}

孙子儿子之子xɤ^{24}pa^{24}

重孙子儿子之孙la^{55}pa^{24}

侄子弟兄之子ʐɤ^{31}du^{31}

外甥姐妹之子ʐɤ^{31}du^{31}

外孙女儿之子xɤ^{24}pa^{24}

夫妻合称ni^{31}ɣɤ^{31}

丈夫她的～p^{h}ɔ^{31}mɔ^{31}

妻子他的～mi^{31}mɤ^{33}

名字a^{31}miɛ^{33}

绰号xoŋ^{55}ku^{31}

十　农工商文

事情一件～si^{55}tɕ^{h}in^{31}

插秧lɔ^{53}tʂ^{h}o^{33}

割稻tsa^{31}ɣɤ^{31}

种菜ɣu^{31}tsa^{55}ti^{33}

犁名词lɤ^{31}p^{h}ɯ^{31}

锄头tsi^{55}ku^{33}

镰刀a^{31}kɔ^{55}

把儿刀～la^{31}tu^{31}

扁担vɤ^{31}ba^{55}

箩筐k^{h}a^{55}ku^{33}

筛子统称xɤ^{33}kɤ^{33}

簸箕农具，有梁的xɤ^{33}mɤ^{33}

簸箕簸米用xɤ^{33}mɤ^{33}

独轮车tɤ^{31}ma^{31}kon^{31}t^{h}ɔ^{33}lɔ^{33}

轮子kon^{31}t^{h}ɔ^{33}lɔ^{33}

碓整体tɕ^{h}ɛ^{33}

臼tiɛ^{35}k^{h}o^{31}

磨名词xa^{55}mɔ^{33}

年成tɤ^{31}k^{h}ɔ^{31}mɤ^{33}

走江湖统称tɤ^{31}liɛ^{33}liɛ^{33}ke^{33}

打工zɤ^{31}ɣɤ^{31}men^{31}

斧子k^{h}ɯ^{55}tʂ^{h}ɔ^{55}

钳子ʂoŋ^{33}si^{24}

螺丝刀ts^{h}i^{31}tsi^{33}

锤子 tṣʰui31pʰu33
钉子 ṣoŋ33tsʰi33li33
绳子 a55tṣa33
棍子 sɤ55ka55
做买卖 xɔ31xɔ31vɤ31vɤ31
商店 a55tʰi31tʰi31xɔ31ɣɔ33
饭馆 ɔ24xɔ31liɛ31ɣɔ33
旅馆旧称 i35ɣɔ33xɔ31ɣɔ33
秤统称 tṣʰo53ka33
贵 mɔ33
便宜 ŋiɛ31ʑiɛ33
合算 xua31zuai55
折扣 kɤ31kʰɤ31la31
亏本 a31pa33la33ẓu31ẓɔ33
钱统称 a31pa33la33
零钱 a31pa33la33bi35ẓɤ31
硬币 a31pa33la33xɤ33
本钱 la31xɔ33pa33la33
工钱 ɣɤ31pʰo31
路费 ɣɤ31kɔ33pʰo31
花～钱 ʑɛ31
赚卖一斤能～一毛钱 tsɤ33ɣai33
挣打工～了一千块钱 men31ɣai33
欠～他十块钱 tṣʰa33
算盘 ṣuan35pʰan31
赶集 li55ga31
集市 li55
庙会 tɕʰau31ṣan33xui35
保佑 ni33ta24
跳绳 a55tsa55pɔ33
风筝 mɤ31xɤ33pʰiɛ31
舞狮 pɔ33nɤ24gɤ31
鞭炮统称 tsi31pʰau35pʰiɛ31
唱歌 zi31mɤ31
演戏 pɔ33ni33bi31
锣鼓统称 lɔ31koŋ31
二胡 ɯ24fu31
笛子 pʰi55li33
划拳 la31nu33tiɛ33
下棋 tsi31ga31
打扑克 pʰai31dɔ33
打麻将 ma31tɕiaŋ35dɔ33
变魔术 pʰi33li33pʰɔ33lɔ33
讲故事 ku31li31ko55
猜谜语 ko55ŋɤ33gɤ31
玩儿到城里～ gɯ31nɤ55
串门儿 ʑɛ31ɣɔ33
走亲戚 ʑɛ31xɔ33tṣʰo33kʰɯ33ki33
学校 ṣu24ṣɤ33ɣɔ33
教室 ṣu24ma24ɣɔ33
上学 ṣu24ṣɤ33
放学 ṣu24ṣɤ33pʰiɛ31pɔ33
考试 ṣu24miɛ33kʰau31
书包 ṣu24pen31ma53tṣʰɔ33
本子 ṣu24pen31
铅笔 tɕʰin33pi31
钢笔 pi31
圆珠笔 ʑin31tsu33pi31
毛笔 a31mon33pi31
墨 mɤ31
砚台 ʑin35tʰai31
信一封～ ɕin35
连环画 tʰu31xua31ṣu33

十一　动作行为

干活儿统称：在地里～ zɤ^{33}men^{31}

称用杆秤～ na^{33}

捉迷藏 va^{31}nɤ^{55}gɤ^{31}

看～电视 ni^{33}

听用耳朵～ nɤ^{33}

闻嗅：用鼻子～ nu^{31}

吸～气 gɔ^{31}

睁～眼 ŋa^{55}

闭～眼 tsɤ^{55}

眨～眼 tʂ^{h}ɤ^{31}

张～嘴 ŋa^{55}

闭～嘴 men^{33}

咬狗～人 ts^{h}i^{31}

嚼把肉～碎 bɤ^{31}

咽～下去 liɛ^{31}dɔ^{31}

舔人用舌头～ liɛ^{31}

含～在嘴里 men^{31}

亲嘴 men^{31}nɤ^{33}nɔ^{55}

吮吸用嘴唇聚拢吸取液体 tʂ^{h}ɔ^{31}

吐上声，从嘴里吐出：把果核儿～掉 p^{h}i^{31}

吐去声，呕吐：喝酒喝～了 p^{h}i^{31}

打喷嚏 a^{55}t^{h}i^{31}ti^{33}

拿用手把苹果～过来 ʐu^{31}

给他～我一个苹果 pi^{31}

摸～头 so^{33}

伸～手 ts^{h}i^{33}

挠～痒痒 k^{h}a^{33}

掐用拇指和食指的指甲～皮肉 tɕ^{h}ɛ^{33}

拧～螺丝 si^{55}

拧～毛巾 si^{55}

捻用拇指和食指来回～碎 zi^{31}

掰把橘子～开，把馒头～开 ɤ^{55}

剥～花生 k^{h}iɛ^{31}

撕把纸～了 dzɤ^{31}

折把树枝～断 ʑɛ^{55}

拔～萝卜 gɔ^{31}

摘～花 sa^{55}

站～起来 zu^{55}

倚～在墙上 pa^{24}

蹲～下 toŋ^{33}

坐～下 men^{33}

跳青蛙～起来 pɔ^{33}

迈跨过高物：从门槛上～过去 tɕ^{h}a^{33}

踩脚～在牛粪上 nu^{31}

翘～腿 ku^{55}

弯～腰 kɔ^{31}

挺～胸 tso^{31}

趴～着睡 bɔ^{55}

爬小孩在地上～ k^{h}a^{33}

走慢慢儿～ dzu^{31}

跑慢慢儿走，别～ tsi^{55}

逃逃跑：小偷～走了 k^{h}o^{31}tsi^{55}

追追赶：～小偷 ga^{21}

抓～小偷 ni^{55}

抱把小孩～在怀里 ɣɔ^{33}

背～孩子 bɤ^{33}

搀～老人 ɕɛ^{33}

推几个人一起～汽车 nan^{31}

摔跌：小孩～倒了 pa^{24}

撞人～到电线杆上 dzo^{33}

挡你～住我了，我看不见 ka^{24}

躲躲藏：他～在床底下 va^{31}

藏藏放，收藏：钱～在枕头下面 fa^{55}

放把碗～在桌子上 ta^{31}ta^{24}

摞把砖～起来 p^{h}iɛ^{31}

埋～在地下 fɤ^{55}

盖把茶杯～上 biɛ^{33}

压用石头～住 ni^{55}

摁～图钉 ni^{55}

捅用棍子～鸟窝 t^{h}a^{31}

插把香～到香炉里 tʂ^{h}o^{33}

戳～个洞 tʂ^{h}o^{33}

砍～树 t^{h}u^{33}

剁把肉～碎做馅儿 pɯ^{33}

削～苹果 biɛ^{55}

裂木板～开了 pi^{31}

皱皮～起来 tsɤ^{55}

腐烂死鱼～了 kɤ^{31}pɔ^{33}

擦用毛巾～手 si^{33}

倒把碗里的剩饭～掉 t^{h}ɔ^{55}

扔丢弃：这个东西坏了，～了它 ba^{21}

扔投掷：比一比谁～得远 ba^{21}

掉掉落，坠落：树上～下一个梨 kɤ^{33}

滴水～下来 dza^{33}

丢丢失：钥匙～了 miɛ^{55}

找寻找：钥匙～到了 tʂɤ^{33}

捡～到十块钱 gɔ^{55}

提用手把篮子～起来 t^{h}iɛ^{31}

挑～担 ta^{55}

扛把锄头～在肩上 ta^{55}

抬～轿 ta^{55}

举～旗子 gɤ^{31}

撑～伞 naŋ^{31}

撬把门～开 kiɛ^{55}

挑挑选，选择：你自己～一个 gɔ^{55}

收拾～东西 su^{33}tu^{33}

挽～袖子 p^{h}ɔ^{33}

涮把杯子～一下 lɔ^{24}

洗～衣服 ts^{h}i^{31}

捞～鱼 vʌ^{33}

拴～牛 p^{h}ɤ^{33}

捆～起来 p^{h}ɤ^{33}

解～绳子 kiɛ^{33}

挪～桌子 gɔ^{31}

端～碗 t^{h}iɛ^{31}

摔碗～碎了 dɔ^{33}

掺～水 to^{33}

烧～柴 tu^{55}

拆～房子 p^{h}iɛ^{55}

转～圈儿 tso^{33}

捶用拳头～ dɔ^{33}

打统称：他～了我一下 dɔ^{33}

打架动手：两个人在～ dɔ^{33}si^{33}

休息 mɯ^{33}ta^{31}

打哈欠 xɔ^{33}mi^{31}men^{31}

打瞌睡 i^{35}mɤ^{33}kɔ^{24}

睡他已经～了 i^{55}

打呼噜 zɤ^{31}k^{h}ɔ^{31}bɔ^{31}

做梦 zɤ^{31}ma^{33}ma^{33}

起床 tu^{33}tɔ^{33}

刷牙 su^{35}ts^{h}i^{31}

洗澡 kɔ^{31}mɤ^{33}ts^{h}i^{31}

想思索：让我～一下 dɔ^{31}

想想念：我很～他 dɔ^{31}

打算我～开个店 dɔ^{31}ta^{24}

记得 ki^{55}tai^{24}

忘记dɔ^{31}miɛ^{33}

怕害怕：你别～ kɯ^{33}

相信我～你dʑɛ^{33}

发愁kʰi^{55}ʑɛ^{55}

小心过马路要～ faŋ^{31}mai^{24}

喜欢～看电视ni^{33}zɔ̢^{55}

讨厌～这个人mɤ^{31}mo^{31}gɤ^{31}

舒服凉风吹来很～ mɯ^{33}nɛ^{33}

难受生理的mɯ^{33}za^{24}

难过心理的dɔ^{31}za^{24}

高兴mɯ^{33}nɛ^{33}

生气ni^{33}na^{31}

责怪ko^{55}di^{31}

后悔ma^{31}dɔ^{31}kɔ^{35}ɣɤ^{31}

忌妒ʂa^{55}mɤ^{31}pʰin^{31}

害羞za^{31}tɔ^{33}

丢脸miɛ^{53}pʰu^{31}ba^{31}

欺负mɤ^{31}ni^{33}tu^{33}tsʰi^{31}

装～病tʰui^{33}

疼～小孩儿na^{31}

要我～这个xɯ^{55}

有我～一个孩子tsuai^{24}

没有他～孩子ma^{31}tʂɔ^{31}

是我～老师ʑɛ^{24}

不是他～老师mɤ^{31}xiɛ^{31}

在他～家men^{33}

不在他～家ma^{31}men^{33}

知道我～这件事si^{31}pɛ^{24}

不知道我～这件事ma^{31}si^{33}pɤ^{55}

懂我～英语si^{31}pɛ^{24}

不懂我～英语ma^{31}si^{31}pɤ^{55}

会我～开车pɤ^{55}

不会我～开车ma^{31}pɤ^{55}

认识我～他si^{31}pɤ^{55}

不认识我～他ma^{31}si^{31}pɤ^{55}

行应答语tai^{24}

不行应答语ma^{31}ta^{31}

肯～来liɛ^{24}

应该～去ti^{33}ta^{31}

可以～去ta^{31}

说～话ko^{33}

话说～ to^{31}

聊天儿ko^{33}ŋɤ^{55}gɤ^{31}

叫～他一声儿ku^{31}

吆喝大声喊ɣɤ^{31}tʰi^{31}ku^{31}

哭小孩～ xɔ^{31}

骂当面～人di^{31}

吵架动嘴：两个人在～ di^{31}tɕa^{33}

骗～人xiɛ^{24}

哄～小孩xiɛ^{24}

撒谎xiɛ^{24}

吹牛xoŋ^{33}ko^{33}

拍马屁kʰiɛ^{31}pi^{24}liɛ^{31}

开玩笑ko^{33}ko^{33}ɣɤ^{31}ɣɤ^{31}

告诉～他ko^{33}pi^{31}

谢谢致谢语ɕiɛ^{35}ɕiɛ^{35}

对不起致歉语mɤ^{31}kɔ^{35}zi^{35}

再见告别语nɔ^{31}men^{33}xa^{33}

十二　性质状态

大苹果～ ɤ^{24}

小苹果～ i^{33}

粗绳子～ ɤ^{24}

细绳子～ i^{33}

长线～ zɤ^{31}

短线～ niɛ^{33}

长时间～ zɤ^{31}

短时间～ niɛ^{33}

宽路～ fi^{33}

宽敞房子～ fi^{33}ʑiɛ^{24}

窄路～ tsɤ^{31}

高飞机飞得～ mo^{33}

低鸟飞得～ ŋiɛ^{31}

高他比我～ mo^{33}

矮他比我～ ŋiɛ^{31}

远路～ ven^{31}

近路～ nɔ^{31}

深水～ na^{55}

浅水～ mɤ^{31}na^{55}

清水～ ɕɛ^{31}

浑水～ tʂ^{h}a^{31}

圆 di^{31}

扁 pa^{33}

方 pa^{33}

尖 ts^{h}i^{33}

平 p^{h}in^{31}

肥～肉 bɯ^{55}

瘦～肉 na^{31}

肥形容猪等动物 bɯ^{55}

胖形容人 bɯ^{55}

瘦形容人、动物 xai^{24}

黑黑板的颜色 na^{33}

白雪的颜色 p^{h}u^{33}

红国旗的主颜色，统称 ni^{33}

黄国旗上五星的颜色 si^{33}

蓝蓝天的颜色 noŋ^{33}

绿绿叶的颜色 non^{33}

紫紫药水的颜色 non^{33}

灰草木灰的颜色 p^{h}ɯ^{33}

多东西～ miɛ^{31}

少东西～ mɤ^{31}miɛ^{31}

重担子～ xan^{31}

轻担子～ lɔ^{31}

直线～ tʂo^{31}

陡坡～，楼梯～ p^{h}i^{33}

弯弯曲：这条路是～的 kɔ^{31}

歪帽子戴～了 si^{55}

厚木板～ t^{h}u^{33}

薄木板～ pʌ^{31}

稠稀饭～ k^{h}a^{33}

稀稀饭～ biɛ^{33}

密菜种得～ tsɤ^{55}

稀稀疏：菜种得～ pɤ^{31}

亮指光线亮，明亮 bo^{31}

黑指光线暗，完全看不见 na^{33}

热天气～ fʌ^{33}

暖和天气～ liɛ^{31}fu^{33}

凉天气～ ts^{h}i^{31}

冷天气～ ka^{33}

热水～ liɛ^{31}

凉水～ ts^{h}i^{31}

干干燥：衣服晒～了 vi^{33}

湿潮湿：衣服淋～了 biɛ^{33}

干净衣服～ ɕiɛ^{31}

脏不干净：衣服～ tʂ^{h}a^{31}

快锋利：刀子～ t^{h}a^{33}

钝刀～ mɤ^{31}t^{h}a^{33}

快坐车比走路～ tʂ^{h}uan^{24}

慢走路比坐车～ p^{h}i^{31}

早来得～ nai^{24}

晚来～了 liɛ^{33}

晚天色～ liɛ^{33}

松捆得～ son^{33}

紧捆得～ tɕin^{31}

容易这道题～ ti^{33}nɛ^{33}

难这道题～ ʐa^{24}

新衣服～ sɤ^{55}

旧衣服～ pi^{24}

老人～ mo^{31}

年轻人～ la^{55}

软糖～ nu^{31}

硬骨头～ xɯ^{55}

烂肉煮得～ biɛ^{33}

煳饭烧～了 k^{h}ɤ^{31}

结实家具～ zi^{31}

破衣服～ ʂa^{55}

富他家很～ tsuai^{24}

穷他家很～ za^{24}

忙最近很～ men^{55}

闲最近比较～ ma^{31}men^{55}

累走路走得很～ nu^{31}

疼摔～了 na^{31}

痒皮肤～ dzɤ^{55}

热闹看戏的地方很～ tʂ^{h}o^{33}po^{33}po^{33}

熟悉这个地方我很～ si^{24}pɛ^{33}

陌生这个地方我很～ mɤ^{31}si^{24}pɤ^{33}

味道尝尝～ tsɤ^{31}na^{33}

气味闻闻～ a^{31}sa^{55}

咸菜～ k^{h}a^{31}

淡菜～ tan^{24}

酸 tsi^{33}

甜 tʂ^{h}ɔ^{33}

苦 k^{h}a^{31}

辣 p^{h}iɛ^{33}

鲜鱼汤～ ʂɤ^{55}

香 miɛ^{24}

臭 nu^{31}

馊饭～ fi^{35}nu^{31}

腥鱼～ ts^{h}i^{31}nu^{31}

好人～ nɛ^{33}

坏人～ mɤ^{31}nɤ^{33}

差东西质量～ p^{h}iɛ^{55}

对账算～了 xɔ^{31}

错账算～了 mɤ^{31}xɔ^{31}

漂亮形容年轻女性的长相：她很～ ni^{33}gai^{31}

丑形容人的长相：猪八戒很～ ni^{33}za^{24}

勤快 men^{55}bɛ^{55}

懒 bɔ^{31}

乖 kuai^{33}

顽皮 vu^{31}lɤ^{33}

老实 lau^{31}si^{31}

傻痴呆 ka^{24}

笨蠢 p^{h}iɛ^{33}

大方不吝啬 ni^{33}mɤ^{33}nɛ^{33}

小气吝啬 tɕ^{h}ɛ^{33}ʑiɛ^{24}

直爽性格～ tsu^{31}ɛ^{33}

犟脾气～ ku^{31}

十三　数量

一～二三四五，下同 tɤ^{31}

二 ni^{31}

三 ɕɛ^{33}

四 ɤ^{31}

五 ŋɤ^{31}

六 k^{h}ɔ^{31}

七 sɤ^{24}

八 xi^{55}

九 kɔ^{31}

十 ts^{h}i^{33}

二十 ni^{31}ts^{h}i^{33}

三十 ɕɛ^{33}ts^{h}i^{33}

一百 tɤ^{31}ʐɤ^{33}

一千 ts^{h}i^{33}ʐɤ^{33}

一万 tɤ^{31}van^{35}

一百零五 tɤ^{31}ʐɤ^{33}xɯ^{33}ŋɤ^{31}

一百五十 tɤ^{31}ʐɤ^{33}ŋɤ^{31}ts^{h}i^{33}

第一～，第二 ɣɔ^{31}ʂɔ^{24}

二两重量 ni^{31}loŋ^{31}

几个你有～孩子？ k^{h}ɤ^{31}ni^{31}ma^{31}

俩你们～ ni^{31}

仨你们～ ɕɛ^{33}

个把 tɤ^{31}ni^{31}ma^{31}

个一～人 ma^{31}

匹一～马 k^{h}ɯ^{33}

头一～牛 k^{h}ɯ^{33}

头一～猪 k^{h}ɯ^{33}

只一～狗 ma^{31}

只一～鸡 ma^{31}

只一～蚊子 ma^{31}

条一～鱼 k^{h}ɯ^{33}

条一～蛇 k^{h}ɯ^{33}

张一～嘴 ma^{31}

张一～桌子 tʂan^{33}

床一～被子 tʂ^{h}uaŋ^{31}

领一～席子 tʂ^{h}uaŋ^{31}

双一～鞋 tɕɛ^{33}

把一～刀 pɤ^{31}

把一～锁 ma^{31}

根一～绳子 k^{h}ɯ^{33}

支一～毛笔 ka^{55}

副一～眼镜 tui^{24}

面一～镜子 ma^{31}

块一～香皂 ma^{31}

辆一～车 tʂan^{33}

座一～房子 ʐɛ^{31}

座一～桥 ka^{55}

条一～河 lɔ^{31}

条一～路 k^{h}ɯ^{33}

棵一～树 tɕɛ^{31}

朵一～花 vi^{33}

颗一～珠子 ma^{31}

粒一～米 k^{h}ɯ^{33}

顿一～饭 pu^{31}

剂一～中药 fu^{55}

股一～香味 ku^{31}

行一～字 lu^{55}

块一～钱 k^{h}uai^{31}

毛角：一～钱 xau^{31}

件一～事情 ma^{31}

点儿一～东西 a^{31}tɕi^{35}miɛ^{35}

些一～东西 a^{31}tsi^{55}

下动量，不是时量：打一～ xui^{31}

会儿坐了一～ k^{h}iɛ^{33}

顿打一～ xui^{31}

阵下了一～雨 k^{h}iɛ^{33}

趟去了一～ k^{h}iɛ^{33}

十四 代副介连词

我～姓王ŋa^{31}

你～也姓王nɔ^{31}

您尊称nɔ^{31}

他～姓张ɣɔ^{31}

我们不包括听话人：你们别去，～去ŋa^{31}ɣɯ^{33}

咱们包括听话人：他们不去，～去吧ŋa^{31}ɣɯ^{33}

你们～去nɔ^{31}ɣɯ^{33}

他们～去ɣɔ^{31}ɣɯ^{33}

大家～一起干ta^{31}xɔ^{31}

自己我～做的ŋa^{31}a^{24}ŋa^{31}

别人这是～的ɣɔ^{31}ɣɯ^{33}

我爸～今年八十岁ŋa^{31}ba^{24}

你爸～在家吗？nɔ^{31}ba^{24}

他爸～去世了ɣɔ^{31}ba^{24}

这个我要～，不要那个ts^{h}i^{24}tɤ^{33}ma^{31}

那个我要这个，不要～i^{33}tɤ^{31}ma^{31}

哪个你要～杯子？k^{h}ai^{24}tɤ^{31}ma^{31}

谁你找～？a^{55}si^{55}

这里在～，不在那里ts^{h}i^{33}kau^{24}

那里在这里，不在～mi^{53}kau^{24}

哪里你到～去？k^{h}ai^{24}kau^{24}

这样事情是～的，不是那样的ts^{h}i^{24}kɛ^{55}

那样事情是这样的，不是～的mi^{33}kɛ^{55}

怎样什么样：你要～的？k^{h}ai^{24}kɛ^{55}

这么～贵啊k^{h}ai^{24}ti^{33}

怎么这个字～写？k^{h}a^{31}kiɛ^{55}

什么这个是～字？k^{h}a^{31}kiɛ^{55}

什么你找～？k^{h}ai^{24}si^{33}

为什么你～不去？k^{h}ai^{24}ti^{33}si^{33}

干什么你在～？k^{h}ai^{24}ti^{33}nɛ^{33}

多少这个村有～人？k^{h}ɤ^{33}tɕɛ^{33}

很今天～热tʂa^{31}si^{33}

非常今天～热lau^{31}ʂi^{31}

更今天比昨天～热ken^{35}

太这个东西～贵，买不起lau^{31}ʂi^{31}

最弟兄三个中他～高man^{31}

都大家～来了i^{55}tʂoŋ^{31}

一共～多少钱？i^{55}tʂoŋ^{31}

一起我和你～去tɤ^{31}gɤ^{33}

只我～去过一趟tɤ^{31}

刚这双鞋我穿着～好tɕiaŋ^{33}

刚我～到tɕiaŋ^{55}

才你怎么～来啊？gɤ^{33}

就我吃了饭～去tɕu^{55}

经常我～去k^{h}a^{31}t^{h}a^{31}

又他～来了ʐou^{35}

还他～没回家xai^{31}

再你明天～来xa^{31}

也我～去li^{31}

反正不用急，～还来得及k^{h}i^{31}kiɛ^{55}

没有昨天我～去mɤ^{31}

不明天我～去mɤ^{31}

别你～去tɤ^{31}

甭不用，不必：你～客气tɤ^{31}

快天～亮了tɤ^{31}k^{h}iɛ^{55}

差点儿～摔倒了a^{31}tsi^{55}mɤ^{31}xiɛ^{31}

宁可～买贵的ʐɛ^{31}zi^{55}

故意～打破的tɤ^{31}zi^{55}

随便～弄一下xun^{33}

白～跑一趟k^{h}oŋ^{33}

肯定～是他干的k^{h}ɤ^{31}kɛ^{33}

可能～是他干的ku^{33}tsi^{33}

一边～走、～说$ʑi^{33}min^{35}$

和我～他都姓王$xɯ^{33}$

和我昨天～他去城里了$xɯ^{33}$

对他～我很好$k^hɯ^{33}$

往～东走mi^{33}

向～他借一本书$ɣɔ^{31}$

按～他的要求做$tsau^{35}$

替～他写信ti^{31}

如果～忙你就别来了$zɔ̣^{31}$

不管～怎么劝他都不听$pu^{31}kuan^{31}$

第二节

《中国语言资源调查手册·民族语言（藏缅语族）》扩展词

一 天文地理

天~地 mon^{31}

阳光 mon^{31}ts^{h}ɤ^{33}mie^{55}

日出 mon^{31}ts^{h}ɤ^{33}tɔ^{33}

日落 mon^{31}ts^{h}ɤ^{33}kɤ^{33}k^{h}ai^{33}

彗星扫帚星 mi^{53}si^{33}mon^{31}kɤ^{33}

北极星 mon^{31}kɤ^{33}

七姐妹星 ʐɤ^{31}mi^{31}sɤ^{24}vi^{55}mon^{31}kɤ^{33}

光~线 k^{h}ɯ^{33}

影子 ŋɤ^{33}zɤ^{31}

刮风 mɔ^{31}xɤ^{33}ka^{31}

风声风呼呼声 mɔ^{31}xɤ^{33}bɔ^{31}

打雷 mɔ^{31}t^{h}ɔ^{33}

响雷霹雳，名词 mɔ^{31}t^{h}ɔ^{33}bɔ^{31}

大雨 mɔ^{31}zi^{31}ga^{55}mo^{33}

小雨 mɔ^{31}zi^{31}bi^{35}ʐɤ^{31}

毛毛雨 mɔ^{31}zi^{31}p^{h}ɤ^{33}lɤ^{33}

暴风雨 mɔ^{31}xɤ^{33}mɔ^{31}zi^{31}

雨声 mɔ^{31}zi^{31}bɔ^{31}

下雪 vɤ^{31}kɤ^{33}

雪崩 vɤ^{31}piɛ^{33}

雪水 vɤ^{31}ɣɤ^{31}

结冰 kɔ^{33}na^{33}

融化雪~了 kɤ^{31}pɔ^{24}

乌云 mɔ^{31}fi^{33}na^{33}

彩云 mɔ^{31}fi^{33}ni^{33}

蒸汽水蒸气 ʂa^{55}ɣɤ^{31}

地统称 min^{31}

土地 min^{31}gɯ^{31}

坡地 min^{31}p^{h}i^{33}ʐɤ^{33}

荒地 ʐɤ^{33}p^{h}ɤ^{31}la^{31}

山地 kɤ^{33}mo^{31}ʐɤ^{33}

平地平坦的土地 lɔ^{31}kɔ^{24}ʐɤ^{33}

地界田地的边界 ʐɤ^{33}kɤ^{31}ken^{31}

庄稼地 tsɤ^{31}lu^{33}ti^{33}liɛ^{31}si^{33}ʐɤ^{33}

沼泽地 min^{31}ɣɤ^{31}ẓɤ^{33}

坝子山中的平地 a^{33}liɛ^{55}k^{h}a^{33}

地陷 min^{31}lɔ^{31}

海大～ i^{55}ka^{33}piɛ^{33}ga^{55}mo^{33}

田统称 ɣɤ^{31}ẓɤ^{33}

梯田 ti^{33}ẓɤ^{33}

田坎 ti^{33}pɔ^{31}

秧田 lɔ^{53}ẓɤ^{33}

试验田 a^{31}zu^{31}ẓɤ^{33}

菜园 ɣu^{31}tsa^{55}ti^{33}ɣɔ^{33}

果园 ʂa^{55}si^{24}ti^{33}ɤɔ^{33}

尘土干燥的泥路上搅起的 k^{h}ɔ^{31}liɛ^{24}

红土 min^{31}ni^{33}

粉末 a^{31}men^{33}len^{33}

渣滓榨油剩下的 a^{31}k^{h}iɛ^{31}

煤渣炭屑、煤炭燃烧后余下的东西 li^{53}tsi^{33}k^{h}iɛ^{31}

锅烟子 ma^{55}mi^{31}

金 si^{33}

银 p^{h}u^{33}

铜 son^{33}ni^{33}

铁 son^{33}

锈名词 u^{31}

生锈动词 ẓɔ^{31}tsɤ^{31}

钢 son^{33}

锡 ɕi^{31}

铝 lui^{31}

铅 tɕ^{h}in^{31}pa^{33}

玉 zi^{35}

玻璃 pɔ^{33}li^{31}

硫黄 liu^{31}xuaŋ^{31}

火药 vi^{31}p^{h}iɛ^{31}na^{33}ts^{h}i^{31}

硝做火药的～ nɤ^{33}ŋiɛ^{53}liɛ^{31}k^{h}iɛ^{31}

火种 a^{31}min^{24}t^{h}iɛ^{33}

火光 a^{31}min^{24}miɛ^{33}

火焰 a^{31}min^{24}lɤ^{33}

火塘 k^{h}ɤ^{31}ts^{h}i^{31}piɛ^{33}

打火石 mi^{31}dʑɔ^{31}xa^{55}

山火 liɛ^{33}t^{h}a^{31}a^{31}min^{24}

火把 la^{31}tu^{31}min^{24}

火星火塘里的 li^{55}ɣɤ^{31}po^{33}

火舌火苗 a^{31}min^{24}lɤ^{33}

火灾 a^{31}min^{24}ts^{h}i^{33}ba^{53}

火石 mi^{31}dʑɔ^{31}xa^{55}

火铲 k^{h}ɔ^{31}liɛ^{24}tʂ^{h}an^{31}

汽油 ts^{h}i^{35}ẓou^{31}

油漆 ts^{h}i^{31}

井水～ i^{55}ka^{33}tɔ^{33}ɤɔ^{33}

沸水 ɣɤ^{31}bɤ^{31}

温水 ɣɤ^{31}liɛ^{31}

碱水 k^{h}ɔ^{31}liɛ^{24}ɣɤ^{31}

小山 kɤ^{33}mo^{31}ẓɤ^{31}

荒山 ẓɤ^{33}ka^{33}la^{33}

雪山 vɤ^{31}kɤ^{33}mo^{31}

山顶 kɤ^{33}mo^{31}tu^{31}ku^{33}

山峰 kɤ^{33}mo^{31}ts^{h}i^{33}ki^{33}lin^{33}

山腰 kɤ^{33}mo^{31}ka^{35}kɔ^{33}

山脚 kɤ^{33}mo^{31}ts^{h}i^{33}

阴山指山背阴一面 kɤ^{33}mo^{31}ba^{31}pɔ^{33}

阳山指山朝阳一面 kɤ^{33}mo^{31}ɣɔ^{31}ʂɔ^{24}

岩洞 xa^{55}k^{h}ɔ^{33}

岩石 xa^{55}k^{h}u^{31}

花岗岩 xa^{55}xɯ^{33}

鹅卵石 a^{33}ŋau^{31}vu^{33}xa^{55}

平原 pin^{31}pa^{24}ga^{55}mo^{33}

滑坡 min^{31}ʂɔ^{33}

陡坡 ka^{31}pʰi^{33}

悬崖峭壁 xa^{55}gu^{31}piɛ^{33}

石板 xa^{55}pa^{33}

小河 lɔ^{31}tsʰa^{31}ʐɤ^{31}

河水 lɔ^{31}ɣɤ^{31}

上游河的～ lɔ^{31}tu^{31}ku^{33}

下游河的～ lɔ^{31}ma^{31}miɛ^{33}

漩涡河里的～ i^{55}ka^{33}tɕo^{33}

泡沫河里的～ si^{35}pʰu^{31}

泉水 lɔ^{31}kɔ^{55}ɣɤ^{31}

清水与浊水相对 i^{55}ka^{33}ɕɛ^{31}

瀑布 xa^{55}kʰɔ^{31}i^{55}ka^{33}

草原 zi^{31}pu^{55}tʂʰan^{31}

沙漠 xa^{55}gɯ^{31}ɣɛ^{33}moŋ^{31}mi^{31}

峡谷 lɔ^{31}kɔ^{55}na^{53}ɣɔ^{33}

泥石流 mon^{31}pie^{33}pie^{33}

地洞 min^{31}kʰo^{33}

洞口 a^{31}kʰo^{33}pɔ^{33}

山路 kɤ^{33}mo^{31}ɣa^{31}kɔ^{33}

岔路 ɣa^{31}kɔ^{33}piɛ^{31}kʰai^{33}ɣɔ^{33}

大路野外的 ɣa^{31}kɔ^{33}ga^{55}mo^{33}

小路野外的 ɣa^{31}kɔ^{33}bi^{35}ʐɤ^{31}

公路 tʂʰe^{33}tsi^{53}ɣa^{31}kɔ^{33}

桥统称 tʂu^{31}

石桥 xa^{55}tʂu^{31}

渡口 tʂʰuan^{31}kɔ^{35}la^{31}ɣɔ^{33}

二　时间方位

春天 va^{53}vi^{33}vi^{33}ni^{33}ʑa^{53}

夏天 zi^{33}pu^{55}to^{33}ni^{33}ʑa^{55}

秋天 sɤ^{33}mɤ^{33}ma^{31}ni^{33}ʑa^{55}

冬天 ka^{33}ni^{31}ʑa^{55}

过年 kʰɔ^{31}kɔ^{35}

过节 tɕɛ^{31}tsʰi^{35}kɔ^{35}

每年 kʰai^{24}kʰɔ^{31}

上半年 ɣɔ^{31}sɔ^{35}kʰɔ^{31}lɤ^{33}pɤ^{33}

下半年 ɣɔ^{31}nɔ^{35}kʰɔ^{31}lɤ^{33}pɤ^{33}

闰月 tɤ^{31}lɤ^{33}pɤ^{33}miɛ^{31}ta^{24}

二月 ni^{31}lɤ^{33}pɤ^{33}

三月 ɕɛ^{33}lɤ^{33}pɤ^{33}

四月 ɤ^{31}lɤ^{33}pɤ^{33}

五月 ŋɤ^{31}lɤ^{33}pɤ^{33}

六月 kʰo^{31}lɤ^{33}pɤ^{33}

七月 sɤ^{24}lɤ^{33}pɤ^{33}

八月 xi^{55}lɤ^{33}pɤ^{33}

九月 kɔ^{31}lɤ^{33}pɤ^{33}

十月 tsʰi^{33}lɤ^{33}pɤ^{33}

十一月 tsʰi^{31}tɤ^{31}lɤ^{33}pɤ^{33}

十二月 tsʰi^{31}ni^{31}lɤ^{33}pɤ^{33}

每月 kʰai^{24}lɤ^{33}

月初 lɤ^{33}pɤ^{33}ta^{55}la^{31}

月底 lɤ^{33}pɤ^{33}tsʰi^{33}

元旦 kʰɔ^{31}sɤ^{24}

初一除了正月以外，其他月份的初一。下同
lɤ^{33}pɤ^{33}ta^{55}la^{31}tɤ^{31}ni^{33}

初二 lɤ^{33}pɤ^{33}ta^{55}la^{31}ni^{31}ni^{33}

初三 lɤ^{33}pɤ^{33}ta^{55}la^{31}ɕɛ^{33}ni^{33}

初四 lɤ^{33}pɤ^{33}ta^{55}la^{31}ɤ^{31}ni^{33}

初五 lɤ^{33}pɤ^{33}ta^{55}la^{31}ŋɤ^{31}ni^{33}

初六 lɤ^{33}pɤ^{33}ta^{55}la^{31}kʰɔ^{31}ni^{33}

初七 lɤ^{33}pɤ^{33}ta^{55}la^{31}sɤ^{24}ni^{33}

初八 lɤ^{33}pɤ^{33}ta^{55}la^{31}xi^{55}ni^{33}

初九 lɤ^{33}pɤ^{33}ta^{55}la^{31}kɔ^{31}ni^{33}

初十 lɤ^{33}pɤ^{33}ta^{55}la^{31}tsʰi^{33}ni^{33}

昼夜指白天黑夜 mo^{31}lɔ^{31}kʰɔ^{33}mo^{31}ʑa^{55}

半天 pʰa^{33}ni^{33}

古时候 i^{33}gɤ^{33}tʰa^{31}

东 mo^{31}tsʰɤ^{33}tɔ^{33}ɣɔ^{33}pɔ^{24}

南 la^{31}tsɔ^{31}pɔ^{24}

西 ɣɔ^{31}nɔ^{35}pɔ^{24}

北 la^{31}fei^{33}pɔ^{24}

正面 ɣɔ^{31}ʂɔ^{35}

反面 ɣɔ^{31}nɔ^{35}

附近 a^{31}dzi^{31}

周围 a^{31}dzi^{31}a^{31}na^{35}

对岸河的～ to^{33}pɔ^{24}

门上挂在～ ŋa^{33}mi^{55}tʰau^{24}

楼上 kʰo^{31}tʰɔ^{24}

楼下 kʰo^{31}xɔ^{55}

角落墙的～ kɤ^{31}lɔ^{33}

在……后 i^{33}ɣɔ^{31}nɔ^{35}

在……前 i^{33}ɣɔ^{31}ʂɔ^{35}

在……之间 i^{33}ka^{53}kɔ^{33}

三　植物

樟树 tsan^{33}mu^{31}ʂɤ^{33}

白桦 ʂɤ^{33}pʰu^{33}lu^{33}

桑树 ma^{31}san^{33}tɕɛ^{31}

椿树 ɕiaŋ^{33}tʂʰoŋ^{33}tɕɛ^{31}

棕树 tsoŋ^{33}tɕɛ^{31}

冷杉一种树种 ŋen^{31}ʂɤ^{33}

桉树 ʑaŋ^{31}tsʰau^{31}kɔ^{31}tɕɛ^{31}

漆树 tsʰi^{31}lai^{35}tɕɛ^{31}

水冬瓜树 nɔ^{24}tɕɛ^{31}

青冈栎 pi^{31}ʂɤ^{33}

万年青 ɕin^{33}pu^{35}kan^{33}

树皮 ʂɤ^{33}gɯ^{31}

树枝 ʂɤ^{33}tʂʰa^{55}le^{31}

树干 ʂɤ^{33}ka^{55}

树梢 ʂɤ^{33}tu^{31}ku^{33}

根树～ tsʰi^{33}

树浆 ʂɤ^{33}ɣɤ^{31}

年轮树的～ ʂɤ^{33}kʰɔ^{31}ʂu^{35}

松球 tʰɔ^{31}si^{24}

松针 tʰɔ^{31}mon^{33}

松脂 a^{31}kɤ^{35}tsi^{31}

松香 tʰɔ^{31}ʂɤ^{33}ɣɤ^{31}

松包松树枝头上的果实 tʰɔ^{31}ʂɤ^{33}si^{24}

松明劈成细条的山松，可以点燃照明 a^{31}kɤ^{55}

桐油 la^{31}xɔ^{33}si^{24}

火麻路边长的一种扎人的植物 diɛ^{31}pʰu^{33}

西瓜 si^{35}xua^{33}ga^{55}mon^{33}

桃核 a^{55}vɤ^{31}kʰɤ^{33}

葡萄 a^{31}pɯ^{55}si^{24}

樱桃 bɤ^{31}si^{24}

枇杷 ma^{53}niaŋ^{33}

壳核桃～ a^{31}gɯ^{31}

核儿枣～ a^{31}kʰɤ^{33}

菠萝 pɔ^{33}lɔ^{31}si^{24}

香蕉 a^{35}pɔ^{31}si^{24}

芭蕉 a^{35}pɔ^{31}si^{24}

柠檬 niŋ^{31}moŋ^{31}si^{24}

柑子 xuaŋ^{31}kɔ^{31}si^{24}

橙子 xuaŋ^{31}kɔ^{31}si^{24}

山楂 ʂan^{33}liaŋ^{33}kɔ^{33}

无花果 ma^{55}lɤ^{33}si^{24}

果皮统称 sa^{33}si^{24}gɯ^{31}

果干晒干了的果实 sa^{33}si^{24}vi^{33}ku^{33}

葵花籽未去壳的 lɤ^{33}pɤ^{33}ma^{55}si^{24}

荆藤 a^{55}ts^{h}u^{31}ti^{33}

瓜蔓 a^{31}go^{31}

艾草 a^{55}k^{h}ɤ^{31}tɕɛ^{31}

仙人掌 la^{31}pa^{33}

狗尾草 p^{h}ʌ^{31}ma^{24}ta^{31}zi^{31}pu^{35}

含羞草 z̩a^{31}tɔ^{33}zi^{31}pu^{35}

车前草 pa^{24}kɔ^{33}lɔ^{33}tɕɛ^{31}

草根 zi^{31}p^{h}u^{33}ts^{h}i^{33}

青苔 min^{31}non^{33}li^{33}kiɛ^{33}liɛ^{33}

菊花 tɕu^{31}xua^{33}vi^{33}

桂花 kui^{35}ʂɤ^{33}vi^{33}

杜鹃花 va^{53}vi^{33}

月季花 a^{35}ts^{h}u^{31}vi^{33}

海棠花 xai^{31}t^{h}aŋ^{31}vi^{33}

水仙花 ʂui^{31}ɕin^{33}vi^{33}

鸡冠花 ɣa^{33}dzo^{33}vi^{33}

葵花 lɤ^{33}pɤ^{33}ma^{55}vi^{33}

桃花 a^{55}vɤ^{31}vi^{33}

茉莉花 mo^{31}li^{35}vi^{33}

金银花 tɕin^{33}ʑin^{31}xua^{33}vi^{33}

花瓣 va^{53}vi^{33}ku^{55}

花蕊 va^{53}vi^{33}ni^{33}mɤ^{33}

芦苇 p^{h}au^{33}lu^{31}tɕɛ^{31}

菖蒲 si^{31}tʂ^{h}aŋ^{33}p^{h}u^{33}

水葫芦 i^{55}ka^{33}p^{h}u^{31}ku^{35}

鸡㙡菌 ɣa^{33}mɔ^{31}lɔ^{33}

茶树菇 tʂ^{h}a^{31}tɕɛ^{31}mɔ^{31}

红菌 mɔ^{31}ni^{33}

黄菌 ɣa^{33}ts^{h}u^{33}mɔ^{31}

松茸 tiɛ^{35}mon^{31}mɔ^{31}

毒菇 nau^{35}pɤ^{53}si^{31}mɔ^{31}

笋衣指笋的嫩壳 vɤ^{31}ku^{35}

瓜子西～ a^{31}k^{h}ɤ^{33}si^{24}

籽菜～ si^{24}

莲子 lin^{31}tsi^{53}si^{24}

荷叶 xɔ^{31}xua^{33}p^{h}iɛ^{31}

薄荷 pɤ^{55}xu^{33}

枸杞 kiɛ^{31}tsi^{31}si^{24}

葍头 non^{24}p^{h}u^{33}

蒲公英 ts^{h}i^{31}li^{31}ʂen^{33}

灵芝 zɤ^{31}mu^{35}k^{h}u^{31}

银耳 mɔ^{31}na^{53}ku^{33}p^{h}u^{33}

竹根 vɤ^{31}ts^{h}i^{33}

竹节 vɤ^{31}tsɤ^{55}

竹竿 vɤ^{31}ka^{55}

柳絮 lɤ^{33}ka^{35}ga^{31}ʂɤ^{33}vi^{33}

篾条编篮子的～ a^{31}go^{31}

发芽 a^{31}miɛ^{33}miɛ^{33}

结果 a^{31}si^{24}nɔ^{31}

成熟 miɛ^{33}

开花 va^{55}vi^{33}vi^{33}

吐须 mu^{31}tsɤ^{33}li^{33}

凋谢 vi^{33}kɔ^{35}pɔ^{31}

粮食统称 ɔ^{24}

种子 a^{31}z̩o^{31}

秧植物幼苗的统称 a^{31}ʑaŋ^{33}

稻穗 tsa^{31}nu^{33}

抽穗 a^{31}nu^{33}tɔ^{33}

大米脱粒后的 tsa^{31}k^{h}ɤ^{33}

小米脱粒后的 tʂ^{h}o^{31}k^{h}ɤ^{33}

糯米 ts^{h}i^{33}nu^{31}k^{h}ɤ^{33}

红米 tsa^{31}k^{h}ɤ^{33}ni^{33}ku^{35}lu^{35}

秕谷 tsa^{31}ku^{35}

稗子 tsa^{31}kɔ^{35}

糠 tsa^{31}p^{h}ɯ^{31}

粟 tʂ^{h}o^{31}

玉米苞玉米棒子 sɤ^{33}mɤ^{33}p^{h}u^{33}

玉米秆 sɤ^{33}mɤ^{33}tɕɛ^{31}

玉米须 sɤ^{33}mɤ^{33}mo^{31}tsɤ^{33}

青稞 ʐu^{33}ʂɔ^{24}

燕麦 ʐu^{33}kɔ^{24}

荞麦 gɤ^{31}si^{24}

苦荞 ga^{31}k^{h}ɤ^{31}

麦芒 ʐu^{33}mo^{33}

麦穗 ʐu^{33}nu^{33}

麦茬麦秆割过余下的部分 ʐu^{33}ts^{h}i^{33}

荞花 gɤ^{31}vi^{33}

荞壳 gɤ^{31}ku^{31}

苎麻 tʂu^{35}ma^{31}

蓖麻 pi^{31}ʂɤ^{31}tɕɛ^{31}

豆子统称 nɔ^{55}si^{55}

豆秸 nɔ^{55}tɕɛ^{31}

豆芽 nɔ^{55}zi^{31}

四季豆 tɕin^{33}tʌ^{24}pa^{24}

豆苗豆类的幼苗 nɔ^{55}zi^{31}

扁豆 nɔ^{55}pa^{55}la^{55}

冬瓜 tiɛ^{35}mo^{31}t^{h}iɛ^{33}si^{24}

苦瓜 a^{33}k^{h}ʌ^{31}si^{24}

青菜 ɣu^{31}tsa^{55}non^{33}

菜花一种蔬菜 a^{31}vi^{33}ɣu^{31}tsa^{55}

空心菜 a^{31}k^{h}o^{33}k^{h}o^{33}ɣu^{31}tsa^{55}

苋菜 zi^{35}mi^{31}tsa^{55}

蕨菜 da^{31}tsa^{55}

荠菜 a^{55}ts^{h}a^{31}mɤ^{33}ɣɔ^{31}

卷心菜所有菜心卷起来的菜的统称 a^{31}p^{h}iɛ^{31}xɤ^{33}si^{33}ɣu^{31}tsa^{55}

芹菜 ɣu^{31}p^{h}ɛ^{33}tsa^{55}

蒜苗 suan^{35}tɕɛ^{31}

青椒 la^{35}tsɤ^{31}non^{33}

红椒 la^{35}tsɤ^{31}ni^{33}

干辣椒 la^{35}tsɤ^{31}vi^{33}

春笋 liɛ^{31}ni^{31}ni^{33}vɤ^{31}p^{h}u^{33}

冬笋 ka^{55}ni^{31}ni^{33}vɤ^{31}p^{h}u^{33}

笋壳 vɤ^{31}li^{55}ku^{33}

笋干 vɤ^{31}p^{h}u^{33}ku^{33}

萝卜干 ɣu^{31}mɤ^{33}ku^{33}

萝卜缨子 ɣu^{31}mɤ^{33}p^{h}iɛ^{31}

根茎菜的～ a^{31}ts^{h}i^{33}

四 动物

野兽 liɛ^{53}mon^{31}

狮子 miɛ^{53}niɛ^{33}ga^{55}mo^{33}

豹 zɤ^{31}

大熊猫 ɣɤ^{31}gɤ^{31}lɤ^{31}

狗熊 ɣɤ^{31}

熊掌 ɣɤ^{31}la^{31}p^{h}iɛ^{31}

熊胆 ɣɤ^{31}kɯ^{33}

野猪 liɛ^{33}va^{21}

獒藏～，狗的一种 p^{h}ʌ^{31}ga^{55}mo^{33}

豺狗 vi^{31}

豪猪 fa^{33}po^{33}

鹿统称 ma^{31}lu^{31}

鹿茸 ʐoŋ^{31}

麂子 sa^{24}ni^{33}ku^{55}

狐狸 fu^{31}li^{35}p^{h}ɤ^{31}

狼 liɛ^{33}p^{h}ɤ^{31}

黄鼠狼 fei^{33}lʌ^{31}
穿山甲 fa^{33}kʰɔ^{33}lɔ^{33}
水獭 i^{55}ka^{33}miɛ^{53}niɛ^{33}
野牛 liɛ^{33}nu^{31}
牦牛 a^{31}mon^{33}zɤ^{31}si^{33}nu^{31}
挤~牛奶 tʂʰɤ^{31}
骆驼 lɔ^{31}tʰɔ^{33}
驼峰 a^{31}pɤ^{33}lɤ^{33}
大象 ta^{24}ɕiaŋ^{24}
象牙 ɕiaŋ^{24}su^{24}
象鼻 ɕiaŋ^{24}na^{53}kʰɔ^{31}
松鼠 fa^{33}men^{33}bɤ^{31}
金丝猴 mɔ^{21}
啄木鸟 tʂɔ^{31}mu^{31}kuan^{33}
布谷鸟 ko^{55}po^{33}
斑鸠 a^{55}pɤ^{33}lɤ^{33}
燕子 tsan^{33}ki^{35}li^{31}
野鸡 liɛ^{55}ɣa^{33}
老鹰 ka^{55}tsi^{31}mɤ^{33}
鹰爪 ka^{55}tsi^{31}mɤ^{33}kʰɤ^{33}
猫头鹰 koŋ^{33}koŋ^{33}loŋ^{33}
孔雀 kʰoŋ^{31}tɕʰɔ^{31}
鹦鹉 kai^{35}tsi^{31}
画眉鸟 miɛ^{53}pʰu^{31}gɤ^{31}lɤ^{31}ŋa^{33}ʐɤ^{31}
鹌鹑 ɔ^{33}mi^{31}
鸟蛋 ŋa^{33}ʐɤ^{31}vu^{33}
鸟笼 ŋa^{33}ʐɤ^{31}loŋ^{31}
鸳鸯 ʑin^{33}ʑaŋ^{33}ŋa^{33}zɤ^{31}
鱼鹰鸬鹚 ŋɤ^{31}ʑu^{31}si^{33}ŋa^{33}ʐɤ^{31}
麝 tʂaŋ^{33}tsi^{33}
麝香 tʂaŋ^{33}tsi^{33}ɕiaŋ^{33}
野兔 fa^{33}tʰɔ^{33}la^{33}
毒蛇 tu^{31}miɛ^{31}si^{33}vɤ^{31}
蟒蛇 vɤ^{31}ga^{55}mo^{33}
水蛇 i^{55}ka^{33}vɤ^{31}
眼镜蛇 vɤ^{31}na^{33}
菜花蛇 ɣu^{31}tsa^{55}vi^{33}vɤ^{31}
竹叶青一种毒蛇 vɤ^{31}pʰiɛ^{31}vɤ^{31}
蛇皮 vɤ^{31}gɯ^{31}
七寸 vɤ^{31}kɔ^{35}ku^{31}
蛇胆 vɤ^{31}kɤ^{33}
蛇洞 vɤ^{31}kʰo^{33}
刺猬 fa^{33}kʰʌ^{31}
田鼠 fa^{33}tsʰa^{31}
母老鼠母的家鼠 fa^{33}mʌ^{33}
蜥蜴 tʂa^{31}mu^{31}kei^{31}
壁虎 kan^{33}pi^{31}xiɛ^{31}
蜈蚣 vɤ^{31}si^{33}kʰɔ^{33}
头虱 si^{33}
虮子虱卵 si^{33}vu^{33}
蟑螂 pi^{35}pa^{33}
蝗虫蚱蜢 pa^{55}po^{33}
螳螂 kʰɤ^{33}kʰa^{33}la^{33}
蟋蟀 pa^{55}po^{33}tɕʰɛ^{33}liɛ^{33}
蚕丝 tsʰan^{31}si^{33}
蚕蛹 po^{31}men^{55}
地蚕吃土豆、花生等的虫子，色白，状似蚕 po^{31}mɤ^{33}pʰu^{33}
蜂统称 piɛ^{31}
蜂窝 piɛ^{31}pʰʌ^{33}
蜂王 piɛ^{31}ʑɛ^{33}mɤ^{33}
蜂箱 piɛ^{31}san^{33}
蜂蜡 piɛ^{31}ʐʅ^{24}
飞蛾 pu^{31}lu^{33}pʰɤ^{33}kɔ^{33}lɔ^{33}
萤火虫 xɔ^{31}lian^{24}tʂʰon^{31}

白蚁 pu31ɣɔ33pʰu33
蚁窝 pu31ɣɔ33pʰɤ33
蚁蛋 pu31ɣɔ33vu33
田蚂蟥 ɣɤ31vi31ti31li31
山蚂蟥 vi31ti31li31
牛虻 nu31woŋ33
蠓黑蚊 pɯ55na33la33bi35ʐɤ31
臭虫 tsɤ55nu31po31mɤ33
毛毛虫 po31mɤ33bɤ31liɛ33
蛔虫肚子里的 pi31ti31li31
肉蛆 sa24lɔ33
屎蛆 kʰiɛ31lɔ33
滚屎虫屎壳郎 kʰiɛ31bo31liɛ33
绿头蝇 pɯ55noŋ33
蜘蛛网 men31gaŋ33lan33pʰɤ33
织网蜘蛛～ a31pʰɤ33ɣa31
乌龟 tʰuan31ʑi31
蟹夹蟹螯 a55ga33la33la31
蜗牛 a55tiɛ33ku55vi33ku33lu33
蚌 mɤ31nɤ33si35li55
田螺 a55tiɛ33ku55
海螺 a55tiɛ33ku55ga55mo33
蝌蚪 pa24gɔ33lɔ33ʐɤ31
黄鳝 a31li33kiɛ55liɛ33zɤ31men33
泥鳅 a31li33kiɛ55liɛ33
金鱼 ŋɤ31si33li33
带鱼 tsɔ31ni55tsa31ŋɤ31
鲈鱼 ŋɤ31
娃娃鱼鲵 zɤ31niɛ33ni33zɤ31ŋɤ31
鱼鳍鱼翅膀 ŋɤ31tɔ31la31
鱼刺 ŋɤ31tsʰu31
鱼子鱼卵 ŋɤ31vu33
鱼苗 ŋɤ31ʐɤ31
鱼饵 ŋɤ31ɔ24
鱼鳔 ŋɤ31pi31si24
鱼鳃 ŋɤ31na55po33
剖鱼 ŋɤ31ɣɤ31pi35
钓鱼竿 ŋɤ31ka55
皮子统称 a31gɯ31
毛统称 a31moŋ33
羽毛 pu31pɤ35si33moŋ33
角动物身上长的 a31kʰo33pa33
蹄子统称 kʰɯ33si24
发情动物～ a31tɕʰo31dʐu31
产崽动物～ a31ʐɤ31dzɤ31
开膛剖开宰杀动物的腹部 a31fu33dzi33pi24
交尾 a31ʐo31pʰiɛ31
蝉脱壳 ta55vi33li33pʰɤ33kɤ31kiɛ33
水牛 ɣɤ31nu31
黄牛 nu31ni33
公牛阉过的 nu31pa24
牛犊 nu31ʐɤ31
牛角 nu31kʰo33
牛皮 nu31gɯ31
牛筋 nu31tɕin33
牛垂皮黄牛颈项垂下的 nu31kɔ35piɛ31
牛打架 nu31bɤ31si33
牛反刍 nu31zi31xui31
公马 mon31pa24
母马 mon31mʌ33
马驹 mon31ʐɤ31
马鬃 mon31kɔ35pa35mon33
绵羊 ʐɔ31
山羊 tsʰi31

公羊 tsʰi^{31}pa^{24}

母羊 tsʰi^{31}mʌ^{33}

羊羔 tsʰi^{31}zɣ^{31}

羊毛 tsʰi^{31}mon^{33}

羊皮 tsʰi^{31}gɯ^{31}

公驴 la^{33}mu^{33}giɛ^{33}pa^{24}

母驴 la^{33}mu^{33}giɛ^{33}mʌ^{33}

看家狗 ʑɛ^{31}ʂɔ^{33}pʰʌ^{31}

哈巴狗 pʰʌ^{31}tsʰa^{31}zɣ^{31}

猎狗 sa^{24}ga^{31}pʰʌ^{31}

疯狗 pʰʌ^{31}vu^{31}lɣ^{33}

狗窝 pʰʌ^{31}pʰɣ^{33}

冠鸡～ dzu^{33}

鸡崽 ɣa^{33}zɣ^{31}

鸡爪 ɣa^{33}kʰɣ^{33}si^{24}

鸡屎 ɣa^{33}kʰiɛ^{31}

鸡胗 ɣa^{33}pi^{35}tu^{31}

蛋壳 ɣa^{33}vu^{33}gɯ^{31}

蛋清 ɣa^{33}vu^{33}pʰu^{33}lu^{33}

蛋黄 ɣa^{33}vu^{33}si^{33}

鸡内金 ɣa^{33}fu^{53}gɯ^{31}

嗉囊鸟类食管后部用于暂存食物的膨大部分 pi^{31}si^{24}

脚蹼鸭子的 kʰɯ^{33}pʰiɛ^{31}

蜕皮 a^{31}gɯ^{31}kiɛ^{33}

叮蚊子～ tsʰi^{31}

蜇蜂子～ tsʰi^{31}

爬虫子～ kʰa^{33}

叫牛～ bɔ^{31}

五　房舍器具

楼房 kʰu^{31}ʑɛ^{31}

木板房 ʂɣ^{33}ba^{33}ʑɛ^{31}

砖瓦房 suan^{33}wa^{31}ʑɛ^{31}

碓房 tɕʰɛ^{33}ti^{24}ʑɛ^{31}

磨坊 mɔ^{53}gɯ^{33}ʑɛ^{31}

仓库 tsɣ^{31}lo^{33}ta^{24}ɣɔ^{33}ʑɛ^{31}

棚子 za^{55}tsɔ^{31}

草棚 zi^{31}pu^{55}za^{55}tsɔ^{31}

窑炭～ li^{53}tsi^{33}tsʰi^{33}tʰan^{31}

山寨 ʑɛ^{53}kʰa^{33}xɔ^{33}

屋檐 ʑɛ^{31}pʰi^{31}ma^{35}

屋顶 ʑɛ^{31}tsi^{31}

梁 kɔ^{35}liaŋ^{31}

椽子 ʑɛ^{31}do^{31}

立柱房屋中间的主要支柱 ʑɛ^{31}kʰɯ^{33}

榫头 ʑɛ^{31}ʂɣ^{33}sɔ^{31}

门 ɣa^{33}min^{55}

寨门 kʰa^{33}ɣa^{33}min^{55}

门口 ɣa^{33}min^{55}pɔ^{24}

闩门～ ɕiau^{33}

篱笆竹木条～ vɣ^{31}ka^{55}ko^{33}

栏杆 lan^{31}kan^{33}

桩子 kɔ^{53}tsʰi^{33}

级楼梯的～ tʰai^{31}

木料 ʑɛ^{31}ʂɣ^{33}

圆木 ʂɣ^{33}di^{31}li^{31}

板子 ʂɣ^{33}ba^{55}

墙板 pi^{31}pan^{31}

楼板 kʰo^{31}ba^{55}

木板 ʂɣ^{33}ba^{55}

天花板 tʰiɛ^{33}xua^{33}pan^{31}

门板 ɣa^{33}min^{55}ba^{55}

墙壁 tɕʰiaŋ^{31}

围墙 wei^{31}tɕʰiaŋ^{31}

砌墙 xa^{55}tɔ^{55}

砖墙 tsuan^{33}tɕ^{h}iaŋ^{31}

土墙 min^{31}tiɛ^{24}tɕ^{h}iaŋ^{31}

城墙 k^{h}a^{33}ga^{55}mo^{33}tɕ^{h}iaŋ^{31}

石墙 xa^{55}tɕ^{h}iaŋ^{31}

房间 ʑɛ^{31}kɤ^{31}

外间 a^{31}dzi^{31}pɔ^{24}

里间 a^{31}k^{h}ɔ^{33}

箱子统称 en^{55}zɤ^{31}

木箱 ʂɤ^{33}ba^{33}en^{55}

皮箱 nu^{31}gɯ^{31}en^{55}

衣柜 p^{h}ɤ^{33}kɤ^{33}la^{33}kɤ^{33}to^{33}ɣɔ^{33}

饭桌 p^{h}en^{33}

小板凳 mu^{55}k^{h}u^{31}bi^{55}ʑɤ^{31}

棕垫棕树纤维做的床垫 tson^{33}pa^{33}la^{33}

电视 tin^{33}si^{35}

冰箱 pin^{33}ɕian^{33}

洗衣机 p^{h}ɤ^{33}ts^{h}i^{31}si^{33}i^{33}

电灯 mɔ^{31}ʐa^{55}miɛ^{33}

灯泡 a^{31}miɛ^{33}

电线 tin^{35}ɕin^{35}tsa^{33}

开关 giɛ^{31}pi^{35}ɣɔ^{33}

油灯 a^{31}ts^{h}u^{33}miɛ^{33}

灯罩 a^{31}ts^{h}u^{33}miɛ^{33}ku^{55}

灯芯 kɔ^{31}k^{h}ɤ^{33}tsa^{33}

灯花烧过的灯芯 a^{31}miɛ^{33}p^{h}ɤ^{31}

灯笼 a^{31}tso^{33}lo^{33}ten^{33}

松明灯 a^{31}kɤ^{55}min^{24}

电池 zɤ^{31}miɛ^{33}k^{h}iɛ^{31}

钟敲～ dzoŋ^{33}

盆洗脸～ k^{h}o^{31}lo^{31}

镜子 ŋɤ^{33}lɤ^{33}zɤ^{31}

风箱 lu^{31}

篮子 k^{h}a^{55}ku^{33}

瓜果盘专用于盛放瓜果的 a^{31}si^{24}k^{h}o^{31}lo^{31}

背篓背小孩的 k^{h}a^{55}k^{h}u^{33}

袋子装粮食的 k^{h}u^{31}tiɛ^{24}

麻袋 men^{33}k^{h}ɤ^{33}k^{h}u^{31}tiɛ^{24}

钩子挂东西用的 kʌ^{33}liu^{33}

抹布 si^{33}p^{h}ɤ^{33}

手纸便后用的 k^{h}iɛ^{31}si^{33}p^{h}iɛ^{31}

蓑衣 sɔ^{33}mon^{33}bɤ^{31}lɤ^{31}

斗笠 la^{31}xɔ^{33}

雨衣 mɔ^{31}zi^{31}p^{h}ɤ^{33}kɤ^{33}

炉子 a^{31}min^{24}p^{h}ɤ^{33}

吹火筒 xuo^{31}t^{h}ɔŋ^{33}

火钳 soŋ^{33}mɤ^{31}nʌ^{33}

铁锅 a^{31}ts^{h}i^{33}

铝锅 lui^{31}kɔ^{33}

砂锅 lɔ^{31}kɔ^{33}

小锅 a^{31}ts^{h}i^{31}zɤ^{31}

锅盖 kɔ^{31}mo^{55}

锅垫圈 a^{31}ts^{h}i^{31}k^{h}iɛ^{31}pi^{35}tiɛ^{33}ɣɔ^{33}

三脚架柴火灶的 a^{31}k^{h}ɯ^{33}

锅铲 kɔ^{33}ts^{h}an^{31}

丝瓜瓤丝瓜成熟后，晒干去掉外层表皮，内部丝状物部分 k^{h}u^{31}ku^{35}ts^{h}i^{31}si^{24}lɤ^{33}

刷子统称 sua^{31}tsi^{33}

锅刷 a^{31}ts^{h}i^{33}min^{24}si^{33}

调羹 a^{31}zi^{33}ku^{33}bi^{35}ʐɤ^{31}

勺子盛汤、盛饭用的，统称 a^{31}zi^{33}ku^{33}

木勺子 ʂɤ^{33}a^{31}zi^{33}ku^{33}

饭勺 ɔ^{24}a^{31}zi^{33}ku^{33}

砧板 sa^{24}pɯ^{33}t^{h}iɛ^{33}

饭碗 ɔ^{24}kʰɤ^{31}

大碗 kʰɤ^{31}ku^{35}ga^{31}mo^{33}

小碗 kʰɤ^{31}ku^{35}bi^{35}ʐɤ^{31}

木碗 ʂɤ^{33}kʰɤ^{31}ku^{35}

筷子筒 a^{55}tsu^{33}pʰɤ^{33}

盘子大的 vu^{31}tsa^{55}kʰɤ^{31}ga^{31}mo^{33}

碟子小的 vu^{31}tsa^{55}kʰɤ^{31}bi^{35}ʐɤ^{31}

刀统称 a^{33}kʰɔ^{31}

尖刀 a^{33}kʰɔ^{31}tsʰi^{33}

刀刃 a^{33}kʰɔ^{31}men^{31}

缺口刀刃上坏掉缺少的一块 a^{33}kʰɔ^{31}kʰiɛ^{31}

刀面 a^{33}kʰɔ^{31}kɔ^{31}mʌ^{33}

刀背 a^{33}kʰɔ^{31}kɔ^{31}tsɤ^{33}

刀鞘 a^{33}kʰɔ^{31}pʰɯ^{33}

柴刀 ʂɤ^{33}tɔ^{31}a^{33}kʰɔ^{33}

磨刀石 si^{24}lɔ^{33}

瓦罐 tsɔ^{33}kʰu^{31}ga^{55}mo^{33}

杯子统称 dzɤ^{31}kʰɤ^{31}

玻璃杯 ɣɤ^{31}bɤ^{31}kʰɤ^{31}

酒杯 dzɤ^{31}kʰɤ^{31}

茶杯 ʂɤ^{33}pʰiɛ^{31}ɣɤ^{31}kʰɤ^{31}

蒸笼 sa^{55}kʰʌ^{33}

笼屉 sa^{55}kʰʌ^{33}pa^{33}la^{33}

箅子 sa^{55}tɔ^{31}pi^{35}

甑子 sa^{55}kʰʌ^{33}

捞箕笊篱 a^{31}kʰɔ^{33}lo^{33}

烧水壶 ɣɤ^{31}bɤ^{31}tsa^{55}si^{33}i^{33}

臼窝 tiɛ^{24}kʰo^{31}

碓杵 tiɛ^{24}mo^{31}

工具统称 xɯ^{33}ʐɔ^{33}si^{33}

铁锤 son^{33}tʂʰui^{31}

锯子 ʂɤ^{33}ɣɤ^{31}si^{33}

推刨 ʂɤ^{33}pa^{55}tʰui^{33}si^{33}

钻子 a^{31}kʰo^{33}lo^{31}si^{33}

凿子 so^{31}

墨斗 mɤ^{31}tɤ^{31}

尺子 wan^{33}tsʰi^{31}

铁丝 son^{33}tsa^{33}

纺车 tsa^{33}ku^{35}li^{31}

织布机 pʰɤ^{33}dɔ^{33}si^{33}

纺线 tsan^{33}ka^{53}liɛ^{31}

梭子 ʂu^{55}ka^{33}

针眼 ɣo^{31}na^{55}kʰo^{31}

顶针 ɣo^{31}ti^{31}

枪 bɔ^{31}pɤ^{53}si^{33}

子弹 bɔ^{31}si^{24}

土铳火枪 a^{31}min^{24}tɕiaŋ^{31}

炮 pʰau^{35}

长矛 kan^{31}tsi^{33}

弓箭 kʰa^{55}

弓 kʰa^{55}ba^{55}

箭 kʰa^{55}tsʰi^{33}

毒箭 kʰa^{55}bi^{33}

箭绳弦 kʰa^{55}tsa^{33}

马笼头 mon^{31}loŋ^{31}tʰei^{33}

马嚼子 mon^{31}men^{31}tsa^{31}

马鞭 mon^{31}ga^{31}tsa^{33}

马鞍 mon^{31}tɕa^{35}tsi^{33}

脚蹬马鞍上的 kʰɯ^{33}pa^{33}tʰi^{33}ɣɔ^{33}

前鞘固定马鞍用的 pʰan^{33}ɕon^{33}

后鞘固定马鞍用的 tɕʰu^{33}pʰan^{31}

缰绳 mon^{31}pʰiɛ^{31}tsa^{33}

缝纫机 pʰɤ^{33}tɔ^{31}si^{33}i^{33}

箍桶~，名词 ku^{33}

柴草枝叶柴 ʂɤ33ku24
锉子 tsʰɔ24tsi31
槌子 ʂɤ33tsʰui31pʰu33
锥子 tsui33tsi33
车轴风车或独轮车的 len31kan24
铃打～ taŋ33gen33len33
蒲团 zi31pu55mu33kʰu31
手表 la31kɔ31
眼镜 miɛ53gɤ31
扇子 san24pa33
拐杖 dzu31pʰu33ka55
篦子用来篦虱子用的 pɤ35
钱包 a31pa33la33pʰɤ33
大烟罂粟 zạ55ga55mo33
烟头 zạ55tu31ku33
烟灰 zạ55kʰɔ31liɛ33
烟丝 zạ55men33len33
烟斗 zạ55kɔ35pʰu33
水烟筒 zạ55kɔ35
烟嘴 zạ55kɔ35mɤ31nɤ33
烟锅 zạ55kɔ35tu31
竹签 ma31tsʰu31
水桶 i55ka33tʰoŋ31
洗衣粉 tʂʰɔ31piau33mɤ33lɤ33
花瓶 va53vi33tsʰu33pʰin31
花盆 va53vi33ti33kʰo31lo31
刀架放刀的木架 a55kʰɔ31pʰɤ33
刨花 ʂɤ33mɤ33lʌ33
锯末 tsi35mɤ33lʌ33
水磨 i55ka33mɔ24
筲箕 kʰon35tsi33
磨盘 mɔ24tsʰau31
磨眼儿 mɔ24mɤ31nɤ33
小钢磨 ɕiau31kan33mɔ24
老虎钳 tɕʰin33tsi33ga55mo33
推剪 tʰui33tɕin31
剃头刀 dzu33kɤ33tɕʰɛ31ʂa33kʰɔ31
剃须刀 mo33kʰɤ33tɕʰɛ31ʂa33kʰɔ31
棉被 ka55lo33
被里 ka55lo33ni33mɤ33
被面儿 ka55lo33pʰɤ33
毯子 tʰan33tʰan33
枕巾 i55gɤ31biɛ33
枕芯 i55gɤ31ni33mɤ33
水池洗碗或涮墩布使用的池子 pʰen31kan33
沉淀物澄清后沉在底层的东西 a31tsʰa31la31
大刀 a33kʰɔ31ga55mo33
小刀 a33kʰɔ31bi35ẓɤ33
匕首 a33kʰɔ31tsʰi33
铁箍 son33ku33
门帘 ɣa33mi55pʰɤ33
火镰 min31tɕɔ31
炭火盆 li55tsi33kʰo31lo31
瓶塞儿 lʌ33ẓɤ31
水碓 i55ka33tɕʰɛ33
木臼 ʂɤ33tɕʰɛ33kʰo31
水碾 i55ka33nin31
拖拉机 tʰɔ33la33tsi33
驮架 tɔ53tsi33
靠背椅～ kɔ31tsɤ53kʰau35si33
牙刷 su35tsʰi31si33i33
牙膏 su35tsʰi31si33na33tsʰi31
收音机 ʂen33ʑin33tsi33
手机 to31ko33si33i33

飞机 mon^{31}tʰa^{31}pu^{31}si^{33}i^{33}

六　服饰饮食

布统称 pʰɤ^{33}

棉布 sɤ^{33}lɤ^{31}pʰɤ^{33}

麻布 men^{33}pʰɤ^{33}

灯芯绒 toŋ^{33}tsʰau^{31}ʐen^{31}

线统称 kɔ^{31}kʰɤ^{33}

毛线 a^{31}mon^{33}tsɔ^{31}si^{33}kɔ^{31}kʰɤ^{33}

棉线 kɔ^{31}kʰɤ^{33}

麻线 men^{33}kʰɤ^{33}

线团 kɔ^{31}kʰɤ^{33}pɤ^{33}lɤ^{33}

绸子 tuan^{35}tsi^{33}pʰɤ^{33}

皮革 sa^{24}gɯ^{31}

皮袄 sa^{24}gɯ^{31}pʰɤ^{33}kɤ^{33}

上衣 pʰɤ^{33}kɤ^{33}

内衣 a^{31}kʰɔ^{33}vɤ^{31}si^{33}pʰɤ^{33}kɤ^{33}

夹袄 tɕia^{31}kʰɤ^{31}

外衣 a^{31}dzi^{31}pɔ^{24}vɤ^{31}si^{33}pʰɤ^{33}kɤ^{33}

单衣 tɤ^{31}kʰo^{33}

长袖 pʰɤ^{33}la^{31}ʐɤ^{31}

夹衣 lin^{31}kua^{35}pʰɤ^{33}kɤ^{33}

短袖 pʰɤ^{33}la^{31}niɛ^{33}

扣眼 tɕʰɛ^{55}tsa^{33}kʰo^{31}

袖口 pʰɤ^{33}la^{31}kʰo^{31}

衣襟 pʰɤ^{33}ʐʌ^{31}mi^{31}

大襟 pʰɤ^{33}ʐʌ^{31}mi^{31}ga^{55}mo^{33}

小襟 pʰɤ^{33}ʐʌ^{31}mi^{31}bi^{35}ʐɤ^{31}

裙子 tʰon^{31}tɕʰin^{31}

绣花名词 va^{53}vi^{33}tʰiau^{33}

花边 kon^{31}pin^{33}

领子 fu^{35}pɔ^{31}

衣袋 pʰɤ^{33}kɤ^{33}ma^{53}tsʰɔ^{33}

内裤 xan^{35}kʰu^{35}

裤裆 la^{35}kʰɔ^{31}

布鞋 pʰɤ^{33}kʰɯ^{35}nu^{33}

靴子 pan^{35}tʰon^{31}kʰɯ^{35}nu^{33}

草鞋 a^{31}pu^{35}kʰɯ^{35}nu^{33}

皮鞋 sa^{24}gɯ^{31}kʰɯ^{35}nu^{33}

胶鞋 tɕiau^{33}kʰɯ^{35}nu^{33}

鞋底 kʰɯ^{35}nu^{33}ti^{31}

鞋后跟 kʰɯ^{35}nu^{33}tsʰi^{33}

鞋带 kʰɯ^{35}nu^{33}tsa^{33}

草帽凉帽 zi^{33}pu^{55}u^{35}lu^{33}

皮帽 sa^{24}gɯ^{31}u^{35}lu^{33}

棉帽 sɤ^{33}lɤ^{31}u^{35}lu^{33}

手套 la^{31}tʰau^{35}

腰带 tsɔ^{31}ni^{55}tsa^{33}

围腰帕 pʰɤ^{33}tiɛ^{33}liɛ^{33}

绑腿兵～ kʰɯ^{33}tu^{35}lu^{35}xɤ^{33}tsa^{33}

带子统称 pʰɤ^{33}tiɛ^{33}liɛ^{33}tsa^{33}

头巾 tin^{31}tɕin^{33}

头绳 dzu^{33}kʰɯ^{33}tsa^{33}

镯子 la^{31}kɔ^{31}

耳环 na^{53}pɔ^{33}dzu^{31}

项链 kʰua^{24}lian^{33}

珠子 a^{31}tsu^{33}

粉化妆用的 miɛ^{53}pʰu^{31}gɯ^{33}men^{33}

食物统称 tsɤ^{31}lu^{33}

肉统称 sa^{24}

肥肉 sa^{24}tsʰu^{33}biɛ^{55}

瘦肉 sa^{24}na^{31}

肉皮指猪、牛、羊等可食用的 sa^{24}gɯ^{31}

排骨 sa^{24}vu^{31}ku^{33}

剔骨头 sa^{24}vu^{31}ku^{33}kuai^{31}

扣肉 k^{h}ei^{35}sa^{24}

腊肉 sa^{24}pi^{24}

熏腊肉 mo^{31}k^{h}o^{31}sa^{24}

五花肉 fu^{35}gɯ^{31}sa^{24}

炖肉 ton^{35}sa^{24}

坨坨肉一块一块的肉 va^{53}tsi^{33}sa^{24}

猪腰子 va^{21}ʐau^{33}tsi^{33}

锅巴 ɔ^{24}ŋu^{55}

粉丝细条 pi^{31}ti^{31}li^{31}

米线米粉 pi^{31}ti^{31}li^{31}

粉条粗条 pi^{31}ti^{31}li^{31}

粉皮片状 ɔ^{24}ɣɤ^{31}ŋu^{55}

面片儿 ɔ^{24}ma^{53}tiɛ^{33}liɛ^{33}

粑粑 ɔ^{24}ma^{53}

烧饼 a^{31}min^{24}ts^{h}i^{33}ɔ^{24}ma^{53}

月饼 lɤ^{33}pɤ^{33}mon^{31}tʂ^{h}ɔ^{33}

荤菜 sa^{24}vu^{31}tsa^{55}

咸菜 ɣu^{31}tsi^{33}

酸菜 ɣu^{31}tsi^{33}biɛ^{33}liɛ^{33}

豆豉 nɔ^{55}k^{h}iɛ^{31}

汤统称 a^{55}ɣɤ^{31}

米汤 ɔ^{24}ɣɤ^{31}

肉汤 sa^{24}ɣɤ^{31}

菜汤 ɣu^{31}tsa^{55}ɣɤ^{31}

冐汤 a^{55}ɣɤ^{31}ni^{55}

豆腐干 nɔ^{55}ma^{53}vi^{33}

糖统称 men^{31}ts^{h}ɔ^{33}

白糖 men^{31}ts^{h}ɔ^{33}gɯ^{31}ʐɤ^{31}

冰糖 vɤ^{31}ku^{33}men^{31}ts^{h}ɔ^{33}

红糖 men^{31}ts^{h}ɔ^{33}si^{33}li^{33}

瓜子儿 a^{31}si^{24}k^{h}ʌ^{33}

茶统称 ʂɤ^{33}p^{h}iɛ^{31}

浓茶 ʂɤ^{33}p^{h}iɛ^{31}to^{33}miɛ^{31}ɣɤ^{31}

油统称 a^{31}ts^{h}u^{33}

板油 fu^{55}gɯ^{31}ts^{h}u^{33}

猪油炼过的 va^{21}ts^{h}u^{33}ɣɤ^{31}

油渣 sa^{24}ts^{h}u^{33}k^{h}u^{33}

菜籽油 ɣu^{31}tsa^{55}si^{24}ts^{h}u^{33}

花生油 lɔ^{31}ti^{53}pa^{35}ts^{h}u^{33}

八角 pa^{31}kɔ^{31}

桂皮 kui^{35}gɯ^{31}

花椒 ʐu^{31}si^{24}

胡椒面儿 fu^{31}tɕiau^{33}men^{33}

豆腐渣 nɔ^{55}k^{h}iɛ^{31}

面糊 ɔ^{24}biɛ^{33}liɛ^{33}

麻花 miɛ^{55}niɛ^{33}k^{h}iɛ^{31}men^{33}ts^{h}ɔ^{33}

牛奶 nu^{31}tsu^{55}ɣɤ^{31}

酒统称 dzɤ^{31}

蛇胆酒 vɤ^{31}kɤ^{33}dzɤ^{31}

酒曲 di^{31}ma^{33}

冷水 i^{55}ka^{33}ts^{h}i^{31}

蒸饭 ɔ^{24}sa^{55}

夹生饭 ɔ^{24}mɤ^{31}miɛ^{33}ta^{31}

白饭 ɔ^{24}p^{h}u^{33}lu^{33}

硬饭 ɔ^{24}xɤ^{33}

软饭 ɔ^{24}nu^{53}

碎米 tsa^{31}gɯ^{31}ʐɤ^{31}

咸蛋 a^{31}vu^{33}tsi^{33}

寡蛋孵不出小鸡的鸡蛋 a^{31}vu^{33}ko^{31}lo^{31}

粽子 loŋ^{33}pa^{33}

凉粉 ɔ^{24}gɤ^{31}la^{55}

搅团一种用玉米、荞麦面做的糊糊 ɔ^{24}biɛ^{33}liɛ^{33}

七　身体医疗

身体统称 kɔ^{31}mʌ^{33}

个头 kɔ^{55}pa^{31}

皮肤 kɔ^{31}mʌ^{33}gɯ^{31}

皱纹 tsɤ^{33}ku^{55}

肌肉人的 sa^{24}tu^{33}lu^{33}

血液 sɤ^{24}ɣɤ^{31}

骨头 vu^{31}ku^{33}

骨髓 a^{31}pɤ^{33}

肋骨 la^{31}ʐa^{24}xɔ^{35}vu^{31}ku^{33}

脊椎 tsɔ^{31}vu^{31}ku^{33}

头盖骨 tu^{31}ku^{33}vu^{31}ku^{33}

肩胛骨 la^{31}p^{h}a^{33}vu^{31}ku^{33}

踝骨 k^{h}ɤ^{33}tsɤ^{55}vu^{33}ku^{33}

内脏统称 fu^{35}xɔ^{33}a^{33}t^{h}i^{31}t^{h}i^{31}

心 ni^{33}mʌ^{33}si^{24}

肝 a^{31}ɕiɛ^{24}

脾 lin^{31}t^{h}iɛ^{31}

肺 a^{31}tʂ^{h}o^{31}

肾腰子 ʐau^{33}tsi^{33}

胃 fu^{55}tu^{31}

胆 kɤ^{33}

筋 tɕin^{33}

脉 mʌ^{31}

血管 sɤ^{24}k^{h}o^{33}

肠子 a^{31}vu^{31}

大肠 vu^{31}ga^{55}mo^{33}

小肠 vu^{31}bi^{35}ʐɤ^{31}

发髻 dzu^{33}k^{h}ɤ^{33}xʌ^{33}

头顶 tu^{31}ku^{33}t^{h}au^{24}

头旋脑旋 tin^{31}min^{31}ɕian^{33}

脑髓 u^{35}nɔ^{31}

后脑 u^{35}nu^{33}ɣɔ^{31}nɔ^{33}

囟门 ɣɔ^{31}nɔ^{33}mɤ^{31}pie^{33}ɣɔ^{33}

白发 dzu^{33}k^{h}ɤ^{33}p^{h}u^{33}lu^{33}

睫毛 miɛ^{33}moŋ^{33}

气管 sa^{55}k^{h}o^{33}

食道 ɔ^{24}k^{h}o^{33}

喉结 kɔ^{35}p^{h}u^{31}lu^{31}

酒窝 ɣɤ^{31}k^{h}o^{31}

颧骨 miɛ^{33}p^{h}u^{31}vu^{31}ku^{33}

太阳穴 ɔ^{24}bɤ^{31}li^{33}

眼皮 miɛ^{33}ku^{55}

单眼皮 miɛ^{33}ku^{55}den^{33}len^{33}

双眼皮 miɛ^{33}ku^{55}k^{h}ɤ^{31}

眼角 miɛ^{33}kʌ^{31}lɔ^{33}

眼白 miɛ^{33}p^{h}u^{33}lu^{33}

眼屎 miɛ^{33}k^{h}iɛ^{31}

耳孔 na^{55}po^{33}k^{h}o^{33}

耳垂 na^{55}po^{33}dzu^{33}lu^{33}

耳屎 na^{55}po^{33}k^{h}iɛ^{31}

痰 tsɔ^{35}k^{h}iɛ^{31}

鼻孔 na^{55}k^{h}ɔ^{31}k^{h}o^{33}

鼻尖 na^{55}k^{h}ɔ^{31}tu^{31}ku^{33}

鼻梁 na^{55}k^{h}ɔ^{31}

鼻毛 na^{55}k^{h}ɔ^{31}mon^{33}

鼻屎 nu^{35}k^{h}iɛ^{31}

门牙 ta^{33}men^{33}su^{24}

犬齿 p^{h}ɤ^{31}su^{24}

臼齿 su^{24}ga^{55}mo^{33}

齿龈 su^{24}ts^{h}i^{33}

牙缝 su^{24}ka^{35}li^{31}

牙垢 su^{24}k^{h}iɛ^{31}

假牙 tɕa^{31}su^{24}

小舌 lɤ^{33}ʐɤ^{31}

舌尖 lɤ^{33}tsʰi^{33}

兔唇 men^{31}kʰiɛ^{31}liɛ^{31}

人中 na^{55}kʰɔ^{31}tsʰi^{33}

络腮胡 men^{31}tsɤ^{55}bɤ^{31}lɤ^{31}

八字胡 men^{31}tsɤ^{55}

乳头女性的 tsu^{55}miɛ^{55}tu^{31}ku^{33}

乳汁 tsu^{55}ɣɤ^{31}

胸脯 ni^{33}mʌ^{33}ku^{35}

腰 tsɔ^{31}

小腹 fu^{55}ʐɤ^{31}

手心 la^{31}ni^{33}mʌ^{33}

手背 la^{31}kɔ^{31}tsɤ^{55}

手茧子 la^{31}tʰɔ^{33}pʰu^{31}lu^{31}

手腕 la^{31}tsɤ^{35}

汗毛 a^{31}mon^{33}nu^{31}ʐɤ^{31}

汗毛孔 a^{31}mon^{33}kʰo^{33}

粉刺脸上的 sa^{35}tsʰu^{31}

痱子 fʌ^{33}lai^{35}

指纹 la^{31}nu^{33}kʰʌ^{31}

虎口 la^{31}ʑa^{33}

倒刺指甲旁边翘起的干皮 la^{31}nu^{33}gɯ^{31}tɕʰin^{35}

腋窝 la^{31}ʑa^{53}

腿肚子 kʰɯ^{33}du^{55}lu^{55}

腘窝大腿和腿肚子中间的弯曲处 kʰɯ^{33}kɔ^{31}liɛ^{55}

脚心 kʰɯ^{33}tʰɔ^{33}ni^{33}mɤ^{33}

脚趾 kʰɯ^{33}nu^{33}

脚印 kʰɯ^{33}kʰo^{31}lo^{31}

响屁 vi^{31}bɔ^{31}

闷屁 vi^{31}ʐɤ^{31}

稀屎 kʰiɛ^{31}tsi^{33}

膀胱 dzi^{31}si^{33}pʰu^{31}

子宫 ʐɤ^{31}pʰɤ^{33}

阴道 tsʰɤ^{33}kʰo^{33}

阴毛 tsʰɤ^{33}mon^{33}

睾丸 ni^{35}vu^{33}

汗 kʌ^{35}

汗垢 kɯ^{35}mi^{31}

唾沫 tsu^{35}pʰi^{31}

医院 na^{31}gu^{33}ɣɔ^{33}

药店 na^{33}tsʰi^{31}xo^{31}ɣɔ^{33}

中医 na^{31}gu^{33}ɣɔ^{33}

西医 na^{31}gu^{33}ɣɔ^{33}

小病 a^{31}tɕi^{35}na^{31}

大病 na^{31}ʑɛ^{33}

内伤 a^{31}kʰɔ^{33}na^{31}

外伤 a^{31}dzi^{31}pɔ^{24}na^{31}

药统称 na^{33}tsʰi^{31}

药丸 na^{33}tsʰi^{31}si^{24}

药粉 na^{33}tsʰi^{31}men^{33}

药水 na^{33}tsʰi^{31}ɣɤ^{31}

药膏 gɯ^{33}sɤ^{33}na^{33}tsʰi^{31}

药酒 na^{33}tsʰi^{31}dzɤ^{31}

草药 a^{31}pu^{35}na^{33}tsʰi^{31}

蛇药 vɤ^{31}na^{33}tsʰi^{31}

毒药 nau^{35}pɤ^{35}si^{33}na^{33}tsʰi^{31}

开药方 na^{33}tsʰi^{31}pʰei^{35}

熬药 na^{33}tsʰi^{31}tsa^{55}

搽药 na^{33}tsʰi^{31}gɯ^{33}

动手术 sou^{31}su^{31}li^{33}

麻药 ʐu^{31}si^{33}na^{33}tsʰi^{31}

补药 ɣɤ^{31}sa^{24}na^{33}tsʰi^{31}

忌口 mɤ^{31}nɤ^{33}ki^{35}

治~病 gu^{33}

呕干~ kɔ^{31}liɛ^{33}

发冷感冒前兆时 ka^{33}kai^{33}

打冷战发疟疾时 tsʰi^{31}li^{31}tsʰi^{31}li^{31}

感冒 piɛ^{31}na^{31}ka^{33}

传染 kɔ^{33}piɛ^{33}

头晕 tu^{31}ku^{33}mɔ^{31}

头疼 tu^{31}ku^{33}na^{31}

按摩 ni^{55}tsʰɤ^{31}

穴位 ʑau^{35}tɕin^{31}ɣɔ^{33}

发汗 kʌ^{35}fʌ^{33}

牙痛 su^{24}na^{31}

抽筋 tɕin^{33}pʰɔ^{33}

抽风 va^{31}ʑɛ^{33}mɤ^{33}na^{31}

瘟疫 na^{31}ku^{35}lu^{35}

哮喘 sa^{35}tsʰo^{31}na^{31}

麻风 bɤ^{31}tsɤ^{55}na^{31}

天花 va^{53}vi^{33}na^{31}

水痘 xɤ^{35}pʰu^{31}lu^{31}na^{31}

疟疾 na^{31}pʰɤ^{33}

麻疹 va^{53}vi^{33}na^{31}

痢疾 fu^{55}ni^{33}dzu^{31}

中风 mɔ^{31}xɤ^{33}zɔ̩^{33}na^{31}

大脖子病 pi^{31}si^{35}ga^{33}mo^{33}na^{31}

骨折 vu^{31}ku^{33}tʰiɛ^{33}

脱臼 kɛ^{33}pɤ^{33}

伤口 na^{31}men^{31}

痂伤口愈合后结的 na^{31}gɯ^{31}ku^{35}

疮统称 pɤ^{31}ma^{31}

痔疮 kʰiɛ^{31}kʰɔ^{33}na^{31}

冻疮 ka^{33}pɤ^{31}lɤ^{33}na^{31}

起泡 xɤ^{31}pʰu^{31}lu^{31}tɔ^{33}

水泡 i^{55}ka^{33}pʰu^{31}

血泡 sɤ^{24}pʰu^{31}

流鼻血 na^{55}kʰɔ^{31}sɤ^{24}zɔ̩^{31}

梅毒 mei^{31}tu^{31}na^{31}

伤痕未好的 na^{31}ɣɔ^{33}kʰɤ^{31}

胀肚子~ pʰu^{31}

麻手发~ tsʰu^{31}

僵硬 xɯ^{33}ka^{55}

伤受~ na^{31}

出血 sɤ^{24}tɔ^{33}

瘀血 sɤ^{24}vu^{33}

茧手上长的老~ la^{31}tʰɔ^{33}pʰu^{31}

雀斑 miɛ^{33}pʰu^{31}tai^{33}

麻子 miɛ^{33}pʰu^{31}kʰo^{31}lo^{31}

胎记 xau^{35}pʰin^{35}

结巴 lɤ^{33}ŋa^{31}

脚气 kʰɯ^{33}nu^{31}na^{31}

灰指甲 la^{31}si^{35}pʰɤ^{33}na^{31}

瘌痢头癞子 tu^{31}ku^{35}kiɛ^{31}

左撇子 a^{33}la^{31}fei^{33}

六指 la^{31}nu^{33}ka^{55}la^{55}

近视眼 miɛ^{33}ka^{31}la^{31}

老花眼 miɛ^{33}ka^{31}la^{31}

白内障 miɛ^{33}pʰɤ^{33}lɤ^{33}

鸡眼脚茧病 ɣa^{33}miɛ^{33}tɔ^{33}

独眼 miɛ^{33}tɤ^{31}pa^{33}

对眼 miɛ^{33}ten^{24}len^{33}

斜眼 miɛ^{33}tsi^{33}li^{33}

歪嘴 men^{31}nɤ^{33}si^{35}li^{35}

瘫痪 mɤ^{31}li^{33}pɤ^{35}

八　婚丧信仰

招赘 ma^{53}ta^{33}

接亲 zɤ̡^{31}mɤ^{33}tsɤ^{33}

抢婚 kʰɤ^{31}mʌ^{33}tsen^{33}

离婚 piɛ^{31}kʰai^{33}pɤ^{33}

胎 fu^{33}xɔ^{33}zɤ̡^{31}niɛ^{33}

胎衣 miɛ^{33}pu^{55}

脐带 pi^{55}tu^{31}tsa^{33}

小产 kɤ^{33}pɔ^{24}

打胎 zɤ̡^{31}ni^{33}dɔ^{55}

寿命 sou^{35}ʑin^{31}

岁数人的～ kʰɔ^{31}su^{35}

送葬 tʂʰo^{33}ta^{53}tɔ^{53}e^{33}

遗体 tʂʰo^{33}si^{33}ka^{33}la^{33}

寿衣 tʂʰo^{33}si^{33}pʰɤ^{33}kɤ^{33}

唱丧歌 tʂʰo^{33}si^{33}ɣɤ^{31}kɔ^{33}ma^{24}

火葬 a^{31}min^{24}tsʰi^{33}

火葬场 tʂʰo^{33}si^{33}tsʰi^{33}ɣɔ^{33}

土葬 mi^{31}xɔ^{35}tu^{33}

坟地 tu^{55}pʰɤ^{31}tu^{24}ɣɔ^{33}

灵魂 ŋɤ^{33}lɤ^{33}zɤ̡^{31}

法术 lɤ^{31}ka^{24}ga^{31}

作法 kʰɤ^{33}la^{31}ti^{33}

命运 min^{35}tai^{35}

打卦 do^{31}bo^{31}pʰiɛ^{31}

鬼 lɤ^{33}ka^{24}

祸～不单行 xɔ^{55}

巫师 ni^{31}ga^{31}

巫婆 ni^{31}ga^{31}mɤ^{33}

经书 ʂu^{33}li^{31}

龙 liɛ^{31}

许愿 tsʰi^{31}ta^{35}

还愿 tsʰi^{31}pi^{31}kʰɔ^{31}

占卜 a^{31}ɣɔ^{31}ni^{33}

供祭品 tiɛ^{33}si^{33}a^{33}tʰi^{31}tʰi^{31}

鬼火磷火 lɤ^{33}ka^{24}a^{31}min^{24}

凤凰 fon^{24}xuan^{31}

九　人品称谓

高个儿 tʂʰo^{33}mɔ^{33}kɤ^{33}lɤ^{33}

光头 tu^{31}ku^{35}kɤ^{31}lɤ^{31}

老奶奶 tʂʰo^{33}mon^{31}mɤ^{33}

老头子 tʂʰo^{33}mon^{31}pa^{24}

年轻人 tʂʰo^{33}la^{53}zɤ̡^{31}

小伙子 zɔ̡^{33}kʰa^{33}pa^{24}

小姑娘 zɤ̡^{31}mi^{31}

熟人 si^{24}pɤ^{55}si^{33}tʂʰo^{33}

生人 mɤ^{31}si^{24}pɤ^{55}si^{33}tʂʰo^{33}

富人 tsɔ^{31}si^{33}tʂʰo^{33}

穷人 mɤ^{31}tsɔ^{31}si^{33}tʂʰo^{33}

工人 a^{55}tʰi^{31}tʰi^{31}gu^{33}si^{33}tʂʰo^{33}

官统称 dzo^{31}mon^{31}

头目 a^{31}ʑɛ^{33}mɤ^{33}

土司 a^{31}ʑɛ^{33}mɤ^{33}

医生 na^{31}gu^{33}si^{33}tʂʰo^{33}

猎人 sa^{24}bɔ^{33}si^{33}tʂʰo^{33}

屠夫 si^{24}si^{33}tʂʰo^{33}

老板 zɤ̡^{31}ɣɤ^{31}ɕɛ^{33}si^{33}tʂʰo^{33}

强盗 tɕʰiaŋ^{31}liɛ^{31}si^{33}tʂʰo^{33}

土匪 tʂʰo^{33}gu^{55}lu^{55}

骗子 xiɛ^{24}liɛ^{31}si^{33}tʂʰo^{33}

胖子 tʂʰo^{33}pɤ^{55}lɤ^{55}

民族族群自称 ko^{31}tʂʰo^{33}

汉族 a^{55}xɤ^{31}
老百姓 ʐɤ^{33}mɤ^{31}si^{33}tʂ^{h}o^{33}
姓你~什么？ miɛ^{33}
主人 ʑɛ^{31}xɔ^{33}tʂ^{h}o^{33}
兵统称 tɕ^{h}iaŋ^{33}ta^{33}si^{33}tʂ^{h}o^{33}
老师 su^{24}ma^{24}si^{33}tʂ^{h}o^{33}
学生 su^{24}sɤ^{33}ʐɤ^{31}
敌人 mɤ^{31}t^{h}ɤ^{31}si^{33}
伙伴 a^{31}ts^{h}ɔ^{31}
裁判 si^{55}tuan^{35}si^{33}tʂ^{h}o^{33}
摆渡人 tʂ^{h}uan^{31}xua^{31}si^{33}tʂ^{h}o^{33}
酒鬼 dzɤ^{31}pɔ^{33}pa^{24}
证人 tsen^{35}min^{31}si^{33}tʂ^{h}o^{33}
鳏夫 ni^{31}tʂ^{h}ɔ^{31}pa^{24}
寡妇 ni^{31}tʂ^{h}ɔ^{31}mɤ^{33}
接生婆 ʐɤ^{31}niɛ^{55}kɔ^{33}si^{33}tʂ^{h}o^{33}
国王皇帝 dzo^{31}mon^{31}pa^{24}
王后皇后 dzo^{31}mon^{31}mɤ^{33}
头领 dzo^{31}mon^{31}
石匠 xa^{55}tɔ^{33}p^{h}ʌ^{31}
篾匠 ma^{31}ɣa^{31}p^{h}ʌ^{31}
铁匠 son^{33}dɔ^{33}p^{h}ʌ^{31}
渔夫 ŋɤ^{31}ʐu^{31}si^{33}tʂ^{h}o^{33}
中人 a^{31}ka^{35}kɔ^{33}tʂ^{h}o^{33}
流浪汉 vu^{31}lɤ^{33}pa^{24}
叛徒 p^{h}an^{35}t^{h}u^{31}
私生子 ti^{31}ʐɤ^{31}
囚犯 lau^{31}kai^{31}si^{33}tʂ^{h}o^{33}
赶马人 mon^{31}ka^{31}p^{h}ʌ^{31}
长辈统称 tʂ^{h}o^{33}mɔ^{31}
曾祖父 a^{31}tsɔ^{33}pa^{24}
曾祖母 a^{31}tsɔ^{33}mɤ^{33}
大舅 a^{33}vu^{33}pa^{24}
小舅 a^{33}vu^{33}pa^{24}bi^{35}ʐɤ^{31}
大舅母 a^{31}vu^{33}mɤ^{33}
小舅母 a^{33}vu^{33}mɤ^{33}bi^{35}ʐɤ^{31}
兄弟 vi^{55}ni^{33}
姐妹 vi^{55}ni^{33}
堂兄 a^{31}vi^{55}
堂弟 a^{31}ni^{33}
堂姐 a^{33}tɕɛ^{31}
堂妹 non^{35}mʌ^{33}
表姐 a^{33}tɕɛ^{31}
表妹 non^{35}mʌ^{33}
表哥 a^{31}vi^{55}
表弟 a^{31}ni^{33}
子女 zɤ^{31}ni^{33}
侄女 ʐɤ^{31}mi^{31}tu^{31}
外甥女 ʐɤ^{31}mi^{31}tu^{31}
孙女 xɤ^{24}mʌ^{33}
外孙女 xɤ^{24}mʌ^{33}
重孙 la^{33}pa^{24}
祖宗 a^{31}tsu^{31}mon^{31}
孤儿 pa^{33}ʑɛ^{33}mu^{31}tsɔ^{31}
母女俩 ni^{31}ma^{33}
男朋友 ʐɔ^{33}k^{h}a^{33}ts^{h}ɔ^{31}
女朋友 ʐɤ^{31}mi^{31}ts^{h}ɔ^{31}
大舅子 a^{31}vu^{33}la^{55}
小舅子 a^{31}vu^{33}la^{55}bi^{35}ʐɤ^{31}
大姨子 non^{35}mʌ^{33}
小姨子 non^{35}mʌ^{33}bi^{35}ʐɤ^{31}
兄弟俩 ni^{33}vi^{55}
夫妻俩 ni^{31}ɣɤ^{31}
姐妹俩 ni^{31}vi^{55}

曾孙 la^{33}

母子俩 ni^{31}ma^{33}

父女俩 ni^{31}p^{h}ʌ^{31}

婆家 ẓɔ^{31}mɤ^{33}ʐau^{35}

亲家 tɕ^{h}in^{35}tɕa^{33}

亲家公 tɕ^{h}in^{35}tɕa^{33}pa^{24}

亲家母 tɕ^{h}in^{35}tɕa^{33}mɤ^{33}

父子 ni^{31}p^{h}ʌ^{31}

父女 ni^{31}p^{h}ʌ^{31}

母子 ni^{31}ma^{33}

母女 ni^{31}ma^{33}

十　农工商文

种水稻 tsa^{31}ẓɤ^{33}ti^{33}

播种 a^{31}ẓɔ^{31}ti^{33}

点播 a^{31}ẓɔ^{31}p^{h}iɛ^{31}

撒播 a^{31}ẓɔ^{31}si^{24}

犁田 ti^{33}ẓɤ^{33}men^{31}

种田 ti^{33}ẓɤ^{33}men^{31}

栽种 ti^{33}liɛ^{31}

耙田 ẓɤ^{33}pa^{55}

挖地 ẓɤ^{33}ka^{24}

锄地 ẓɤ^{33}gɯ^{33}

除草 ẓɤ^{33}mɔ^{31}

收割 ṣu^{33}liɛ^{31}

开荒 ẓɤ^{33}sɤ^{24}ka^{24}

浇水 i^{55}ka^{33}t^{h}ɔ^{55}niɛ^{55}

肥料 fen^{35}

施肥 fen^{35}ʐa^{55}

沤肥 fen^{35}tsau^{33}

掰玉米 sɤ^{33}mɤ^{33}ɤ^{55}

杠子抬物用的 kaŋ^{35}kaŋ^{33}

楔子橛 tso^{31}ɕɛ^{31}

连枷 wan^{33}ku^{55}

连枷把 wan^{33}ku^{55}la^{31}tu^{31}

连枷头 wan^{33}ku^{55}tu^{31}ku^{33}

锄柄 tsi^{55}ku^{33}tu^{31}

铁锹 son^{33}tṣ^{h}an^{31}

铲子 son^{33}tṣ^{h}an^{31}bi^{35}ẓɤ^{31}

犁头 lau^{31}p^{h}ɯ^{31}

犁铧 lau^{31}p^{h}ɯ^{31}p^{h}iɛ^{31}

犁架 lau^{31}p^{h}ɯ^{31}tɕa^{35}

犁弓 lau^{31}p^{h}ɯ^{31}pa^{24}

犁把 lau^{31}p^{h}ɯ^{31}ma^{24}

铡刀 zi^{31}pu^{55}tsa^{31}a^{55}k^{h}ɔ^{31}

耙～地 pa^{55}

牛轭 iɛ^{55}ku^{33}

打场指在谷场上脱粒 dɔ^{33}ɣɔ^{33}

晒谷 tsa^{31}lu^{55}

晒谷场 tsa^{31}lu^{55}ɣɔ^{33}

风车扇车 fon^{33}kui^{35}

磙子整地用的 xa^{55}ku^{33}lu^{33}

麻绳 men^{33}tsa^{33}

撮箕 fen^{35}tsi^{33}

木耙 tsan^{33}k^{h}a^{33}la^{33}

鞭子 ṣɤ^{33}ka^{55}

牛鼻绳 nu^{31}na^{55}k^{h}ɔ^{33}tsa^{33}

筐统称 k^{h}o^{31}lɔ^{31}

粗筛指眼大的筛子 xɤ^{33}kɤ^{33}k^{h}o^{33}ga^{55}mo^{33}

细筛指眼小的筛子 xɤ^{33}kɤ^{33}k^{h}o^{33}bi^{35}ẓɤ^{31}

圈儿统称，名词 k^{h}ɔ^{33}

牛圈 nu^{31}k^{h}ɔ^{33}

马棚 mon^{31}k^{h}ɔ^{33}

羊圈 ts^{h}i^{31}k^{h}ɔ^{33}

鸡窝 ɣa^{33}p^{h}ɤ^{33}

笼子 loŋ^{31}loŋ^{31}

猪槽 va^{21}ts^{h}au^{31}ku^{55}

木槽 ʂɤ^{33}ts^{h}au^{31}ku^{55}

谷桶 tsa^{31}si^{24}k^{h}o^{31}lo^{31}

碾米 tsa^{31}si^{24}niu^{31}

舂米 tsa^{31}si^{24}ti^{24}

猪草 va^{21}zi^{33}pu^{55}

猪食 va^{21}ɔ^{24}

利息 a^{31}ʐɤ^{31}dzɤ^{31}

买 vɤ^{31}

卖 xɔ^{31}

交换物物～ pʌ^{33}

价钱 a^{31}tsɤ^{55}

借钱 a^{31}pa^{33}la^{33}ŋa^{24}

还钱 a^{31}pa^{33}la^{33}k^{h}ɔ^{31}

讨价 nɔ^{31}ko^{33}

还价 ŋa^{31}pi^{31}

出租 tsu^{33}

债 tʂ^{h}a^{33}ta^{31}si^{33}

赢～钱 ɣʌ^{31}

输～钱 mɤ^{31}ɣʌ^{31}

戥子厘秤 na^{33}k^{h}o^{31}

秤钩 na^{33}k^{h}o^{31}kei^{33}

秤盘 na^{33}k^{h}o^{31}lo^{31}

秤星 na^{33}miɛ^{33}

秤砣 na^{33}vu^{33}

火车 xɔ^{31}ts^{h}ɤ^{33}

汽车 gɤ^{31}pɤ^{33}si^{33}

船统称 tʂ^{h}uan^{31}

渡船专门用于摆渡用的 kɔ^{35}la^{31}ɣɔ^{33}tʂ^{h}uan^{31}

划船 tʂ^{h}uan^{31}xua^{31}

邮局 ʑou^{31}tin^{35}tɕo^{31}

电话 tin^{33}xua^{55}

机器 tsi^{33}ts^{h}i^{35}

属相 k^{h}ai^{24}k^{h}ɔ^{31}

子属鼠 fa^{33}k^{h}ɔ^{31}

丑属牛 nu^{31}k^{h}ɔ^{31}

寅属虎 lɤ^{31}k^{h}ɔ^{31}

卯属兔 t^{h}ɔ^{31}la^{31}k^{h}ɔ^{31}

辰属龙 lo^{31}k^{h}ɔ^{31}

巳属蛇 si^{33}k^{h}ɔ^{31}

午属马 mon^{31}k^{h}ɔ^{31}

未属羊 ʐɔ^{31}k^{h}ɔ^{31}

申属猴 mɔ^{31}k^{h}ɔ^{31}

酉属鸡 ɣa^{33}k^{h}ɔ^{31}

戌属狗 p^{h}ʌ^{31}k^{h}ɔ^{31}

亥属猪 va^{21}k^{h}ɔ^{31}

国家统称 kɔ^{31}tɕa^{33}

政府 tsen^{35}fu^{31}

乡政府 ɕiaŋ^{33}xɔ^{55}

省行政区划的～ ʂen^{31}t^{h}au^{24}

县行政区划的～ ɕin^{35}xɔ^{55}

村行政～ ts^{h}un^{33}xɔ^{55}

印章名词，统称 tʂaŋ^{33}

私章个人用的 kɔ^{31}ʐen^{35}i^{33}tʂaŋ^{33}

记号标记 ki^{55}

证据 ken^{33}tsi^{35}

黑板 xʌ^{31}pan^{31}

粉笔 fen^{31}t^{h}iau^{31}

笔统称 pi^{31}

纸统称 ʂu^{35}p^{h}iɛ^{31}

书统称 ʂu^{33}pen^{31}

念书 ʂu^{35}ʂɤ^{33}

小学 ɕiau^{33}ɕiau^{31}

中学 tsoŋ^{33}ɕiau^{31}

大学 ta^{35}ɕiau^{31}

请假 tɕa^{55}tɕ^{h}in^{31}

放假 tɕa^{55}p^{h}iɛ^{31}

毕业 ʂɤ^{33}pɤ^{31}pɔ^{24}

锣统称 lɔ^{31}

钹 p^{h}in^{35}ts^{h}ua^{31}

鼓统称 koŋ^{31}

腰鼓 tsɔ^{31}koŋ^{31}

琴统称 tɕ^{h}in^{31}

镲小钹 p^{h}in^{35}ts^{h}a^{31}

箫 p^{h}i^{33}li^{33}

号吹~ xau^{35}

唢呐 li^{55}la^{33}

口弦 a^{55}zen^{33}

簧口弦~ lʌ^{33}zen^{31}

哨子 p^{h}i^{33}liu^{33}

喇叭 la^{33}pa^{33}

戏演~ pɔ^{33}

照相 ɕiaŋ^{24}tsau^{24}

相片 ɕiaŋ^{24}p^{h}in^{24}

颜色 sɤ^{31}

射击 bɔ^{33}

比赛 lin^{33}

游泳 i^{55}ka^{33}liɛ^{55}

骑马 mon^{31}tsi^{31}

钓鱼 ŋɤ^{31}tiau^{35}

墨水 mʌ^{31}ʂui^{31}

墨汁 mʌ^{31}tsi^{31}

糨糊 ɔ^{24}biɛ^{33}liɛ^{33}

地图 mon^{31}mi^{31}xua^{35}

图画 t^{h}u^{31}xua^{35}

涂改 gɯ^{33}ba^{31}bɤ^{33}

字写~ miɛ^{55}niɛ^{33}k^{h}ɯ^{33}

算~数 ga^{31}

数~数 suan^{35}

加数学中的 p^{h}iɛ^{31}ka^{31}

减数学中的 zu^{31}ba^{31}

乘数学中的 ts^{h}en^{31}

除数学中的 piɛ^{31}

球统称 gu^{33}lu^{33}

倒立 tau^{35}k^{h}ɔ^{31}la^{31}

对歌 tui^{35}men^{31}

唱山歌 zi^{31}men^{31}

棋子统称 s^{h}i^{31}ga^{31}si^{24}

十一　动作行为

荡秋千 za^{55}zu^{33}zu^{33}

踩高跷 k^{h}ɯ^{33}pa^{33}pɔ^{33}gɤ^{33}lɤ^{33}

吹口哨 ti^{55}si^{33}si^{24}

唱调子指民族地区说唱的一种形式 zi^{31}men^{31}

练武术 tɕ^{h}in^{31}su^{31}lin^{24}

打弹弓 p^{h}i^{31}k^{h}a^{33}bɔ^{33}

翻筋斗 ts^{h}oŋ^{24}ga^{55}li^{31}

潜水 i^{55}ka^{33}fu^{55}

跳舞 kʌ^{33}dzu^{31}

燃烧火~ tu^{31}

哈气 sa^{55}men^{33}

浮~在水面 p^{h}iau^{33}

流水~ dzu^{31}

飞在天上~ pu^{31}

住~旅馆 i^{55}

来~家里 la^{31}

吹～火 men^{33}

拉～车 gɔ^{31}

挖～土豆 ka^{24}

捉～鸡 ʐu^{31}

挠用手指或指甲抓人 kʰa^{33}

圈动词：～牲口 lɔ^{33}

刺～了一刀 tʰa^{31}

搓～手掌 zi^{31}

榨～油 lin^{35}

抹～水泥 ma^{55}

笑 ɣɤ^{31}

旋转 tso^{33}

沉～没 lɔ^{31}

浸～泡 ti^{33}

漏～雨 ʐɔ^{31}

溢水～出来了 piɛ^{33}

取名 a^{31}miɛ^{33}miɛ^{33}

晾衣 pʰɤ^{33}kɤ^{33}laŋ^{24}

补～衣服 niɛ^{55}

剪～布 tɕa^{31}

裁～衣服 tɕa^{31}

织～毛线 dɔ^{33}

扎～稻草人、风筝等 pʰɤ^{33}

砍柴 ʂɤ^{33}tɔ^{33}

淘米 tsa^{31}kʰɤ^{33}tsʰi^{31}

洗碗 kʰɤ^{31}ku^{35}tsʰi^{31}

搅拌 ɣɔ^{33}

焖～米饭 men^{24}

炖～牛肉 toŋ^{35}

烤～白薯 ko^{33}

腌～咸肉 tsi^{33}

饱吃～了 bɔ^{33}

醉酒～ bɔ^{33}

打嗝 ɤ^{53}tɤ^{31}

讨饭 ɔ^{24}lɔ^{31}

酿酒 dzɤ^{31}ku^{33}

搬家 ʑɛ^{31}pʰo^{33}

分家 ʑɛ^{31}piɛ^{31}

开门 ɣa^{33}mi^{55}gɛ^{31}

关门 ɣa^{33}mi^{55}xo^{33}

洗脸 miɛ^{33}pʰu^{31}tsʰi^{31}

漱口 mɤ^{31}nɤ^{33}tsʰi^{31}

做鬼脸 miɛ^{33}pʰu^{31}ti^{33}ni^{33}

伸懒腰 tsɔ^{31}ɤ^{55}

点灯 ten^{33}tu^{55}

熄灯 ten^{33}pi^{55}

说梦话 ʐɤ^{31}ma^{53}to^{31}si^{33}

醒睡～ doŋ^{31}noŋ^{31}

晒太阳 mo^{31}tsʰɤ^{33}lu^{55}

烤火 a^{31}min^{24}liɛ^{31}

暖被窝 ka^{53}lu^{33}vu^{55}

等待 lɔ^{33}ta^{24}

走路 ɣa^{31}kɔ^{33}dzu^{31}

遇见 te^{24}ʐɔ^{55}

去～街上 ke^{33}

进～山 lui^{31}

出～操 tɔ^{53}e^{33}

进来 lo^{31}la^{31}

上来 ta^{53}la^{31}

下去 zai^{31}

争～地盘 tsen^{33}

吃亏 kʰui^{33}tsɤ^{31}

上当 kʰiɛ^{31}kʰa^{53}

道歉 li^{31}kʰɔ^{31}

帮忙 men^{55}gʌ^{33}

请客 tʂ^{h}o^{33}ku^{31}

送礼 li^{31}to^{55}

告状 a^{35}t^{h}a^{31}ku^{33}

犯法 ti^{33}za^{31}pɤ^{33}

赌博 tu^{31}

坐牢 lɔ^{33}tɔ^{33}la^{31}

砍头 tu^{31}ku^{33}pɯ^{33}

吻 nɔ^{55}

呛喝水～着了 tɕ^{h}iaŋ^{35}zɔ̩^{33}

呼气 sa^{55}gɔ^{31}

抬头 tu^{31}ku^{33}t^{h}iɛ^{31}

低头 tu^{31}ku^{33}kɔ^{31}

点头 tu^{31}ku^{33}tin^{31}

摇头 tu^{31}ku^{33}ŋen^{33}

摇动 ŋen^{33}

招手 la^{31}tiɛ^{33}

举手 la^{31}t^{h}iɛ^{31}

笼手把双手各自插到另一个袖子里 la^{31}fa^{55}

拍手 la^{31}p^{h}iɛ^{31}t^{h}ʌ^{33}

握手 la^{31}tsa^{55}

弹手指～ k^{h}a^{33}

掐双手指～瓜子 tɕ^{h}ɛ^{33}

抠手指～ kɛ^{55}

牵～一条牛 gɔ^{31}

扳～手腕 ɛ^{55}

捧～水 p^{h}oŋ^{31}

抛向空中～物 ba^{31}

掏从洞中～出来 vɤ^{33}

骟～猪 ɣɤ^{31}

夹～腋下 tɕa^{31}

抓～把米 k^{h}a^{33}

甩～水 ʂuai^{31}

搓～面条 zi^{31}

跟～在别人的后面 min^{31}

跪～在地上 tiɛ^{33}

踢～了他一脚 t^{h}i^{33}

躺～在地上 liɛ^{55}

侧睡 tsɤ^{31}len^{35}i^{55}

靠～在椅子上睡着了 pa^{24}

遗失 miɛ^{55}pɔ^{24}

堆放 ta^{24}niɛ^{53}

叠～被子 tsʌ^{31}

摆～碗筷 p^{h}iɛ^{31}

搬～粮食 zu̩^{31}

塞堵～ tsu^{31}

抢～东西 tɕ^{h}iaŋ^{31}

砸～核桃 dɔ^{33}

刮～胡子 tɕ^{h}ɛ^{31}

揭～锅盖 gɛ^{31}

翻～地 p^{h}ɔ^{33}

挂～书包 kɔ^{55}

包～饺子 xɤ^{33}

贴～年画 niɛ^{55}

割～麦子 ɣɤ^{31}

锯～木头 lʌ^{55}

雕～花 kɛ^{55}

箍～桶 xʌ^{33}

装～口袋 to^{33}

卷～席子 xʌ^{33}

染～花布 niɛ^{55}

吓～人 kɔ^{33}

试～衣服 vɤ^{31}na^{33}

换～灯泡 pɤ^{33}

填~土 tʰiɛ^{31}to^{33}

留~在我这里 ta^{35}

使用 xɯ^{33}ʐɔ^{33}

顶用角~ gu^{33}

刨食鸡用脚~ kʰa^{33}liɛ^{31}

晒衣 pʰɤ^{33}kɤ^{33}lu^{55}

摘菜 ɣu^{31}tsa^{55}tɕʰɛ^{33}

切菜 ɣu^{31}tsa^{55}ɣɤ^{31}

烧开水 ɣɯ^{31}bɯ^{31}tsa^{35}

熬~茶 toŋ^{35}

烘把湿衣服~干 ko^{33}

蘸~一点辣椒 niɛ^{55}

溅水泼到地上~了一身 pɔ^{33}

洒水 i^{55}ka^{33}kʰo^{31}

返回 tso^{33}kʰua^{31}

到达~北京 ke^{33}ge^{31}

招待 gu^{33}tsa^{35}

认罪 ʐen^{24}tsʰɔ^{55}

包庇 ʐa^{33}biɛ^{33}

卖淫 tsʰɤ^{33}xɔ^{31}liɛ^{31}

偷盗 kʰo^{31}

毒~死 nau^{35}

听见 kɤ^{31}pɔ^{24}

偷听 kʰo^{31}nɤ^{33}

看见 mɔ^{31}pɔ^{24}

瞄准 ni^{33}tsun^{31}

剐蹭我的车被他的车~了 gɯ^{33}ʐɔ^{53}

啃~骨头 gɯ^{31}

磕头 tu^{31}ku^{33}dzu^{33}

拖在地上~着走 gɔ^{31}

拍~肩 ni^{55}

托用双手~ ti^{31}

压双手~ ni^{55}

抽鞭~ dzɔ^{31}

勒~在脖子上 lɤ^{31}

抖~口袋 tʰɤ^{33}

拄~杖 tsʰu^{31}

垫~在屁股底下 kʰo^{31}

划刀~ ɣɤ^{31}

锉~锯子 si^{24}

钻~地洞 tʂuan^{33}

捂用手~住嘴 moŋ^{31}

渗~透 tɕin^{24}

滤~沙子 pi^{31}

叼~烟 ta^{33}

叉腰 tsɔ^{31}tɕʰa^{33}

赤膊 dɤ^{33}du^{31}

敲打 dɔ^{33}

撒娇 do^{31}liɛ^{35}

呻吟 na^{31}kɤ^{31}kɤ^{31}

仰睡 fu^{55}pʰɔ^{33}i^{55}

喂草 zi^{33}pu^{53}tsa^{24}

放夹捕捉猎物方式 vɤ^{33}pʰiɛ^{31}

装索套捕捉猎物方式 vɤ^{33}tsa^{33}

拔毛 a^{31}mon^{33}gɔ^{31}

燎毛 a^{31}mon^{33}liau^{31}

剥皮剥动物皮 a^{31}gɯ^{31}pʰiɛ^{33}

烧砖 tsuan^{33}tsʰi^{33}

烧窑 ʐau^{31}tsʰi^{33}

烧石灰 xa^{55}tsʰi^{33}

刷墙 tɕʰiaŋ^{31}gɯ^{33}niɛ^{55}

穿针 ɣo^{31}tʰɔ^{33}

绣花 va^{53}vi^{33}tʰiau^{33}

缠足 kʰɯ^{33}xɤ^{33}

磨刀 a^{55}kʰɔ^{31}si^{24}

劈柴 ʂɤ^{33}dzi^{33}

酒醒 dzɤ^{31}bo^{31}non^{31}

闩门 ɣa^{33}mi^{35}ɕiau^{33}

剪指甲 la^{31}si^{24}tɕa^{31}

掏耳朵 na^{55}po^{33}kɛ^{55}

动身 kɔ^{31}mɤ^{33}li^{33}

赶路 ɣa^{31}kɔ^{33}ga^{31}

让路 ɣa^{31}kɔ^{33}ʐan^{24}

劝架 gɔ^{31}kʰai^{33}

报恩 dɔ^{31}gei^{31}pɤ^{55}

报仇 ti^{33}kʰɔ^{31}

照顾 ʐɤ^{33}ka^{55}

收礼 li^{31}vu^{31}ʐu^{31}

抢劫 lɔ^{33}dzɤ^{31}

杀人 tʂʰo^{33}si^{55}

劳改 lau^{31}kai^{31}

鞭打 a^{55}tsa^{53}dzɔ^{31}

胜利 gu^{33}ʑin^{31}pɔ^{24}

失败 gu^{33}ʂu^{33}pɔ^{24}

瞪～着双眼 len^{31}

拽用绳子～ gɔ^{31}

捋～袖子 ʂo^{33}

搁把东西～在房顶上 ta^{31}ta^{35}

揣怀～ to^{33}

携带 to^{33}ta^{35}

扒～上 ʐa^{33}

蹦一～老高 pɔ^{33}

跺脚 kʰɯ^{33}tɔ^{33}

打滚 pʰu^{33}liɛ^{35}

扑猫～老鼠 pɔ^{33}

粘～贴 niɛ^{55}

剖～膛开肚 dzi^{33}

劈分开 dzi^{33}

漆～桌子 tsʰi^{31}

搓～绳 ɣɔ^{31}

钉～钉子 dɔ^{33}

绞～肉 gɯ^{33}

蒙～眼 moŋ^{31}

胡打麻将～了 fu^{31}

和下象棋～了 tɤ^{31}ʑan^{35}

发脾气 pʰi^{31}tsʰi^{35}fa^{31}

赌气 ni^{33}na^{31}

生长 mɔ^{33}tɔ^{33}la^{31}

打猎 sa^{24}bɔ^{33}

蛀虫子吃 tsɤ^{31}

系围裙 tɕʰin^{31}tsi^{33}ni^{55}

打结 xɤ^{24}pʰu^{31}pʰu^{31}

认得 si^{24}pɤ^{55}

伤心 ni^{33}mɤ^{33}na^{31}

讨喜小孩讨人喜欢 ni^{33}ʐɔ^{55}

恨你别～我 xen^{35}

满意 ni^{33}mɤ^{33}xɔ^{24}

着急 kʰi^{35}

理睬 ni^{33}tu^{33}tsʰi^{31}

担心 mɤ^{31}pʰiɛ^{31}kʰɤ^{33}ɣɤ^{31}

放心 pʰiɛ^{31}kʰɤ^{33}ɣai^{35}

愿意 tɕʰin^{31}ʑin^{35}

变～作 pʰɔ^{31}

恼火 ni^{33}mɤ^{33}tsi^{33}

心痛 ni^{33}mɤ^{33}na^{31}

记仇 ni^{33}mɤ^{33}ki^{55}

害～人 gu^{33}

反悔 pʰɔ^{33}pɔ^{24}

可惜 k^{h}ɔ^{31}si^{35}

声音 to^{31}k^{h}o^{31}

喊~话 ku^{31}

问~话 nʌ^{33}

答应 ɤ^{33}tɔ^{33}

介绍 ko^{33}gɤ^{33}

回答 ɤ^{33}tɔ^{33}

造谣 xon^{33}ko^{33}

打听 nʌ^{33}na^{55}

十二　性质状态

凸 mɔ^{33}

凹 k^{h}o^{31}

正 ɣɔ^{31}ʂɔ^{35}

反 ɣɔ^{31}nɔ^{35}

斜 lai^{31}

横 pa^{24}

竖 ʐu^{55}

活~鱼 ti^{31}

满水很~ pie^{33}

足分量~ lɔ^{24}

光滑鱼很~ li^{33}kiɛ^{33}

冷清街上~得很 ka^{53}ts^{h}i^{31}

浊 ni^{33}

空瓶子是~的 k^{h}oŋ^{33}

嫩 nu^{31}

生 tsi^{31}

熟 miɛ^{33}

乱 zɤ^{55}

真 ʑɛ^{24}

假 mɤ^{31}xiɛ^{31}

暗光~ na^{55}

闷热 fɤ^{33}ʑɛ^{24}

破碗~了 pi^{31}

缩~脖子 gɔ^{31}

困了 ʐan^{31}ʑɛ^{24}

瘪压~了 pa^{33}

倒~着放，去声 p^{h}ɔ^{33}

纯~棉衣服 tɕin^{24}

枯叶子~了 p^{h}ɯ^{31}

潮衣服~ biɛ^{33}

强身体~ ɣɯ^{31}

弱身体~ nu^{31}

焦烤~了 k^{h}ɤ^{31}

清楚 si^{24}pɛ^{33}

模糊 gi^{33}kɤ^{31}

准确 zu^{31}tsun^{31}

耐用 zi^{31}ɛ^{33}

空闲 ɣɯ^{33}mei^{33}

涩柿子~嘴 tsɤ^{55}

脆花生米~ go^{31}

霉烂 bɔ^{31}mi^{55}

不要紧 ma^{31}kʌ^{33}

方便很~ ti^{33}nɛ^{33}

浪费 su^{33}mu^{31}mɤ^{31}tsɔ^{31}

疏忽大意 ta^{35}zi^{35}p^{h}a^{33}ʂa^{33}

顺利 k^{h}ai^{35}ti^{33}k^{h}ai^{35}nɤ^{33}

聪明 la^{55}ʑɛ^{24}

狡猾 a^{31}li^{33}kɛ^{33}

大胆 ni^{33}mɤ^{33}ɤ^{24}

胆小 ni^{33}mɤ^{33}i^{33}

慌张 ni^{33}mɤ^{33}xuan^{33}

麻利 k^{h}ɤ^{33}la^{31}gʌ^{31}

节俭 sen^{31}ʑon^{35}

厉害 xiɛ^{31}

勇敢 ts^{h}on^{33}ts^{h}uaŋ^{31}

可怜 ʐɤ^{33}ka^{55}

麻烦 ma^{31}fan^{31}

光荣 miɛ^{53}p^{h}u^{31}tsɔ^{31}ɛ^{31}

孤独 tɤ^{31}ɤ^{33}xiɛ^{33}

亲他跟奶奶特别～ liɛ^{33}

齐心 ni^{33}mɤ^{33}tɤ^{31}ma^{31}

贪心 ni^{33}mɤ^{33}na^{53}

拖拉做事情 la^{33}t^{h}a^{33}

十三 数量

十一 ts^{h}i^{33}te^{31}

十二 ts^{h}i^{33}ni^{31}

十三 ts^{h}i^{33}ɕɛ^{33}

十四 ts^{h}i^{33}ɤ^{31}

十五 ts^{h}i^{33}ŋɤ^{31}

十六 ts^{h}i^{33}k^{h}ɔ^{31}

十七 ts^{h}i^{33}sɤ^{24}

十八 ts^{h}i^{33}xi^{55}

十九 ts^{h}i^{33}kɔ^{31}

二十一 ni^{31}ts^{h}i^{33}tɤ^{31}

四十 ɤ^{31}ts^{h}i^{33}

五十 ŋɤ^{31}ts^{h}i^{33}

六十 k^{h}ɔ^{31}ts^{h}i^{33}

七十 sɤ^{24}ts^{h}i^{33}

八十 xi^{55}ts^{h}i^{33}

九十 kɔ^{31}ts^{h}i^{33}

一百零一 tɤ^{31}ʐɤ^{33}xɯ^{33}tɤ^{31}

百把个 tɤ^{31}ʐɤ^{33}tɔ^{33}ma^{31}

千把个 ts^{h}i^{33}ʐɤ^{33}tɔ^{33}ma^{31}

左右 tɔ^{33}ma^{31}

三四个 ɕɛ^{33}ɤ^{31}ma^{31}

十几个 ts^{h}i^{33}tɔ^{33}ma^{31}

十多个 ts^{h}i^{33}tɔ^{33}ma^{31}

第二 ɣɔ^{31}ʂɔ^{24}ni^{31}

第三 ɣɔ^{31}ʂɔ^{24}ɕɛ^{33}

大约 ɣaŋ^{31}ta^{24}

半个 tɤ^{31}pan^{33}

倍 p^{h}ɔ^{33}

串一～葡萄 dzɔ^{33}

间一～房 kɤ^{31}

堆一～垃圾 piɛ^{33}

节一～木头 t^{h}iɛ^{55}

本一～书 pen^{31}

句一～话 pɤ^{35}

庹两臂伸展开后的长度 lu^{31}

拃拇指和中指伸开两端间的长度 t^{h}u^{33}

斤重量单位 tɕin^{33}

两重量单位 loŋ^{31}

分重量单位 fen^{33}

厘重量单位 li^{31}

钱重量单位 tɕ^{h}in^{31}

斗 tei^{33}

升 sen^{33}ku^{53}

寸 ts^{h}un^{24}

尺 ts^{h}i^{31}

丈 tsaŋ^{35}

亩一～地 mu^{31}

里一～地 li^{53}

步走一～ pu^{33}

次玩一～ pɔ^{24}

十四　代副介连词

这些近指 tsʰi^{33}tɕɛ^{33}

那些中指 mi^{33}kʰɤ^{33}tɕɛ^{33}

那些远指 mɔ^{53}pɔ^{33}

那些更远指 to^{53}pɔ^{33}

哪些 kʰai^{35}kʰɤ^{33}tɕɛ^{33}

我俩 ŋa^{31}ɣɯ^{33}ni^{31}ma^{31}

咱俩 ŋa^{31}ɣɯ^{33}ni^{31}ma^{31}

他俩 ɣɔ^{31}ɣɯ^{33}ni^{31}ma^{31}

人家 ɣɔ^{31}ɣɯ^{33}

每人 kʰai^{35}tɤ^{31}ɣʌ^{31}

多久 kʰɤ^{31}kʰɤ^{33}mɔ^{33}

人们 ɣɔ^{31}ɣɯ^{33}

到底 kʰai^{24}kɛ^{53}

差不多 ta^{31}lɔ^{33}kɔ^{33}

起码 kʰai^{24}kɛ^{53}

马上 lʌ^{35}xɯ^{33}

先～走 ɣɔ^{31}ʂɔ^{35}

后～走 ɣɔ^{31}nɔ^{35}

一直他～没有来 tɤ^{31}kʰiɛ^{55}

从前 i^{33}gɯ^{33}

后来指过去 ɣɔ^{31}nɔ^{35}

来不及 mɤ^{31}ga^{31}miɛ^{33}

来得及 ga^{31}miɛ^{33}ɣiɛ^{24}

偷偷地 ta^{31}tsʰɤ^{55}tiɛ^{31}

够～好 i^{33}kiɛ^{53}

真～好 tsa^{31}si^{31}

好～看 gai^{24}

难～看 ʐa^{24}

完全 o^{55}tsoŋ^{31}

全部 o^{55}tsoŋ^{31}

难道 kʰai^{24}kɛ^{53}

究竟 kʰai^{24}kɛ^{53}

也许 pʰa^{35}si^{33}

一定 kʰai^{24}kɛ^{53}

暂时 tɤ^{31}kʰɛ^{33}

互相 ta^{31}xɔ^{31}

居然 mɤ^{31}dɔ^{31}kei^{31}

趁～热吃 tɕu^{35}

像～他那样 tu^{31}

归～你管 pin^{31}pi^{31}

第三节

其他词

一　天文地理

东风 mu^{31}ts^{h}ɤ^{33}tɔ^{33}ɣɔ^{33}mu^{31}xɤ^{33}

西风 mu^{31}ts^{h}ɤ^{33}lɔ^{31}ɣɔ^{33}mu^{31}xɤ^{33}

微风 mu^{31}xɤ^{33}bi^{53}ʐɤ^{31}

旋风 mu^{31}xɤ^{33}tsɔ^{33}lɔ^{33}

风吹 mu^{31}xɤ^{33}ga^{31}

雷公 mon^{31}t^{h}ɔ^{33}ʐɛ^{31}mɤ^{33}

太阳雨 mu^{31}ts^{h}ɤ^{33}zi^{31}

雨停了 mu^{31}zi^{31}ɕɛ^{31}pɔ^{24}

背阴地 mu^{31}ts^{h}ɤ^{33}mɤ^{31}lɔ^{55}ʐɔ^{33}ʐɤ^{33}

沙土地 xa^{33}gɯ^{31}ʐɤ^{31}

黄土 mi^{31}si^{33}ʐɤ^{33}

黑土 mi^{31}na^{33}ʐɤ^{33}

白土 mi^{31}p^{h}u^{33}ʐɤ^{33}

柴山指柴较多的山 ʂɤ^{33}ʐɤ^{33}

竹山指竹子较多的山 vɤ^{31}tɕɛ^{33}ʐɤ^{33}

红岩 xa^{33}ni^{33}ko^{33}lo^{33}

白岩 xa^{33}p^{h}u^{33}

黑岩 xa^{33}na^{33}la^{33}

黄岩 xa^{33}si^{33}li^{33}

沙石 xa^{33}gɯ^{31}ʐɛ^{33}

雨年雨水多的年份 mon^{31}zi^{31}miɛ^{33}si^{33}k^{h}ɔ^{31}

旱年雨水少的年份 mon^{31}bɔ^{31}si^{33}k^{h}ɔ^{31}

落石 mu^{31}pie^{33}xa^{33}p^{h}u^{33}

树倒因滑坡 mu^{31}pie^{33}ʂɤ^{33}pa^{24}

掩埋因滑坡导致房屋被埋 mu^{31}pie^{33}ʑɛ^{31}fɤ^{55}

洪涝 mu^{31}pie^{33}lɔ^{31}ɣɯ^{33}

日晕 mon^{31}ts^{h}ɤ^{33}ʂan^{31}k^{h}ɔ^{33}

月牙 lɤ^{33}pɤ^{33}ʐɤ^{31}

月圆 lɤ^{33}pɤ^{33}ga^{55}mo^{33}

下冰雹 vɤ^{31}lɤ^{31}ts^{h}u^{33}kɤ^{33}

雨季 tɤ^{31}k^{h}ɔ^{31}tɤ^{31}k^{h}ɔ^{31}mon^{31}zi^{31}la^{33}kɔ^{55}

三伏天 fɤ^{33}ni^{31}ni^{33}

寒冬腊月 ga^{33}ni^{31}ni^{33}

山包 kɤ^{33}p^{h}u^{31}

露水 tsen^{35}ɣɯ^{31}

水珠 ɣɯ^{31}pʰɯ^{33}

源头水～ a^{35}ka^{33}tu^{31}ku^{33}

水库 a^{35}ka^{33}lu^{33}

烂泥 min^{31}niɛ^{33}

二 时间方位

没空 kɛ^{33}mɤ^{31}ɣɯ^{33}

有空 kɛ^{33}

日子 ni^{33}ʑa^{33}

一年年 tɤ^{31}kʰɔ^{31}kʰɔ^{31}

一天天 tɤ^{31}ni^{33}ni^{33}

好久 kʰɤ^{31}kʰɤ^{33}mɔ^{33}

小时候 ʐɤ^{31}niɛ^{33}kɤ^{33}

地下 min^{31}xɔ^{33}

地上 min^{31}tʰa^{31}

门上 ŋa^{31}min^{33}tʰa^{33}

桌上 pʰen^{33}tʰa^{31}

床上 zi^{55}ɣɔ^{33}tʰa^{31}

床下 zi^{55}ɣɔ^{33}xɔ^{33}

山前 kɤ^{33}mon^{31}ɣɔ^{31}ʂɔ^{33}

山后 kɤ^{33}mon^{31}ɣɔ^{31}nɔ^{33}

山上 kɤ^{33}mon^{31}tʰa^{31}

山下 kɤ^{33}mon^{31}xɔ^{33}

屋前 ʑɛ^{31}ɣɔ^{31}ʂɔ^{33}

屋后 ʑɛ^{31}ɣɔ^{31}nɔ^{33}

路边 ɣɯ^{31}kɔ^{33}pɔ^{33}

街头 li^{33}tʰa^{31}

街尾 li^{33}xɔ^{33}

山边 ʑɛ^{31}pʰi^{31}mon^{31}

半路 ɣɯ^{31}kɔ^{33}ka^{33}kɔ^{33}

三 植物

树疙瘩 ʂɤ^{33}pɤ^{33}tiɛ^{33}

毛木树 a^{55}ʐon^{33}ʂɤ^{33}

狗楞树 pʰʌ^{31}wu^{31}ku^{33}ʂɤ^{33}

兔子树 ŋa^{55}kʰa^{55}ku^{33}ʂɤ^{33}

包头栗树 pi^{31}ku^{33}lu^{33}ʂɤ^{33}

酸角树 tsi^{33}piɛ^{33}si^{24}

多依树 a^{31}pɔ^{33}si^{24}tɕɛ^{31}

麻木树 a^{31}ʐon^{33}ʂɤ^{33}

八月瓜 lɛ^{31}lu^{33}si^{24}

斧头果 kʰɯ^{35}tsʰɔ^{33}pʰu^{33}si^{24}

姜苗 tsʰu^{31}pi^{35}mɛ^{55}mɛ^{55}

草种 zi^{31}pʰu^{33}ʐɔ^{33}

火草 men^{35}tsa^{31}

光棍菜 va^{21}ɔ^{24}tɕɛ^{31}

蜜桃花 pɔ^{31}pɔ^{33}vi^{33}

多依果花 a^{33}pɔ^{33}si^{35}vi^{33}

大红花当地的一种山花 va^{33}vi^{33}ni^{33}

株树花 tsʰi^{31}vi^{33}

染饭花 ɔ^{24}si^{33}vi^{33}

核桃花 tɕʰɛ^{31}miɛ^{31}vi^{33}

洋芋花 min^{31}vu^{33}vi^{33}

红薯花 men^{24}ni^{33}vi^{33}

草果花 tsɔ^{31}liu^{33}vi^{33}

山药花 meŋ^{33}vi^{33}

甘蔗花 po^{31}tɕʰɔ^{33}ta^{31}vi^{33}

蕨菜花 ta^{31}tsa^{55}vi^{33}

小兔花 a^{33}kʰa^{33}ku^{33}vi^{33}

杨木花 a^{33}kʰa^{33}vi^{33}

冬瓜树花 lɔ^{35}tɕɛ^{31}vi^{33}

竹子花 vɤ^{31}tɕɛ^{31}vi^{33}

松树花 tʰa^{31}vi^{33}

樱花 bɤ^{31}vi^{33}

滑竹 ma^{21}ka^{33}

刺竹 ma^{21}tsʰu^{31}

竹棚 vɤ^{31}pɔ^{33}

麻栗 tsʰi^{31}si^{24}

珠栗树 tsʰi^{31}pʰu^{33}ʂɤ^{33}

珠栗果 tsʰi^{31}si^{33}

珠栗花 tsʰi^{31}ʂɤ^{33}vi^{33}

珠栗叶 tsʰi^{31}pʰu^{33}pʰiɛ^{31}

柿子野~ liɛ^{33}va^{31}pɤ^{31}si^{33}

柿子树野~ liɛ^{33}va^{31}pɤ^{31}ʂɤ^{33}

柿子花野~ liɛ^{33}va^{31}pɤ^{31}ʂɤ^{33}vi^{33}

核桃树 tɕʰɛ^{31}miɛ^{31}ʂɤ^{33}

核桃叶 tɕʰɛ^{31}miɛ^{31}pʰiɛ^{31}

四 动物

黑蛇当地野生动物 vɤ^{31}na^{33}mɤ^{33}

红脖子蛇当地野生动物 vɤ^{31}ko^{33}ni^{33}

灰蛇当地野生动物 vɤ^{31}pʰɤ^{33}lɤ^{33}

花蛇当地野生动物 vɤ^{31}kɤ^{31}lɤ^{33}

青蛇当地野生动物 vɤ^{31}non^{33}

小毛虫 pɯ^{31}mon^{33}bi^{55}ʐɤ^{31}

小红鱼山泉里有 ŋɤ^{31}pi^{55}ni^{33}

鱼须 ŋɤ^{31}mɤ^{31}dʐɤ^{33}

鱼骨头 ŋɤ^{31}vu^{31}ku^{33}

石蚌当地一种野生牛蛙 pa^{24}ʐɤ^{31}

花石蚌当地野生动物 pa^{24}tɕin^{33}kin^{33}

小绿蚌当地野生动物 pa^{24}nan^{33}pi^{33}

花溪蚌当地野生动物 pa^{24}laŋ^{33}sa^{21}

竹鼠当地野生动物 fa^{33}pʰi^{31}

飞鼠当地野生动物 fa^{33}pu^{31}

水老鼠当地野生动物 i^{55}ka^{33}fa^{33}

臭鼠当地野生动物 fa^{33}nu^{31}

反手鼠当地野生动物 fa^{33}la^{31}pʰɔ^{33}

蜂猴当地野生动物 mɤ^{31}xɤ^{33}fa^{33}

猕猴当地野生动物 mo^{21}na^{35}mɤ^{33}

马尾巴 mu^{31}ma^{35}ta^{31}

马蹄 mu^{31}tʰi^{33}tsi^{33}

肥猪 va^{21}pʰɤ^{33}

野羊 liɛ^{33}tsʰi^{31}

羊蹄 tsʰi^{31}tʰi^{31}

流浪狗 pʰʌ^{31}vu^{31}lɤ^{33}

落水狗 pʰʌ^{31}i^{33}ka^{33}kɤ^{33}lui^{31}

短尾巴狗 pʰʌ^{31}ma^{31}tɔ^{33}lɔ^{33}

花豹 ʐɤ^{31}kɤ^{31}lɤ^{31}

山猫 liɛ^{33}ɣɔ^{31}

果子狸 tu^{31}ko^{33}pi^{31}li^{31}fa^{33}

岩鼠 xa^{33}fa^{33}

山鼠 liɛ^{33}fa^{33}

红松鼠 fa^{33}men^{33}bɤ^{31}ni^{31}ko^{33}lo^{33}

地松鼠 min^{31}tʰa^{31}fa^{33}men^{33}bɤ^{31}

黄蚁 pu^{31}ɣɔ^{33}si^{33}

黑蚁 pu^{31}ɣɔ^{33}na^{33}

小黄蚁 pu^{31}ɣɔ^{33}si^{33}bi^{35}ʐɤ^{31}

小黑蚁 pu^{31}ɣɔ^{33}na^{33}bi^{35}ʐɤ^{31}

臭蚁 pu^{31}ɣɔ^{33}nu^{31}

狼蚂蚁 pu^{31}ɣɔ^{33}tsɔ^{33}mɤ^{33}

飞蚂蚁 pu^{31}pu^{31}ɣɔ^{33}

蚂蚁王 pu^{31}ɣɔ^{33}ʐɛ^{33}mɤ^{33}

米虫 tsa^{33}kʰɤ^{33}pu^{31}

绿皮蛙 pa^{31}nu^{31}pi^{33}li^{33}

泥蛙 min^{31}niɛ^{33}pa^{31}

石蛙 xa^{33}pa^{31}tiɛ^{33}liɛ^{33}

屎蛙 kʰiɛ^{31}pa^{31}tiɛ^{33}liɛ^{33}

蜂刺 pɛ^{31}vi^{31}

大黄蜂 pɛ^{31}si^{24}xɔ^{31}

葫芦蜂 piɛ^{31}ʂɔ^{33}ɣɔ^{31}

大黑蜂 piɛ^{31}na^{33}mɤ^{33}

四脚鱼 ʐɤ^{31}ni^{33}ni^{33}ʐɤ^{31}

野猫 ɣɔ^{31}ʂa^{33}la^{33}

冬瓜虫 nɔ^{33}pu^{31}

李树虫 ʂɤ^{33}xɤ^{33}mɤ^{33}pu^{31}

牛耳朵 nu^{31}na^{55}po^{33}

牛鼻 nu^{31}na^{55}kʰɔ^{31}

牛屎 nu^{31}kʰiɛ^{31}

牛尿 nu^{31}dzi^{31}

五　房舍器具

平扁担 vɤ^{31}ba^{55}tsu^{31}lo^{31}

弯扁担 vɤ^{31}ba^{55}kɔ^{55}lo^{31}

竹扁担 vɤ^{31}ba^{55}

木扁担 ʂɤ^{33}tɕɛ^{31}ba^{55}

扁担钩 vɤ^{31}ba^{55}kɔ^{55}kɤ^{33}liɛ^{33}

闪片房瓦片状木板做屋顶的房屋 ʂɤ^{31}pa^{33}ʑɛ^{31}

院子 tʂaŋ^{33}kiɛ^{55}liɛ^{31}

烤核桃房 tɕɛ^{31}miɛ^{31}tɕʰu^{33}si^{33}ʑɛ^{31}

窝架 a^{31}kʰɤ^{33}

砧板 sa^{24}pɤ^{33}si^{55}tʰuo^{33}tʰuo^{33}

雨衣 tsoŋ^{33}pa^{33}i^{33}

被套 ka^{33}lo^{33}gɯ^{31}

笸箩 xɤ^{33}maŋ^{33}

柴刀鞘 ta^{33}tau^{33}pʰɤ^{33}

陀螺 kʰan^{24}ba^{31}

饭箩 kʰɔ^{24}lɔ^{31}

土锅 mu^{31}kʰu^{33}

扫把 mi^{55}ɕi^{33}

杆指秤的杆 ga^{53}

葫芦笙 noŋ^{24}nuo^{24}

木梯 ʂɤ^{33}tsu^{31}

土锅仓苦聪人贮藏粮食的器具 kɔ^{31}tʂʰɔ^{33}mu^{31}kʰu^{33}po^{24}lɔ^{31}

擦脚布 kʰɯ^{33}pa^{33}si^{33}ɕi^{33}pʰa^{33}

镰刀把 a^{33}kɔ^{55}tu^{31}

锄把 tsi^{24}ku^{33}tu^{31}

稻草人 tsa^{31}tɕɛ^{31}tsʰɔ^{33}

木板桥 ʂɤ^{33}pa^{33}tʂu^{31}

竹板桥 vɤ^{31}pa^{33}tʂu^{31}

铁板桥 son^{33}pa^{33}tʂu^{31}

桥头 tsu^{31}tu^{31}ku^{24}

桥尾 tsu^{31}tu^{31}ku^{24}

六　服饰饮食

包头 u^{33}tʰi^{33}

布头 pʰɤ^{33}tu^{31}ko^{33}

花布 pʰɤ^{33}kɯ^{31}

树皮衣 ʂɤ^{33}kɤ^{31}pʰɤ^{33}kɯ^{33}

辣白酒 dʐɯ^{21}pʰɛ^{33}

铁锅茶 a^{31}tsʰi^{33}sɯ^{33}pʰɛ^{21}

野茶 liɛ^{33}tʰau^{33}ʂɤ^{33}pʰiɛ^{31}

舂粑粑 ɔ^{24}ma^{55}ti^{33}

竹筒 vɤ^{31}taŋ^{33}ku^{55}

锅耳 a^{33}tsi^{33}na^{35}po^{33}

玉米饭当地饮食 sɤ^{33}mɤ^{33}ɔ^{24}

洋芋饭当地饮食 min^{53}vu^{33}ɔ^{24}sa^{33}liɛ^{31}

小米粑粑当地饮食 tsʰo^{31}ɔ^{24}ma^{55}

骨头生骨头剁碎腌制成的当地美食 sa^{35}vu^{31}ku^{33}pɯ^{33}si^{55}tsi^{33}liɛ^{31}

鸡肉生将整只鸡剁碎腌制成的一种菜肴ɣa^{33}sa^{35}tɤ^{31}tiɛ^{33} tɤ^{31}tiɛ^{33}pɯ^{33}to^{31}la^{31}tsi^{33}liɛ^{31}

磨面mɔ^{55}kɯ^{33}

干巴肉腌制风干后制成的当地美食sa^{24}ku^{33}

野猪干巴野猪肉腌制风干后制成的当地美食va^{21}ti^{33} sa^{24}ku^{33}

熊胆酒ɣɤ^{31}kɯ^{33}dzɤ^{31}

炒芭蕉花芭蕉花炒制成的菜肴a^{33}pɔ^{31}vi^{33}lu^{33}liɛ^{31}

水芹菜当地一种野菜pa^{24}k^{h}ɤ^{33}ka^{33}ɣɔ^{31}

甜笋当地饮食vɤ^{31}tṣ^{h}o^{33}

苦笋当地饮食vɤ^{31}k^{h}ɤ^{31}

竹虫竹蜂的幼虫，可食用vɤ^{31}pɔ^{31}

舂螃蟹螃蟹烤熟舂碎后食用a^{31}kaŋ^{33}laŋ^{33}ti^{33}liɛ^{31}

烤玉米sɤ^{33}mɤ^{33}kɔ^{55}

干巴菌当地的一种野生菌类sa^{33}na^{31}mɔ^{31}

牛肝菌当地的一种野生菌类nu^{31}k^{h}ɤ^{33}mɔ^{31}

甜菌当地的一种野生菌类mɔ^{31}ts^{h}u^{33}

洞菌当地的一种野生菌类mɔ^{31}pa^{33}

牛肚子菌当地的一种野生菌类nu^{31}fɤ^{33}mɔ^{31}

雷公菌当地的一种野生菌类mon^{31}t^{h}ɔ^{33}mɔ^{31}

雨菌当地的一种野生菌类mon^{31}zi^{31}mɔ^{31}

粪菌当地的一种野生菌类k^{h}iɛ^{31}mɔ^{31}

石菌当地的一种野生菌类xa^{33}mɔ^{31}

香菌当地的一种野生菌类tɕ^{h}i^{31}mɔ^{31}

大红菌当地的一种野生菌类mɔ^{31}ni^{33}ko^{33}lo^{33}

扫帚菌当地的一种野生菌类mɔ^{31}tsɔ^{33}ko^{33}

白参当地的一种野生菌类mɔ^{31}t^{h}ɤ^{55}

洞芥当地的一种野生菌类mɔ^{31}pa^{55}

菌伞野生菌上端mɔ^{31}p^{h}iɛ^{31}

菌柄野生菌的菌秆mɔ^{31}ta^{31}

菌褶菌伞的背部mɔ^{31}p^{h}iɛ^{31}k^{h}ɤ^{31}

甜菜当地的一种野菜liɛ^{33}vu^{31}tsa^{55}tṣ^{h}ɔ^{33}

龙爪菜当地的一种野菜ta^{31}tsa^{55}

刺包菜当地的一种野菜ɔ^{31}tsu^{31}tsa^{55}

香娥拉叶当地的一种野菜tɔ^{31}pa^{33}la^{33}p^{h}iɛ^{31}

羊木果当地的一种野果a^{31}mɔ^{33}si^{24}

多依果当地的一种野果a^{31}pɔ^{33}si^{24}

黄泡果当地的一种野果a^{31}lu^{33}si^{24}

豆藤nɔ^{55}pa^{24}tɕɛ^{31}

豆皮nɔ^{55}ko^{31}ko^{33}

豆壳nɔ^{55}gɯ^{31}

红豆nɔ^{55}pa^{24}ni^{33}

魔芋lɤ^{33}p^{h}u^{33}

细韭菜go^{33}p^{h}a^{31}tsa^{55}bi^{35}ẓɤ^{31}

牛皮菜p^{h}ɤ^{31}na^{53}ɣɔ^{31}

大芥菜ta^{31}pu^{31}liɛ^{33}

麦子饼ẓɔ^{31}ɣɔ^{31}ma^{33}

玉米饭ṣɤ^{33}mɤ^{33}ɔ^{24}

荞饭kɯ^{31}ɔ^{24}

苦荞饼kɯ^{31}k^{h}a^{31}ɔ^{24}ma^{33}

甜荞饼kɯ^{31}ts^{h}u^{33}ɔ^{24}ma^{33}

咸豆腐nɔ^{33}tsi^{33}

猪肠va^{21}vu^{31}

猪脑va^{21}u^{33}nɔ^{31}

猪肚va^{21}fu^{33}

猪心va^{21}ni^{33}mʌ^{33}

猪肺va^{21}tṣ^{h}u^{31}

猪尿脬va^{21}si^{33}p^{h}u^{31}

佐料tɕ^{h}ɛ^{31}liɛ^{33}la^{33}tsɤ^{33}

竹筒饭vɤ^{31}dzɤ^{55}ɔ^{33}

剩饭ɔ^{33}ka^{33}

馊饭ɔ^{33}fi^{55}nu^{31}

饭粒ɔ^{24}si^{24}

肉片sa^{24}pa^{55}la^{55}

肘子 va^{21}la^{31}

里脊 va^{21}tsi^{31}sa^{24}

草乌酒 man^{31}pʰu^{33}dʐɤ^{31}

七 身体医疗

口臭 mɤ^{31}nɤ^{33}nu^{31}

贫血 sa^{33}kʰɯ^{33}si^{33}

烫伤水 ɣɯ^{31}pɤ^{31}liɛ^{33}

烫伤火 a^{31}mi^{33}liɛ^{33}

大腿 pʰi^{31}pa^{33}

小腿 kʰɯ^{33}tu^{33}lu^{55}

病死 na^{31}piɛ^{33}

摔死 pʰu^{55}piɛ^{33}

上吊 kɔ^{31}ni^{35}tiau^{31}piɛ^{31}

磨牙 su^{35}si^{24}

眼红 miɛ^{33}kɔ^{31}

梦游 zɤ^{31}vu^{31}vu^{31}

尿床 i^{35}ɣɔ^{53}tʰa^{31}dzi^{31}bi^{35}gɛ^{33}pɤ^{33}

噩梦 zɤ^{31}ma^{33}ma^{33}dɔ^{31}mɤ^{31}nɤ^{33}

落枕 kɔ^{33}tʰi^{33}i^{35}pʰɔ^{33}

失眠 zi^{55}men^{31}mɤ^{31}kɤ^{33}pɤ^{33}

洗手 la^{31}po^{33}tsʰi^{31}

反胃 fu^{33}mɤ^{31}nɤ^{33}

没胃口 men^{33}mɤ^{31}miɛ^{31}

牙根 ʂu^{33}tsʰi^{33}

舌根 lɤ^{33}pʰi^{31}tsʰi^{33}

老死 mu^{31}piɛ^{33}

红肉痣 pa^{31}na^{33}ni^{33}li^{33}

牙龈疼 su^{24}tsʰi^{24}na^{31}

八 婚丧信仰

串姑娘 zɤ^{31}mi^{31}la^{33}kʰɤ^{33}ke^{33}

茶礼 ɣɯ^{31}bɤ^{31}pʰie^{31}li^{31}

酒礼 dʐɤ^{31}li^{31}

彩礼 zɤ^{31}mɤ^{31}ʂɤ^{55}li^{31}

洞房 tʂʰo^{33}ʂɤ^{55}ʑi^{55}ɣɔ^{33}

祭魂歌 lɤ^{33}kʰu^{33}mɤ^{31}

龙王 lo^{31}ʑɛ^{33}mɤ^{33}

龙脉 min^{31}tɕin^{33}

仙鸟 a^{35}tsɤ^{33}mɤ^{33}

丑八怪 mi^{33}xɔ^{33}mu^{31}ni^{33}kʰɤ^{31}

抢仙水 i^{33}ka^{31}sɤ^{55}tɕiaŋ^{31}

献饭处 ɔ^{24}tiɛ^{33}tiɛ^{33}ɤɔ^{33}

献饭对象为祖先 ɔ^{24}tiɛ^{33}tiɛ^{33}

献饭对象为神灵 ɣa^{33}mi^{33}lɤ^{33}

山鬼 liɛ^{31}tʰau^{31}

刀鬼 a^{31}kʰɔ^{31}

吊死鬼 tiau^{35}pɔ^{35}lɤ^{33}ka^{33}

饿死鬼 men^{31}kɔ^{33}lɤ^{33}ka^{33}

冻死鬼 ka^{33}kɔ^{33}lɤ^{33}ka^{33}

水鬼 liɛ^{31}ni^{31}

翻山鬼 kɤ^{33}mon^{33}pa^{31}pɔ^{33}lɤ^{33}ka^{33}

吝啬鬼 tɕʰɛ^{53}ʑɛ^{55}si^{33}tʂʰɔ^{33}

背时鬼 mɔ^{31}kʰiɛ^{33}tɔ^{33}

妖怪 pʰu^{31}si^{35}kui^{31}

阴间 ʂen^{31}pɔ^{33}

阳间 tʂʰo^{33}pɔ^{33}

天堂 ni^{33}men^{33}ɣɔ^{33}

土地神 mi^{31}ni^{33}

雷神 mu^{31}tʰɔ^{33}ka^{33}la^{33}

火神 a^{31}mi^{24}ni^{31}

路神 ɣɯ^{31}kɔ^{33}ni^{31}

猎神 sa^{24}ni^{31}

天神 mon^{31}tʰa^{31}ni^{31}

地神 mi^{31}xɔ^{33}ni^{31}

雨神 mon^{31}zi^{31}ni^{31}

山神 liɛ^{33}ni^{31}

祭篾搭拉 tɛ^{33}ma^{31}pi^{33}li^{33}

选墓地 tu^{24}p^{h}ɤ^{33}mi^{31}ni^{33}

祭祖先 dzo^{31}mɔ^{31}ɔ^{33}tie^{33}

卡腊节 k^{h}ɔ^{21}tsɤ^{31}p^{h}u^{33}

火把节 k^{h}ɔ^{31}lɤ^{33}k^{h}ɔ^{31}

诅咒 k^{h}ɯ^{55}ti^{31}

鸡蛋卦 ɣa^{53}u^{55}ni^{33}

鸡骨卦 ɣa^{53}ɣɔ^{31}ni^{33}

叫魂 lɤ^{33}ku^{31}

九　人品称谓

人精 tʂ^{h}ɔ^{33}pi^{55}

瘦子 ts^{h}ɔ^{33}gɔ^{31}ka^{33}la^{33}

大烟鬼 za^{33}k^{h}iɛ^{33}p^{h}ɤ^{33}

十　农工商文

栽秧调 lɔ^{55}ti^{33}mɤ^{31}

火烧山火烧过后耕种的地 lɛ^{33}mi^{24}tu^{21}

出工 zɤ̩^{33}mu^{31}

开工 zɤ̩^{33}mu^{31}kau^{33}

收工 kui^{33}mɔ^{33}

蜂桶 piɛ^{31}k^{h}ɔ^{33}

蜂房 piɛ^{31}k^{h}ɔ^{33}

鹅蛋 a^{33}ŋɔ^{31}vu^{33}

鸭蛋 a^{33}piɛ^{31}vu^{33}

栽树 ʂɤ^{33}tɕɛ^{33}ti^{33}

移栽 toŋ^{31}ti^{33}

接枝 sa^{33}si^{31}tɕɛ^{31}tsa^{33}

草皮灰 zɤ^{31}mu^{31}k^{h}ɔ^{31}lie^{33}

猪粪肥 va^{21}k^{h}iɛ^{33}fen^{35}

牛粪肥 nu^{31}k^{h}iɛ^{31}fen^{35}

鸡粪肥 ɣa^{33}k^{h}iɛ^{31}fen^{35}

大粪肥 ts^{h}ɔ^{33}k^{h}iɛ^{31}fen^{35}

火炭 li^{35}tsi^{55}

大烟 za^{33}k^{h}ɛ^{31}ga^{33}mɔ^{31}

温泉 ɣɯ^{31}liɛ^{31}ten^{33}vɔ^{33}

蜂饼 piɛ^{31}lo^{55}

拔秧 lɔ^{55}kɔ^{31}

打谷子 tsa^{31}tɔ^{33}

打陀螺 k^{h}an^{24}ba^{31}

买菜 ɣu^{31}tsa^{24}vɤ^{21}

卖肉 sa^{24}xo^{31}

打农药 na^{55}ts^{h}i^{31}tɔ^{33}

砍甘蔗 po^{31}tɕ^{h}ɔ^{33}ta^{31}tu^{33}

逛街 li^{33}dzu^{33}

做生意 vɤ^{31}xɔ^{33}ti^{33}

牧羊人 ts^{h}i^{31}lɔ^{55}si^{33}ts^{h}ɔ^{33}

远客 vɤ^{31}ɣɔ^{31}la^{31}si^{33}tʂ^{h}o^{33}

礼物 a^{33}t^{h}i^{31}t^{h}i^{31}pi^{31}

摊子 a^{33}t^{h}i^{31}t^{h}i^{31}xɔ^{33}ɣɔ^{31}

书店 ʂu^{33}xɔ^{31}ɣɔ^{31}

银行 a^{31}pa^{33}la^{33}ʑɛ^{31}

假货 a^{31}ko^{33}lo^{33}

降价 a^{31}p^{h}o^{31}ʑɛ^{31}

加价 a^{31}p^{h}o^{31}tɛ^{33}

当官 ʑɛ^{31}mɤ^{33}ti^{33}

警察 tʂ^{h}o^{33}ko^{33}lo^{33}zu̩^{31}ni^{33}si^{33}tʂ^{h}o^{33}

道理 a^{31}k^{h}ɤ^{33}tsɤ^{55}

学费 ʂu^{33}sɤ^{33}p^{h}o^{31}

书柜 ʂu^{33}en^{55}

读书人 ʂu^{33}sɤ^{33}tʂ^{h}o^{33}

文化 ṣu^{33}miɛ^{31}

芦笙 non^{35}kʰɔ^{31}

甩扣狩猎工具 ʂɤ^{33}ka^{33}dzɔ^{31}vɤ^{33}

猎弩狩猎工具 a^{24}pɔ^{33}kʰa^{33}

地陷挖坑捕捉猎物的陷阱 min^{31}kʰo^{33}vɤ^{33}

圆木陷较大圆木制作的陷阱 ʂɤ^{33}tiɛ^{31}ko^{33}vɤ^{33}

下石板石板和树枝搭建的陷阱 vɤ^{33}xa^{33}tʰo^{33}

竹刺竹子削尖用于捕获猎物的器具 vɤ^{31}tsʰi^{33}vɤ^{33}

土雷 kʰo^{31}liɛ^{33}da^{33}pɤ^{33}a^{31}pʰu^{31}lo^{31}

火药枪 men^{55}

捡田螺 a^{35}tiɛ^{33}ku^{35}kɔ^{33}

捞鱼 nɤ^{31}lau^{33}

十一 动作行为

打/掷石头 xa^{33}ba^{31}

荡秋千当地的一种游戏 a^{33}tsa^{31}ti^{33}zʅu^{33}tsa^{31}zʅu^{33}zʅu^{33}

莫单朗秋可旋转的类似跷跷板的一种秋千类游戏 mɔ^{55}laŋ^{33}zʅu^{33}

射弩比赛 kʰa^{33}pɔ^{33}

爬棕树攀爬棕树比赛 tson^{33}tɕɛ^{31}kʰa^{33}

吹树叶用树叶吹奏音乐 ʂɤ^{31}pʰiɛ^{31}mɤ^{33}

抛石子 xa^{55}ka^{33}tɔ^{33}la^{31}

出发 kɛ^{33}tɔ^{33}

走夜路 mon^{31}ʑa^{53}ɣɯ^{31}qɔ^{33}dʑu^{31}

挡路 ɣɯ^{31}kɔ^{33}lɔ^{33}

撑伞 san^{31}kʰɔ^{33}ta^{31}

回家 ʑɛ^{31}kʰɔ^{31}kui^{31}

踮脚 kʰɯ^{33}ni^{55}tiɛ^{31}

踩 nu^{31}

叫醒 ku^{31}tu^{33}

照写 ni^{33}pɔ^{31}

真打 kʰɯ^{33}mɤ^{55}tɔ^{33}

关心 zʅɤ^{33}ka^{33}

想通 dɔ^{31}kɛ^{31}ɣɛ^{33}

踏步 kʰɯ^{33}pa^{55}tʰɤ^{33}

摔倒 kuaŋ^{24}pa^{33}

绊倒 kɔ^{55}pa^{31}

弯腰 tsɔ^{31}kɔ^{31}

流泪 miɛ^{55}xɯ^{31}tɔ^{33}

憋气 sa^{24}mɤn^{33}

说出 ko^{31}tɔ^{53}

想出 dɔ^{31}tɔ^{33}

杀吃 si^{31}liɛ^{31}

抬走 ta^{53}tsu^{31}

做媒 tsu^{31}nɔ^{55}

看中 ni^{33}zɔ^{55}

抢吃 mɤ^{35}tsɤ^{31}

照镜子 lɤ^{33}zʅɤ^{31}ni^{33}

发酒疯 dzɤ^{31}po^{33}xon^{31}ti^{31}

试衣服 pʰɤ^{33}kɯ^{33}vɤ^{31}na^{33}

求饶 pʰiɛ^{31}kɔ^{55}

打基脚 si^{31}tɕɔ^{31}zu^{31}

打桩 tsuan^{33}dɔ^{33}

拆房子 ʑɛ^{31}pʰiɛ^{33}

装修 ʑɛ^{31}tɔ^{33}

采药 na^{35}tsʰi^{31}ga^{33}

抓药 na^{35}tsʰi^{31}kʰa^{33}

乞讨 ɔ^{33}lɔ^{31}pʰɤ^{33}

掉牙 su^{24}kɯn^{33}

洗头 tu^{21}ku^{33}tsʰi^{31}

太阳晒 mu^{31}tsʰɤ^{33}lu^{24}

爬树 ʂɤ^{33}tɕɛ^{31}kʰa^{33}

交朋友 tsʰɔ^{33}gɯ^{31}niɛ^{33}

做伴 a^{31}tsʰɔ^{33}ti^{33}

得罪 ku^{33}xɤ^{33}
劝酒 ko^{33}liɛ^{33}dɔ^{31}
敬酒 tʰiɛ^{31}tu^{33}dɔ^{31}
干杯 tɤ^{31}pɔ^{33}dɔ^{31}
开车 gɤ^{31}pɤ^{33}si^{33}ga^{31}
坐车 gɤ^{31}pɤ^{33}si^{33}men^{33}
调查 kʰɤ^{33}mɤ^{33}ni^{33}
枪毙 bo^{33}piɛ^{33}
打仗 bo^{33}si^{33}
眨眼 miɛ^{33}tsɤ^{55}
睁眼 miɛ^{31}ɣa^{33}
闭眼 miɛ^{31}tsɤ^{55}kʰɤ^{33}
吐舌头 lɤ^{33}pʰi^{31}tsʰɤ^{33}
流口水 mɤ^{31}ɣɯ^{31}zɔ̩^{31}
回头 tu^{31}ko^{33}tsu^{31}kʰɔ^{31}
修 gu^{33}kʰɔ^{31}
削皮 ɣɯ^{31}kɯ^{31}
摆碗筷 kʰɤ^{31}ko^{33}a^{33}tsu^{33}ta^{24}
灌香肠 va^{21}ɣɔ^{31}tu^{33}
捣蒜 suan^{24}pʰu^{33}ti^{24}
打补丁 pʰɤ^{33}kɤ^{33}niɛ^{33}
穿鞋 kʰɯ^{33}nu^{31}nu^{35}
脱鞋 kʰɯ^{33}nu^{33}tɕɛ^{33}
溺水 i^{33}ka^{33}pi^{31}
上香 ɕiaŋ^{33}tɔ^{33}
泡米 tsa^{33}kʰɤ^{33}ti^{33}
擦碗 kʰɤ^{31}ko^{33}ɕi^{33}
捡菜 ɣu^{31}tsa^{33}gɔ^{33}
煮菜 ɣu^{31}tsa^{33}tsa^{55}
上菜 ɣu^{31}tsa^{33}ta^{31}
煮烂 tsa^{55}pie^{33}
带小孩 zɤ̩^{31}niɛ^{33}ɕɛ^{31}
散步 dzu^{31}nen^{33}gɯ^{31}
发烟 za̩^{53}pi^{31}
敬烟 za̩^{53}tʂin^{24}
堆积 ta^{31}ta^{35}
能走 tsu^{31}piɛ^{33}
通风报信 tɔ^{31}kʰo^{31}pʰiɛ^{31}nɤ^{33}
失约 gɛ^{31}liɛ^{31}
做客 kʰɤ^{31}ti^{33}
还礼 pi^{31}kʰo^{31}
合作 ta^{31}xɔ^{31}ti^{33}
胡说 xun^{33}ku^{33}
笑话 ko^{33}ɣɯ^{31}
扇风 mɤ^{31}xɤ^{33}xɤ^{33}
歇气 ɣɯ^{31}zu̩^{33}
趴着 bo^{33}ta^{35}
倒茶 ʂɤ^{33}pʰiɛ^{31}ɣɯ^{31}tʰɔ^{33}
放盐 tsʰɤ^{31}liɛ^{31}tɔ^{33}
锁门 ɣa^{31}min^{33}ga^{33}
叠被 ka^{55}lo^{33}tsɤ^{31}
灭火 a^{31}mi^{24}tɔ^{33}piɛ^{33}
跳花脚乐 kɤ^{33}dzu^{31}
大笑 vɤ^{31}mi^{31}ʂɤ^{33}
偷笑 kʰu^{31}ɣɤ^{31}
笑哭 vɤ^{31}xɔ^{31}pɔ^{35}
偷哭 kʰu^{31}xɔ^{31}
大哭 xɔ^{31}ni^{33}xɔ^{31}
抽泣 a^{33}zɤ̩^{33}a^{33}zɤ̩^{33}xɔ^{31}
大声哭 ɤ^{31}tʰi^{31}ɤ^{31}tʰi^{31}xɔ^{31}
滚哭撒泼打滚地哭闹 pʰu^{31}pʰu^{31}liɛ^{33}liɛ^{33}xɔ^{31}
快跑 kɤ^{31}tɕi^{33}tsi^{55}
大跑 kɤ^{31}ni^{33}kɤ^{31}tsi^{55}
小跑 a^{31}lo^{33}lo^{33}tsi^{55}

跳出来 pɔ^{33}tu^{55}

弹唇 mɤ^{31}nɤ^{33}pɔ^{31}

咧嘴 mɤ^{31}nɤ^{33}mi^{33}kʰai^{33}

抿嘴 mɤ^{31}nɤ^{33}men^{33}

噘嘴 mɤ^{31}nɤ^{33}ko^{33}xɯ^{33}to^{33}

眯眼 miɛ^{33}si^{55}

皱眉 na^{55}ka^{31}tsʰɤ^{33}

咂嘴 mɤ^{31}nɤ^{33}mɤ^{33}

轰 ga^{31}

示范 ti^{33}ni^{33}pi^{31}

过分 ti^{33}miɛ^{31}pɤ^{24}

乘凉 ɣɯ^{31}va^{21}

流浪 wu^{31}lɤ^{33}

顶嘴 ku^{33}kʰɔ^{21}

转弯 ɣa^{31}kɔ^{31}

互助 ta^{31}xɔ^{31}gʌ^{33}

皱眉 miɛ^{33}tsʰɤ^{31}

讲道理 kʰɤ^{31}tsɤ^{55}

说粗话 tɔ^{31}xɯ^{33}qu^{33}

磨破 kɯ^{33}pa^{33}

轻声细语 tu^{31}nɛ^{33}nu^{31}ɛ^{33}

迷路 ɣɯ^{31}kɔ^{33}mɤ^{31}nu^{31}

摆平 gu^{33}nɤ^{33}

提防 va^{31}ta^{24}

约定 ko^{33}nɤ^{33}pɤ^{33}

熬夜 mɤ^{31}i^{35}bo^{33}

吓傻了 kɔ^{33}ka^{31}pɔ^{24}

做表率 ɣɔ^{31}ʂɔ^{33}ti^{33}

讨人嫌 kʰo^{31}wu^{24}

同情 ni^{33}mʌ^{33}na^{31}

十二 性质状态

红彤彤 ni^{33}ku^{55}ku^{55}

嫩绿 non^{33}pi^{55}nu^{31}zɔ^{33}

圆溜溜 a^{31}ti^{31}li^{24}

亮晶晶 pʰu^{33}kʰɤ^{33}kʰɤ^{33}

白花花 a^{31}pʰu^{33}ʐɔ^{55}

黑乎乎 na^{31}kɯ^{31}lɤ^{31}

黑黢黢 a^{31}na^{33}pɛ^{33}

短短的 a^{31}niɛ^{33}tɔ^{55}

牢固 zi^{31}iɛ^{33}

耀眼 miɛ^{55}kʰa^{31}

绿油油 non^{33}pi^{24}li^{24}

看得起 ni^{33}tu^{33}tɕʰi^{31}

皱巴巴 tsɤ^{55}ku^{55}

活蹦乱跳 tsʰɔ^{33}pɔ^{33}ɔ^{33}tsi^{55}

轻飘飘 a^{31}lɔ^{31}pʰɛ^{55}

脆生生 pʰɤ^{31}zɔ^{33}zɔ^{33}

湿漉漉 biɛ^{55}lu^{33}lu^{33}

脏兮兮 tsʰa^{21}kʰɯ^{33}lɤ^{33}

冷冰冰 tsʰi^{31}ka^{55}la^{55}

亮堂堂 a^{31}pʰu^{33}zɔ^{55}

硬邦邦 xɯ^{33}gu^{33}

软绵绵 nu^{31}zɔ^{33}zɔ^{33}

慢腾腾 a^{31}lu^{55}lu^{55}

甜蜜蜜 tsʰu^{33}ʐa^{55}ʐa^{55}

香喷喷 mɛ^{31}lu^{33}lu^{33}

光秃秃 a^{31}di^{31}ku^{55}

齐全 kʰɛ^{33}kɛ^{33}si^{33}tsuai^{24}

整齐 lo^{55}ʂu^{33}

能干 gu^{33}pɛ^{33}

差劲 pʰiɛ^{33}ʑɛ^{33}

耐心 kʰɤ33men33

健忘 du31miɛ33

烦躁 za̤35ʐɛ33

狠毒 ni33mʌ33xɤ33

碍手碍脚 vi31li33va33la33

落后 ɣɔ31nɔ33

褪色 ʂɤ31kɤ55

湿透 biɛ33pɔ33

够得到 ka33miɛ33ɣɛ33

够不着 mɤ31ka31miɛ31ɣɤ31

多余 miɛ31ta24

命好 min35nɤ33

黄澄澄 si33gu31lu31

臭熏熏 tsʰi31nu31ka31nu31

酸溜溜 a31tsʰi33ka33

干干净净 ɕɛ31ni33ɕɛ31

三心二意 ti33ga53ma53ti33ga53

口才好 mɯ31ku33piɛ33

十三　代副介连词

那次 i33tɤ31pɔ33

这次 tsʰi33tɤ31pɔ33

十四　地名

小坝多调查点地名 tʂʰo33ga55mo33mɤ33ɣo33

老寨调查点地名 lo31pʰen33kʰa33

老王寨调查点地名 ʐa31ɣai33kʰa33sɤ33

新寨调查点地名 kʰa33sɤ33

龙潭调查点地名 i55ka31piɛ33

红星老棚寨调查点地名 lau31pʰon31kʰa33a33ku33

竹棚寨调查点地名 vɤ31tɕɛ33kʰa33

十五　四音格词

漂漂亮亮 ni33ni33kɤ31kɤ31

亲戚 vi55vi55ni33ni33

红红火火 ni33ni33ku55ku55

衣服裤子 pʰɤ33kɤ33la31kɤ33

献饭磕头 tie33tie33dzɔ33dzɔ33

呕吐 pʰi31pʰi31liɛ33liɛ33

转上转下 tsu33kʰɤ33tsu33ta33

昏天黑地 mon31na33min31na33

有头有尾 tu31tsɔ31ma35tsɔ31

新旧 a31si35a31pi35

味道 a31kʰɤ31a31sa33

天长地久 mon31ʐɤ31mi33ʐɤ31

子子孙孙 xɤ24xɤ24la33la33

礼貌 tʂʰo33nɤ33tʂʰo33kʰɤ31

有情有理 tu31nɤ33kʰɤ31tsɤ55

树干 ʂɤ33pɤ33ʂɤ33tsʰi33

自给自足 ŋa31mɤ31ŋa31tsɤ31

自建自住 ŋa31biɛ33ŋa31men33

从早到晚 mon31ʂɔ31mon31ʐa55

仵仵兄兄 ka33ka33li31li31

亲戚朋友 pʰɤ31pʰɤ31ʐɤ31ʐɤ31

污泥浊水 min31nie33min31ɣɯ31

步步高升 tɤ31pu35pu35mɔ33

汤汤水水 a31pi55a31ɣɯ31

枝叶 ʂɤ33pʰie31ʂɤ33ka33

树花 ʂɤ33tɕɛ31ʂɤ33mon33

红花绿叶 ʂɤ33pʰie31va55vi33

树皮 ʂɤ33tɕɛ31ʂɤ33kɯ31

树苗 ʂɤ33nu33ʂɤ33tɕɛ31

树生虫 ʂɤ33tɕɛ31ʂɤ33pɔ31

引火柴用以引火的柴 ʂɤ33tɕɛ31ʂɤ33ko24

树林 ʂɤ33tɕɛ31ʂɤ33tsɤ55

茂密～树林 ʂɤ33pɔ33ʂɤ33tsɤ55

深山老林 ʑɛ53phiɛ31ma35pɔ35

打猎 liɛ31ɣɔ31liɛ31bɔ33

石头缝隙 xa33ko31xa33piɛ33

石板 xa33phi31xa33pa33

岩房 xa33kho31xa33ʑɛ31

成长 ɣɯ33la31mɔ33la31

长得快 ɣɯ31lɤ33mɔ33lɤ33

爬石山 xa33kho31xa33ta31

石头坡 xa33phi31pie31pa33

山洞 xa33kho31xa33ɣɯ31

砂石 xa33kɤ31xa33ʑɛ33

男男女女 ẓɔ55kha33ẓɯ31mɯ33

里里外外 a31khɔ33a31tṣiau24

慌慌张张 mɤ35mɤ35kha33kha33

零零碎碎 ti35le35tɛ33lɛ33

吵吵闹闹 ti31ɕi24ti31mɤ33

高高低低 mɔ33mɔ33nie31nie31

高低不分 mɔ33nie31mɤ31si24

又高又大 ɣɯ31ʑɛ55mɔ33ʑɛ55

不大不小 mɤ31ɣɯ31mɤ31i33

不高不矮 mɤ31mɔ33mɤ31nie31

繁多 ɣɯ31ʑɛ55mie31ʑɛ55

得吃得喝 ɣɯ31tsɤ31ɣɯ31dɔ31

吃吃喝喝 tsɤ31tsɤ31dɔ31dɔ31

大吃大喝 xun33tsɤ31xun33dɔ31

吃吃睡睡 tsɤ31tsɤ31zi55zi55

吃吃跑跑 tsɤ31tsɤ31tsi33tsi33

吃吃做做 tsɤ31tsɤ31ti33ti33

吃吃玩玩 tsɤ31tsɤ31gɯ31gɯ31

吃吃闲闲 tsɤ31tsɤ31men33men33

吃吃跳跳 tsɤ31tsɤ31pɔ33pɔ33

大哭大叫 xɔ31xɔ31ku31ku31

哭哭跳跳 xɔ31xɔ31pɔ33pɔ33

哭哭闹闹 xɔ31xɔ31li55li55

哭哭跑跑 xɔ31xɔ31tsi33tsi33

摔跤 bɯ31pa24ni33pa24

打闹 bɯ31si35bɯ31mɤ33

烧烤 tshi31tshi31gu33gu33

果实 kɤ33khɤ33kɤ33tɔ33

滑下来 phu33khɤ33ni33khɤ33

飞驰 li31ta24tsi33ta24

送出 ẓu31tui33pi31pɤ33

力大如牛 ɣɯ31kha33sa33kha33

羊肠小道 tshi31vu31ɣɯ31kɔ33

上坡下坡 ka31tu33ka31ta33

陡坡 ka31phi31ka31lie33

山头山脚 kɤ33mu31kɤ33tshi33

山上山下 kɤ33tha31kɤ33xɔ33

找蜂子 piɛ31tsɤ33piɛ31ni33

背着睡 bɤ33ŋen33bɤ33zi55

生老病死 ɕɛ33mon31na31kɔ55

去远方 pɔ33vɤ31kiɛ33vɤ31

跳上跳下 pɔ33khɤ31pɔ33ta33

又跑又跳 pɔ33pɔ33tsi33tsi33

精通 phɤ33ʑɛ55si55pie33

专家 ti33pɤ33ma21pɤ33

碎布 phɤ31tie31phɤ31pa33

分开 pie31pie31kha33kha33

辣乎乎 phiɛ33phiɛ33ẓu33ẓu33

放喂 phiɛ31phiɛ31zu33zu33

放养 phiɛ31phiɛ31lɔ55lɔ55

放走 pʰiɛ^{31}tɔ^{55}pʰiɛ^{31}lɔ^{55}

富贵 kʰɛ^{33}xɤ^{33}kʰɛ^{33}tsɔ^{31}

银光闪闪 pʰu^{31}miɛ^{33}kʰa^{33}kʰa^{33}

波光闪闪 i^{55}ka^{33}miɛ^{33}kʰa^{33}

追追打打 ka^{31}ka^{31}dɔ^{33}dɔ^{33}

毒打 ni^{33}dɔ^{33}pʰɔ^{33}dɔ^{33}

拳打脚踢 ni^{33}dɔ^{33}tʰi^{33}dɔ^{33}

翻吃翻喝 pʰɔ^{33}tsɤ^{31}pʰɔ^{33}dɔ^{31}

找到 pʰɔ^{33}mɔ^{31}tsɤ^{33}mɔ^{31}

翻来覆去 pʰu^{31}pʰu^{31}liɛ^{33}liɛ^{33}

翻箱倒柜 en^{55}pʰɔ^{33}en^{55}tsɤ^{33}

团圆 pʰɔ^{55}la^{31}men^{33}la^{31}

走完 dzu^{31}pɤ^{33}ke^{33}pɤ^{33}

走远 dzu^{31}vɤ^{31}ke^{33}vɤ^{31}

走到 dzu^{31}kɯ^{31}ke^{33}kɯ^{31}

跑得快 tsi^{33}kɛ^{31}men^{33}kɛ^{31}

贪污 tsɤ^{31}mie^{31}zu̧^{31}mie^{31}

夸张 mie^{31}ko^{33}mie^{31}ga^{31}

骗吃骗喝 xie^{33}liɛ^{31}xie^{33}dɔ^{31}

骗吃骗穿 xie^{33}liɛ^{31}xie^{33}vɤ^{31}

半旧 mɤ^{31}si^{33}mɤ^{31}pi^{31}

没分配 mɤ^{31}piɛ^{31}mɤ^{31}zu̧^{31}

闭塞 mɤ^{31}kʰɔ^{33}mɤ^{31}kɛ^{33}

不教育 mɤ^{31}ma^{35}mɤ^{31}pɤ^{33}

赤条条 mɤ^{31}vɤ^{31}mɤ^{31}kɔ^{33}

懒惰 ma^{31}ti^{33}ma^{31}mɤ^{31}

一马平川 mɤ^{31}nɤ^{33}mɤ^{31}pa^{33}

无知 mɤ^{31}ni^{33}mɤ^{31}si^{33}

一动不动 mɤ^{31}ti^{33}mɤ^{31}dzu^{31}

不吃不喝 mɤ^{31}tsɤ^{31}mɤ^{31}dɔ^{31}

不站不坐 mɤ^{31}zu̧^{33}mɤ^{31}men^{33}

玩好 gɯ^{31}nɤ^{33}men^{33}nɤ^{33}

完好 mɤ^{31}pa^{33}mɤ^{31}kʰiɛ^{31}

不忘 mɤ^{31}miɛ^{33}mɤ^{31}pa^{31}

不干不净 mɤ^{31}tsʰa^{31}mɤ^{31}ɕɛ^{31}

不怕脏 mɤ^{31}tsʰa^{31}mɤ^{31}kɯ^{33}

川流不息 mɤ^{31}tʰiɛ^{33}mɤ^{31}ɕɛ^{31}

无味 mɤ^{31}lu^{35}mɤ^{31}nu^{31}

漠视 mɤ^{31}ni^{33}mɤ^{31}mɔ^{31}

简单 mɤ^{31}zɤ̧^{31}mɤ^{31}mie^{31}

不做 mɤ^{31}gu^{33}mɤ^{31}ti^{33}

不做不知 mɤ^{31}gu^{33}mɤ^{31}si^{33}

不是不好 mɤ^{31}ɕɛ^{31}mɤ^{31}nɤ^{33}

稀里糊涂 mɤ^{31}ka^{31}mɤ^{31}la^{55}

天崩地裂 min^{31}ɣa^{33}xa^{33}pi^{31}

耕牛 mɤ^{31}nu^{31}pa^{55}nu^{31}

精耕细作 mɤ^{31}kɤ^{31}pa^{55}kɤ^{31}

泪汪汪 miɛ^{31}ɣɯ^{31}lo^{31}lo^{31}

眼馋 miɛ^{31}kɔ^{31}miɛ^{31}non^{33}

又高又冷 mɔ^{31}mɔ^{31}ka^{55}ka^{55}

人上有人 mɔ^{31}tʰa^{31}mɔ^{31}tsuai^{24}

高高大大 mɔ^{31}mɔ^{31}ɣɯ^{31}ɣɯ^{31}

巍峨 mɔ^{31}ʑɛ^{55}na^{31}ʑɛ^{55}

遍地 mon^{31}pie^{33}min^{31}pie^{33}

天高地远 mon^{31}vɤ^{31}min^{31}vɤ^{31}

闪电 mon^{31}tʰɔ^{33}mon^{31}pie^{31}

造天造地 mon^{31}ti^{33}min^{31}ti^{33}

绿水青山 mon^{31}non^{33}min^{31}non^{33}

山清水秀 kɯ^{33}nɤ^{33}xɯ^{31}nɤ^{33}

天地 mon^{31}non^{33}min^{31}fi^{33}

天气热 mon^{31}fɤ^{33}min^{31}fɤ^{33}

天边 mon^{31}pɔ^{33}min^{31}pɔ^{33}

风风雨雨 mon^{31}zi^{31}mon^{31}xɤ^{33}

天旋地转 mon^{31}tsu^{33}min^{31}ŋɯ^{33}

天寒地冻 mon^{31}ka^{33}min^{31}ku^{33}

阴雨绵绵 mon^{31}zi^{31}pie^{33}pie^{33}

天涯海角 mon^{31}kʰɤ^{33}min^{31}tsʰi^{33}

干燥 mon^{31}vi^{33}min^{31}pʰɤ^{33}

天塌地陷 mon^{31}kɤ^{31}min^{31}pi^{31}

天下 mon^{31}xɔ^{33}min^{31}tʰa^{31}

雾气腾腾 mon^{31}fi^{33}mon^{31}tsi^{31}

撵鬼送神 ni^{31}ga^{31}ni^{31}tʰiɛ^{31}

嘴角 mɤ^{31}kɤ^{33}mɤ^{31}pʰie^{31}

嘴边 mɤ^{31}nɤ^{33}mɤ^{31}ko^{33}

小瘦猪 va^{21}kɔ^{31}va^{21}kiɛ^{33}

种猪 va^{21}ʐɔ^{31}va^{21}pa^{33}

摇摆不定 ŋɛ^{33}lin^{33}ŋɯ^{33}len^{33}

买吃买喝 vɤ^{31}tsɤ^{31}vɤ^{31}dɔ^{31}

换吃换喝 pɤ^{33}tsɤ^{31}pɤ^{33}dɔ^{31}

穿的盖的 vɤ^{31}lo^{33}piɛ^{33}lo^{33}

做完 ti^{33}pɤ^{31}mɤ^{31}pɤ^{31}

产出 ti^{33}tɔ^{53}mɤ^{31}tɔ^{53}

实验 ti^{33}na^{33}gu^{31}na^{33}

完满 ti^{33}nɤ^{33}ti^{33}pɤ^{31}

三言两语 tɤ^{31}pɤ^{33}ni^{33}pɤ^{33}

同辈 tɤ^{31}pe^{35}tɤ^{31}tsʰen^{31}

看一眼 tɤ^{31}miɛ^{31}la^{31}ni^{33}

同乡 tɤ^{31}mon^{31}tɤ^{31}min^{31}

各执一方 tɤ^{31}ɣɤ^{31}tɤ^{31}pɤ^{33}

冷冷热热 fɤ^{33}fɤ^{33}ka^{33}ka^{33}

围拢坐吃 pʰɤ^{33}lon^{31}men^{33}liɛ^{33}

偷跑 kʰo^{31}tsi^{33}men^{33}tsi^{33}

埋得深 fɤ^{33}tu^{33}fɤ^{33}na^{55}

深挖深埋 ga^{24}na^{55}fɤ^{33}na^{55}

大个子 kɔ^{31}ɤ^{24}kɔ^{31}mɔ^{33}

矮矮小小 nie^{31}nie^{31}bi^{35}bi^{35}

战战兢兢 kɔ^{33}ʐɔ^{33}kɤ^{33}ʐɔ^{33}

过年过节 kʰɔ^{21}kɔ^{35}tɕɛ^{21}kɔ^{35}

团团圆圆 pʰon^{33}pʰon^{33}lu^{33}lu^{33}

老弱病残 mon^{31}la^{31}na^{31}miɛ^{31}

无聊 mɤ^{31}tsʰɔ^{31}mɤ^{31}pa^{33}

跋山涉水 lɔ^{31}tsu^{31}kɯ^{33}pʰo^{33}

能说会唱 ko^{33}pɤ^{55}mɤn^{31}pɤ^{55}

能说能做 ko^{33}pɤ^{55}ti^{33}pɤ^{55}

嬉皮笑脸 mɤn^{31}ɣɯ^{31}mɤ^{31}ʑɛ^{33}

矮墩墩 niɛ^{31}niɛ^{31}pɤ^{24}pɤ^{24}

上气不接下气 sa^{55}ti^{33}sa^{55}tsʰɔ^{31}

油嘴滑舌 mɤ^{31}nɤ^{33}li^{33}kiɛ^{33}

肥头大耳 tu^{31}ku^{33}na^{55}po^{33}ɤ^{31}

笨手笨脚 kʰɯ^{33}la^{21}pɤ^{31}lɤ^{31}

心慌意乱 tsi^{33}tu^{31}e^{33}tu^{33}

心直口快 kʰiɛ^{33}dɔ^{31}kʰiɛ^{33}ko^{33}

出出进进 tui^{33}tui^{33}lui^{21}lui^{21}

一生一世 tsʰɔ^{33}mɤ^{31}te^{31}po^{33}

好吃懒做 tsɤ^{31}pɤ^{35}mɤ^{31}li^{33}

饥寒交迫 ga^{55}ʑɛ^{33}mɤ^{31}ʑɛ^{33}

劳动致富 mɤ^{31}liɛ^{31}ti^{24}liɛ^{31}

摇摇晃晃 ni^{33}li^{33}ŋɤ^{33}lɯ^{33}

讨吃讨喝 lɔ^{31}tsɤ^{31}lɔ^{31}dɔ^{31}

讨吃讨穿 lɔ^{31}tsɤ^{31}lɔ^{31}vɤ^{31}

花里胡哨 kɯ^{31}kɯ^{31}mi^{55}mi^{55}

眼疾手快 miɛ^{55}tʰa^{55}la^{31}tsʰuan^{24}

游手好闲 lan^{31}li^{55}lan^{31}kuan^{24}

破破烂烂 sa^{55}sa^{55}kɯ^{33}kɯ^{33}

身强力壮 ɣɯ^{31}kʰa^{33}sa^{35}kʰa^{33}

冷飕飕 ka^{55}ka^{55}tsʰi^{31}tsʰi^{31}

说到做到 ko^{55}ki^{31}ti^{33}ki^{31}

疯疯癫癫 mɤ^{31}nu^{31}mɤ^{31}kʰɯ^{31}

弯腰驼背 tsɔ^{31}kɔ^{31}tsɔ^{31}kiɛ^{33}

骨瘦如柴 ko^{31}ka^{55}kɔ^{31}kiɛ^{33}

长命百岁 min^{33}nɛ^{33}min^{24}ʐɤ^{31}

吞吞吐吐 ko^{55}mɔ^{33}mɤ^{31}ko^{33}

光盘行动 tsɤ^{31}pɤ^{31}ni^{33}pɤ^{31}

踢打 t^{h}i^{33}na^{31}tɔ^{33}na^{31}

挖坏 tɔ^{33}pa^{55}tu^{31}pa^{55}

想来想去 dɔ^{31}tɔ^{55}dɔ^{31}lo^{31}

山高水长 kɤ^{33}mɔ^{33}lɔ^{31}ʐɤ^{31}

房屋宽敞 ʑɛ^{31}ɤ^{24}ʑɛ^{31}fi^{55}

高楼大厦 ʑɛ^{31}ɤ^{24}ʑɛ^{31}mɔ^{33}

不三不四 ma^{53}vu^{53}ma^{53}lɤ^{33}

三番五次 p^{h}ɔ^{33}k^{h}o^{53}p^{h}ɔ^{33}le^{33}

三天两头 ɕɛ^{33}ni^{33}ni^{31}pɔ^{33}

高高兴兴 mɤ^{33}mɤ^{33}nɤ^{33}ɤ^{33}

四四方方 ɣɯ^{31}pɤ^{33}ba^{55}la^{55}

多手多脚 la^{31}ka^{55}k^{h}ɯ^{33}ka^{55}

乱七八糟 ki^{33}le^{33}ka^{55}la^{55}

指手画脚 la^{31}tiɛ^{33}k^{h}ɯ^{33}tiɛ^{33}

跑上跑下 tsi^{55}ta^{53}tsi^{55}k^{h}ɯ^{33}

越说越多 ʑɛ^{31}ko^{33}ʑɛ^{31}miɛ^{31}

花花绿绿 non^{33}non^{33}ni^{33}ni^{33}

转来转去 tsu^{33}kɔ^{55}tsu^{33}la^{31}

弯弯扭扭形容路、树干 kɔ^{31}kɔ^{31}ki^{33}ki^{33}

哭哭笑笑 xɔ^{31}xɔ^{31}ɣɤ^{31}ɣɤ^{31}

走走停停 dzu^{31}dzu^{31}zu^{55}zu^{55}

饱经风霜 mɤ^{31}ʑɔ^{33}ka^{31}ʑɔ^{33}

吹吹打打 mɯ^{31}mɯ^{31}tɔ^{31}tɔ^{31}

飘上飘下 pu^{31}ta^{33}pu^{31}k^{h}ɯ^{33}

供吃供穿 tsɤ^{31}pi^{31}vɤ^{31}pi^{31}

扣留 k^{h}a^{53}ta^{31}ʑu^{31}ta^{31}

弄死 tɔ^{33}pɛ^{31}si^{35}pɛ^{31}

边做边等 mɯ^{31}mɯ^{31}lɔ^{33}lɔ^{33}

打架 tɔ^{33}si^{33}tɔ^{33}mɯ^{33}

干旱 vi^{33}vi^{33}k^{h}ɔ^{33}k^{h}ɔ^{33}

吃好穿好 tsɤ^{31}nɤ^{33}mɤ^{33}nɤ^{33}

模糊不清 ki^{35}li^{35}kɯ^{31}lɯ^{33}

摸一摸 ɕɔ^{31}ɕɔ^{31}ni^{33}ni^{33}

病着冷着 ka^{31}zɔ^{33}na^{31}zɔ^{33}

磕磕碰碰 ts^{h}ɔ^{33}li^{55}ɣɔ^{55}li^{33}

看管 ni^{33}ta^{31}kɔ^{33}ta^{31}

长生不老 mɤ^{31}mɔ^{31}mɤ^{31}si^{33}

穿的用的 vɯ^{21}si^{33}xɯ^{33}si^{33}

摸来摸去 son^{55}tɔ^{55}son^{55}lu^{31}

精彩 ni^{33}kiɛ^{33}nɤ^{33}kiɛ^{33}

美女 ʐɤ^{31}mi^{31}ʐɤ^{31}tai^{24}

记着 tɔ^{31}ta^{31}ki^{55}ta^{31}

手长脚长 la^{31}ʐɤ^{31}k^{h}ɯ^{33}ʐɤ^{31}

坐享其成 lɔ^{33}dzɤ^{31}lɔ^{33}dɔ^{31}

装满 ta^{24}piɛ^{33}to^{33}piɛ^{33}

森林 ʑɛ^{31}t^{h}a^{31}ʑɛ^{31}k^{h}ɔ^{33}

好的坏的 nɤ^{33}si^{33}ba^{55}si^{33}

好上加好 nɤ^{33}t^{h}a^{21}nɤ^{33}

试穿试戴 vɤ^{31}na^{33}lu^{31}na^{33}

想法看法 dɔ^{31}ki^{31}ni^{33}ki^{31}

卧室 zi^{55}ɣɔ^{33}men^{33}ɣɔ^{33}

别吃别穿 tɤ^{31}tsɤ^{31}tɤ^{31}tɔ^{31}

缝缝补补 kɯ^{55}kɯ^{55}niɛ^{55}niɛ^{55}

阻挡 la^{53}ta^{33}lu^{33}ta^{31}

踩踏 t^{h}iɛ^{31}pa^{31}t^{h}i^{55}pa^{31}

山高箐深 lɔ^{31}na^{55}kɯ^{33}mu^{33}

丢弃 ʑu^{31}pa^{31}ta^{31}pa^{31}

住手 tɤ^{31}mɯ^{33}tɤ^{31}li^{33}

别走 tɤ^{31}ki^{55}tɤ^{31}tsu^{31}

变幻 te^{31}kʰi^{35}te^{31}ʑa^{33}

一件一件 te^{31}ʑa^{33}te^{31}ʑa^{33}

不死不活 mɤ^{31}si^{33}mɤ^{31}ti^{31}

计算 tiɛ^{33}na^{53}ɕɔ^{24}na^{53}

拉拉扯扯 kɔ^{31}kɔ^{31}ti^{33}ti^{33}

跌跌撞撞 tɕu^{31}ku^{33}tɕu^{31}ta^{33}

梳妆打扮 su^{33}su^{33}vɤ^{21}vɤ^{21}

养育 ʑu^{33}ɤ^{31}ma^{31}ɤ^{31}

来来去去 la^{31}la^{31}ki^{33}ki^{33}

说笑 ko^{33}ko^{33}vɤ^{31}vɤ^{31}

眯笑 ɣɤ^{31}kʰiɛ^{33}ɣɤ^{31}kʰiɛ^{33}

到处走 tɤ^{31}liɛ^{33}liɛ^{33}ke^{33}

一步步地走 tɤ^{31}pu^{35}pu^{35}ʥu^{31}

一天比一天好 tɤ^{31}ni^{33}ni^{33}nɤ^{33}

一年比一年大 tɤ^{31}kʰɔ^{31}kʰɔ^{31}ɤ^{24}

第五章 语法

第一节

词类

苦聪话的词可分为名词、动词、形容词、副词、代词、数词、量词、连词、感叹词等类别。

一　名词

名词是用来表示人、事物、时间、地点的词，有指称作用，能充任句子结构中的论元。

（一）名词分类

从语义和语法特点来看，可以将苦聪话的名词分为普通名词、专有名词、方位名词、时间名词等类别。

1. 普通名词

普通名词是指用来表示实体事物名称的词，涵盖天文地理、植物动物、房舍器具、饮食服饰、身体医疗、婚丧信仰、职业称谓、农工商业、文化娱乐等各个方面。例如：

mon^{31}ts^{h}ɤ^{33}	太阳	zɤ^{31}	豹	k^{h}u^{31}ʑɛ^{31}	楼房
a^{55}vɤ^{31}k^{h}ɤ^{33}	桃核	vu^{31}ku^{33}	骨头	ɣɤ^{31}zɻ̩ɤ^{33}	水田

2. 专有名词

苦聪话的专有名词主要由地名构成。这些专有名词主要来源于当地汉语方言中的借词。例如：

地名：	mo^{31}sa^{33}	ʑau^{33}kai^{33}	ʑi^{35}çi^{33}	k^{h}un^{33}min^{31}
汉译：	漠沙	腰街	玉溪	昆明

从功能上来说，专有名词的功能和方所名词中的处所名词相近。

3. 方位名词

方位名词是表示方向或处所（位置）的名词。苦聪话的方位名词分两个类别，一是“方向名词”①。例如：

a^{33}tʰa^{31} 上　　a^{33}xɔ^{55} 下　　la^{31}fei^{33}pɔ^{35} 左

a^{33}la^{31}tsɔ^{31}pɔ^{35} 右　　a^{33}xɔ^{33} 里　　ɣɔ^{31}ʂɔ^{35} 正面

a^{31}ka^{35}kɔ^{33} 中间

二是“处所名词”。例如：

ʂu^{24}ʂɤ^{33}ɣɔ^{33} 学校　　li^{55} 集市　　ɔ^{24}tsa^{55}ʑɛ^{31} 厨房

另外，方向名词附着在普通名词后，一般用于表示方向，但有时也可以表示“处所”。例如：

kʰa^{33}xɔ^{33} 寨子里边　　li^{55}tʰa^{31} 集市上　　ʑɛ^{31}xɔ^{33} 屋子里边

寨子里　　街子上　　房子里

4. 时间名词

时间名词是表示时间点或时间段的名词。具体可分为表示年份的时间名词、表达月份的时间名词、表达四季的时间名词、表达日子的时间名词及表达时辰的时间名词。

（1）表示年份的时间名词。例如：

tsʰi^{31}ni^{33}kʰɔ^{31} 今年　　ni^{31}ʑa^{55}kʰɔ^{31} 明年

ni^{31}ni^{33}kʰɔ^{31} 后年　　a^{31}mi^{31}kʰɔ^{31} 去年

si^{33}mi^{31}kʰɔ^{31} 前年　　i^{33}gɤ^{33}tɔ^{33}kʰɔ^{31} 往年

（2）表达月份的时间名词。例如：

tɤ^{31}lɤ^{33}pɤ^{33}miɛ^{31}ta^{24} 闰月　　ni^{31}lɤ^{33}pɤ^{33} 二月

ɕɛ^{33}lɤ^{33}pɤ^{33} 三月　　ɤ^{31}lɤ^{33}pɤ^{33} 四月

tsʰi^{31}ni^{31}lɤ^{33}pɤ^{33} 十二月　　kʰai^{24}lɤ^{33} 每月

lɤ^{33}pɤ^{33}ta^{55}la^{31} 月初　　lɤ^{33}pɤ^{33}tsʰi^{33} 月底

（3）表达四季的时间名词。例如：

va^{53}vi^{33}vi^{33}ni^{33}ʑa^{53} 春天　　zi^{33}pu^{55}to^{33}ni^{33}ʑa^{55} 夏天

sɤ^{33}mɤ^{33}ma^{31}ni^{33}ʑa^{55} 秋天　　ka^{33}ni^{31}ʑa^{55} 冬天

（4）表达日子的时间名词。例如：

lɤ^{33}pɤ^{33}ta^{55}la^{31}tɤ^{31}ni^{33} 初一　　lɤ^{33}pɤ^{33}ta^{55}la^{31}ni^{31}ni^{33} 初二

lɤ^{33}pɤ^{33}ta^{55}la^{31}kɔ^{31}ni^{33} 初九　　lɤ^{33}pɤ^{33}ta^{55}la^{31}tsʰi^{33}ni^{33} 初十

---

① 本文的方向名词，不包含“东南西北”的说法，因为苦聪话中东南西北的表述是“太阳出来的一边”这样的短语式的表达，不纳入方向名词之列。

$za^{31}ni^{33}$ 今天 $a^{33}sɔ^{35}pɔ^{24}p^{h}a^{31}ni^{33}$ 明天

$a^{31}mi^{31}ni^{33}$ 昨天 $si^{55}mi^{31}ni^{33}$ 前天

$tɤ^{31}ni^{33}mɤ^{33}$ 整天 $k^{h}ai^{35}tɤ^{31}ni^{33}$ 每天

（5）表达时段的时间名词。例如：

$tɤ^{31}na^{31}$ 早晨 $mɔ^{31}sɔ^{35}$ 上午

$mɔ^{31}lɔ^{31}kɔ^{33}$ 中午 $mɔ^{31}p^{h}ɤ^{31}lɤ^{33}$ 下午

$miɛ^{33}fu^{55}lɤ^{33}$ 傍晚 $mɔ^{31}lɔ^{31}kɔ^{33}$ 白天

$mɔ^{31}za^{55}$ 夜晚 $ɣa^{33}pɔ^{31}ɣɔ^{31}sɔ^{35}$ 半夜

（二）名词的句法功能

苦聪话名词主要在句子中充任主语、宾语、定语，其中方位处所名词和时间名词还能充任句子的状语成分。

1. 做主语。例如：

$zɤ^{31}niɛ^{33}$ $zi^{31}mɤ^{31}$ $kɛ^{33}$.

小孩 唱歌 PROG

孩子在唱歌。

$tsa^{31}si^{33}$ $zi^{31}mɤ^{31}$ $kɛ^{33}$.

扎西 唱歌 PROG

扎西在唱歌。

以上例子中，$zɤ^{31}niɛ^{33}$“孩子”、$tsa^{31}si^{33}$“扎西”分别做句子的主语。再如：

$ʑɛ^{31}$ pi^{24} $pɔ^{33}$.

房子 旧 MOOD

房子旧了。

以上例子中，$ʑɛ^{31}$“房子”作为主语，是谓语陈述的对象。又如：

$ɣɔ^{31}ʂɔ^{35}$ $zɤ^{31}niɛ^{33}$ $tɤ^{31}ma^{31}$ la^{31} $kɛ^{33}$.

前面 孩子 一个 来 PROG

前边走来了一个孩子。

$k^{h}u^{35}faŋ^{31}$ $xɔ^{33}$ $k^{h}ɤ^{31}k^{h}ɤ^{33}tɕɛ^{33}$ $su^{24}p^{h}iɛ^{31}$ $ta^{31}ta^{35}$.

库房 里 所有 纸 堆积

库房里堆满了纸张。

$za^{31}ni^{33}$ $tsa^{31}si^{33}$ $nɛ^{33}$ ko^{33} $kɛ^{33}$.

今天 扎西 好 说 PROG

今天受到表扬的是扎西。

以上例子中，主语分别是ɣɔ^{31}ʂɔ^{35}“前面”、k^{h}u^{35}faŋ^{31}xɔ^{33}“库房里”、zạ^{31}ni^{33}“今天”。

2. 做宾语。例如：

tɤ^{31}liɛ^{33}liɛ^{33} lɔ^{31} tsuai^{24}.

到处 河 有

河流遍地。

ɣɔ^{31}ɣɯ^{33} zɤ^{31}niɛ^{33} lɤ^{33} ni^{33}zọ^{55}.

他们 孩子 OM 喜欢

他们喜欢孩子。

ŋa^{31}ɣɯ^{33} ẓɛ^{31} xɔ^{31} pɔ^{24}.

我们 房子 卖 MOOD

我们卖了房子。

以上例子中的宾语分别为lɔ^{31}“河”、zɤ^{31}niɛ^{33}“孩子”、ẓɛ^{31}“房子”，它们分别为各自所在句子动词的主题论元、对象论元、受事论元。再如：

ŋa^{33}zɤ̣^{31} ʂɤ^{33}tɕɛ^{31} t^{h}a^{31} men^{33} tai^{35}.

小鸟 树 上 在 CON

小鸟在树上。

以上例子中的宾语是ʂɤ^{33}tɕɛ^{31}t^{h}a^{31}“树上”，属于方位名词做宾语的情况。

3. 做定语

名词可以充任定语成分，表示被修饰的中心语的性质，或者表达领属关系。例如：

a^{33}ma^{33} tsa^{33}si^{33} ŋɯ^{33}lɤ^{33}zɤ̣^{31} ni^{31}zọ^{55}.

妈妈 扎西 照片 喜欢

妈妈喜欢扎西的照片。

以上例子中的定语是tsa^{33}si^{33}“扎西”，用以修饰限定后面的名词ŋɯ^{33}lɤ^{33}zɤ̣^{31}“照片”。再如：

i^{55} ɣɔ^{31} t^{h}a^{31} i^{33} ka^{33}lu^{33} a^{31}tsi^{33} piɛ^{31}.

睡 处 上 RM 被子 有点 潮

床上的被子有点潮。

以上例子中做定语的是i^{55}ɣɔ^{31}t^{h}a^{31}“床上”，属于方所名词做定语的例子。

4. 做状语

名词中的方位名词和时间名词也可以充任状语。例如：

tɕ^{h}ɛ^{31}miɛ^{31}tɕɛ^{31} t^{h}a^{31} tɕ^{h}ɛ^{31}miɛ^{31}si^{24} tɤ^{31} ma^{31} kɤ^{33}k^{h}ɤ^{33} la^{31}.

核桃树 上 核桃 一 个 落下 VEN

核桃树上一个核桃掉下来。

$za^{31}ni^{33}$ $ɣɔ^{31}$ $ɣɤ^{31}zɤ^{33}$ ti^{33}.

今天 他 地 种

今天他种地。

第一个例子中充任状语的成分是$tɕ^{h}ɛ^{31}miɛ^{31}tɕɛ^{31}t^{h}a^{31}$"核桃树上"，是方位处所名词做状语的例子。

二 代词

代词可以分为人称代词、指示代词和疑问代词三大类。

（一）人称代词

人称代词主要包括三身代词、物主代词和泛指代词三类。

1. 三身代词

三身代词有单数和复数之分，不区分包括式与排除式。例如：

人称	单数	复数
第一人称	$ŋa^{31}$我	$ŋa^{31}ɣɯ^{33}$我们
第二人称	$nɔ^{31}$你	$nɔ^{31}ɣɯ^{33}$你们
第三人称	$ɣɔ^{31}$他	$ɣɔ^{31}ɣɯ^{33}$他们

三身代词的单数形式依次为$ŋa^{31}$"我"、$nɔ^{31}$"你"、$ɣɔ^{31}$"他"。它们通过后面添加语素$ɣɯ^{33}$来表示复数。

人称代词在句子中一般可以做主语、宾语。做主语时位于句首，与汉语句子的表达一致；做宾语时紧跟主语之后，处在动词之前。做定语时也位于中心语之前。

（1）做主语。例如：

$ŋa^{31}$ $ʂi^{35}$ $su^{24}sɤ^{33}zɤ^{31}$.

我 COP 学生

我是学生。

$ɣɔ^{31}$ $ɔ^{24}$ $tsɤ^{31}$.

他 饭 吃

他吃饭。

（2）做宾语。例如：

$ŋa^{31}$ $nɔ^{31}$ la^{31} ku^{31} $ɔ^{24}tsɤ^{31}$ $lɤ^{33}$.

我 你 来 叫 吃饭 IND

我来叫你吃饭。

ŋa^{31} ɣɔ^{31} lɤ^{33} dɔ^{31}.

我 他 OM 打

我打他。

（3）做定语。例如：

ɣɛ^{35} i^{33} ʂu^{24}ʂɤ^{33}ɣɔ^{33} k^{h}ai^{24}ti^{33}kau^{24} ʐɛ^{35} nɛ^{33}?

他 POSS 学校 哪里 COP INTER

他的学校在哪里呢？

ŋa^{35}ɣɯ^{33} ʐɛ^{31} nɛ^{33} lau^{31}ʂi^{31} nɤ^{33}!

我们 房子 TOP 很 好

我们的房子很好！

2. 泛指代词

苦聪话的泛指代词有ɣɔ^{31}ɣɯ^{33}“人家、人们、别人”、ta^{31}xɔ^{31}“大家”、k^{h}ai^{35}tɤ^{31}ɣɤ^{31}“各人”三个。其中，ɣɔ^{31}ɣɯ^{33}用来指称第三方，在句子中主要做主语或宾语。例如：

ɣɔ^{31}ɣɯ^{33} i^{55}tʂoŋ^{31} la^{31} niɛ^{33} zɤ^{33}men^{31}.

他们 全部 来 CONJ 干活

人们一起来干活。

ɣɔ^{31}ɣɯ^{33} k^{h}a^{31}kiɛ^{55} ku^{33} nɔ^{31} k^{h}a^{31}kiɛ^{55} di^{31}.

他们 什么 叫 你 什么 做

别人叫你做什么，你就做什么。

ta^{31}xɔ^{31}“大家”用于统称，k^{h}ai^{35}tɤ^{31}ɣɤ^{31}“各人”用于分称。其中分称代词k^{h}ai^{35}tɤ^{31}ɣɤ^{31}有时也会与疑问代词“谁”替换使用。例如：

ta^{31}xɔ^{31} pu^{31}ɕau^{31} meŋ^{33}, tɤ^{33} ma^{33} tɤ^{31} ma^{31} la^{31}.

大家 不要 着急 一 个 一 个 来

大家别急，排好队一个接着一个来。

k^{h}ai^{35} tɤ^{31} ʐɛ^{35} ɣa^{33} ts^{h}i^{31} tsɔ^{31} ɛ^{33}.

每 一 家 鸡 羊 有 MOOD

每一家都有鸡和羊。

a^{55}si^{55}(k^{h}ai^{35}tɤ^{31}ɣɤ^{31}) si^{24}tɕ^{h}in^{31} a^{55}si^{55}(k^{h}ai^{35}tɤ^{31}ɣɤ^{31}) ti^{33}.

谁（各人） 事情 谁（各人） 做

各人的事情各人做。

（二）指示代词

1. 指示代词的分类

指示代词根据指示对象的不同，可以分为指人、指物、指处所、指方位、指时间和次数、指数量以及指性状/程度/方式等几类。

（1）指人或物。例如：

近指	远指	更远指
tsʰi^{24}tɤ^{33}ma^{31} 这个	i^{33}tɤ^{31}ma^{31} 那个	
tsʰi^{33}(kʰɤ^{33})tɕɛ^{33} 这些	mi^{33}kʰɤ^{33}tɕɛ^{33} 那些	
	mɔ^{53}pɔ^{33}（远指）	to^{53}pɔ^{33}（更远指）

（2）指处所。例如：tsʰi^{33}kau^{24} 这里　mi^{53}kau^{24} 那里（泛指）

（3）指方位。例如：tsʰi^{31}pɔ^{35} 这边　mɔ^{53}pɔ^{35} 那边（远指）　to^{53}pɔ^{33} 那边（更远指）

（4）指时间和次数。例如：tsʰi^{24}tʰa^{31} 这时候　mi^{33}tʰa^{31} 那时候　i^{33}gɤ^{33} 以前　a^{33}mɤ^{35}gɤ^{33} 现在

（5）指数量。例如：tsʰi^{33}(kʰɤ^{33})tɕɛ^{33} 这些　mi^{33}kʰɤ^{33}tɕɛ^{33} 那些

（6）指性状和方式。例如：kʰai^{24}ti^{33} 这么　tsʰi^{24}kɛ^{55} 这样　mi^{33}kɛ^{55} 那样

指示代词一般是对某个地理位置、方位处所或者具体的东西有所指代。苦聪话中，指示人和指示事物的代词都一样，有近指和远指之分：近指是tsʰi^{24}（tɤ^{33}ma^{31}）“这（个）”；远指为mi^{33}（tɤ^{31}ma^{31}）“那（个）”、i^{33}（tɤ^{31}ma^{31}）“那（个）”，其中mi^{33}（tɤ^{31}ma^{31}）的使用频率更高一些。

2. 指示代词的语法功能

指示代词在句子中主要做主语、定语和状语。例如：

tsʰi^{33}　ʂi^{35}　kʰa^{31}kiɛ^{55}si^{33}　ʂɤ^{33}tɕɛ^{31}?
这　COP　什么　树
这是什么树呢？（做主语）

tsʰi^{33}　ʂi^{35}　ŋa^{31},　mi^{33}　ʂi^{35}　ɣɔ^{31}.
这　COP　我　那　COP　他
这是我，那是他。（做主语）

mi^{53}kau^{24}　o^{55}tʂoŋ^{31}　ɣɤ^{31}zɤ^{33}　ʑau^{55}.
那里　都　水田　COP
那里都是水田。（做主语）

tsʰi^{33}tɕɛ^{33}　tɕʰɛ^{31}miɛ^{33}tɕɛ^{31}　i^{55}tʂoŋ^{31}　ŋɛ^{35}　i^{33}　ʑau^{55}.
这些　核桃树　都　我　NMLZ　COP
这些核桃树都是我家的。（做定语）

kɤ^{33}mon^{31}　kʰai^{24}ti^{33}　mo^{33}　nɔ^{31}　kʰɛ^{33}kiɛ^{33}　tɛ^{55}　nɛ^{33}?

山　这么　高　你　怎么　上　INTER

山这么高，你怎么爬上去呢？（做状语）

nɔ^{31}　tsʰi^{24}kɛ^{55}　ʑu^{31}　kɤ^{31}　nɛ^{33}.

你　这样　拿　放　好

你这样放好。（做状语）

（三）疑问代词

1. 疑问代词的类别及表现形式

疑问代词与指示代词类似，按照询问对象的不同可以分为问人或物的、问处所方位的、问时间的、问数量的、问性状方式和询问原因的等类别。具体情况如下：

询问对象	表现形式
询问人或物	a^{55}si^{55} 谁
	kʰai^{24}tɤ^{31}ma^{31}（ɣɤ^{31}）哪个
	kʰɤ^{31}kiɛ^{55} 什么（具体某一事物）
	kʰai^{24}si^{33} 什么（泛指）
询问处所、方位	kʰai^{24}kau^{24} 哪里
询问时间、次数	kʰɤ^{31}tʰa^{31} 什么时候
	kʰɤ^{31}ni^{31} 几天
	kʰɤ^{31}kʰɤ^{33}mɔ^{33} 多久
询问数量	kʰɤ^{33}tɕɛ^{33} 多少
	kʰɤ^{31}ni^{31}ma^{31} 几个
询问性状、方式	kʰai^{24}kɛ^{55} 怎样
	kʰai^{24}kɛ^{55} 怎么
询问原因	kʰai^{24}ti^{33}si^{33} 为什么

2. 疑问代词的用法

疑问代词一般只出现在疑问句中，充任主语、谓语、宾语、定语及状语等成分，是句子的疑问焦点所在。

（1）询问人或者物的疑问代词有a^{31}si^{55}“谁”、kʰai^{24}tɤ^{31}ma^{31}“哪个”、kʰai^{24}kɛ^{33}si^{33}“怎样”、kʰai^{24}“什么”等。例如：

a^{55}si^{55}　ʂi^{35}　ɣɛ^{35}　i^{33}　ʑɛ^{31}　a^{33}vi^{55}?

谁　COP　他　POSS　家　哥哥

谁是他的哥哥？

li^{31}fa^{31}liaŋ^{31} k^{h}ai^{24} tɤ^{31} ma^{31} ʑɛ^{33}?

李发良 哪 一 个 COP

李发良是哪位?

nɔ^{31} k^{h}ai^{24}tɤ^{31}k^{h}ɤ^{33} va^{21} vɤ^{31}, p^{h}u^{21} si^{55} ʑɛ^{33}

你 哪一头 猪 买 白 NMLZ COP

mɤ^{31} ʂi^{35} na^{33} si^{55} ʑɛ^{33} nɛ^{33}?

还 是 黑 NMLZ COP INTER

他买哪一头猪，黑的还是白的?

（2）询问处所、方位的疑问代词有k^{h}ai^{24}kau^{24}“哪里”、k^{h}ai^{24}“哪”等。例如:

ɣɔ^{31} k^{h}ai^{24} tɤ^{31} k^{h}ɤ^{33} ɣɔ^{31}kɔ^{33} ka^{31}ʂa^{33} ke^{33} nɛ^{33}?

她 哪 一 条 路 嘎洒 去 INTER

他是从哪条路去嘎洒的?

nɔ^{31} ɣɔ^{31} k^{h}ai^{24}kau^{24} ke^{33} si^{33} mɤ^{31} si^{33}pɤ^{33}?

你 他 哪里 去 知 NEG 知道

你知不知道他去哪里了?

（3）询问时间的疑问代词有k^{h}ɤ^{31}t^{h}a^{31}“什么时候”、k^{h}ɤ^{31}ni^{31}tian^{31}“几点”等。例如:

k^{h}ɤ^{31}mɤ^{31}kɤ^{33} k^{h}ɤ^{31}ni^{31}tian^{31} ke^{33} ʑɛ^{33} nɛ^{33}?

现在 几点 去 COP INTER

现在几点了?

ɣɔ^{31} k^{h}ɤ^{31}t^{h}a^{31} ɕɛ^{33} mɤ^{31} si^{31}pɤ^{33}?

他 什么时候 出生 NEG 知道

不知道他什么时候出生的?

（4）询问方式、性状及程度的疑问代词主要是k^{h}ai^{24}ke^{33}“怎么”。例如:

nɔ^{31} k^{h}ai^{24}kɛ^{33} dɔ^{31} nɛ^{33}?

你 什么 想 INTER

你想怎么样?

li^{31}fa^{31}liaŋ^{31} ts^{h}i^{33} tʂ^{h}o^{33} k^{h}ai^{24}kɛ^{33} ʑɛ^{33} nɛ^{33}?

李发良 这 人 什么 COP INTER

李发良这个人怎么样?

ɔ^{24}ma^{53} k^{h}a^{31}kiɛ^{55} ti^{33} nɛ^{33}?

粑粑 怎么 舂 INTER

这个（指着粑粑）是怎么做的呢?

（5）询问数量的疑问代词有kʰɤ^{31}ni^{33}kʰɤ^{33}“多少头”、kʰai^{24}kʰɤ^{33}tɕɛ^{33}“哪些”等。例如：

niɛ^{35} ʑau^{33} va^{21} kʰɤ^{31}ni^{33}kʰɤ^{33} tsuai^{24} nɛ^{33}?

你的 家 猪 几头 有 INTER

你家还有多少头猪?

kʰai^{24} kʰɤ^{33}tɕɛ^{33} ɣɛ^{35} ve^{33} ʑɛ^{33} nɛ^{33}?

什么 些 他的 POSS COP INTER

哪些东西是他的?

（6）询问原因的疑问代词有kʰai^{24}ti^{33}si^{33}“为什么”。例如：

nɔ^{31} kʰai^{24}ti^{33}si^{33} zɤ̨^{33} ma^{31} men^{31} nɛ^{33}?

你 为什么 地 NEG 种 INTER

你为什么不干活?

nɔ^{31} kʰai^{24}ti^{33}si^{33} la^{31} nɛ^{33}?

你 为什么 来 INTER

你为什么还要来呢?

疑问代词也可以在实际语言交流中单独成句，尤其是在对话中出现频率最高。例如：

tsʰi^{24}kɛ^{33} si^{33} tʂ̨ʰo^{33} ŋa^{31} ma^{31} mɔ^{31} kɔ^{35}.

这样 RM 人 我 NEG 见 PAST

A：这样的人我没见过。

a^{55}si^{55}?

谁

B：谁?

3. 疑问代词的非疑问用法

除了在问句中表示询问以外，疑问代词还可用在陈述句中，表示虚指或者任指。例如：

ɣɔ^{31}ɣɯ^{33} kʰa^{31}kiɛ^{55} ku^{31} nɔ^{31} kʰa^{31}kiɛ^{55} ti^{33}.

他们 什么 叫 你 什么 做

别人让你做什么你就做什么。

kʰai^{24}kau^{24} mɤ^{31}mi^{33} ŋa^{31} mɤ^{31} ke^{33} gʌ^{31}.

哪里 不论 我 NEG 去 想

哪里我都不想去。

kʰai^{24} tɤ^{31} ɣɤ^{31} ku^{31} a^{55}(si^{55}) ɣɔ^{31} mɤ^{31} ɤ^{33}tɔ^{33}.

哪 一 个 叫 谁 他 NEG 回答

谁叫他都不答应。

nɔ^{31}　k^{h}ɤ^{31}　t^{h}a^{31}　la^{31}　li^{31}　ta^{31}.
你　什么　时候　来　都　可以
你什么时候来都可以。

以上第一个例句中的疑问代词表示虚指，其他为任指。

三　数词

数词可以分为基数词和序数词。另外还有一些特殊的数词如分数、倍数和概数等。

（一）基数词

基数词是用来表达基数概念的词语。新平苦聪话的基数词是用来表示事物数量多少的词，包括系数词和位数词。

1. 系数词和位数词

基本的个位数词有tɤ^{31}“一”、ni^{31}“二”、ɕɛ^{33}“三”、ɤ^{31}“四”、ŋɤ^{31}“五”、k^{h}ɔ^{31}“六”、sɤ^{24}“七”、xi^{55}“八”、kɔ^{31}“九”、ts^{h}i^{33}“十”。

位数词有ts^{h}i^{33}“十”、zɤ^{33}“百”、loŋ^{31}/ts^{h}i^{33}zɤ^{33}“千”、van^{35}/ts^{h}i^{33}loŋ^{31}/tɤ^{31}ts^{h}i^{33}ts^{h}i^{33}zɤ^{33}“万”、ʑi^{33}“亿”。

在单纯数词中，一至千没有出现借用汉语的情况。其中“千”有两种表述法，即：loŋ^{31}“千”、ts^{h}i^{33}zɤ^{33}“十百”。万有三种，即van^{33}“万”、ts^{h}i^{33}loŋ^{31}“十千”、tɤ^{31}ts^{h}i^{33}ts^{h}i^{33}zɤ^{33}“一十个十百”。亿只有一种借用汉语的说法，即ʑi^{33}。

2. 复合数词的组成规则

基数词中的复合数词是由系数词和位数词构成的数词短语。二者的组合关系有相乘和先乘后加两种。

（1）表整数

表整数的复合数词其系数词和位数词是相乘的组合关系，相乘关系的语序是“系数词×位数词”。例如：

ni^{31} ts^{h}i^{33}　二十　　ɕɛ^{33}ts^{h}i^{33}　三十　　ts^{h}i^{33}zɤ^{33}/tɤ^{31}loŋ^{31}　一千
tɤ^{31} zɤ^{33}　一百　　ni^{31}zɤ^{33}　二百　　ts^{h}i^{33}loŋ^{31}/tɤ^{31}ts^{h}i^{33}ts^{h}i^{33}zɤ^{33}　一万

从以上例子中可以看出，“二十”至“九百”都是系数词×位数词的组合关系，如在ni^{31}ts^{h}i^{33}“二十”中，ni^{31}“二”×ts^{h}i^{33}“十”＝ni^{31}ts^{h}i^{33}“二十”。

（2）整数带个数

整数带个数的合成数词是系数词和位数词先乘后加的组合关系。

① 位数词＋系数词。例如：

tsʰi^{33} tɤ^{31} 十一　tsʰi^{33} ni^{31} 十二　tsʰi^{33} ɕɛ^{33} 十三　tsʰi^{33} ɤ^{31} 十四

十　一　十　二　十　三　十　四

“十一”至“十九”的读法是直接从十位数开始读，而没有在十位数前加系数词“一”，即“十一”由位数词tsʰi^{33}“十”＋系数词tɤ^{31}“一”构成，而不是由系数词tɤ^{31}“一”、位数词tsʰi^{33}“十”＋系数词tɤ^{31}“一”构成。

② 系数词 × 位数词＋系数词。例如：

ni^{31}tsʰi^{33}tɤ^{31} 二十一　ni^{31}tsʰi^{33}ni^{31} 二十二

③ 系数词 × 位数词＋系数词 × 位数词。例如：

tɤ^{31} ʐɤ^{33} ŋɤ^{31} tsʰi^{33} 一百五十

一　百　五　十

④ 系数词 × 位数词＋……＋位数词。例如：

tɤ^{31} loŋ^{31} tɤ^{31} ʐɤ^{33} tsʰi^{33} 一千一百一十

一　千　一　百　十

tɤ^{31} van^{35} tɤ^{31} loŋ^{31} tɤ^{31} ʐɤ^{33} tsʰi^{33} 一万一千一百一十

一　万　一　千　一　百　十

⑤ 系数词 × 位数词＋……＋系数词 × 位数词。例如：

xi^{55} loŋ^{31} kʰɔ^{31} ʐɤ^{33} ni^{31} tsʰi^{33} 八千六百二十

八　千　六　百　二　十

⑥ 系数词 × 位数词＋……＋系数词 × 位数词＋系数词。例如：

kʰɔ^{31} loŋ^{31} xi^{55} ʐɤ^{33} sɤ^{24} tsʰi^{33} kɔ^{31} 六千八百七十九

六　千　八　百　七　十　九

⑦ 最高位为万位且不借用汉语的语序。

在“万”的三种表达方法中，第一种van^{35}是借用汉语的表述方法，第二种和第三种表达的语序分别是“系数词 × 位数词 × 位数词”（系数词为“一”时可省略）和“系数词 × 位数词 × 位数词 × 位数词”（系数词为“一”时不可省略）。例如：

tsʰi^{33} loŋ^{31} 一万　tɤ^{31} tsʰi^{33} tsʰi^{33} zɤ^{33} 一万

十　千　一　十　十　百

⑧ 含“零”的数字用xɯ^{33}“和”连接。例如：

tɤ^{31} ʐɤ^{33} xɯ^{33} ni^{31} 一百零二　tɤ^{31} loŋ^{31} tɤ^{31} ʐɤ^{33} xɯ^{33} tɤ^{31} 一千一百零一

一　百　和　二　一　千　一　百　和　一

综上所述，新平苦聪话数词是十进位制，系数词在位数词之前是相乘的关系，系数词在位数词之后是相加的关系，不同的组合关系中形成不同的数词。

（二）序数词

序数是相对于基数而言，序数表示先后次序，包括一般次序、长幼次序和时间次序等。

1. 一般次序

一般次序分为三部分：中间用“a^{31}ka^{35}kɔ^{33}＋数量词组”表达，前半部分按顺序用“ɣɔ^{31}ʂɔ^{35}＋数量词组”表达，后半部分按倒序用“ɣɔ^{31}nɔ^{35}＋数量词组”表达。“最后一个”也可用“a^{31}ma^{35}ta^{31}＋数量词组”表达。例如：

ɣɔ^{31} ʂɔ^{24} tɤ^{31} ma^{31} 第一 前 面 一 个	a^{31}ma^{35}ta^{31} tɤ^{31} ma^{31} 最后一个 末尾 一 个
ɣɔ^{31} ʂɔ^{24} ni^{31} ma^{31} 第二 前 面 二 个	ɣɔ^{31}nɔ^{35} tɤ^{31} ma^{31} 倒数第一 后面 一 个
ɣɔ^{31} ʂɔ^{24} ɕɛ^{33} ma^{31} 第三 前 面 三 个	ɣɔ^{31}nɔ^{35} ni^{31} ma^{31} 倒数第二 后面 两 个
ɣɔ^{31} ʂɔ^{24} ɤ^{31} ma^{31} 第四 前 面 四 个	ɣɔ^{31}nɔ^{35} ɕɛ^{33} ma^{31} 倒数第三 后面 三 个
a^{31}ka^{35}kɔ^{33} tɤ^{31} ma^{31} 中间 中间 一 个	ɣɔ^{31}nɔ^{35} ɤ^{31} ma^{31} 倒数第四 后面 四 个

2. 长幼次序

长幼次序有两种表达方法，一种是借自汉语，一种是苦聪话特有的表示法。

（1）借用汉语

在新平苦聪话中，“叔”统称为ʐɛ^{33}，按照年龄的大小借用汉语排序。例如：

ta^{24}ʐɛ^{33}	ɤ^{24}ʐɛ^{33}	san^{33}ʐɛ^{33}	si^{33}ʐɛ^{33}	lau^{31}ʐɛ^{33}
大叔（爷）	二叔（爷）	三叔（爷）	四叔（爷）	幺叔（爷）

伯父全部借用汉语的表述方式。例如：

ta^{24}tiɛ^{33}	ɤ^{24}tiɛ^{33}	san^{33}tiɛ^{33}	si^{33}tiɛ^{33}	lau^{31}tiɛ^{33}
大伯（爹）	二伯（爹）	三伯（爹）	四伯（爹）	幺伯（爹）

（2）苦聪话特有的表示法

在表示亲属称谓的长幼次序时，仅有三个子女时，表述方法用“亲属称谓＋ga^{55}mo^{33}”“最大的”、a^{31}ka^{35}kɔ^{33}tɤ^{31}ma^{31}“排行第二”、“亲属称谓＋liɛ^{33}/bi^{33}zɤ^{31}”“最小的”。例如：

zɤ^{31}mi^{31} ga^{55}mo^{33} 大女儿 姑娘 最大	a^{31}ka^{35}kɔ^{33} tɤ^{31} ma^{31} 二女儿 中间 一 个
zɤ^{31}mi^{31} liɛ^{33}/bi^{33}zɤ^{31} 小女儿 姑娘 末尾/小	

如有三个以上子女时，表述则用：

亲属称谓＋ga^{55}mo^{33}“最大的”　　a^{31}ga^{55}mo^{33}tɣ^{31}ma^{31}“排行第二”

亲属称谓＋liɛ^{33}/bi^{33}ʐɣ^{31}“最小的”　　a^{31}ga^{55}mo^{33}ni^{31}ma^{31}“排行第三”

例如：

ʐɣ^{31}mi^{31}　ga^{55}mo^{33}　大女儿　　a^{31}ga^{55}mo^{33}　tɣ^{31}　ma^{31}　二女儿
姑娘　最大　　中间　一　个

a^{31}ga^{55}mo^{33}　ni^{31}　ma^{31}　三女儿　　ʐɣ^{31}mi^{31}　liɛ^{33}/bi^{33}ʐɣ^{31}　小女儿
大的　第二　个　　姑娘　末尾/小

“最小的”其实有三种表述方法，除了lau^{31}“幼小的、排行最末的”外，还有liɛ^{33}“最小的”、bi^{33}ʐɣ^{31}“最小的一个”。例如：

a^{55}ʐu^{31}　ga^{55}mɔ^{33}　大姨/大姑　　a^{55}ʐu^{31}　liɛ^{33}　小姨/小姑
姑姑/姨姨　最大的　　姑姑/姨姨　最小的

3. 时间次序

（1）月份次序

由“数词＋lɣ^{33}pɣ^{33}”构成。例如：

tɣ^{31}lɣ^{33}pɣ^{33}　一月　　sɣ^{24}lɣ^{33}pɣ^{33}　七月

ni^{31}lɣ^{33}pɣ^{33}　二月　　xi^{55}lɣ^{33}pɣ^{33}　八月

（2）日期次序

日期次序有两种表示方法。第一种是以“十二个属相＋ni^{33}”表示日期的次序，以十二为一个周期。例如：

fa^{33} ni^{33}　子（鼠）日　　nu^{31} ni^{33}　丑（牛）日

lɣ^{31} ni^{33}　寅（虎）日　　t^{h}u^{31} ni^{33}　卯（兔）日

第二种是“lɣ^{33}pɣ^{33}ta^{55}la^{31}＋数词＋ni^{33}”。除了正月用tɣ^{31}lɣ^{33}外，其他都用“lɣ^{33}pɣ^{33} ta^{55}la^{31}＋数词＋ni^{33}”表示。例如：

lɣ^{33}pɣ^{33}　ta^{55}la^{31}　tɣ^{31}　ni^{33}　初一月亮升起的第一天
月亮　升起　一　天

lɣ^{33}pɣ^{33}　ta^{55}la^{31}　ni^{31}　ni^{33}　初二月亮升起的第二天
月亮　升起　二　天

lɣ^{33}pɣ^{33}　ta^{55}la^{31}　ɕɛ^{33}　ni^{33}　初三月亮升起的第三天
月亮　升起　三　天

lɣ^{33}pɣ^{33}　ta^{55}la^{31}　ɣ^{31}　ni^{33}　初四月亮升起的第四天
月亮　升起　四　天

新平苦聪人用月亮升起的时间来定义一个月当天是初几。月亮升起来的第一天就是初一，第二天就是初二，其他的则以此类推。

（三）特殊的数词

1. 分数词

新平苦聪话数词中的分数用“基数词＋量词＋基数词＋量词＋piɛ^{31}（分）”格式来表达。例如：

ɕɛ^{33} ma^{31} tɤ^{31} ma^{31} piɛ^{31} 三分之一　　ɤ^{31} ma^{31} tɤ^{31} ma^{31} piɛ^{31} 四分之一

三　个　一　个　分　　四　个　一　个　分

2. 概数词

新平苦聪话表示概数的方式有四种，即“相邻的系数词连用＋位数词/量词”“系数词＋量词”“基数词＋tɔ^{33}＋量词”“k^{h}ɤ^{31}ni^{31}＋量词＋名词”。

（1）相邻的系数词连用＋位数词/量词。例如：

tɤ^{31} ni^{31} pɔ^{33} 一两次　　ni^{31} ɕɛ^{33} ma^{31} 两三个　　ɤ^{31} ŋɤ^{31} ni^{33} 四五日

sɤ^{24} xi^{55} tui^{33} 七八对　　k^{h}ɔ^{31}sɤ^{24}ts^{h}i^{33} 六七十　　xi^{55} kɔ^{31} zɤ^{33} 八九百

在相邻的系数词连用后加位数词构成的短语中，“九”和“十”不能连用，其他相邻系数词都能连用。

（2）系数词＋量词。例如：

tɤ^{31} t^{h}u^{33}（zɤ^{31}）一拃（长）

一　拃（长）

（3）基数词＋tɔ^{33}＋量词。例如：

ts^{h}i^{33} tɔ^{33} ma^{31} 十来个　　tɤ^{31} zɤ^{33} tɔ^{33} tʂ^{h}o^{33} 一百多人

十　多　个　　一　百　多　人

其中tɔ^{33}表示多的意思，与数词和量词连用则表概数。

（4）k^{h}ɤ^{31}ni^{31}＋量词＋名词。例如：

k^{h}ɤ^{31}ni^{31} k^{h}ɤ^{33} meŋ^{31} 几匹马　　k^{h}ɤ^{31}ni^{31} ni^{33} 几天

几　匹　马　　几　天

这里的k^{h}ɤ^{31}ni^{31}表示“几”或“多少”。

3. 倍数

倍数有两种说法。一种是固有词p^{h}ɔ^{33}，一种是借自汉语pei^{24}。语序一般是“基数词＋p^{h}ɔ^{33}/pei^{24}”。例如：

tɤ^{31} p^{h}ɔ^{33}/pei^{24} 一倍　　tɤ^{31} zɤ^{31} p^{h}ɔ^{33}/pei^{24} 一百倍

一　倍　　一　百　倍

（四）数词的语法特征

1. 数词一般不能单独充任句子成分，总是与量词搭配构成数量短语后做句子成分。例如：

va^{31}vi^{33} tɤ^{31} tʂɤ^{33} 一束鲜花　　ɕɛ^{33} pen^{31} ʂu^{33} 三本新书

鲜花 一 束　　三 本 书

ŋa^{31}ɣɯ^{31} tɤ^{31} ʐɤ^{33} tɔ^{33} ma^{31} ke^{33} niɛ^{33} xui^{24} k^{h}ai^{33} mɛ^{24}.

我们 一 百 多 个 去 CONJ 会 开 FUT

我们一百多人去开会。

从以上例句中可以看出，苦聪话数量短语修饰名词的语序有两种，一是“名词＋数词＋量词”，二是“数词＋量词＋名词”。

2. 数词不能单独重叠使用，但数量短语可以重叠，具有增量、逐量或加强的功能。例如：

tɤ^{31} ma^{31} tɤ^{31} ma^{31} 一个个　　tɤ^{31} pen^{33} tɤ^{31} pen^{33} 一本本

一 个 一 个　　一 本 一 本

tɤ^{31} k^{h}i^{33} tɤ^{31} k^{h}i^{33} 口口声声　　tɤ^{31} dza^{33} tɤ^{31} dza^{33} 点点滴滴

一 声 一 声　　一 滴 一 滴

tɤ^{31} ʑɛ^{31} tɤ^{31} ʑɛ^{31} 家家户户　　tɤ^{31} k^{h}i^{33} tɤ^{31} k^{h}i^{33} 一声声

一 家 一 户　　一 声 一 声

3. 数量短语可在句中做主语、定语、状语、宾语、补语等。例如：

tɤ^{31} ma^{31} tɤ^{31} ma^{31} zɤ^{31}niɛ^{33} ʂu^{33}tu^{31} pɛ^{33}.

一 个 一 个 孩子 学生 好

个个都是好学生。

va^{21}ʑɛ^{33}mɤ^{33} va^{21}ʐɤ^{31} ŋɤ^{31} ma^{31} dzɤ^{31} ɣai^{33}.

老母猪 小猪 五 头 下 MOOD

老母猪下了五头小猪。

4. 数词在句中表示日期、时间时，能单独做句子成分。例如：

za^{31}ni^{33} ni^{31} tɕ^{h}in^{33} ts^{h}i^{33} k^{h}ɔ^{31} k^{h}ɔ^{31} ts^{h}i^{33} tɤ^{31} ma^{31} lɤ^{33}pɤ^{33}

今天 二 千 十 六 年 十 一 个 月

ts^{h}i^{33} ni^{31}ma^{31}.

十 二日

今天是2016年11月12日。

四　量词

苦聪话有丰富的量词。量词可分为两大类：计量单位词和分类量词。

（一）计量单位词

计量单位词包括度量衡单位词、时间单位词和容器单位词。

1. 苦聪话中度量衡单位词

面积：mu^{31}“亩”；

长度：ts^{h}i^{31}“尺”、ts^{h}un^{24}“寸”、li^{53}“里”、t^{h}u^{33}“拃”、pu^{33}“步”；

重量：tɕin^{33}“斤”、loŋ^{31}“两”、fen^{33}“分”、li^{31}“厘”、tɕ^{h}in^{31}“钱”；

容积：tei^{33}“斗”、sen^{33}ku^{53}“升”；

货值：xau^{31}“角”、k^{h}uai^{31}“元”；

其他度量衡单位词：pɔ^{24}“次”。

2. 时间单位词

主要有三个，即k^{h}ɔ^{31}“年”、lɤ^{33}pɤ^{33}“月”、ni^{33}“日”。

3. 容器单位词

有些容器单位词与名词兼类，即反响型量词。苦聪话的容器单位词有t^{h}oŋ^{31}“桶”、k^{h}ɤ^{31}“碗”、pei^{24}“杯”、p^{h}in^{31}“瓶”、ʑɛ^{31}“间”、k^{h}ɔ^{33}“颗”等。

（二）分类量词

分类量词分为名量词和动量词。

1. 名量词

名量词主要分为个体量词、部分量词、集合量词和种类量词。

（1）个体量词

① 泛化个体量词ma^{31}

苦聪话中的泛化个体量词为ma^{31}，许多常用名词可以与之搭配。ma^{31}严重泛化，没有语义且无分类作用，与汉语的“个”相似。例如，ma^{31}可以与以下名词搭配：a^{35}t^{h}i^{31}t^{h}i^{31}“东西”、tʂ^{h}ui^{31}p^{h}u^{33}“锤子”、ʂoŋ^{33}ts^{h}i^{33}li^{33}“钉子”、p^{h}ʌ^{31}“狗”、ɣa^{33}“鸡”、ku^{55}tu^{31}“灶”、a^{31}ts^{h}i^{33}“锅”、tʂ^{h}o^{33}“人”。另外，与人搭配的量词还有专用量词ɣɤ^{21}，如tʂ^{h}o^{33}tɤ^{31}ɣɤ^{21}“一个人”。

泛化量词ma^{31}多与小型家畜搭配。例如：

p^{h}ʌ^{31}	tɤ^{31}	ma^{31}	一只狗	ɣa^{33}	tɤ^{31}	ma^{31}	一只鸡
狗	一	只		鸡	一	只	

而与大型家畜搭配的量词多使用k^{h}ɯ^{33}“头”。例如：

nu^{31}　tɤ^{31}　kʰɯ^{33} 一头牛

牛　一　头

va^{21}　tɤ^{31}　kʰɯ^{33} 一头猪

猪　一　头

② 其他个体量词

苦聪话其他个体量词有ma^{31}“件”、tɕɛ^{31}“棵”、tʂan^{33}“张”、tʂʰuaŋ^{31}“床”、pɤ^{31}“把”等。例如：

si^{24}tɕʰin^{31}　tɤ^{31}　ma^{31} 一件事

事情　一　件

ʂɤ^{33}tɕɛ^{31}　tɤ^{31}　tɕɛ^{31} 一棵树

树　一　棵

ka^{53}lu^{33}　tɤ^{31}　tʂʰuaŋ^{31} 一张床

被子　一　床

a^{33}kʰɔ^{31}　tɤ^{31}　pɤ^{31} 一把刀

刀　一　把

③ 部分量词

用于指某一事物或个体中一部分的量词称为部分量词。例如，xa^{55}gɯ^{31}zɛ^{33}tɤ^{31}piɛ^{33}“沙子一堆”表示几堆沙子当中的其中一堆，这“一堆”是几堆沙子中的一部分，同时该“堆”也是以个体的方式呈现的。所以，我们把“一堆”算作个体量词的一个次类。例如：

ɔ^{24}ma^{55}　tɤ^{31}　pan^{33} 半个糍粑

粑粑　一　半

xa^{55}gɯ^{31}zɛ^{33}　tɤ^{31}　piɛ^{33} 一堆沙子

沙子　一　堆

（2）集合量词

苦聪话的集合量词主要有tʰoŋ^{31}“桶”、lu^{33}“排”、tɕɛ^{33}“双”等。例如：

i^{55}ka^{33}　tɤ^{31}　tʰoŋ^{31} 一桶水

水　一　桶

kʰɤ^{55}nu^{33}　tɤ^{31}　tɕɛ^{33} 一双鞋

鞋子　一　双

sɤ^{33}mɤ^{33}　tɤ^{31}　lu^{33}　lu^{33} 一行行玉米

玉米　一　排　排

2. 动量词

表示动作单位的量词称为动量词。苦聪话的动量词不发达，数量不多。例如：

tɤ^{31}　pɔ^{53}　ni^{33} 看一次

一　次　看

tɤ^{31}　pɔ^{24}　i^{55} 睡一觉

一　下　睡

动量词位于动词之前，一般做句子的状语，用来说明动作本身的量或为动作附加其他的语法意义，甚至还可以用来说明动作发生的频率或方式。例如：

xɔ^{53}mi^{31}　tɤ^{31}　ma^{31}　mi^{31} 打一个哈欠

哈欠　一　个　打

tɤ^{31}　pɔ^{24}　mɤ^{31}　ɣɯ^{31}　tɤ^{31}　pɔ^{24}　dɔ^{55} 输一次打一下

一　次　NEG　赢　一　次　打

zɤ^{33}　ɤ^{31}　pɔ^{24}　men^{31}　犁了四遍地

地　四　次　犁

（三）量词的特点

苦聪话的量词有以下几个特点：

第一，从音节的构成上看，单音节量词多，双音节量词较少。

第二，与很多藏缅语言一样，苦聪话也存在反响型量词。这些反响型量词大多取复合词的后一个语素做量词。例如：

ʂɤ^{33}p^{h}iɛ^{31}　tɤ^{31}　p^{h}iɛ^{31}　一片树叶　　　a^{31}pa^{33}la^{33}　ɕɛ^{33}　pa^{33}la^{33}　三元钱

树叶　一　片　　　钱　三　元

a^{55}tsa^{33}　tɤ^{31}　tsa^{33}　一条绳子　　　va^{33}vi^{33}　tɤ^{31}　vi^{33}　一朵花

绳子　一　条　　　花　一　朵

第三，苦聪话数量结构和指量结构修饰名词时与汉语相似，数词、量词、指示词缺一不可。

第四，一些量词是汉语借词，常用的有"副""斤""桶""张""本""片""排""杯""对"等。例如：

la^{33}kɤ^{33}　tɤ^{31}　t^{h}iau^{31}　一条裤子　　　p^{h}ɤ^{33}tɕa^{31}si^{33}　tɤ^{31}　pa^{31}　一把剪子

裤子　一　条　　　剪子　一　把

（四）数量结构的语序

1. 名词计量，语序是"名词 + 数词 + 量词"。例如：

tʂ^{h}o^{33}　tɤ^{31}　ma^{31}　一个人　　　a^{33}k^{h}ɔ^{31}　tɤ^{31}　pɤ^{31}　一把刀

人　一　个　　　刀　一　把

2. 动词计量，语序是"数词 + 量词 + 动词"。例如：

tɤ^{31}　pɔ^{53}　ni^{33}　看一次　　　tɤ^{31}　pei^{24}　ku^{31}　喊一声

一　次　看　　　一　声　叫

3. 数量短语与指示代词共现修饰名词，语序是"指示代词 + 名词 + 数词 + 量词"。例如：

ts^{h}i^{33}　ɣa^{33}　ni^{31}　ma^{31}　ŋɛ^{35}i^{55}　zɛ^{24}.

这　鸡　两　只　我NMLZ　COP

这两只鸡是我家的。

4. 量词与疑问代词连用

（1）名量词与疑问代词连用的时候，语序是"名词 + 疑问代词 + 量词"。例如：

meŋ^{31}　k^{h}ɤ^{31}ni^{31}　k^{h}ɯ^{33}?　　　tɤ^{31}　nɤ^{33}　pɤ^{33}　k^{h}ɤ^{31}ni^{33}ni^{33}　tsuai^{24}?

马　几　匹　　　一　个　月　几天　有

几匹马？　　　一个月有多少天？

（2）动量词与疑问代词连用，语序是“疑问代词 + 量词 + 动词”。例如：

nɔ^{31} tɤ^{31} ni^{33} ɔ^{24} kʰɤ^{33}ni^{31} pu^{31} tsɤ^{31}?

你 一 天 饭 多少 顿 吃

你一天吃几顿饭?

nɔ^{31} tɤ^{31} ni^{33} a^{55}ka^{33} kʰɤ^{33}ni^{31} pei^{33} dɔ^{31} niɛ^{33}?

你 一 天 水 几 杯 喝 INTER

你一天喝几杯水?

（五）与量词相关的表达式

苦聪话中的量词可以重叠，但数量不是太多。为了能够表达出相似的意义，其在表述中还会采用其他的语法手段来加以补充。例如：

1. kʰai^{24} + 数词一 + 量词

这一个格式含有“每一”的意思，可表遍指。例如：

kʰai^{24} tɤ^{31} kʰa^{33} lɤ^{31}kɔ^{35} tsuai^{24}.

每 一 村 彝族人 有

村村有彝族。

kʰai^{24} tɤ^{31} ʑɛ^{33} tiŋ^{24}ten^{33} tsuai^{24}.

每 一 家 电灯 有

家家有电灯。

以上例子中的kʰai^{24}tɤ^{31}kʰa^{33}表示“每一个村子”，kʰai^{24}tɤ^{31}ʑɛ^{33}表示“每一户人家”，在这里都有遍指的含义。

2. 数词一 + 量词（ + 数词一）+ 量词

新平苦聪话中“数词一 + 量词（ + 数词一）+ 量词”的构式可以缩写成“数词一 + 量词 + 量词”，能够充任定语、状语等句子成分。充任定语表示“多、很多”的意思，充任状语表示次序“逐一”的意思。例如：

ɣɔ^{31}ɣɤ^{33} tɤ^{31} ɣɤ^{31} tɤ^{31} ɣɤ^{31} ni^{33}gai^{31}.

她们 一 人 一 人 漂亮

她们每个人都很漂亮。

ɣɔ^{31} tɤ^{31} pɔ^{33} pɔ^{33} tsɤ^{33} ɣɔ^{31}nɔ^{24} tsɤ^{33} pʰu^{31} pɔ^{33}.

他 一 遍 遍 找 终于 找 到 PFV

他一遍又一遍地找，终于找着了。

3. 相邻系数词连用 + 量词表不确定量。例如：

tɤ^{31} ni^{31} pɔ^{53} 一两次　　ni^{31} ɕɛ^{33} k^{h}ɔ^{31} 两三年

一　两　次　　两　三　年

五　动词

（一）动词的类别

动词表示动作、行为、心理活动或存在、变化、消失等。根据动词的表义功能，苦聪话动词可分为动作行为动词、存现动词、能愿动词、趋向动词、心理动词、系动词和性状动词等类别。

1. 动作行为动词

即表示具体行为、动作的词。例如：

nɤ^{33}	听	tɕ^{h}ɛ^{33}	掐
zɤ^{33}men^{31}	干活儿	sɔ^{31}niɛ^{35}pɤ^{33}	扣

2. 心理动词

表示心理活动的动词。苦聪话动词中的心理动词主要以多音节为主。例如：

mɤ^{31}mo^{31}gɤ^{31}	讨厌	ʂa^{55}mɤ^{31}p^{h}in^{31}	忌妒
ma^{31}dɔ^{31}kɔ^{35}ɣɤ^{31}	后悔	ni^{33}mɤ^{33}na^{53}	贪心

3. 性状动词

表示人或物状态的动词。这类动词主要以单音节为主。例如：

si^{55}	渴	si^{35}	死	na^{31}	疼
bɔ^{33}	醉	men^{31}	饿	piɛ^{33}	溢

4. 能愿动词

苦聪话中的能愿动词表示可能性、必要性以及人的主观意愿，也叫作“情态助动词”。该类动词一般辅助主要动词表达一定的意义，但不能单独做谓语和回答问题，也没有重叠的形式。

苦聪话的能愿动词可分为如下几类：表示可能，如pɤ^{55}“会”、ta^{31}“可以”、miɛ^{33}/ɛ^{35}“能”；表示必要，如ti^{33}ta^{31}“应该”；表示意愿，如liɛ^{24}“肯”、gʌ^{31}“想”、pɤ^{24}“敢”等。

能愿动词一般放到普通动词后作为谓语核心的一部分。例如：

p^{h}ʌ^{31} tʂ^{h}o^{33} lɤ^{33} ts^{h}i^{31} pɤ^{55}.

狗　人　OM　咬　会

狗会咬人。

能愿动词有否定形式。在陈述句中，能愿动词的否定形式为“mɤ^{31}/ma^{31}＋主要动词＋能愿动词”。例如：

fa^{33} tʂʰo^{33} lɤ^{33} ma^{31} tsʰi^{31} pɤ^{55}.

老鼠 人 OM NEG 咬 会

老鼠不会咬人。

在疑问句中，能愿动词的否定形式则为“主要动词＋mɤ^{31}/ma^{31}＋主要动词＋能愿动词”。例如：

fa^{33} tʂʰo^{33} lɤ^{33} tsʰi^{31} ma^{31} tsʰi^{31} pɤ^{55}?

老鼠 人 OM 咬 NEG 咬 会

老鼠会不会咬人？

5. 存现动词

这类动词主要表示人或事物的存在、出现或消失。苦聪话中存现动词的数量很少，主要有两个，即tsɔ^{31}“有”和men^{33}“在”。

6. 系动词

苦聪话中的系动词有固有词ʑɛ^{24}“是”和汉语借词ʂi^{35}“是”。

7. 趋向动词

表示动作移动的趋向。在苦聪话中趋向动词多为半虚化的，如表向心趋向半虚化的la^{31}“来”，表离心趋向的实义趋向动词pi^{31}“给”、表向上趋向半虚化的lɔ^{33}“来”，等等。

存现动词、系动词的句法功能详见“第三节 句子”部分的“一单句”中的“（二）句型”。趋向动词详见本节“（四）动词语法范畴”对趋向范畴的描写。

（二）动词的重叠

1. 重叠形式

在我们所调查的新平苦聪话动词中，动词重叠形式很丰富，但是以单音节动词重叠为主。具体可分为完全重叠和部分重叠两大部分具体如下。

（1）完全重叠

①AA式。例如：

ni^{33}ni^{33} 看看　　　　men^{33}men^{33} 坐坐

dɔ^{33}dɔ^{33} 拍拍　　　　vɤ^{31}vɤ^{31} 买买

nɔ^{31} ni^{33} ni^{33} a^{31}dzi^{31}pɔ^{35} mon^{31}zi^{31} zi^{31} kɛ^{33}?

你 看 看 外面 雨 下 INTER

你看看外面在下雨吗？

a^{55}bu^{31} ŋɛ^{35} la^{21}tu^{35}lu^{35} dɔ^{33} dɔ^{33}.

爷爷 我的 胳膊 拍 拍

爷爷拍拍我的胳膊。

$nɔ^{31}$ men^{33} men^{33} $mɔ^{31}p^{h}ɤ^{31}lɤ^{33}$ $tɕɛ^{31}$ ta^{24} ko^{33}.
你 坐 坐 下午 接 CON 说
你先坐坐，下午接着说。

有的心理动词也可以重叠，如$dɔ^{31}dɔ^{31}$“想想”等，但是数量不多。

②AABB式

这种形式的四音格词一般是由意义相反或相同的动词所构成。例如：

$xɔ^{31}$ $xɔ^{31}$ $ɣɤ^{31}$ $ɣɤ^{31}$ 哭哭笑笑
哭 哭 笑 笑

$xɔ^{31}$ $xɔ^{31}$ $vɤ^{31}$ $vɤ^{31}$ 做买卖
卖 卖 买 买

$ts^{h}i^{31}$ $ts^{h}i^{31}$ gu^{33} gu^{33} 烧烤
烧 烧 烤 烤

pie^{31} pie^{31} $k^{h}a^{33}$ $k^{h}a^{33}$ 分开
分 分 开 开

③ABAB式。例如：

$ts^{h}i^{31}li^{31}$ $ts^{h}i^{31}li^{31}$ 打冷战
颤抖 颤抖

$ɣɤ^{31}$ $k^{h}iɛ^{33}$ $ɣɤ^{31}$ $k^{h}iɛ^{31}$ 笑眯眯
笑 眯 笑 眯

（2）部分重叠

① A＋$niɛ^{33}$＋A式

苦聪话中的A了A式的动词重叠是在AA式重叠的动词中间加中缀“$niɛ^{33}$”构成的，如$tʂɤ^{33}niɛ^{33}tʂɤ^{33}$“找了找”。

A＋$niɛ^{33}$＋A式的结构一般是由动作行为动词重叠而来的。

② ABB式

苦聪话中ABB式动词重叠并不常见，动词后面所关涉的对象如果是多音节的，可以根据说话的习惯把关涉对象的最后一个音节省略，如“洗洗脸”中的“脸”在新平苦聪话是$miɛ^{33}p^{h}u^{31}$，可以把其中的“$p^{h}u^{31}$”省略，从而得到$miɛ^{33}ts^{h}i^{31}ts^{h}i^{31}$形式。有的则不能省略。例如：

$p^{h}ɤ^{33}kɤ^{33}$ $vɤ^{31}$ $vɤ^{31}$ 买买衣服
衣服 买 买

$tian^{31}si^{24}$ ni^{33} ni^{33} 看看电视
电视 看 看

③ AA＋na^{33}

苦聪话中有汉语“说说看”“听听看”“想想看”那样的表述。例如：

ko^{33} ko^{33} na^{33} 说说看
说 说 看

$tsɤ^{31}$ $tsɤ^{31}$ na^{33} 尝尝看
尝 尝 看

$dɔ^{31}$ $dɔ^{31}$ na^{33} 想想看
想 想 看

$gɯ^{31}$ $gɯ^{31}$ na^{33} 玩玩看
玩 玩 看

（3）有的动词还可以部分重叠构成四音格词，这种重叠有以下两种形式：

① ABAC式。例如：

tsi^{55} k^{h}ɤ^{33} tsi^{55} ta^{31} 跑上跑下
跑 下 跑 上

dzu^{31} tɔ^{53} dzu^{31} lu^{31} 走来走去
走 出 走 进

p^{h}ɔ^{33} ta^{33} p^{h}ɔ^{33} k^{h}ɤ^{33} 翻来翻去
翻 上 翻 下

vɤ^{31} tsɤ^{31} vɤ^{31} dɔ^{31} 买吃买喝
买 吃 买 喝

② ABCB式。例如：

t^{h}iɛ^{31} pa^{31} t^{h}i^{55} pa^{31} 踩踏
踩 丢 踢 丢

ʑu^{31} pa^{31} ta^{31} pa^{31} 丢弃
拿 丢 抬 丢

tɔ^{33} pɛ^{31} si^{35} pɛ^{31} 弄死
打 死 弄 死

tɔ^{33} pa^{55} tu^{31} pa^{55} 敲坏
敲 垮 埋 垮

2. 重叠条件

动词重叠需要一定的条件。从以上的例子中我们总结出动词的重叠条件如下：

（1）表示动作持续反复进行的动词可以重叠，如pɔ^{33}“跳”、ni^{33}“看”、la^{31}“来”、ko^{33}“说”、nʌ^{33}“问”等。一次性动作的动词一般不能重叠，如si^{35}“死”、t^{h}iɛ^{31}“断”等。

（2）自主动词可以重叠，如gɔ^{31}“拉”、k^{h}a^{33}“爬”、ts^{h}i^{31}“洗”等。非自主动词不能重叠，如ka^{33}kai^{33}“发冷”、na^{31}“疼”、tɕ^{h}iaŋ^{35}zɔ^{33}“呛”等。

（3）动作性强的动词可以重叠，但动作性较弱的动词一般不能重叠，判断动词、存现动词、性状动词和心理动词中的绝大部分动词都不能重叠。

3. 重叠式的表达功能

新平苦聪话的动词重叠式有以下表达功能：

（1）表示短暂

这样的动词一般发生的时间较短。例如，上文中提到的例子a^{55}bu^{31}ŋɛ^{35}la^{21}tu^{35}lu^{35}dɔ^{33}dɔ^{33}“爷爷拍拍我的胳膊”，其中的“拍拍”这个动作持续时间较短，不可能一直拍下去。

（2）表示尝试

一般情况下尝试意义的表达需要一定的语言环境来支撑。例如：

nɔ^{31} ni^{33} ni^{33} mon^{31}zi^{31}zi^{31} kɛ^{33}?
你 看 看 下雨 PROG
你去看看外面在下雨吗？

nɔ^{31} a^{55}ɣɤ^{31} tsɤ^{31} tsɤ^{31}.
你 汤 尝 尝
你尝尝汤。

（3）表示动作的加强、次数的增加等。例如：

ŋa^{31}　tʂɤ^{33}　niɛ^{33}　tʂɤ^{33}，　tʂɤ^{33}　p^{h}u^{31}　pɔ^{24}.

我　找　INFX　找　找　到　PFV

我找了找，终于找着了。

（4）表示轻松委婉。例如：

to^{31}　ko^{33}　ko^{33}，　tian^{31}si^{31}　ni^{33}　ni^{33}.

话　说　说　电视　看　看

说说话，看看电视。

（三）动词的语法范畴

苦聪话动词的语法范畴相当丰富。主要有时体范畴、态范畴、式范畴和趋向范畴等。

1. 时体范畴

像其他拉祜方言一样，苦聪话也是一个时体融合的语言，时范畴的表达并非是强制性的，其范畴义也不太清晰。或许可以说，苦聪话没有严格意义上的时范畴，但是有语言中普遍存在的“时间”的表达，即“过去—现在—将来”。其表达主要是靠时间名词、时间副词或是隐性时间①再加上不同的助动词来实现。而苦聪话的体范畴非常丰富，而且也比较复杂，往往与“时”的表达相结合。主要的表达方式是在动词的后面加上体助动词。

（1）泛时

从跨语言的角度来看，泛时常常以无标记的形式出现。苦聪话也适用这条普遍规律。例如：

mon^{31}ts^{h}ɤ^{33}　pɤ^{31}　ni^{33}　ni^{33}　kɤ^{33}mon^{31}　i^{55}　tɤ^{31}　pɤ^{33}　ta^{55}to^{55}la^{31}.

太阳　每　天　天　山　那　一　边　升起来

太阳每天从东方升起来。

mon^{31}kɤ^{33}　mon^{31}　t^{h}a^{31}　men^{33}.

星星　天　上　在

星星挂满天空。

（2）一般过去时

苦聪话过去时可以用表示过去的时间名词、时间副词或者隐性的时间加上助动词ko^{55}来表示，而ko^{55}和后面的语气词ɛ^{33}常常合音为kuai^{55}。例如：

A:　nɔ^{31}　ɣɯ^{33}　k^{h}ɛ^{24}　tɤ^{31}　ɣɤ^{31}　ɕin^{31}p^{h}in^{31}　ke^{33}　ko^{55}　ɛ^{33}?

你　们　哪　一　位　新平　去　PAST　MOOD

你们哪位去过新平？

① 指的是句子中没有提到具体的时间，而是需要根据说话者说话的时间和参照的时间来判断的。

B: ŋa^{31} ke^{33} ko^{55} ɛ^{33}.

我 去 PAST MOOD

我去过。

（3）将来时

苦聪话的将来时用表示将来的时间名词、情态助动词mɛ^{24}“要”或将来时助动词mɔ^{33}来表达。例如：

ni^{31}ʑa^{55}k^{h}ɔ^{31} ŋa^{31} ɛ^{33} ʑɔ^{55} ʑɛ^{31} sɤ^{55} tɤ^{31} ʑɛ^{31} biɛ^{33} mɛ^{24}.

明年 我 的 家 房子 新 一 间 盖 FUT

我家明年要盖一座新房子。

ŋa^{31}ɣɯ^{33} dzɤ^{31} dɔ^{31} ke^{33} mɔ^{33}.

我们 酒 喝 去 FUT

我们要去喝酒了。

（4）现在进行体

苦聪话中现在时的表达通常与一定的体形态配合，是将时、体范畴融合在一起构成“现在时进行体”，表示动作一直在进行。表达方式是在普通动词后加助动词kɛ^{33}来表示。例如：

a^{33}te^{33} va^{21} ɔ^{24} tsa^{24} kɛ^{33}, a^{33}ma^{33} ts^{h}i^{31} lɔ^{55} kɛ^{33}.

爸爸 猪 饭 喂 PROG 妈妈 羊 放 PROG

爸爸在喂猪，妈妈在放羊。

p^{h}ʌ^{31} ni^{31} ma^{31} bɤ^{31}si^{33} kɛ^{33}.

狗 两 只 打架 PROG

那两只狗正在打架。

（5）过去进行体

表达过去的某个时间一直进行的动作或发生的事情。例如：

a^{31}mi^{31}ni^{33} k^{h}ɤ^{33}mɤ^{53}gɤ^{33} ɣɔ^{31}ɣɯ^{33} lɔ^{31}dzi^{31}pɔ^{24} xui^{35} k^{h}ɛ^{33} ko^{55} kɛ^{33}.

昨天 那个时候 他们 河边 会 开 PAST PROG

昨天这个时候他们正在河边开会。

（6）完成体

表达动作或事件完成或结束的状态，表达手段是在普通动词后加上助动词pɔ^{24}和半虚化的助动词pɤ^{31}。例如：

ŋa^{31} mɔ^{31}lɔ^{31}kɔ^{33} ɔ^{24} tsɤ^{31} pɔ^{24}.

我 午 饭 吃 PFV

我吃了午饭。

a^{55}tʂa^{33} tʰiɛ^{31} pɔ^{24}.

绳子 断 PFV

绳子断了。

ŋa^{31} ni^{31} pen^{31} ʂu^{33} ni^{33} pɤ^{31} pɔ^{24}.

我 两 本 书 看 完 PFV

我看完两本书了。

上举最后一例显示，pɤ^{31}正在语法化的过程中，其还具有一定的普通动词的特征。也就因此，我们认为将其标注为"完"更适合一些。但另一方面，pɤ^{31}和pɔ^{24}一般情况下可以相互替换，这就体现出pɤ^{31}已经出现了虚化的倾向。例如：

si^{33}mi^{31}kʰɔ^{31} ŋa^{31} ɛ^{33} la^{21}tu^{35}lu^{35} gu^{33} na^{31} pɤ^{31}/pɔ^{24}.

前年 我 的 胳膊 弄 病 PFV

前年我摔伤了胳膊。

另外，pɔ^{24}还通常用在形容词后面，和动词一起构成"动词＋形容词＋pɔ^{24}"的形式，如

ko^{33} nɤ^{33} pɔ^{24} 说好　　　　gu^{33} miɛ^{33} pɔ^{24} 做熟

说 好 PFV　　　　做 熟 PFV

半虚化的pɤ^{31}不能构成该结构。例如：

ɣɔ^{31} a^{31}mi^{31}ni^{33} ŋa^{31} lɤ^{33} to^{31} ko^{33} nɤ^{33} pɔ^{24}.

他 昨天 我 OM 话 说 好 PFV

昨天他把话给我说好了。

niɛ^{33} ʑɔ^{55} ʑɛ^{31} sɤ^{55} biɛ^{33} nɤ^{33} pɔ^{24}?

你们 家 房子 新 盖 好 PFV

你们家的新房子盖好了吗？

（7）过去完成体

完成体和过去时往往相融合，表示动作行为相对于过去某一时点已处于完成状态。苦聪话的过去完成体表达方式是在普通动词后加上过去时的助动词kɔ^{55}和完成体的助动词pɔ^{24}，两个助动词连用表示"过去的过去"。例如：

a^{31}te^{33} vu^{31}mi^{31}ni^{33} sa^{24} vɤ^{31} kɔ^{55} pɔ^{24}.

爸爸 大前天 肉 买 PAST PFV

爸爸在大前天买过肉了。

ɣɔ^{31} to^{31} si^{24} ta^{24} si^{24} ta^{24} i^{55}mɤ^{33} kɔ^{55} pɔ^{24}.

他 话 说 着 说 着 睡 PAST PFV

他说着说着就睡着了。

（8）起始体

表示某一动作开始进行，以说话时间a^{33}mɤ^{35}gɤ^{33}“现在”为参照点。在动词后面加上助动词kɔ^{33}。例如：

ɣɔ^{31} a^{33}mɤ^{35}gɤ^{33} p^{h}ɤ^{33}kɤ^{33} ts^{h}i^{31} kɔ^{33}.

她 现在 衣服 洗 INCHO

她现在开始洗起衣服来了。

ŋa^{31} a^{33}mɤ^{35}gɤ^{33} ɔ^{24} tsɤ^{31} kɔ^{33}.

我 现在 饭 吃 INCHO

我现在开始吃饭了。

（9）持续体

表示动作行为或者状态的持续，在动词后面加上助动词ta^{24}或者tai^{35}表示，两者没有句法上的差别。它们正处于竞争关系之中，从使用频率来看，ta^{24}更占优势。例如：

su^{24}ma^{24}si^{33}tʂ^{h}o^{33} ʂu^{33}pen^{31} ʐu^{31} ta^{24}.

老师 书 拿 CON

老师拿着书。

nu^{31} vu^{31}ku^{33} tɕ^{h}iaŋ^{31} lɤ^{33} kɔ^{55} tai^{35}.

牛 骨头 墙 OM 挂 CON

牛的骨头在墙上挂着。

（10）未行体

未行体表示动作行为还没有发生，是通过在动词后面加上助动词ɕau^{35}来实现。例如：

ŋa^{31} ɔ^{24} mɤ^{31} tsɤ^{31} ɕau^{35}.

我 饭 ENG 吃 IMPERF

我还没有吃饭。

ɣɔ^{31} ʂu^{33}pen^{31} ni^{33} kɛ^{33} ɕau^{35}.

他 书 看 去 IMPERF

他还在看书。

a^{33}te^{33} zɤ^{33}men^{31} kɛ^{33} ɕau^{35}.

爸爸 干活 去 IMPERF

爸爸还在干活。

ŋa^{31}ɣɯ^{33} ɔ^{24} tsɤ^{31} kɛ^{33} ɕau^{35}.

我们 饭 吃 去 IMPERF

我们还在吃饭。

根据以上对时体范畴的分析，我们可以看到苦聪话时体助动词有以下几个方面的特点：

第一，助动词在句中的位置相对固定，一般都是紧跟于动词之后，但是完成体和未行体助动词与普通动词之间可以插入表状态的词“好”nɤ^{33}或表情态的词“会”pɤ^{55}。例如：

ɣɔ^{31}	a^{31}mi^{31}ni^{33}	ŋa^{31}	lɤ^{33}	to^{31}	ko^{33}	nɤ^{33}	pɔ^{24}.
他	昨天	我	OM	话	说	好	PFV

昨天他把话跟我说好了。

a^{33}te^{33}	a^{31}mi^{31}k^{h}ɔ^{31}	ɔ^{24}	mɤ^{31}	ta^{55}	pɤ^{55}	ɕau^{35}.
爸爸	去年	饭	NEG	煮	会	IMPERF

爸爸去年还不会煮饭。

第二，少数时体助动词可以连用，如表达过去时进行体可连用助动词kuai^{55}和kɛ^{33}、表达过去时完成体可连用助动词kɔ^{55}和pɔ^{24}。

第三，时体助动词的来源不同，部分来源于动词。例如，过去时助动词kuai^{55}来源于汉语借词“过”，将来时助动词mɛ^{24}是由动词mɛ^{24}“要”虚化而来的，未行体助动词ɕau^{35}来源于副词“还”。

2. 动词的态

动词的态有使役态和被动态。

（1）使役态

苦聪话的使役态有屈折式和分析式两种情况。

① 屈折式

屈折式是通过声母、韵母或者声调的变化来表使役态的。使役态中的屈折式不太常见，主要有以下几种：

A. 韵母变化。请比较：

自动动词	使动动词
kɯ^{33} 怕	kɔ^{33} 吓

例如：

ŋa^{31}	kɯ^{33}.	ɣɔ^{31}	ŋa^{31}	lɤ^{33}	kɔ^{33}	zɔ^{33}.
我	害怕	他	我	OM	吓	MOOD
我害怕。		他吓我啊。				

B. 声母和声调变化。请比较：

自动动词	使动动词
va^{31} 躲	fa^{55} 藏

例如：

ʐɤ^{31}niɛ^{33} va^{31} ta^{24} sa^{33}si^{24} tsɤ^{31} kɛ^{33}.

小孩 躲 CON 水果 吃 PROG

小孩躲着正在吃水果。

a^{33}te^{33} a^{31}pa^{33}la^{33} k^{h}o^{31} fa^{55} pɔ^{24}.

爸爸 钱 偷 藏 PFV

爸爸把钱偷偷地藏起来了。

C. 韵母和声调变化。请比较：

自动动词	使动动词
tsɤ^{31} 吃	tsa^{24} 喂

例如：

ts^{h}i^{31} zi^{31}pu^{55} tsɤ^{31}. ŋa^{31} ts^{h}i^{31} zi^{31}pu^{55} tsa^{24} pi^{31}.

羊 草 吃 我 羊 草 喂 给

羊吃草。 我给羊喂草。

② 分析式

通过在动词前面或者后面加上具有使动意义的一些附加性成分来表示。动词的这种形式主要有两种：一种是在动词之前加上gu^{33}“弄”，如t^{h}iɛ^{31}“断”——gu^{33}t^{h}iɛ^{31}“弄断”；一种是在动词后面加上pi^{31}“给”，如dɔ^{31}“喝”——dɔ^{31}pi^{31}“给喝”。

A. 动词之前加上gu^{33}。gu^{33}后面的动词一般是性状动词。请比较：

自动动词	使动动词
t^{h}iɛ^{31} 断	gu^{33}t^{h}iɛ^{31} 弄断
si^{35} 死	gu^{33}si^{35} 弄死

下面再来看几个例子：

ɣa^{33} si^{35} pɔ^{24}.

鸡 死 PFV

鸡死了。

ɣɔ^{31} ɣa^{33} gu^{33}si^{35} pɔ^{24}.

他 鸡 弄死 PFV

他把鸡弄死了。

ʂɤ^{33}tʂ^{h}a^{55}le^{31} t^{h}iɛ^{31} pɔ^{24}.

树枝 断 PFV

树枝断了。

ŋa^{31} ʂɤ^{33}tʂʰa^{55}le^{31} gu^{33}tʰiɛ^{31} pɔ^{24}.

我 树枝 弄断 PFV

我把树枝弄断了。

另外，表示在外力作用下发生变化的，可以通过动作行为动词加上性状动词的方式来表示，其中性状动词在此充任动作行为动词的补语。例如：

ʂɤ^{33}tʂʰa^{55}le^{31} tʰiɛ^{31} pɔ^{24}.

树枝 断 PFV

树枝断了。

ŋa^{31} ʂɤ^{33}tʂʰa^{55}le^{31} zɛ^{55} tʰiɛ^{31} pɔ^{24}.

我 树枝 折 断 PFV

我把树枝折断了。

自动词后加上动词pi^{31}“给”变成使动动词，但是此时的pi^{31}“给”其实际意义已经虚化了。这种条件下的自动动词一般是动作行为动词。请比较：

自动动词	使动动词
dɔ^{31} 喝	dɔ^{31}pi^{31} 使喝

例如：

tʂʰo^{33}tsɔ^{31}ɛ^{33} lɤ^{33} dɔ^{31} pi^{31} mɛ^{24}.

客人 OM 喝 给 FUT

拿酒给客人喝。

从以上的例子可以看出，用分析式的语法手段来表达动词使役态，这在苦聪话中最为常见；而用屈折式的语法形式来表达苦聪话动词的使役态只是一种残留手段，正逐步走向消失。

（2）被动态

苦聪话的被动态表达形式是把主动句中受事论元和宾语 / 受事标记 lɤ^{33} 同时前置。具体如下：

① 主动句：

a^{55}bu^{31} ŋa^{31} a^{33}vi^{55}pa^{24} lɤ^{33} dɔ^{33} pɤ^{31}.

爷爷 我 哥哥 OM 打 PFV

爷爷打了我哥哥。

② 被动句：

ŋa^{31} a^{33}vi^{55}pa^{24} lɤ^{33} a^{55}bu^{31} dɔ^{33} pɤ^{31}.

哥哥 OM 爷爷 打 PFV

我哥哥被爷爷打了。

从以上两例的比较中可以看出，苦聪话被动句的语序为“受事＋宾语/受事标记lɤ³³＋施事＋动作”。其中宾语/受事标记lɤ³³非常重要，它能帮助受话人确定句中的受事论元，进而把无标记的名词性论元确定为施事。lɤ³³这类标记的存在就使苦聪话中无须使用被动标记就能保证句子中的施受关系一目了然。从这个意义上说，苦聪话没有真正意义上的被动态。

3. 动词的式

苦聪话的式范畴有祈求式、命令式和疑问式三种基本类别。

（1）祈求式

表示恳切地希望某人做某事或者不做某事。例如：

nɔ³¹ɣɯ³³ ti³¹ kʰɛ³³pɤ³³ mɛ²⁴ a³¹!

你们 活 下去 FUT MOOD

你们要活下去呀！

ʐɤ³¹mi³¹ ɣu³¹tsa⁵⁵ mɤ³¹ tsɤ³¹, nɔ³¹ ko³³ ɣɔ³¹ ɣu³¹tsa⁵⁵ tsɤ³¹ mɛ²⁴ a³¹!

女儿 菜 NEG 吃 你 说 她 菜 吃 FUT MOOD

女儿不吃菜，你得让她吃！

（2）命令式

表示允许某人做某事，有的语气比较轻，不适用语气词；有的语气较重，表示命令，使用语气词ɔ³³。

① 语气较为缓和。例如：

nɔ³¹ ɣɔ³¹ʂɔ³⁵ men³³ta²⁴, tɤ³¹kʰiɛ³³ tɕɛ³¹ta²⁴ ko³³!

你 先 休息 一会儿 接着 说

你先休息，一会儿接着说！

② 语气较重，表示命令。例如：

ni³³ʐa³³ mɤ³¹ ʐɤ³³ ɔ³³!

时间 NEG 早 IMP

时间不早了！

另外，有的在否定句尾加上强调词ʐou³³，用于表达强硬语气，没有商量余地。例如：

nɔ³¹ dzɤ³¹ tɤ³¹ dɔ³¹ ʐou³³!

你 酒 NEG 喝 EMPH

你不要喝酒了！

（3）疑问式

苦聪话疑问式主要有两种，一种是句尾加上语气词niɛ³³，另一种是通过句尾语调上升来体现。

① 句尾加上语气词$ni\varepsilon^{33}$。例如：

$\gamma\mathrm{ɔ}^{31}$ $k^{h}\mathrm{ɤ}^{31}t^{h}a^{31}$ $\mathrm{ɕ}in^{33}p^{h}in^{31}$ $t\varepsilon^{33}$ $ni\varepsilon^{33}$?

他 什么时候 新平 上 INTER

他什么时候上的新平？

② 句尾语调上升。例如：

$n\mathrm{ɔ}^{31}\gamma\mathrm{ɯ}^{33}$ $k^{h}\varepsilon^{24}$ $t\mathrm{ɤ}^{31}$ $\gamma\mathrm{ɤ}^{31}$ $\mathrm{ɕ}in^{31}p^{h}in^{31}$ ke^{33} $k\mathrm{ɔ}^{35}$?

你们 哪 一 位 新平 去 PAST

你们谁去过新平？

4. 动词的趋向范畴

苦聪话中的趋向范畴主要涉及到四种语法意义，分别是向心趋向、离心趋向、向上趋向、向下趋向。根据动作行为的不同动向，它们的表达手段也有所不同。

（1）向心趋向

向心趋向是指表示动作行为围绕着中心并朝着这一中心的移动。苦聪话中的向心趋向由半虚化的la^{31}表示，la^{31}语法化于实义动词la^{31}“来”。例如：

$n\mathrm{ɔ}^{31}$ $a^{31}pa^{33}la^{33}$ $\mathrm{ʐ}u^{31}$ $k^{h}\mathrm{ɔ}^{31}$ la^{31}.

他 钱 拿 回 VEN

他取回来了钱。

$m\mathrm{ɤ}^{31}x\mathrm{ɤ}^{33}$ ka^{31} $k\mathrm{ɔ}^{33}$ la^{31}.

风 吹 过 VEN

风吹了过来。

（2）离心趋向

表示动作行为背离中心，用实义动词pi^{31}“给”表达，即“动词＋pi^{31}‘给’”。例如：

$\mathrm{ŋ}a^{31}$ $t\mathrm{ɤ}^{31}k^{h}i\varepsilon^{33}$ $t\mathrm{ɕ}u^{55}$ $tsa^{31}si^{24}$ $n\mathrm{ɔ}^{31}$ to^{55} pi^{31} $m\mathrm{ɔ}^{33}$.

我 一会儿 就 稻谷 你 送 给 MOOD

我一会儿就给你送稻谷。

$a^{33}ma^{33}$ $a^{31}pa^{33}la^{33}bi^{35}\mathrm{ʐ}\mathrm{ɤ}^{31}$ $\gamma\mathrm{ɔ}^{31}\gamma\mathrm{ɯ}^{33}$ $\mathrm{ʐ}u^{31}$ pi^{31}

妈妈 零钱 别人 拿 给

妈妈给别人拿零钱。

（3）向上趋向

表示动作由下方向上方的动向，表达方式是在动词后加$t\mathrm{ɔ}^{53}la^{31}$。例如：

tsai^{24} mo^{33} tɔ^{53}la^{31} mon^{31} t^{h}a^{31} tʂ̥^{h}o^{33} lɤ^{33} ti^{31} zɔ̥^{33}.

再 高 UPW 天 上 人 OM 顶 CON

再高一点就顶到天上了。

ɣɔ^{31} zu^{55} tɔ^{53}la^{31}.

他 站 UPW

他站起来了。

（4）向下趋向

表示动作由上方向下方的动向，表达方式是在动词后加k^{h}ɤ^{33} la^{31}。例如：

nu^{31}pa^{24} liɛ^{31}t^{h}a^{31} tsi^{55} k^{h}ɤ^{33}la^{31} sɔ^{35}.

公牛 山上 跑 DNW MOOD

公牛从山上跑下来了。

nɔ^{31} ts^{h}i^{31} ga^{31} k^{h}ɤ^{33}la^{31}.

你 羊 赶 DNW

你把羊赶下来。

5. 动词的名物化

动词的名物化指的是动词所表达的动作行为向事物转化的现象。苦聪话的动词也有名物化现象，其结构形式为“动词＋si^{33}”。例如：

ko^{33} si^{33} 说的　　　　vɤ^{31} si^{33} 买的

说 NMLZ　　　　买 NMLZ

tsɤ^{33} si^{33} vɤ^{33} si^{33} na^{53} mɤ^{31} k^{h}i^{55}.

吃 NMLZ 穿 NMLZ 都 NEG 愁

吃的、穿的都不愁。

vɤ^{31} si^{33} mɤ^{31} nɛ^{33}.

买 NMLZ NEG 好。

买的不好。

有的动词短语也可加名物化标记si^{33}。例如：

p^{h}ɤ^{33}kɤ^{33} xɔ^{31} si^{33} 卖衣服的　　　　dzɤ^{31} dɔ^{31} si^{33} 喝酒的

衣服 卖 NMLZ　　　　酒 喝 NMLZ

苦聪话动词的名物化现象较为普遍，如大部分动作行为动词、心理动词、性状动词都可以名物化，而能愿动词、判断动词和存现动词则不能名物化。

（四）动词的连用

拉祜语中的动词可以连用。苦聪方言也同样如此，其中以2—3个动词连用为常见。例如：

pʌ^{33} kʰɔ^{31} la^{31} 换回来

换 回 VEN

gɔ^{31} kʰɤ^{33} la^{31} 拔下来

拔 下 VEN

kui^{31} ke^{33} ɣɯ^{31}ɕɛ^{33} 回去休息

回 去 歇息

ɣa^{33} si^{55} tsɤ^{31} 杀鸡吃

鸡 杀 吃

六 形容词

形容词主要是对事物性质或状态起到修饰、限制、区别的作用。例如：

ven^{31} 远	nɔ^{31} 近	na^{55} 深	ɕɛ^{31} 清	tʂʰa^{31} 浑
di^{31} 圆	pa^{33} 扁	pa^{33} 方	tsʰi^{33} 尖	pʰin^{31} 平
bɯ^{55} 肥	na^{31} 瘦	bɯ^{55} 胖	xai^{24} 瘦	miɛ^{31} 多
xan^{31} 重	lɔ^{31} 轻	tʂo^{31} 直	pʰi^{33} 陡	kɔ^{31} 弯

（一）形容词的类别

苦聪话的形容词可以分为性质形容词和状态形容词两类。

1. 性质形容词

苦聪话性质形容词以单音节居多，没有“级”的范畴，但是有程度加深的表达方式。在苦聪话中，性质形容词最基本的句法功能是充任定语和谓语成分。

（1）受程度副词修饰

苦聪话形容词可受程度副词ʑɛ^{55}“很”、lau^{31}ʂi^{31}“非常”、ken^{35}“更”修饰。

第一，程度副词ʑɛ^{55}“很”在固有词中使用频率最高，后置于形容词。例如：

tʂʰo^{33} nɤ^{33} ʑɛ^{55} 人很好

人 好 很

kʰo^{31} mo^{33} ʑɛ^{55} 楼很高

楼 高 很

tʂʰo^{33} la^{55} ʑɛ^{55} 人很聪明

人 聪明 很

tsʰi^{31}si^{33} ɤ^{24} ʑɛ^{55} 珠栗果很大

珠栗果 大 很

第二，ken^{24}“更”是汉语借词，苦聪话在借入这个词的同时，也将汉语中修饰语前置的语序一同借入。例如：

kʰai^{24} tɤ^{31} ma^{31} tʂʰo^{33} ken^{24} la^{55}?

哪 一 个 人 更 聪明

哪一个人更聪明？

kʰa^{33}ga^{55}mo^{33} tʂʰo^{33} ken^{24} miɛ^{31}.

城里 人 更 多。

城里的人更多。

第三，使用“ADJ＋niɛ^{33}＋ADJ”的构式表达形容词的最高程度。例如：

kɤ^{33}mo^{31} tu^{31}ku^{33} ʐɛ^{33} vɤ^{31} p^{h}u^{33} niɛ^{33} p^{h}u^{33}.

山 顶 POSS 雪 白 了 白

山顶的雪最白。

ɣɔ^{31} ʐɛ^{31}xɔ^{33} k^{h}a^{33}xɔ^{55} a^{31}pa^{33}la^{33} miɛ^{31} niɛ^{33} miɛ^{31}.

他 家里 村里 钱 多 了 多。

他家是全村最富的。

（2）受否定副词“不”修饰

在苦聪话形容词中，性质形容词可以受否定副词mɤ^{31}“不”的修饰。否定副词位于性质形容词之前，即作用方向向右，属于前进型（forward-type）。例如：

mɤ^{31} ven^{31} 不远　　　　mɤ^{31} nɔ^{31} 不近

NEG 远　　　　NEG 近

另外，形容词还可以与mɤ^{31}构成“ADJ＋mɤ^{31}＋ADJ”的构式。这有以下两种情况：

① 单音节形容词重叠时将否定词（NEG）mɤ^{31}嵌在两个音节之间，构成ANA式。例如：

miɛ^{33} mɤ^{31} miɛ^{33} 熟不熟　　　　ɤ^{33} mɤ^{31} ɤ^{33} 大不大

熟 NEG 熟　　　　大 NEG 大

tsɤ^{31} mɤ^{31} tsɤ^{31} 窄不窄　　　　fʌ^{33} mɤ^{31} fʌ^{33} 热不热

窄 NEG 窄　　　　热 NEG 热

k^{h}a^{33}xɔ^{55} ven^{31} mɤ^{31} ven^{31}? 村子远不远?

村子 远 NEG 远

村子远不远?

sa^{33}si^{31} ɤ^{33} mɤ^{31} ɤ^{33}?

苹果 大 NEG 大

苹果大不大?

② 苦聪话固有词中双音节形容词较少，构成选择问句时可将否定词加在两个重叠音节之间，重叠时可以只重叠前一音节，也可以两个音节均重叠。例如：

ɕin^{33}pin^{31} liɛ^{31} mɤ^{31} liɛ^{31}fu^{33}?

新平 暖 NEG 暖和

新平暖不暖和?

ʐɔ^{33}k^{h}a^{33}ʐɤ^{31} ʐɤ^{33}ka^{55} mɤ^{31} ʐɤ^{33}ka^{55}?

小伙子 可怜 NEG 可怜

小伙子可怜不可怜?

2. 状态形容词

状态形容词不受程度副词修饰。这类形容词主要通过性质形容词的重叠、加衬音等方式来构成。

（1）重叠形式

① AA式。例如：

ɤ³³ 大——ɤ³³ɤ³³ 大大　　　　lɔ³¹ 轻——lɔ³¹lɔ³¹ 轻轻

AA式的形容词一般在句子中做状语。例如：

lu³³　lu³³　tsɤ³¹!

慢　慢　吃

慢慢吃！

② AABB式。例如：

pʰiɛ³³　pʰiɛ³³　lɛ³³　lɛ³³ 火辣辣　tsʰa³¹　tsʰa³¹　ɕɛ³³　ɕɛ³³ 干干净净

辣　辣　CRS　CRS　干　干　净　净

AABB式四音格词一般在句中充任谓语成分。例如：

kɤ³³mo³¹　ka⁵⁵ka⁵⁵tsʰi³¹tsʰi³¹,　tʂʰo³³　tɤ³¹ɤ³³　mɤ³¹.

山　冷冷清清　人　一个　没有

山里冷冷清清的，一个人都没有。

pʰɤ³³kɤ³³　tsʰa³¹tsʰa³¹kʰɤ³³kʰɤ³³.

衣服　破破烂烂

衣服破破烂烂的。

（2）带衬音的状态形容词

用衬音构成的状态形容词有两种表达方式，第一种是在颜色形容词前加前缀a³¹，第二种是在量度形容词前加前缀kʰɤ³¹构成。例如：

a³¹ni³³ku³³lu³³ 红红（的）　　　　a³¹pʰu³³pʰu³³ 白白（的）

kʰɤ³¹sɤ³³sɤ³³ 长长（的）

sa³³si³¹　kʰɤ³¹ɤ³³ɤ³³.

水果　大大的

水果大大的。

（二）名物化

苦聪话形容词名物化的构成方式主要是在形容词前加前缀a³¹，或者在其后加名物化标记ʑɛ³³、ɛ³³或si³³。

第一，在性质形容词前加a³¹。例如：

sɤ^{33} 新 —— a^{31}sɤ^{33} 新的　　　　bi^{24} 旧 —— a^{31}bi^{24} 旧的

a^{31}ni^{33}　ʂi^{35}　va^{31}vi^{33},　a^{31}non^{31}　ʂi^{35}　a^{31}p^{h}iɛ^{31}.

红的　COP　花　　绿的　COP　叶

红的是花，绿的是叶。

第二，在性质形容词后加名物化标记ʑɛ^{33}、ɛ^{33}或si^{33}。例如：

bɛ^{33} 胖 —— bɛ^{33}ʑɛ^{33} 胖的　　　　fʌ^{33} 热 —— fʌ^{33}ʑɛ^{33} 热的

ŋa^{31}　p^{h}iɛ^{33}　ʑɛ^{33}　tsɤ^{33}　mɛ^{24}.

我　辣　NMLZ　吃　要

我想吃那个辣的。

ʐa^{31}ni^{33}　ɣɔ^{31}　ka^{31}　ʑɛ^{33}　mɤ^{31}　tsɤ^{33}　mɛ^{24}.

今天　她　冷　NMLZ　NEG　吃　要

她今天不想吃冷的。

kɤ^{33}mo^{31}t^{h}au^{35}　ʑɛ^{33}　vɤ^{31}　p^{h}u^{33}　si^{33}/ɛ^{33}.

山上　RM　雪　白　NMLZ

山上的雪是白的。

（三）形容词的语法功能

苦聪话的形容词可以做定语、状语、补语、谓语等句法成分。

1. 做定语

形容词做定语修饰名词时有两种语序，“名 + 形”语序和“形 + 名”语序。以使用修饰语后置的“名 + 形”语序为优势，少部分结构使用修饰语前置的“形 + 名”语序。例如：

vɤ^{31}　na^{33}　mɤ^{33} 大黑蛇　　　　dzɤ^{31}　si^{33} 黄酒

蛇　黑　大　　　　酒　黄

nɔ^{31}　tʂ^{h}o^{33}　nɤ^{33}　tɤ^{31}　ɣɤ^{33}.

你　人　好　一　个

你是一个好人。

ni^{33}gai^{31}　si^{33}　tʂ^{h}o^{33}　nɤ^{33}.

好看　RM　人　好

好看的好人。

2. 做状语

除了前文讨论过的副词做状语的情况外，重叠式形容词也可以做状语。例如：

lu^{33}lu^{33}　tsɤ^{31} 慢慢吃　　　　a^{31}lu^{33}lu^{33}　lɔ^{33}　ta^{24} 耐心地等待

慢慢　吃　　　　慢慢　等　CON

3. 做补语

苦聪话的形容词做补语时位于动词之后，且形容词多与完成体助动词pɔ²⁴搭配使用表完成义。例如：

ŋɛ³⁵　ʑɛ³³　piɛ³³　nɤ³³　pɔ²⁴.
我　房子　盖　好　PFV
我的房子盖好了。

ɣɔ³¹　lɤ³³　mon³¹tsʰɤ³³　lu³³　na³³　pɔ²⁴.
他　OM　太阳　晒　黑　PFV
他被太阳晒黑了。

pʰɤ³³kɤ³³　kɔ⁵⁵　sa⁵⁵　pɔ²⁴.
衣服　扯　破　PFV
衣服扯破了。

4. 做谓语

苦聪话很多形容词可以直接做谓语，具有描写意义。状态形容词一般可以自由做谓语，性质形容词做谓语时大多要加标记词，才可以构成完整的句子。在性质形容词充任谓语的句子中，可在形容词后加上语气词ʑɛ²⁴或体助动词pɔ²⁴，表示开始的意义或完成的意义。例如：

mon³¹　fʌ³³　ʑɛ²⁴.
天　热　MOOD
天气热了。（表起始）

sa³³si²⁴　miɛ³³　pɔ²⁴.
水果　熟　PFV
水果熟了。（表完成）

七　副词

苦聪话的副词可分为本民族固有副词和汉借副词两种。其中，汉借副词主要由当地汉语方言音译而来，如ʑi³¹tin³⁵“一定”、ʑou³⁵/xa³¹/xai³¹“再，又”、xai³³“都”、ken³⁵“更”等。此外，苦聪话中副词的句法功能主要是做状语，修饰形容词或动词性成分，可分为程度副词、范围副词、时间副词、方式副词、肯定副词和否定副词等小类。

（一）程度副词

表示程度的副词主要功能是修饰动词和形容词，用于表达动作行为或性质状态的程度。

苦聪话中主要有 ʐɛ^{55}“很”、a^{33}tsi^{35}“一点”及借自汉语的 ken^{35}“更”等。例如：

tɤ^{31}ma^{31} lɤ^{33}a^{31}miɛ^{33} mon^{31}tʂ̩^{h}ɤ^{33} ku^{31} ni^{33}gʌ^{31} ʐɛ^{55}.

一个 名字 太阳 叫 英俊 很

一个孩子叫做太阳，长得很英俊。

ts^{h}i^{33} tɤ^{31} pɤ^{31} a^{55}k^{h}ɔ^{31} nɤ^{33} lɛ^{31} nɤ^{33}ɛ^{33}, k^{h}ɤ^{31}si^{24} tsɤ^{55} a^{33}tsi^{35} mo^{33} ʐɛ^{24}.

这 一 把 刀 好 是 好 就是 价钱 一点 高 MOOD

这把刀好是好，就是太贵了点。

a^{31}zɔ̩^{31}p^{h}ɤ^{33} ma^{33} ɕɛ^{33}vi^{33} tsɔ^{31}, k^{h}ai^{24} tɤ^{31}ma^{31} ma^{33} ken^{35} la^{55}?

老丈人 姑爷 三个 有 哪 一个 姑爷 更 聪明

老丈人有三个姑爷，哪一个姑爷更聪明？

从上述例子可以看出，苦聪话副词的位置较灵活，可以采用“形＋副”或“副＋形”两种语序。

（二）范围副词

常见的范围副词主要有 xai^{33}“都”、lɛ^{31}“也”、i^{55}tson^{33}“全部”等。例如：

ɣɔ^{33} tɤ^{31}ʐɛ^{33} tʂ̩^{h}o^{33} ŋa^{31} i^{55}tson^{33} si^{33}pɤ^{55}.

他 一家 人 我 全部 熟悉

他全家人我都熟悉。

tso^{33}kɔ^{35}tso^{33}la^{31} tɤ^{31}k^{h}ɔ^{31} ka^{24} pɔ^{24} xai^{33} mɤ^{31} ka^{24} t^{h}iɛ^{33}.

连连续续 一年 挖 PFV 都 NEG 挖 断

连续挖了一年都挖不完。

（三）频率副词

苦聪话中常见的时间副词主要有 k^{h}a^{31}t^{h}a^{31}“经常”、la^{55}la^{55}“忽然”、liɛ^{31}“也”及汉语借词 ʐou^{35}“又”、xai^{31}“还”、tsai^{35}“再”等。例如：

ɣɔ^{31} k^{h}a^{31}t^{h}a^{31} ɕin^{33}piŋ^{24} ke^{33}.

他 经常 新平 去

他经常去新平。

ŋa^{31} liɛ^{31} ke^{33} mɛ^{24}.

我 也 去 要

我也要去。

tsa^{33}sa^{33} ʐou^{35} tɤ^{31}tso^{31} dɔ^{31} tɔ^{33}la^{31}.

张三 又 一种 想 出来

张三又想出一种办法。

ŋʌ^{31}　xai^{31}　ti^{31}　tɔ^{33}lɔ^{33}.

鱼　又　活　起来

鱼儿又活了。

tsai^{24}　mo^{33}　tɔ^{53}la^{33}　mon^{31}　tʰa^{31}　tʂʰo^{33}　lɤ^{33}　ti^{31}　ʐɔ^{33}.

再　高　起来　天　上　人　OM　顶　CON

再高一点就顶到天上了。

（四）方式副词

常见的方式副词主要有 tsʰi^{33}kɛ^{33} “这样”、i^{33}kɛ^{33} “那样”、kʰai^{24}kɛ^{33} “怎样”等。例如：

i^{33}kɛ^{33}　ɤ^{31}tɔ^{33}　kai^{33},　mon^{31}tso^{31}ʐɤ^{31}　ken^{35}　mɤ^{31}　dɔ^{31}　pɤ^{31}　ɣa^{31}.

那样　回复　听见　天兵天将　更　NEG　想　PFV　MOOD

听见那样回复，天兵感觉到更加奇怪了。

nɔ^{31}　kʰai^{24}kɛ^{33}　ka^{24}　ŋa^{31}　mɤ^{31}　kɯ^{33},　ŋa^{31}　kɯ^{33}　si^{33}　tʰoŋ^{31}tin^{33}　ʑaŋ^{31}tin^{33}.

你　怎样　挖　我　NEG　怕　我　怕　RM　铜钉　洋钉

你无论怎样挖我都不怕，我怕的是铜钉和洋钉。

（五）否定副词

苦聪话中的否定副词主要有三个：mɤ^{31} “不 / 没”、ma^{31} “不 / 没”和 tʌ^{31} “别 / 莫 / 勿”。其中 mɤ^{31} 和 ma^{31} 用于否定陈述句中，两者在句法功能上没有差别；而 tʌ^{31} 用于否定性祈使句，表达的语气较强硬。例如：

sɤ^{33}mɤ^{33}　mɤ^{31}　ti^{33}.

玉米　NEG　种

不种玉米。

tsʰi^{33}　tɤ^{31}　ma^{31}　a^{35}tʰi^{31}tʰi^{31}　ʐu^{31}　kʰɤ^{33}　ʐu^{31}　ta^{33}　mɤ^{31}　nɤ^{33},　nɔ^{31}　tʌ^{31}

这　一　个　东西　拿　去　拿　来　NEG　容易　你　NEG

ʐu^{31}　ʑɔ^{33}.

拿　MOOD

这个东西拿来拿去太费事了，你就别拿了。

（六）肯定副词

肯定副词主要借用汉语的 ʑi^{31}tin^{35} “一定”来表达。例如：

nɔ^{31}ɣɯ^{33}　ni^{31}ma^{31}　ʑi^{31}tin^{35}　xɤ^{33}　kʰɤ^{33}men^{53}tɛ^{31}　su^{33}ʂɤ^{33}.

你们　两个　一定　要　好好地　学习

你们俩一定要好好地学习。

si^{33}vi^{33} a^{33}t^{h}i^{31}t^{h}i^{31} gu^{33}ba^{53} pɤ^{33}lɛ^{31} ʐi^{31}tin^{35} pi^{31}k^{h}ɔ^{31} mɛ^{24}.

人家 东西 弄坏 了 一定 赔偿 MOOD

弄坏了人家的东西是一定要赔偿的。

八　助词

苦聪话的结构助词主要有宾语助词和定语助词等。

（一）宾语助词

新平苦聪话宾语助词 lɤ^{33} 位于宾语之后。例如：

nɔ^{31} k^{h}a^{31}kiɛ^{55} ti^{33} ŋa^{31} lɤ^{33} t^{h}i^{33} nɛ^{33}?

你 怎么 做 我 OM 踢 呢

你怎么踢我呢？

zɔ^{31}p^{h}ʌ^{31} ma^{55} lɤ^{33} nʌ^{33} na^{33}: “k^{h}a^{31}kɛ^{33}ti^{33} ts^{h}i^{33} lɔ^{55} mɤ^{31} t^{h}iɛ^{31} tu^{33} tɔ^{33} ɣa^{33}?”

岳父 女婿 OM 问 瞧 为什么 这 秧苗 NEG 抬 站 起 得

岳父问女婿：“这秧苗为什么立不起来？”

ɣɔ^{31} nɔ^{31} lɤ^{33} kiɛ^{33} na^{31} pɔ^{24}.

他 你 OM 气 病 PFV

你把他气病了。

（二）定语助词

新平苦聪话的定语助词 si^{33} 用在定语后面。其所附加的定语可分为以下几种情况。

1. 定语是形容词。例如：

ni^{33}gai^{31} si^{33} ʐɤ^{31}mi^{31} 漂亮的姑娘　　mo^{33} si^{33} kɤ^{33}mo^{31} 高的山

漂亮 RM 姑娘　　高 RM 山

2. 定语是人名、疑问代词或地点名词。例如：

li^{31}pu^{35}tɤ^{31} si^{33} ʐɤ^{31}ɣɤ^{31}.

李 布 德 RM 手 下

李布德的手下。

a^{55}si^{55} si^{33} p^{h}ɤ^{33}kɤ^{33}?

谁 RM 衣服

谁的衣服？

min^{31} t^{h}a^{31} si^{33} sa^{24}bɔ^{33}si^{33}tʂ^{h}o^{33} ɣʌ^{31}pɤ^{35} ɣɔ^{31}nɔ^{35}, mon^{31}ts^{h}ɤ^{33} lɤ^{33} lu^{55} vi^{33}.

地 上 RM 猎人 得到 以后 太阳 OM 晒 干

地上的猎人得到了猎物后，通过太阳晒干。

3. 定语是小句。例如：

a^{55}si^{33} vɤ^{31} si^{33} ʂu^{33}?

谁 买 RM 书

谁买的书？

ŋa^{31} zɤ^{33}men^{33} si^{33} mon^{31}min^{31}.

我 干活 RM 地方

我干活的地方。

（三）转指标记 / 名物化标记

关于苦聪话中的名物化标记si^{33}，我们已经讨论过了，而转指结构中的转指标记si^{33}与名物化结构中的si^{33}同形，均来自定语助词/关系化标记。下面分为几种具体的情况加以举例说明。

1. 代替人或物。例如：

ts^{h}i^{33} ni^{31} pɤ^{31} k^{h}ɔ^{33} ŋɛ^{35} si^{33} zɔ^{24}.

这 两 把 伞 我 NMLZ COP

这两把雨伞是我的。

kɤ^{33}mo^{31} t^{h}au^{35} zɛ^{33} vɤ^{31} p^{h}u^{33} si^{33}.

山 上 RM 雪 白 NMLZ

山上的雪是白的。

2. 指称某一类人或物。例如：

zɔ^{33}k^{h}a^{55} si^{33} 男的　　i^{55}ka^{33} fu^{55} si^{33} 潜水的

男 NMLZ　　水 潜 NMLZ

3. 表示某种情况或原因等。例如：

te^{21}ts^{h}ɔ^{35} mɤ^{31} tsɔ^{31} si^{33}, nɔ^{31} k^{h}a^{31}kiɛ^{55} k^{h}i^{35}e^{31}?

一样 NEG 有 NMLZ 你 什么 着急

无缘无故的，你着什么急？

tɤ^{31}ni^{33} tsɔ^{31} si^{33}, ti^{31}tʂ^{h}o^{33} si^{33} i^{55}ka^{33} ɣɤ^{31}k^{h}a^{31} xɔ^{33} k^{h}a^{31} ɤ^{33} ɤ^{33}

一天 有 NMLZ 嫡人 RM 水 渠道 里 多 大 大

tsɔ^{31} ta^{24}.

有 CON

有一天，嫡人水沟里有一个很大的东西堵着。

4. si³³前后用相同的动词、形容词等，表示“有这样的”或“有那样的”的意思。例如：

nan³³ si³³ nan³³, gɔ³¹ si³³ gɔ³¹.
推 NMLZ 推 拉 NMLZ 拉
推的推，拉的拉。

mɔ³³ si³³ mɔ³³, kʰo³¹ si³³ kʰo³¹.
凸 NMLZ 凸 凹 NMLZ 凹
凸的凸，凹的凹。

（四）领属标记

领属结构的基本构成形式为“领有者＋领属标记＋被领有者”，苦聪话的领属标记有四个，分别是ve³³、si³³、ɛ³³、i³³。

1. 以ve³³为标记的领属结构

（1）表个体领属关系。例如：

tsa³¹la³³ ve³³ ʑɤ³¹pa³³ 扎拉的儿子
扎拉 POSS 儿子

nɔ³¹ɣɯ³³ ve³³ kʰa³³xɔ³³ 你们的村子
你们 POSS 村子

pʰʌ³¹ ve³³ ɣɔ³¹nɔ³³ 狗的后面
狗 POSS 后面

a⁵⁵tɕɛ³¹ ve³³ ʂu³³ 姐姐的书
姐姐 POSS 书

（2）表亲属、集体关系。例如：

nɔ³¹ɣɯ³³ ve³³ a³³bu³¹ 你们的爷爷
你们 POSS 爷爷

ɣɔ³³ɣɯ³³ ve³³ a³³tʂʰo³¹ 他们的朋友
他们 POSS 朋友

ŋa³¹ɣɯ³³ ve³³ ʂu³³ʂɤ³³ɣɔ³³ 我们的学校
我们 POSS 学校

（3）表达所有权关系。例如：

ɣɔ³³ɣɯ³³ ve³³ ɣɯ³¹ ʐɤ³³ 他们的水田
他们 POSS 水 田

2. 以ɛ³³和ve³³为双重领属标记的领属结构。例如：单数人称代词做领有者的时候，需用双重领属标记，领属结构为“领有者＋领属标记ε^{33}＋领属标记ve^{33}＋被领有者”。例如：

ŋa^{31}　ε^{33}　ve^{33}　ʑε^{24} 我的妈妈

我　POSS　POSS　妈妈

nɔ^{31}　ε^{33}　ve^{33}　ʑɤ^{31}pa^{33} 你的儿子

你　POSS　POSS　儿子

ɣɔ^{33}　ε^{33}　ve^{33}　a^{33}bu^{31} 他的爷爷

他　POSS　POSS　爷爷

ŋa^{31}　ε^{33}　ve^{33}　min^{33}gɯ^{31} 我的土地

我　POSS　POSS　土地

不过值得注意的是，在语流中苦聪话单数人称代词做领有者时，它和领属标记ε^{33}就会出现合音现象，且已成为优势的表达方式。我们认为，这是历史原因导致了这两个领属标记并存的情况。目前，二者正处于竞争阶段。遵循经济原则，领属标记ve^{33}保留，而领属标记ε^{33}则与前一音节合并为同一音节，这已经成为领属格的专用表达形式。这样一来，领属格就最好分析为是通过词的内部屈折变化来实现的。例如：ŋa^{31}ε^{33}——ŋε^{35}“我的”、nɔ^{31}ε^{33}——niε^{35}“你的”、ɣɔ^{31}ε^{33}——ɣε^{35}“他的”。再如：

ŋε^{35}　p^{h}ʌ^{31}　k^{h}ai^{24}kau^{24}　ke^{33}　ʑɔ^{33}　nε^{33}?

我的　狗　哪里　去　TAM　INTER

我的狗去哪里了？

niε^{35}　p^{h}ɤ^{33}kɤ^{33}　k^{h}ai^{24}kau^{24}　tsɔ^{31}　ta^{24}?

你的　衣服　哪里　有　CON

你的衣服在哪里？

ɣε^{35}　ʑau^{33}　tʂ^{h}o^{33}　k^{h}ai^{24}kau^{24}　ke^{33}　ʑau^{33}　nε^{33}?

他　家　人　哪里　去　TAM　INTER

他家里人去哪里了？

由此看出，领属格的屈折变化涉及到两个方面：一是元音高化；二是声调变化，即从低降变为中升调。不过，需要指出的是，苦聪话的领属格仅限于单数人称代词，不能推及复数人称代词，更不能推及到名词。

3. 以i^{33}为领属标记的领属结构。例如：

ts^{h}i^{33}　ʂi^{35}　ŋa^{33}　i^{33}　la^{31}kɔ^{31}，　mi^{33}　ʂi^{35}　nɔ^{31}　i^{33}　la^{31}kɔ^{31}.

这　COP　我　POSS　手镯　那　COP　你　POSS　手镯

这是我的手镯，那是你的手镯。

4. 以 si^{33} 为标记的领属结构。例如：

ŋa^{31} si^{33} ʐɛ^{24}.　　　　ɣɔ^{31} si^{33} ts^{h}i^{31}.

我 POSS 母亲　　　　他 POSS 山羊

我的母亲。　　　　他的山羊。

ɣɔ^{31} si^{33} a^{31}sa^{55} tsɤ^{33}.

他 POSS 气味 找

找他的气味。

ɣɔ^{31}ɣɯ^{33} si^{33} k^{h}a^{55}k^{h}o^{31}k^{h}o^{31}lo^{33} pu^{31}.

她们 POSS 篮子 背

背她们的篮子。

（五）伴随标记

苦聪话的伴随标记为后置词 k^{h}ɯ^{33}，后置于伴随者，符合拥有基本语序为 SOV 语言的普遍语法共性。例如：

nɔ^{31} ɣɤ^{31} ga^{55}ʐau^{31}, ŋa^{31}xɯ^{33} k^{h}ɯ^{33} la^{31} niɛ^{33} tɤ^{31}tɕu^{31} mɤ^{33} ta^{31} lɤ^{33}.

你 力气 大 我们 COMIT 来 CONJ 一起 住 CON MOOD

你有这么大的力气，来我们这里跟我们同甘共苦。

liɛ^{33}tʂ^{h}o^{33} k^{h}ɯ^{33} pɤ^{31}si^{33} tɔ^{33}la^{31}, pɤ^{31}si^{33} ta^{24}kɤ^{33}, ʐɛ^{31}tʂ^{h}o^{33} a^{33}kɔ^{35} ʐu^{31}

野人 COMIT 打架 起来 打架 时候 家人 镰刀 掏

tɔ^{33}la^{31} liɛ^{33}tʂ^{h}o^{33} ʐɛ^{33} k^{h}ɯ^{33}pa^{24} pɯ^{55} t^{h}iɛ^{33} vɤ^{33}.

出来 野人 POSS 脚 砍 断 MOOD

跟野人打斗的时候，家人就抽出他的镰刀，砍断了野人的一只脚。

九　连词

苦聪话的连词可分为并列连词、选择连词、承接连词、转折连词、假设连词、因果连词、目的连词等类。

（一）并列连词

苦聪话的固有词中没发现并列连词，也可能是并列连词已在固有词中消失。苦聪话现在是用汉语借词 xɯ^{33} “和” 连接并列复句。例如：

su^{24}ma^{24} xɯ^{33} su^{24}sɤ^{33}si^{33} ts^{h}au^{33}ts^{h}aŋ^{31} t^{h}au^{35} gɯ^{31}.

老师 和 学生 操场 上 玩

老师和学生们在操场上玩。

另外，还可以用连接词tɤ^{31}pɤ^{33}…tɤ^{31}pɤ^{33}…“一边……一边……”连接表达等立关系的并列复合句。例如：

ɣɔ^{31}ɣɯ^{33}　tɤ^{31}pɤ^{33}　men^{31}　tɤ^{31}pɤ^{33}　pɔ^{33}.

他们　一边　唱　一边　跳

他们边唱边跳。

（二）选择连词

表示选择关系的连词主要有两个，分别是后置连词 miɛ^{33}niɛ^{33}“或/或者”和前置连词 mɤ^{33}tɕu^{33}“是……还是……”。例如：

ʑo^{31},　i^{33}kɛ^{33}　nɔ^{31}　mon^{31}lɔ^{31}kɔ^{33}　dzu^{31}　miɛ^{33}niɛ^{33}　mon^{31}ʑa^{55}　dzu^{31}　miɛ^{33}niɛ^{33}?

好　这样　你　白天　走　或者　晚上　走　或者

好，那你要白天走还是晚上走呢？

a^{31}pɔ^{35}si^{24}　ga^{55}mo^{33}　miɛ^{33}niɛ^{33}　a^{35}pɔ^{31}si^{24}　k^{h}ai^{24}　tɤ^{31}　ʑa^{33}　vɤ^{31}ɛ^{33}　ta^{31}.

苹果　大　或者　香蕉　哪　一　种　买　可以

买大苹果或香蕉都可以。

tsa^{31}ɕi^{33}　lɤ^{33}　men^{33}xa^{24},　mɤ^{33}tɕu^{33}　k^{h}a^{31}tɕa^{33}　men^{33}xa^{24}?

扎西　TOP　留下　还是　卡佳　留下

是扎西留下，还是卡佳留下？

（三）承接连词

表示承接关系的连词主要是 ko^{33} 或 tɕu^{35}“就”。其中，ko^{33} 为固有词，tɕu^{35} 为当地汉语借词。例如：

nɔ^{31}　ni^{33}gʌ^{31},　nɔ^{31}　mon^{31}lɔ^{33}kɔ^{33}　dzu^{31},　ŋa^{31}　ko^{33}　mon^{31}ʑa^{31}　dzu^{31}　mai^{33}.

你　好看　你　白天　走　我　就　晚上　走　INTRJ

你长得英俊白天走，我（长得丑）就晚上走吧。

xa^{55}k^{h}o^{31}　xɔ^{33}　k^{h}a^{31}gɛ^{55}　si^{33}　tsɤ^{31}lu^{33}　tsɔ^{31}　ɛ^{33},　k^{h}ɤ^{31}t^{h}a^{31}　tsɤ^{31}　pɤ^{31}　pɤ^{33}.

岩洞　里　什么样　RM　食物　有　NMLZ　什么时候　吃　PFV　MOOD

tɕu^{35}　k^{h}ɤ^{31}t^{h}a^{31}　a^{31}dzi^{33}pɔ^{24}　ke^{33}　niɛ^{33}　zu̧^{31}　liɛ^{31}.

就　什么时候　外面　去　CONJ　拿　吃

岩洞里有丰富的食物，想吃什么就有什么，偶尔吃完了就到外面找。

ɣɔ^{31}　kɔ^{31}la^{31}　ɣɔ^{31}nɔ^{35},　ʑɛ^{31}ʂɤ^{33}　tɕu^{35}　ʑɛ^{31}xɔ^{33}　ta^{55}　ta^{31}ta^{24}.

他　回来　以后　木头　就　家里　抬　放着

他回来之后，（发现）木头就在他家里放着。

（四）转折连词

表示转折关系的连词主要是liɛ^{31}…tan^{24}…“也……但是……”、liɛ^{31}…k^{h}ɤ^{31}si^{24}…“是……就是……”等。例如：

ŋa^{31} le^{31} mɤ^{31} ke^{33} gʌ^{31}kɛ^{33} dɔ^{31},

我 也 NEG 去 那样 想

tan^{24} tɤ^{31}gʌ^{31}men^{31} ta^{35} mɤ^{31} ko^{33} nɤ^{33}.

CONJ 当面 CON NEG 说 好

虽然我也不想去，但又不便当面说。

ɣɔ^{31} mɤ^{33} ke^{33} liɛ^{31} tɛ^{24}, tan^{24} nɔ^{31} mɤ^{33} ke^{33} mɤ^{31} ta^{31}.

他 NEG 去 也 行 但 你 NEG 去 NEG 行

他不去也行，但你不去不行。

ts^{h}i^{33} tɤ^{31} pɤ^{31} a^{55}k^{h}ɔ^{31} nɤ^{33} liɛ^{31} nɛ^{33}, k^{h}ɤ^{31}si^{24} tsɤ^{55} a^{31}tsi^{33} mo^{33} ʐɛ^{24}.

这 一 把 刀 好 是 好 就是 钱 一点 高 MOOD

这把刀好是好，就是太贵了点。

（五）假设连词

表示假设关系的连词有i^{33}kɛ^{55}…ko^{33}…“如果……就……”。例如：

mon^{33} i^{33}kɛ^{55} niɛ^{33} kɛ^{55} ko^{33} la^{31}, ŋa^{33}ɣɯ^{33} ko^{33} sɤ^{33}mɤ^{33} su^{33} si^{33} ke^{33}.

天 那样 CONJ 好 话 来 我们 就 玉米 收 NMLZ 去

如果天气好的话，我们就收玉米去。

表示假设关系的连词还有汉语借词tʂ^{h}i^{55}ʐou^{53}“只有”、固有词xie^{33}“才”。例如：

tʂ^{h}i^{55}ʐou^{53} ɣɔ^{31}kɔ^{33} gu^{33} k^{h}o^{33}, k^{h}a^{33}xɔ^{33} xie^{33} nɤ^{33} pɛ^{33}.

只有 路 修 通 村子 才 好 会

只有路修通，村子才能好。

（六）因果连词

表示因果关系的连词用“…（lie^{31}），i^{33}kiɛ^{55}那样/kiɛ^{55}xɤ^{33}这样…”的结构来表达。例如：

ŋa^{31} tɤ^{31}kɔ^{33}tɤ^{31}mɤ^{33} nu^{31}zɔ^{33} ʐie^{24}, i^{33}kie^{55} niɛ^{33} a^{31}tsi^{35} na^{55} mɤ^{31} ke^{33} gʌ^{31}.

我 全身 软酸 MOOD 那样 CONJ 一点 都 NEG 去 想

因为我实在太累了，所以一点都不想去。

ɣɔ^{31} ts^{h}i^{33}kɛ^{53} kɔ^{24} za^{24}, tu^{31} lie^{31} kiɛ^{55}xɤ^{33} ʐau^{24}.

他 这样 过 难 赌 CONJ 这样 EMPH

他之所以穷，是因为赌博。

（七）目的连词

表示目的关系的连词有 kɤ^{31}tɤ^{33}“为了”。例如：

ŋa^{31}ɣɯ^{33}　kʰɤ^{33}mɯ^{55}gɯ^{33}　fen^{35}kʰɤ^{33}　miɛ^{33}　miɛ^{33}　ta^{31}　ta^{24},　kɤ^{31}tɤ^{33}　ni^{31}ʑa^{55}kʰɔ^{31}

我们　现在　肥料　多　多　摆　CONJ　为了　明年

tsɤ^{31}lu^{33}　kʰɤ^{31}　miɛ^{33}　miɛ^{33}　su^{33}ɣ^{33}.

粮食　去　多　多　收

我们现在多积肥，是为了明年多打粮食。

表示目的关系的连词还可以用“kiɛ^{55}xɤ^{33}…”结构来表达。

ʑɛ^{31}　gu^{33}　kiɛ^{55}xɤ^{33},　ɣɔ^{31}　nu^{31}　xɔ^{31}　pɔ^{24}.

房子　修　这样　他　牛　卖　PFV

为了修房子，他把牛卖了。

（八）苦聪话连词中的汉语借词

苦聪话连词中的 tan^{31}“但（是）”、tɕu^{35}“就”、piɛ^{33}…piɛ^{33}…“边……边……”、ʑɛ^{31}…ʑɛ^{31}…“越……越……”、kʰɤ^{31}si^{24}“就是，可是”等都是借自当地汉语方言，而且越来越多的人习惯用这些连词表达复句。例如，固有词 tɤ^{31}pɤ^{33}“一边”使用频率逐渐降低，而汉语借词 piɛ^{33}“边”更多地运用在日常交流中。例如：

ɣɔ^{31}ɣɯ^{33}　tɤ^{31}pɤ^{33}　pɔ^{33}　tɤ^{31}pɤ^{33}　men^{31}.

他们　一边　跳　一边　唱

他们边跳边唱。（固有词）

ɣɔ^{31}ɣɯ^{33}　piɛ^{33}　pɔ^{33}　piɛ^{33}　men^{31}.

他们　边　跳　边　唱

他们边跳边唱。（汉语借词）

十　语气词

苦聪话中的语气词，可用于表疑问和非疑问的句类中，且主要用在句子的末尾。

（一）疑问语气词

用于表达疑问的语气词有 a^{33}、nɛ^{24}、kɛ^{33}、lɤ^{33}、ɛ^{33} 等，相当于汉语的“吗”或“呢”等。例如：

tan^{35}tseŋ^{33}　ma^{31}　xɯ^{33}　ʑau^{35}　a^{33}?

当真　NEG　要　MOOD　INTER

当真不要了吗？

ts^{h}i^{33} k^{h}a^{31}kiɛ^{55} ko^{33} nɛ^{24}?

这 怎么 说 INTER

这个怎么说?

pu^{31}ɣɔ^{33}mɤ^{33} la^{31} tʂ^{h}o^{33} tʂ^{h}ɔ^{31} ti^{33} nɔ^{31} k^{h}ɛ^{33}ti^{33} xɔ^{31} nɛ^{24}?

大蚂蚁 来 人 朋友 做 你 怎么 哭 INTER

大蚂蚁和人做朋友你为什么哭呢?

nɔ^{31} niɛ^{35} te^{33} ku^{33} si^{33} kɛ^{33}?

你 你的 爸爸 叫 NMLZ INTER

你爸爸叫你了吗?

tʂ^{h}o^{33} k^{h}ɤ^{31}t^{h}a^{31} la^{31} gɯ^{31} lɤ^{33}?

人 什么时候 来 玩 INTER

客人什么时候到?

nɔ^{31} i^{33} ɔ^{24}lɔ^{31}lɔ^{31}si^{33} lɤ^{33} mɔ^{31} ɛ^{33}?

你 那 乞丐 OM 看见 INTER

你看见那个乞丐了吗?

（二）非疑问句末语气词

用于陈述句的语气词有 ɛ^{33}、pɔ^{24}、liɛ^{31}、lɔ^{33}、k^{h}o^{31} 等，其中 pɔ^{24} 来自完成体助动词的语法化。例如：

ɣɔ^{31} zi^{33} dzu^{33}k^{h}ɤ^{33} ɤ^{31} ŋɤ^{31} lu^{31} tsɔ^{31} ɛ^{33}.

他 RM 头发 四 五 庹 有 MOOD

他的头发有四五庹长的。

ŋa^{31}ɣɯ^{33}niɛ^{33} nɔ^{31} tɤ^{31}tɕu^{33}kɤ^{33} dzu^{31} mɤ^{31} ta^{31}, nɔ^{31} za^{31}tɔ^{33} pɤ^{33} ɛ^{33}.

我们 你 一同 走 NEG 行 你 害羞 会 MOOD

我们不能一起走,（否则）你会害羞的。

ma^{33}bi^{35}ʐɤ^{31}, tsan^{33}san^{33} o^{55}tsoŋ^{31} ko^{33} xɔ^{31} pɔ^{24}.

三姑爷 张三 全部 说 活 MOOD

三姑爷全部说得活灵活现。

vɤ^{31}tɕɛ^{31} k^{h}ɔ^{33} tsuai^{24} fa^{33}p^{h}i^{31} k^{h}ɔ^{33} gɤ^{31} liɛ^{31}.

竹子 哪里 有 竹鼠 哪里 啃 MOOD

哪里有竹子，竹鼠就到哪里啃。

tʂ^{h}o^{33} xɯ^{33} ni^{33} p^{h}ʌ^{31} ʐi^{35}kau^{33} men^{33} ven^{31} pɔ^{24}.

人 和 两 狗 这个地方 在 稳 MOOD

祖先和狗就在此处安家落户了。

i^{55} niɛ^{33} doŋ^{31}noŋ^{31} tɔ^{33} la^{31} ʑɛ^{31}ʂɤ^{33} tɕu^{31} ma^{31} mɔ^{31} lɔ^{33}.
睡 PFV 醒 起 来 木头 就 NEG 见 MOOD
他一觉睡醒，木头就不见了。

十一 拟声词

拟声词是指模拟事物发出的声响。苦聪话的拟声词多为重叠式。重叠式是在基式的基础上临时创造的，这也说明拟声词的能产性强。

1. o^{33}ɕi^{31}kɔ^{31}la^{31}和o^{33}ɕi^{31}o^{33}ɕi^{31}用来形容人轰赶牛羊进圈的声音。例如：
o^{33}ɕi^{31} kɔ^{31}la^{31} o^{33}ɕi^{31} kɔ^{31}la^{31}.
哦嘻 嘎啦 哦嘻 嘎啦
哦嘻嘎啦，哦嘻嘎啦。
o^{33}ɕi^{31} o^{33}ɕi^{31}.
哦嘻 哦嘻。
哦嘻，哦嘻！

2. pia^{31}lia^{31}可以表示水滴流进容器里发出的声音。例如：
i^{33}gɤ^{33} tʂ^{h}o^{33}mon^{31} ko^{33}, i^{55}ka^{31} sɤ^{55} k^{h}ɔ^{33} kɤ^{33} na^{55}po^{33} nɤ^{33} ta^{35},
以前 老人 说 水 新 接 时候 耳朵 听 CON
"pia^{31}lia^{31} pia^{31}lia^{31} pia^{31}lia^{31}".
巴啦 巴啦 巴啦
以前，老人说，接新水的时候，耳朵听着"巴啦 巴啦 巴啦"响了三下。

3. xen^{33}用来表示狗叫声。例如：
p^{h}ʌ^{31} xen^{33} xen^{33} xen^{33} liɛ^{31} ɕɛ^{33} pɤ^{31} bɔ^{31}
狗 哼 哼 哼 CONJ 三 声 叫
然后又哼哼哼地叫了三声。

4. ɔ^{31}用来形容鸡叫的声音。例如：
bɔ^{31} mon^{33} t^{h}i^{31} "ɔ^{31} ɔ^{31}" bɔ^{31} niɛ^{33} mɤ^{31}ɕɛ^{31}
叫 天 明 嗷 嗷 叫 INFX 不歇
……不停地嗷嗷叫到天亮。

十二 判断词

苦聪话中有专用的判断词xiɛ^{31}。例如：

nɔ^{31} ɣu^{31}tsa^{55} tsɤ^{31} pɤ^{31} xiɛ^{31} ma^{31} xiɛ^{31}?

你 菜 吃 完 判断词 NEG 判断词

是不是你把菜吃完了？

ʐ̥ɛ^{24}, ŋa^{31} ɣu^{31}tsa^{55} tsɤ^{31} pɤ^{31} pɔ^{31}.

COP 我 菜 吃 完 PFV

是的，我把菜吃完了。

ma^{31} xiɛ^{31}, ɣu^{31}tsa^{55} tsɤ^{31} pɤ^{31} ʂ̥i^{35} ŋa^{31} ma^{31} xiɛ^{31}.

NEG 判断词 菜 吃 完 COP 我 NEG 判断词

不是，菜不是我吃完的。

从上面的例句中我们可以看出，苦聪话没有专用的否定判断词，但有中性判断词 xiɛ^{31} 和肯定判断词 ʐ̥ɛ^{24}，且 ʐ̥ɛ^{24} 与系词同形。

第二节

短语

短语的分类依据主要有两种，一是从功能角度分类，看其在更大的语法单位中充任句法成分的能力。苦聪话按此分类的短语分为名词性短语和谓词性短语两大类。二是从内部结构角度分类，即看其内部结构类型。根据此标准，苦聪话的短语可以分为主谓短语、联合短语、同位短语、修饰短语、支配（宾述）短语、述补短语六类。本文采用第二种分类方法对苦聪话的短语进行讨论。

一 主谓短语

由主语和谓语两个成分组成。例如：

mon^{31}ni^{33}　nɤ^{33}　阳光好
太阳　好

ʂu^{33}　ʂɤ^{33}　mie^{33}　粮食丰收
粮食　收　多

lɤ^{33}pɤ^{33}　tɔ^{53}la^{31}　月亮出来
月亮　出来

a^{31}ʂɔ^{35}pɔ^{24}　k^{h}ɔ^{31}　ʂɤ^{33}　明天新年
明天　年　新

二 联合短语

联合短语，由两个或多个联合成分组成，联合成分可以由名词或动词充任，各成分之间是联合关系。苦聪话中没有固有联合标记，只有从汉语借入的词 xɤ^{33}“和”，不过作为联合标记通常也可以省略。

第一，名词性联合短语。例如：

ʐɔ^{33}k^{h}a^{33}ʐɤ^{31}　xɤ^{33}　ʐɤ^{31}mi^{31}ʐɤ^{31}
小伙子　和　小姑娘

tan^{33}　kɔ^{31}　tsen^{35}fu^{31}　nɤ^{33}　ŋa^{31}ɣɯ^{33}　lɤ^{33}　tɤ^{31}pɤ^{33}　gɔ^{31}　tɤ^{31}pɤ^{33}　tʂ^{h}ɛ^{33}.

党　国　政府　TOP　我们　OM　一边　帮助　一边　推动

党、国家和政府一边帮苦聪人扶贫，一边帮苦聪人发展。

第二，动词性联合短语。

苦聪话中两个并列的动词性短语用于表达两个动词性成分的并列关系，可以加并列标记，但以无并列标记的情况更为常见一些。例如：

ts^{h}i^{33}　tʂ^{h}ɔ^{33}　ʐɤ^{31}men^{33}　ti^{33}　piɛ^{55}　tʂ^{h}ɤ^{33}　gu^{33}　piɛ^{55}　k^{h}ai^{24}kɛ^{53}　si^{33}　le^{31}　te^{33}　piɛ^{55}.

这　人　农活　干　会　车　修　会　什么　事　都　做　会

这人会做农活，会修车，什么都会做。

ts^{h}i^{33}tɤ^{31}　ni^{33}　k^{h}ɔ^{21}　i^{55}ka^{31}　pi^{31}　ɣu^{31}kɔ^{33}　gu^{33}　ʂɤ^{33}tɕɛ^{31}　ti^{33}　si^{35}tɕ^{h}in^{31}　lau^{31}ʂi^{31}

这　一　两　年　水　给　路　修　树　种　事情　特别

mie^{33}　ʐɛ^{24}.

多　MOOD

这一两年，供水、修路、栽树，事情很多。

三　同位短语

在苦聪话中，同位短语是一种结构紧密到更接近于词的短语单位，多用于表达对所称对象的尊称。苦聪话同位短语的语序为“通名 + 专名”。例如：

a^{31}tʂ^{h}o^{31}　li^{53}fa^{31}liaŋ^{31}　朋友李发良　　dzɤ^{31}pɔ^{33}pa^{24}　a^{31}pa^{24}　酒鬼爸爸

朋友　李发良　　酒鬼　爸爸

四　定中短语

由定语和中心语两部分组成，定语可以由名词、疑问代词、方位词、形容词、数（量）词、指示词等充任，语序有定语前置和定语后置两种。

1. 名词性词语 + 名词性中心语

主要是指两个名词性词语组合以后形成定中短语。在苦聪话中，名词性定语是前置于名词性中心语 N（head）的。例如：

mɔ^{31}　ʐɤ^{31}　猴崽子　　mon^{31}　tu^{31}ku^{33}　马头　　zi^{31}pu^{33}　ʐɛ^{31}　草房子

猴子　幼儿　　马　头　　草　房子

从上述例子可以看到名词性词语与名词性词语相组合的时候，中心语 N（head）是后置于名词性定语的。

另外，“名词性定语 + 名词性中心语”结构中还有一种形式可称为领属结构，基本语序是领有者在前，被领有者居后，且结构可以有标记，也可以无领属标记。例如：

（1）有领属标记的结构。例如：

zɣ³¹niɛ³³ ʑɛ³³ pa²⁴ 孩子的爸爸
孩子 POSS 爸爸

lɔ³¹xɔ³³ zɛ³³ ŋɣ³³ 河里的鱼
河里 POSS 鱼

ŋa³¹ɣɯ³¹ ʑɛ³³ a⁵⁵tɕɛ³¹ 你们的姐姐
你们 POSS 姐姐

ɣɔ³¹ɣɯ³¹ ʑɛ³³ a³¹vi⁵⁵ 他们的表哥
他们 POSS 表哥

（2）无领属标记的结构，多用于表达不可让渡的领属关系。例如：

ŋa³¹ ʑɛ²⁴ 我妈　ŋa³¹ pa²⁴ 我爸　ŋɛ³⁵ ʑɛ³¹ 我家　ŋɛ³⁵ pʰɣ³³kɣ³³ 我的衣服
我 妈　我 爸　我 房子　我 衣服

2. 疑问代词 + 名词性中心语

疑问代词在前，修饰后面的名词中心语。中心语前若要加数量短语，语序为"疑问代词 + 数词 + 量词 + 名词"。例如：

kʰai²⁴ tɣ³¹ ma³¹ ma³³ 哪个姑爷
哪 一 个 姑爷

3. 名词性中心语 + 方所名词

名词性中心语 + 方所名词构成的方位短语也是定中结构短语。其中方所名词位于名词性词语之后，主要表示以该名词为参照的空间位置和时间位置，整体上自然也具有名词性质。例如：

li³³ tʰa³¹ 街上　pʰen³³ xɔ³⁵ 桌子下　i⁵⁵ka³³ xɔ³³ 水里
街子 上　桌子 下　水 里

lɔ³¹ pɔ³⁵ 河边　ʂɣ³³tɕɛ³¹ ka³³kɔ³³ 树中间
河 边　树 中间

4. 形容词性词语充任定语

苦聪话中形容词性词语充任定语的偏正短语可分为无标记和有标记两种。

（1）无标记情况的语序为"中心语 + 形容词性定语"，这种不需要标记的结构更广泛地用于紧缩结构中。例如：

pʰɣ³³kɣ³³ʂa⁵⁵ 破衣服　a³¹min³⁵ ga⁵⁵mo³³ 大火
衣服 破　火 大

mɔ^{31}fi^{33}　na^{33}　乌云　　　i^{33}ka^{31}　ni^{33}ku^{33}lu^{33}　浑水

云　　黑　　　　水　　红色

va^{31}vi^{33}　ni^{33}ku^{33}lu^{33}　红花

花　　红色

（2）有标记情况的语序为“形容词性定语＋内涵性定语标记si^{33}＋中心语”，这种需要加标记的短语结构更广泛地用于结构松散的短语中。例如：

liaŋ^{24}　si^{33}　a^{35}tʰi^{31}tʰi^{31}　明亮的东西

亮　　RM　东西

tʂɤ^{31}nɤ^{33}　si^{33}　sa^{24}　好吃的肉

好吃　　RM　肉

5. 数词充任定语

苦聪话中数词可以直接修饰名词性中心语。例如：

tɤ^{31}　ʑɛ^{31}　一家　　　tɤ^{31}　kʰɔ^{31}　一岁

一　　家　　　　一　　岁

6. 数量词充任定语

这类定中短语的语序为“中心语＋数词＋量词”。要注意的是，充任中心语的名词性词语不能单独与数词组合，即没有“一人、二狗”的说法，只能说“一个人、两条狗”。例如：

pʰʌ^{31}　tɤ^{31}　ma^{31}　一只狗　　　va^{21}　tɤ^{31}　ma^{31}　一头（只）猪

狗　　一　　只　　　　猪　　一　　只

nu^{53}　tɤ^{31}　kʰie^{33}　一头（条）牛　　　tsʰi^{31}　tɤ^{31}　ma^{31}　一只羊

牛　　一　　条　　　　羊　　一　　只

tʂʰo^{33}　tɤ^{31}　ɣɤ^{31}　一个（位）人　　　pʰen^{31}　tɤ^{31}　tʂʰaŋ^{33}　一张桌子

人　　一　　位　　　　桌子　　一　　张

ko^{31}li^{31}　tɤ^{31}　ma^{31}　一个故事　　　ʂu^{33}　tɤ^{31}　pen^{31}　一本书

故事　　一　　个　　　　书　　一　　本

另外，有些量词是反响型量词，即量词与充任中心语的名词同形或部分同形。例如：

a^{55}tʂa^{33}　ni^{31}　tʂa^{33}　两根绳子　　　mon^{33}　ɕɛ^{33}　mon^{33}　三根毛

绳子　　两　　根　　　　毛　　三　　根

ʑɛ^{31}　ni^{31}　ʑɛ^{31}　两间房子　　　kʰa^{33}　tɤ^{31}　kʰa^{33}　一个寨子

房子　两　　间　　　　寨子　　一　　个

va^{21}kʰɔ^{33}　tɤ^{31}　kʰɔ^{33}　一个猪圈

猪圈　　一　　个

7. 指示词充任定语

指示词修饰名词中心语时有三种语序。一是“指示词＋名词中心语”，构成无标记的定中结构。例如：

ts^{h}i^{33}k^{h}ɤ^{33}tɕɛ^{33}　ɣa^{33}　这些鸡
这些　鸡

mi^{31}k^{h}ɤ^{33}tɕɛ^{33}　mu^{53}k^{h}u^{31}　那些凳子
那些　凳子

二是“名词性中心语＋指示词＋数词＋量词”。例如：

ɣa^{33}　ts^{h}i^{33}　tɤ^{31}　ma^{31}　这一只鸡
鸡　这　一　只

zɤ̩^{33}nie^{33}　i^{33}　ɕɛ^{33}　ɣɤ^{31}　那三个小孩
小孩　那　三　个

三是“指示词＋数词＋量词＋名词性中心语”语序，这是受汉语影响形成的语序。例如：

ts^{h}i^{33}　tɤ^{31}ma^{31}　si^{35}tɕ^{h}in^{31}　这一件事
这　一件　事情

mi^{33}　tɤ^{31}ɣɤ^{31}　tʂ^{h}o^{33}mon^{31}mɤ^{33}　那位老太太
那　一位　老奶奶

ts^{h}i^{33}　tɤ^{31}　k^{h}ɔ^{33}　va^{21}k^{h}ɔ^{33}　这个猪圈
这　一　个　猪圈

mi^{33}　tɤ^{31}　k^{h}ɤ^{33}　p^{h}ʌ^{31}　那只狗
那　一　只　狗

8. 状中短语

由状语和谓词性中心语组成，状语修饰中心语。苦聪话中充任状语的词语主要包括副词性词语、助动词、形容词性词语、介词短语、数量短语以及名词性词语，由这类词语充任的状语大部分都前置于动词中心语，少部分后置于动词中心语。例如：

men^{33}　ʐa̩^{24}　ʑɛ^{33}　很艰难
住　难　很

kɯ^{33}　ʑɛ^{33}　很怕
怕　很

a^{31}lo^{33}lo^{33}　tsɤ^{31}　慢慢吃
慢慢　吃

ka^{31}t^{h}a^{31}　ɣa^{31}kɔ^{33}　dzu^{31}　经常走路
经常　路　走

o^{55}tsoŋ^{31}　si^{31}pɤ^{55}　全部认识
全部　认识

men^{33}men^{33}k^{h}a^{33}k^{h}a^{33}　ti^{33}　急急忙忙地做
急急忙忙　做

五　支配短语

由宾语和动词两个成分组成，二者之间存在着支配与被支配的关系。例如：

tsa^{31}　tɔ^{33}　打谷子
谷子　打

kɤ^{33}mo^{31}　nai^{35}faŋ^{31}　k^{h}a^{33}　喜欢爬山
山　喜欢　爬

mɔ^{31}ʑa^{55}ɔ^{24}　tsɤ^{31}　吃晚饭
晚饭　吃

ɣɔ^{31}ɣɯ^{33}　men^{55}gʌ^{33}　帮助别人
他们　帮助

ʑɛ^{31}　sɤ^{55}　p^{h}u^{33}　搬新家
家　新　搬

k^{h}an^{24}　ba^{31}　打陀螺
陀螺　打

六 述补短语

由中心语和补语两个成分组成，补语后置于中心语。中心语主要由谓词性词语充任，其后再带谓词性词语充任的补语对前面的谓词进行补充说明。苦聪话中的述补结构可以分为无标记和有标记两种情况。

1. 无标记情况。这一情况下，补语主要是由光杆形容词充任的，结构标记多取零形式。例如：

lu^{55}	na^{33} 晒黑	tsa^{55}	$mi\varepsilon^{33}$ 煮熟
晒	黑	煮	熟

2. 有标记情况。这一情况下要使用结构标记 si^{33}，si^{33} 位于述语和补语的中间。例如：

mo^{33}	si^{33}	$mi\varepsilon^{24}$ 高得多	$n\varepsilon^{33}$	si^{33}	$mi\varepsilon^{24}$ 好得多
高	COMPL	多	好	COMPL	多

第三节

句子

新平苦聪话中的句子分为单句和复句。单句可以根据不同的标准进行不同角度的分类：第一，根据句子的语气分出的叫句类，包括陈述句、疑问句、祈使句和感叹句等；第二，根据结构特点分出的叫句型，如主谓句、非主谓句等；第三，根据句子的具体特点，找出一些特殊的句子结构格式，分出的结果是句式，如兼语句、比较句等。

一、单句

（一）句类

新平苦聪话的句子按照语气大致可分为陈述句、疑问句、祈使句和感叹句四类。

1. 陈述句

陈述句是具有陈述语气或带有陈述语调的句子，其基本语序是SOV。例如：

i^{33}kɤ^{33}　ŋa^{31}ɣɯ^{33}　kɔ^{31}tʂʰɔ^{33}tʂʰo^{33}　ʑɛ^{31}kʰɔ^{33}　pɔ^{35}　men^{33}　ta^{35}.

古时候　我们　苦聪人　深山　边　住　CON

古时候，苦聪人都住在深山老林里。

ʐɤ^{31}tʂʰo^{33}ʐɤ^{31}　a^{31}ʑɛ^{33}　ma^{31}　tsɔ^{31}　ta^{31}.

孤儿　妈妈　NEG　有　CON

孤儿没有妈妈。

2. 疑问句

新平苦聪话的疑问句按形式表现和功能特征可分为是非问、特指问、选择问和正反问四个小类。

（1）是非问句

要求在肯定和否定两者中做出回答，可以用点头或摇头来回答。

① 中性问

中性问句是指不预设肯定或否定的回答，即肯定性回答和否定性回答的几率是同等的。例如：

a^{31}mi^{31}ni^{33} miɛ^{33} pɤ^{33} si^{33} a^{31}pa^{33}la^{33} tsɤ^{33} p^{h}u^{31} pɔ^{33} niɛ^{31}?

昨天 丢失 PFV RM 钱 找 到 PFV INTER

昨天丢失的钱找到了吗？

ɤɔ^{31}ɤɯ^{33} dzu^{31} pɤ^{33} si^{33}mɔ^{33} pɔ^{53} ?

他们 走 完 早 PFV

他们早已经走了吧？

② 附加问

附加问是指问话人在发话时对答话人的回话有所预期。例如：

ɕin^{31}pin^{31} za^{31}ni^{33} mɤ^{31} ka^{55}, ʑɛ^{33} a^{33}?

新平 今天 NEG 冷 COP INTER

新平今天不冷，是吗？

ɕin^{31}pin^{31} za^{31}ni^{33} mɤ^{31} ka^{55}, mɤ^{31} xiɛ^{31} nɛ^{33}?

新平 今天 NEG 冷 NEG 判断词 INTER

新平今天不冷，不是吗？

ɕin^{31}pin^{31} za^{31}ni^{33} mɤ^{31} ka^{55}, xiɛ^{31} mɤ^{31} xiɛ^{31}?

新平 今天 NEG 冷 判断词 NEG 判断词

新平今天不冷，是不是？

（2）特指问句

特指疑问句是以疑问代词充任疑问焦点的问句类型。这类问句是不能用点头或摇头来回答的。新平苦聪话的特指问句按功能分为问人、问事物、问时间、问处所、问数量、问原因以及问方式 / 形状 / 程度等更小的类别。例如：

li^{31}fa^{31}liaŋ^{31} a^{31}si^{55} ʑɛ^{33} nɛ^{33}?（问人）

李发良 谁 COP INTER

谁是李发良？

nɔ^{31} k^{h}ai^{24}kɛ^{33} si^{33} dɔ^{31} mɛ^{24} nɛ^{33}?（问物）

你 什么 喝 想 要 INTER

你想喝点什么？

nɔ³¹　kʰɤ³¹tʰa³¹　ka³¹ʂa³³　ke³³?（问时间）

你　什么时候　嘎洒　去

你什么时候去嘎洒？

ka³¹ʂa³³　kʰai²⁴kau²⁴　ʐɛ³³　nɛ³³?（问处所）

嘎洒　哪里　COP　INTER

嘎洒在哪里？

niɛ³⁵　ʐau³³　va²¹　kʰɤ³¹ni³³kʰɤ³³　tsuai²⁴　nɛ³³?（问数量）

你的　家　猪　几头　有　INTER

你家还有多少头猪？

tsʰi³³　kʰai²⁴ti³³si³³　nɛ³³?（问原因）

这　为什么　INTER

这是为什么？

nɔ³¹　za³¹ni³³　kʰai²⁴ke³³　ʐɛ³³　nɛ³³?（问方式或状态）

你　今天　怎么　COP　INTER

你今天怎么了？

（3）选择问句

苦聪话选择问的语调为中平调，用汉语借词xai³⁵si³³"还是"连接两个选择项。例如：

ɣɔ³¹　mɔ³⁵ʂi³¹　ɕin³¹pin³¹　ke³³　xai³⁵si³³　ka³¹ʂa³³　ke³³?

他　经常　新平　去　还是　嘎洒　去

他经常去新平还是嘎洒？

nɔ³¹　za³¹ni³³　ka³¹ʂa³³　ke³³　xai³⁵si³³　a³¹ʂɔ²⁴pɔ³³　ke³³?

你　今天　嘎洒　去　还是　明天　去

你今天去嘎洒还是明天去嘎洒？

（4）反复问句

反复问又称正反问。苦聪话的反复问句在正、反两者之间用V+NEG+V的结构。例如：

nɔ³¹　a³¹ʂɔ²⁴pɔ³³　mɔ³¹ʂa³³　ke³³　mɤ³¹　ke³³?

你　明天　漠沙　去　NEG　去

你明天去不去漠沙呢？

ɣɔ³¹　dʐʅ³¹　dɔ³¹　mɤ³¹　dɔ³¹?

他　酒　喝　NEG　喝

他喝没喝酒？

3. 祈使句

祈使句是具有表达命令、叮嘱、提醒、建议等祈使语气的句类，可分为肯定性祈使句和否定性祈使句。

（1）肯定性祈使句

最常见的肯定性祈使句是以第二人称为隐性主语，但无显性第二人称代词出现的情况。例如：

dzu^{31}！走！

ko^{33}！ 说！

men^{33}k^{h}ɤ^{33}！坐下！

也有主语以第二人称单数形式出现的肯定性祈使句。例如：

nɔ^{31} tɤ^{31}k^{h}iɛ^{33} z̩u^{33} ta^{24}!

你 一会 站 CON

你站一会儿！

nɔ^{31} tɕiu^{35} lau^{31}s̩i^{31} nɛ^{24}!

你 就 老实 MOOD

你就老实点吧！

（2）否定性祈使句

在这类祈使句中，否定词在动词前，一般用tɤ^{31}“别”或ma^{31}/mɤ^{31}表达。例如：

tɤ^{31} ts̩ɤ^{31}！别吃！

NEG 吃

tɤ^{31} li^{55}！别动！

NEG 动

nɔ^{31} dz̩ɤ^{31} ma^{31} xɔ^{31} dɔ^{31}!

你 酒 NEG 对 喝

你不应该喝酒！

4. 感叹句

感叹句可以用叹词单独构成，用来表达较强烈的情感。例如：

a^{55}la^{33}!（表达疼痛时的呼喊）

p^{h}e^{53}tɕ^{h}e^{31}!（表示鄙视）

a^{33}lɔ^{33}lɔ^{33}!（表达惊讶）

tɕ^{h}ɛ^{31}tɕ^{h}ɛ^{31}!（表达斥责）

a^{33}mɔ^{31}mɔ^{31}!（表达惊讶）

ni^{33}ni^{33}!（表达斥责）

a^{31}ʑa^{31}ʑa^{31}!（表达惊讶）

tɕ^{h}iu^{31}tɕ^{h}iu^{31}tɕ^{h}u^{31}!（表达提醒）

（二）句型

从句型的角度看，新平苦聪话的单句首先可分为主谓句和非主谓句。

1. 主谓句

由主语和谓语两部分组成的单句称为主谓句，其可进一步分为动词谓语句、形容词谓语句、名词谓语句、主谓谓语句等。

（1）动词谓语句

这类句子的谓语由动词或者动词性短语充任。例如：

ɣɔ^{31}　ɣɤ^{31}　kɔ^{33}.

他　笑　MOOD

他笑了。

ʂɤ^{33}tɕɛ^{31}　t^{h}u^{33}　pa^{24}　pɔ^{24}.

树　砍　倒　MOOD

树砍倒了。

nɔ^{31}　tɕiu^{55}　kɤ^{33}mo^{31}　t^{h}ɔ^{35}　i^{55}　ta^{24}　si^{33}!

你　就　梁子　上　睡　CON　IND

你就去梁子上睡觉吧！

（2）形容词谓语句

这类主谓句是由形容词或形容词性短语充任谓语的。例如：

tsɤ^{33}　si^{33},　vɤ^{33}　si^{33}　mɤ^{31}　k^{h}i^{55}.

吃　NMLZ　穿　NMLZ　NEG　愁

吃的和穿的都不愁。

ts^{h}i^{33}　a^{55}vɤ^{31}si^{24}　tʂ^{h}ɔ^{33}　mi^{33}si^{33}　mɤ^{31}　tʂ^{h}ɔ^{33}.

这　桃子　甜　那　NEG　甜

这个桃子甜，那个不甜。

ni^{33}ʑa^{53}　ʑin^{31}min^{35}　nɤ^{33}　tɔ^{53}la^{33}.

日子　渐渐　好　UPW

日子好过起来。

（3）名词谓语句

这类句子中的谓语是由名词或者名词性短语充任的。例如：

za^{31}ni^{33}　ni^{33}za^{53}　ni^{31}　tɕ^{h}in^{33}　tɤ^{31}　ŋɤ^{31}　k^{h}ɔ^{31}　ts^{h}i^{33}　lɤ^{33}　tɤ^{31}　ni^{33}.

今天　日子　二　千　一　五　年　十　月　一　日

今天是2015年10月1日。

ŋa^{31} ŋɤ^{31}ts^{h}i^{33} k^{h}ɔ^{31}.

我 五十 岁

我五十岁。

i^{33} tɤ^{31} ma^{31} tɕ^{h}ɔ^{33} kɔ^{31}mɤ^{33} ŋɛ^{31} ʑɛ^{35}.

那 一 个 人 身体 矮 很

那个人挺矮的个子。

（4）主谓谓语句

主谓谓语句由主谓短语充任谓语的句子。例如：

ts^{h}i^{24}kɛ^{33} si^{33} tʂ^{h}o^{33} ŋa^{31} ma^{31} mɔ^{31} kɔ^{55}.

这样 RM 人 我 NEG 见 PAST

这样的人我没见过。

ŋɛ^{35} la^{31}ɣɯ^{21} ŋa^{31} di^{31}.

我 事情 我 做

自己的事情自己做。

2. 非主谓句

分不出主语和谓语的单句称为非主谓句。非主谓句可分为名词性非主谓句、形容词性非主谓句和叹词句三个类别。

（1）名词性非主谓句。例如：

o^{31} a^{31}min^{24}！啊，火！

INTRJ 火

p^{h}ʌ^{31}！狗！（表示提醒或者害怕）

狗

（2）形容词性非主谓句。例如：

tɛ^{24} ɛ^{33}！漂亮！

美 INTRJ

fɤ^{33} ɛ^{33}！热！

热 INTRJ

（3）叹词句。例如：

en^{31}！啊！（表达感叹）

ɔ^{31}！哦！（表示赞扬）

（三）句式

1. 系词句

系词句主要用来对个体的身份、用途、性质、性状以及客观事物等进行判断、解释或者加以说明。例如：

tsʰi^{33} ʂi^{35} ɣa^{33} kɔ^{31}ka^{55}.

这 COP 鸡 脊背

这是鸡的脊背。

mon^{31} non^{33} ʑɛ^{24}.

天 蓝 COP

天是蓝的。

苦聪话有两个系动词，一个是固有词ʑɛ^{33}/ʑɛ^{24}，另一个是汉语借词ʂi^{35}。在使用固有词ʑɛ^{33}/ʑɛ^{24}构成的结构中，语序为“主＋表＋系”，符合SOV语言的语序特征。例如：

li^{31}fa^{31}liaŋ^{31} kʰai^{24} tɤ^{31} ma^{31} ʑɛ^{33}?

李发良 哪 一 个 COP

李发良是哪位？

li^{31}fa^{31}liaŋ^{31} xon^{31}ɕin^{33} kʰa^{33} a^{31}ʑɛ^{31}mɤ^{33} ʑɛ^{33}.

李发良 红星 村 头领 COP

李发良是红星村的小组长。

在使用汉语借词ʂi^{35}构成的结构中，苦聪话在借用汉语的系词“是”的同时，也将汉语的“主＋系＋表”的语序一起借入到苦聪话中。分为以下几种情况：

（1）表示身份或者职业。例如：

nɔ^{31} ʂi^{35} kɔ^{53}tsʰɔ^{33}tʂʰo^{33} niɛ^{33}?

你 COP 苦聪人 INTER

你是苦聪人吗？

（2）表示人或事物的性质或者属性。例如：

ɣɔ^{31} ʂi^{35} tsʰo^{33} nɛ^{33}.

他 COP 人 好

他是好人。

ʑɔ^{53} ko^{33} tsʰi^{33} ʂi^{35} ɣa^{33} tɔ^{31}la^{31}.

他 说 这 COP 鸡 翅膀

他说：“这是鸡翅膀。”

（3）表示事物所处的位置。例如：

lɔ^{31} ga^{55}mo^{33} xɔ^{33} ʂi^{35} ŋʌ^{31}.

河 大 里 COP 鱼

大河里是鱼。

（4）表示等同意义。例如：

a^{55}tɕɛ^{31} ʂi^{35} a^{55}tɕɛ^{31}, a^{31}ni^{33} ʂi^{35} a^{31}ni^{33}.

姐姐 COP 姐姐 弟弟 COP 弟弟

姐姐是姐姐，弟弟是弟弟。

从上面例句中可以看出，ʂi^{35}和ʑɛ^{24}在大多数情况下是可以互换的，只不过在表示事物的性质或者属性的时候，系动词使用固有词ʑɛ^{24}的次数比较多罢了。

2. 比较句

比较句是将两个相关但又有差别的事物进行比较，注重比较事物间的性状、数量和程度等方面的异同。

苦聪话的差比句分为顺向差比句和逆向差比句。顺向差比句的标记是tʰa^{31}“上面”，逆向差比句的标记是xɔ^{33}“下面”，两者均是半虚化的差比标记。苦聪话差比句的语序为“比较主体＋比较基准＋比较标记＋比较参项（＋比较成分）”。例如：

a^{31}vi^{55} a^{31}ni^{33} tʰa^{31} mo^{33} si^{33} miɛ^{24}.

哥哥 弟弟 上头 高 IND 多

哥哥比弟弟高多了。

a^{31}mi^{31}ni^{33} za^{31}ni^{33} tʰa^{31} kɛ^{33} ʑɛ^{55}.

昨天 今天 上头 冷 很

昨天比今天还冷。

ɣɔ^{31} ŋa^{31} xɔ^{33} niɛ^{33}.

他 我 下头 矮

他比我矮。

ŋa^{31} vɤ^{31} si^{33} nu^{31} niɛ^{33} ve^{33} xɔ^{33} i^{33}.

我 买 RM 牛 你 NMLZ 下头 小

我买的牛比你的牛小。

3. 存现句

存现句表示什么地方或什么时候存在、出现或消失了什么人或物。苦聪话中的存现动词有两个，一个是tsɔ^{31}“有”，另外一个是men^{33}“在”。

（1）肯定存现句

① tsɔ^{31} “有”

A. 表示领有。例如：

ŋa^{31}　a^{33}vi^{55}pa^{24}　tɤ^{31}　ɣɤ^{31}　tsɔ^{31}.

我　哥哥　一　个　有

我有一个哥哥。

B. 表示无生命特征事物的存在。例如：

ɣa^{31}kɔ^{33}　t^{h}a^{31}　xa^{55}pɤ^{33}　tɤ^{31}　ma^{31}　tsɔ^{31}

路　上　石头　一　块　有

路上有一块石头。

tsɔ^{31}常常与语气词ε^{33}合音为tsuai^{24}。例如：

ɣɔ^{31}　k^{h}ɤ^{31}kε^{33}　a^{31}pa^{33}la^{33}　tsuai^{24}　(tsɔ^{31}　ε^{33}).

他　无论　钱　有　（有　MOOD）

他肯定有钱。

i^{33}　tʂ^{h}o^{33}mon^{31}　ko^{33}　niε^{33}　ŋε^{35}　zɤ̧^{31}mɤ^{31}　ni^{31}vi^{55}　tsuai^{24}(tsɔ^{31}　ε^{33}).

那　老人　说　CONJ　我　姑娘　两个　有　（有　MOOD）

那老人说：“我有两个姑娘……”

C. 表示一事物存在于另一事物的有限范围内。例如：

ʂɤ^{33}tɕε^{31}　t^{h}a^{31}　sa^{33}si^{24}　tɤ^{31}　ma^{31}　tsuai^{24} (tsɔ^{31}　ε^{33}).

树　上　果子　一　个　有　（有　MOOD）

树上有一个果子。

D. 表示抽象事物的存在。例如：

ŋa^{31}　si^{55}tɕ^{h}in^{31}　tɤ^{31}　ma^{31}　tsuai^{24} (tsɔ^{31}　ε^{33}).

我　事情　一　件　有　（有　MOOD）

我有一件事情。

E. 表示事物的黏附状态。例如：

p^{h}ʌ^{31}　zɤ̧^{31}　miε^{33}si^{24}　ni^{31}　ma^{31}　tsuai^{24}　(tsɔ^{31}　ε^{33}).

狗　小　眼睛　两　只　有　（有　MOOD）

小狗有两只眼睛。

② men^{33} “在”

表示人或有生命特征的事物的存在。例如：

su^{24}ma^{24}si^{33}tʂ^{h}o^{33} ʑɛ^{31} xɔ^{33} men^{33} ta^{24}.
老师 家 里 在 CON
老师在家。

i^{33}gɯ^{33} ŋa^{31}ɣɯ^{33} kɔ^{53}tʂ^{h}o^{33}tʂ^{h}o^{33} ʑɛ^{53}p^{h}iɛ^{31}ma^{35}pɔ^{35} men^{33}.
从前 我 苦聪人 深山老林 在
从前我们苦聪人，住在深山老林旁边。

除了tsɔ^{31}和men^{33}外，有的在动词后面加上表示持续体的助动词，也可以表示事物的存在。例如：

p^{h}en^{33} t^{h}a^{31} ŋɛ^{35} a^{35}t^{h}i^{31}t^{h}i^{31} ta^{31} tai^{35}.
桌子 上 我 东西 放 CON
桌子上放着我的东西。

（2）否定存现句

tsɔ^{31}“有”其否定形式为ma^{31}tsɔ^{31}“没有”，men^{33}“在”的否定形式为ma^{31}men^{33}“不在”。例如：

ŋa^{31} a^{31}pa^{33}la^{33} ma^{31} tsɔ^{31}.
我 钱 NEG 有
我没有钱。

nɔ^{31} ʑɛ^{31} pi^{35} ma^{31} men^{33}.
你 房子 旧 NEG 住
你不住旧房子。

4. 连动句

连动句指两个及以上的动词或动词性短语连用来对一个主语加以陈述的句子。苦聪话中有着严格意义上的动词连用，即动词中间不需要任何的连接手段，且不带宾语或辅助成分，动词序列连在一起整体做一个单独的谓语。在搜集到的语料中，苦聪话最多可以有五个普通动词连用。不过，五个动词连用的现象并不太常见，大部分为两到三个普通动词连用。例如：

ɣa^{33}p^{h}u^{31}ku^{55} tɤ^{33}ma^{31} si^{55}, tsa^{55} miɛ^{33} ta^{55} tɔ^{53} la^{31}.
公鸡 一只 杀 煮 熟 端 出 SUF
杀了一只公鸡煮熟端出来。

p^{h}ɤ^{33}kɤ^{33} ku^{55}tu^{31} xɔ^{33} ba^{21} tu^{55} pɔ^{24}.
衣服 灶洞 里 扔 烧 PFV
衣服扔进灶洞里烧了。

a^{31}ts^{h}o^{33} lɤ^{33} ko^{33} pi^{31} nɤ^{33} pɔ^{24} t^{h}on^{31}tiŋ^{33} ʐaŋ^{24}tiŋ^{33} ʐu^{31} ta^{24} liɛ^{33} ke^{33}.
伙伴 OM 说 给 听 PFV 铜钉 土钉 拿 CON CONJ 去
他的同伴听完后，拿着人造的大钉子去挖。

ta^{55} liɛ^{33} i^{55}ka^{33} xɔ^{33} ta^{55} ɕian^{33} liɛ^{33} ba^{21} tɔ^{33} pɤ^{31} mɛ^{24}.
抬 CONJ 水 里 抬 先 CONJ 丢 进 PFV 要
抬到水边（把大罐子）丢了进去。

二　复句

本书所说的复句包括两种，分别是复合句和复杂句。

（一）复合句

复合句是指由两个及以上互不包含的小句组成的句子。新平苦聪话的复合句可分为联合复合句和偏正复合句两个类别。

1. 联合复合句

联合复合句又可分为并列、顺承、选择、递进、取舍、时间、程度、让步等几个小类。

（1）并列关系复合句

在并列关系复合句中，各分句之间关系平等，不分主次，互相之间不存在修饰、限制或说明等语义关系。例如：

tɤ^{31}ka^{33} tɕ^{h}a^{33} tɤ^{31}ka^{33} pau^{33} ɣa^{31} tɛ^{33}.
一个 进 一个 出 编 上
一条绳子往里穿，一条绳子往外穿。

a^{33}ʂɔ^{33} tʂ^{h}o^{33} zɤ^{33}men^{31} p^{h}ʌ^{31} ʐɛ^{31} ʂɔ^{33} ta^{24}.
以后 人 干活 狗 家 守 CON
从此之后人负责操持家务，狗负责看守家门。

（2）顺承关系复合句

顺承关系复合句大多以时间为序，各分句之间叙述连续发生的几个动作或多件事情，通常各分句的先后次序是固定的。例如：

k^{h}on^{35}tɕi^{33} i^{55}ka^{33} pi^{53} ts^{h}i^{33}ŋɤ^{31} fen^{33} pi^{55} pɤ^{33} sa^{55}.
空箕 水 滤 十五 分 滤 PFV 蒸
用簸箕把水滤干，晾十五分钟之后上锅蒸。

ʐu^{31} niɛ^{33} i^{33}ka^{31} a^{31}ts^{h}i^{33} xɔ^{33} ni^{33} tu^{33} pɤ^{33} a^{33}ts^{h}i^{33}mi^{33} si^{24}.
拿 来 水 铁锅 里 打 进 PFV 铁锅 洗
她往铁锅里舀水洗锅。

a^{33}tsʰi^{33} tsʰi^{31} ɕiɛ^{31} pɔ^{24} a^{33}mu^{31}ku^{55} i^{33}ka^{31} ni^{33}tu^{31} pɤ^{33} ɔ^{24} tsa^{55} mɔ^{33}.

铁锅 洗 干净 PFV 水瓢 水 打进 PFV 饭 煮 FUT

做饭前，用洗锅的东西把铁锅洗干净，用水瓢把水打进铁锅里。

ɣɔ^{31}nɔ^{35} ɣa^{33}pʰu^{31}ku^{55} tɤ^{33}ma^{31} si^{55}, tsa^{55} miɛ^{33} pɤ^{33} ta^{55} tɔ^{53} la^{31}.

然后 公鸡 一只 杀 煮 熟 PFV 抬 出 SUF

然后就杀了一只公鸡，煮熟后抬了出来。

（3）选择关系复合句

在苦聪话中，表达选择关系的复合句可分为肯定形式和疑问形式两种情况。

① 肯定形式　例如：

ŋa^{31}ɣɯ^{31} mɤ^{33}si^{55} nɔ^{31} lɔ^{55}, mɤ^{31}si^{55} li^{33}ga^{31}.

我们 要么 牛 放 要么 赶集

我们要么去放牛，要么去赶集。

ŋa^{31}ɣɯ^{31} ʂaŋ^{31}wu^{31} mɤ^{33}si^{55} ɣa^{33}sa^{24} tsɤ^{31}, mɤ^{31}si^{55} va^{21} sa^{24} tsɤ^{31}.

我们 午饭 要么 鸡肉 吃 要么 猪 肉 吃

我们午饭要么吃鸡肉，要么吃猪肉。

② 疑问形式　例如：

nɔ^{31} tsa^{31}kʰɤ^{33}ɔ^{24} tsɤ^{31} mɤ^{33}si^{24} sɤ^{33}mɤ^{33}ɔ^{24} tsɤ^{31}?

你 米饭 吃 还是 玉米饭 吃

你是吃米饭还是玉米饭？

nɔ^{31} ɣa^{31}kɔ^{33} ɣɯ^{33} ɣɔ^{33} dzu^{31} mɤ^{33}si^{24} i^{33} ɣɔ^{33} dzu^{31}?

你 路 大 边 走 还是 小 边 走

你是走大路还是走小路？

（4）递进关系复合句

在递进关系复合句中，各小句的意思一句比一句深入。有如下几个小类：

① 表正向的递进关系复合句，使用lie^{31}…lie^{31}…“又……又……”的结构表达。例如：

ɣɔ^{31} ʐa̧^{33} lie^{31} nai^{35}fan^{31} tʂʰɔ^{31}, dʐɤ^{31} lie^{31} nai^{35}fan^{31} dɔ^{31}.

他 烟 又 喜欢 抽 酒 又 喜欢 喝

他不仅喜欢抽烟还喜欢喝酒。

② 表反向的递进关系复合句，则使用…mɤ^{31}ko^{55}, xai^{31}…“……说，还……”的结构表达。例如：

kʰa^{33}ʑɛ^{33}mɤ^{33} ɣɔ^{31} lɤ^{33} ga^{21} dzu^{31} mɤ^{31} ko^{55},

村长 他 OM 赶 走 NEG 说

xai^{31} ɣɔ^{31} lɤ^{33} ʑɛ^{31}xɔ^{33} ku^{31} nɛ^{33} men^{33}.

还 他 OM 家里 叫 TOP 坐

村长不仅不赶他走，还叫他来家里坐。

③ 表衬托的递进关系复合句，使用k^{h}ai^{24}kɛ^{55}…“怎么……”的结构表达。例如：

ɣɔ^{31} pa^{24} ɣɔ^{31} lɤ^{33} mɤ^{31} nai^{35}fan^{31}, k^{h}ai^{24}kɛ^{55} ɣɔ^{31}ʂu^{31} ɣɔ^{31} lɤ^{33} nai^{35}fan^{31} nɛ^{33}.

他 爸 他 OM NEG 喜欢 怎么 他叔 他 OM 喜欢 MOOD

他爸爸都不喜欢他，更何况他叔叔。

（5）取舍关系复合句

苦聪话主要使用ke^{33}la^{31}…ke^{33}+mɤ^{31}“与其……”构成先取后舍的取舍关系，也可以使用tɛ^{24}mɤ^{31}…“宁可……”构成先舍后取的取舍关系。例如：

sɤ^{33}mɤ^{33} ti^{33} ke^{33}la^{31} tsa^{31}k^{h}ɤ^{33} ke^{33} mɤ^{31} nɤ^{33}.

玉米 种 的话 大米 也 NEG 好

与其种玉米不如种大米。

ŋa^{31} ɣɔ^{31}kɔ^{33} dzu^{31} tɛ^{24} tʂ^{h}ɤ^{33} mɤ^{31} men^{33}.

我 路 走 宁可 车 NEG 坐

我宁可走路也不想坐车。

2. 偏正复合句

偏正复合句又可分为转折关系、条件关系、假设关系、因果关系、目的关系五个小类。

（1）转折关系复合句

苦聪话表示转折关系的连词主要借自汉语tan^{24}“但是”。例如：

ŋa^{31} liɛ^{31} mɤ^{31} ke^{33} gʌ^{31}, tan^{24} tɤ^{31}gʌ^{31}men^{31}ta^{35} mɤ^{31} ko^{33} nɤ^{33}.

我 也 NEG 去 想 但 当面 NEG 说 好

虽然我也不想去，但又不便当面说。

ɣɔ^{31} mɤ^{33} ke^{33} liɛ^{31}tɛ^{24}, tan^{24} nɔ^{31} mɤ^{33} ke^{33} mɤ^{31} ta^{31}.

他 NEG 去 可以 但 你 NEG 去 NEG 行

他不去也行，但你不去不行。

（2）条件关系复合句

一般情况下，苦聪话的条件复合句中有从句前置于主句的倾向，这符合语言的普遍规律。例如：

nɔ^{31} ʐɤ^{33} k^{h}ɤ^{53}men^{53} ma^{31} men^{31} kɛ^{53}la^{31}, ŋa^{31}ɣɯ^{33} lɛ^{31} ni^{33}ʑa^{55} mɤ^{31} nɤ^{33}.

你 活 认真 NEG 干 如果 我们 TOP 日子 NEG 好

如果不努力干活，我们就过不上好日子。

nɔ^{31} ts^{h}i^{33}kɛ^{35}si^{33} na^{31}ts^{h}i^{31} tsɤ^{31} kiɛ^{33}la^{31}, niɛ^{33} na^{31} xiɛ^{33} nɤ^{33} pɛ^{33}.

你 这种 药 吃 只有 你 病 才 好 会

你只有吃了这种药，你的病才会好。

（3）假设关系复句

用于表达提出一个假设后实现该假设所产生的后果。例如：

mon^{33} i^{33}kɛ^{55} niɛ^{33} kɛ^{55} ko^{33} la^{31}, ŋa^{31}ɣɯ^{33} tɕu^{35} sɤ^{33}mɤ^{33} su^{33} si^{33} ke^{33}.

天 那样 CONJ 好 话 来 我们 就 玉米 收 NMLZ 去

如果天气好的话，我们就收玉米去。

（4）因果关系复句

可以分为由因推果和由果溯因两类。

①由因推果　例如：

ŋa^{31} ʑɔ^{24} kɔ^{55} ʐa^{24}, i^{33}kɛ^{53}mɤ^{33} ʐɤ^{31}niɛ^{33} ʂu^{33} mɤ^{31} sɤ^{33} tu^{33} tɕ^{h}i^{33}.

我 家 过 难 所以 小孩 书 NEG 学 读 起

因为我家贫困，所以供不起小孩读书。

②由果溯因　例如：

ɣɔ^{31} ɛ^{35} ʑɛ^{31} mon^{31}zi^{31} ʐɔ^{31}, bɛ^{33} dɔ^{31} mɤ^{31} nɤ^{33} niɛ^{33}ni^{33} ʑɛ^{24}.

他 RM 房子 雨 漏 建 得 NEG 好 因为 COP

他房子漏雨，是因为没有建好。

（5）目的关系复句

一个分句表示行为，另一个分句表示行为的目的。例如：

ŋa^{31} liɛ^{33} t^{h}a^{21} ke^{33} vɤ^{31}tɕɛ^{31} tɔ^{33} si^{53} k^{h}a^{55}ku^{33} ɣa^{21} mɛ^{24}.

我 山 上 去 竹子 砍 为了 背篓 编 FUT

我上山砍竹子是为了编背篓。

nɔ^{31} lɤ^{35}lɤ^{35} ke^{33} ma^{31} xɛ^{24} mɛ^{33}fu^{55} lɔ^{33} ɕɔ^{35}.

你 快快 走 NEG COP 天黑 快 FUT

你赶快走否则天要黑了。

（二）复杂句

复杂句是指拥有主句及从句的句法单位，如一个小句在另一个小句中做主语、宾语、定语或状语，那么该小句称为从句或小句，而带有从句（小句）的称为主句或母句。从句可分为名词性从句（又称补足语从句）、形容词性从句和状语从句三个小类。

1. 名词从句

名词从句是指充任谓语论元的从句，分主语从句、宾语从句和表语从句三种情况。

（1）主语从句是指由小句充任主语。例如：

ɣɔ^{31} ɕin^{33}p^{h}in^{31} ke^{33} tɤ^{31} lɤ^{33}pɤ^{33} tsɔ^{31} ɛ^{33}.

他 新平 去 一 月 有 MOOD

他去新平有一个月了。

ɣɔ^{31} a^{31}pa^{33}la^{31} tsɔ^{31} mɤ^{31} tsɔ^{31} ŋa^{31} si^{33}pɤ^{33}.

他 钱 有 NEG 有 我 知道

他有没有钱我是知道了。

（2）宾语从句是指由小句充任宾语。例如：

ŋa^{31} dɔ^{31} p^{h}ʌ^{31} si^{33} pɔ^{24}.

我 想 狗 死 PFV

我以为狗死了。

ŋa^{31} mɤ^{31} si^{33}pɤ^{55} ɣɔ^{31} kɔ^{31}tʂ^{h}o^{33} xiɛ^{31} mɤ^{31} xiɛ^{31}.

我 NEG 知道 他 苦聪 判断词 NEG 判断词

我不知道他是不是苦聪人。

（3）表语从句是指由小句充任表语。例如：

ɣɔ^{31} sɤ^{33}mɤ^{33} tsɤ^{31} ɤ^{24} si^{55} ʑɛ^{33}.

他 玉米 吃 大 NMLZ COP

他是吃玉米长大的。

ŋa^{31} tɕiu^{35}ʂi^{33} la^{31} nɔ^{31} lɤ^{33} ni^{33} si^{55}.

我 就是 来 你 OM 看 MOOD

我就是来看你的。

2. 形容词从句

形容词从句分为关系从句和同位语从句。

（1）关系从句是指一个小句中的名词被关系化后，提取出来做了核心名词，同时小句的其余部分成为关系从句。苦聪话的关系从句标记为si^{33}，语序为“小句＋关系标记si^{33}＋中心名词”。例如：

ŋa^{31} vɤ^{31} si^{33} nu^{31} niɛ^{33} vi^{33} t^{h}a^{31} ɣɤ^{33}.

我 买 RM 牛 你 NMLZ 上 大

我买的牛比你的牛大。

ɣɔ^{31} gu^{33} si^{33} ɣu^{31}tsa^{55} 他做的菜

他 做 RM 菜

gu^{33}liɛ^{31}si^{33}tʂ̥^{h}o^{33} men^{31} si^{33} ʐ̥ɛ^{31}

财主 住 RM 房子

财主住的房子

（2）同位语从句

苦聪话的同位语从句无须标记，两个成分直接构成并置结构。例如：

nɔ^{31} ʂ̥u^{33} ma^{31} sɤ^{33} gʌ^{31} i^{33}kɛ^{33} dɔ^{31} ʐ̥a^{31} pɔ^{33}.

你 书 NEG 学 想 那种 想 错 MOOD

你不想读书的那种想法是错误的。

nɔ^{31} ʐ̥ɤ^{33} ma^{31} men^{31} gʌ^{31} i^{33}kɛ^{55} dɔ^{31} a^{55}si^{55} ma^{24} nɛ^{33}?

你 活 NEG 干 想 那种 想 谁 教 INTER

你不想干活的那种想法是谁教的？

3. 状语从句

新平苦聪话的状语从句可分为以下三个小类：让步状语从句、时间状语从句和程度状语从句。

（1）让步状语从句

苦聪话让步状语从句可以分为非叙实性让步和叙实性让步两种。

① 非叙实性让步　例如：

mɤ^{33} ŋa^{31} dzɤ^{31} tɕɔ^{31} kɛ^{55} nɔ^{31} lɤ^{33} ma^{31} dɔ^{31} pi^{53}.

就算 我 酒 有 也 你 OM NEG 喝 给

就算我有酒也不给你喝。

ŋa^{31} ʐ̥ɛ^{31} ʂ̥ɤ^{55} tsɔ^{31} kɛ^{55} ko^{55}, ŋa^{31} lie^{31} mɤ^{31} ke^{33} nie^{33} men^{33}.

我 房子 新 有 也 说 我 也 NEG 去 TOP 住

就算我有新房子，我也不去住。

上面两个非叙实性让步从句使用mɤ^{33}…kɛ^{55}…“么（汉语借词）……也……”和kɛ^{55}ko^{55}…lie^{31}…“说……也……”的结构表达。

② 叙实性让步　例如：

zɤ^{31}mi^{31} ni^{33} si^{24} ni^{33}kɛ^{35}, tɕiu^{35}si^{24} ŋɛ^{31} ʐ̥ɛ^{35}!

姑娘 看 INFX 好看 就是 矮 很

姑娘漂亮是漂亮，但是太矮啦！

xa^{33}ts^{h}i^{33}mon^{31} nɤ^{33} lɛ^{31} nɤ^{33}, k^{h}a^{33} ʐ̩a^{31} ʑɛ^{55} nɛ^{33} ʑau^{35}.

大尖山 好 INFX 好 爬 难 很 真 MOOD

大尖山好是好，就是太难爬了。

（2）时间状语从句

主句和从句发生的时间背景是同时的关系。例如：

ɣɔ^{31} ʂ̩ɤ^{33} tɔ^{53} kɤ^{33} ŋa^{31} ʐ̩ɤ^{31} ka^{24}.

他 树 砍 时候 我 地 挖

他砍柴的时候我在挖地。

ŋa^{31} tɕ^{h}ɛ^{31}mɛ^{31} ti^{33} pɤ^{33} ɣɔ^{31}nɔ^{35} ɣɔ^{31} xiɛ^{55} la^{31}.

我 核桃 种 PFV 之后 他 才 来

我栽完核桃树以后他才来。

（3）程度状语从句

苦聪话中程度状语从句的比较基准由小句充任。例如：

ɣɔ^{31} ʂ̩ɤ^{33}pɤ^{33}t^{h}iɛ^{33} lɤ^{33} tu^{31} ɛ^{33}, tɤ^{31}k^{h}iɛ^{33} mɤ^{31} ti^{33}.

他 木桩 OM 像 MOOD 一会 NEG 动

他像木头似的，一动不动。

ɣɔ^{31} piɛ^{31} lɤ^{33} tu^{31} ɛ^{33}, ʐ̩ɤ^{33} men^{31} tɕ^{h}in^{31}kuai^{24} ʑɛ^{55}.

他 蜜蜂 OM 像 MOOD 活 做 勤快 很

他像蜜蜂似的，干活很勤快。

第六章 语料

第一节

语法例句

001　老师和学生们在操场上玩。

su^{24}ma^{24}　xɤ^{55}　su^{24}sɤ^{33}si^{33}　ɣɤ^{33}　ts^{h}au^{33}ts^{h}aŋ^{31}　t^{h}au^{35}　gɯ^{31}.

老师　CONJ　学生　们　操场　上　玩

002　老母猪下了5头小猪崽。

va^{21}ʑɛ^{33}mɤ^{33}　va^{21}ẓɤ^{31}　ŋɤ^{31}ma^{31}　dzɤ^{31}　ɣai^{33}.

老母猪　小猪　5头　下　MOOD

003　我爸爸教他们的孩子说汉语。

ŋa^{31}pa^{24}　ɣɔ^{31}ɣɯ^{33}　ẓɤ^{31}niɛ^{55}　lɤ^{33}　a^{55}xɤ^{31}tɔ^{31}　ko^{33}　ma^{24}.

我爸爸　他们　小孩　OM　汉话　说　教

004　村子里事事都有人做，人人都很高兴。

k^{h}a^{33}xɔ^{33}　k^{h}ai^{24}kiɛ^{33}si^{33}si^{35}　ti^{33}　si^{33}　tṣ^{h}o^{33}　tsuai^{24},　k^{h}ai^{24}tɤ^{31}ɣɤ^{31}

村子　任何事　做　RM　人　有　每个

lie^{31}　ni^{31}mʌ^{33}　t^{h}a^{31}　niɛ^{33}.

MOOD　心　OM　好

005　咱们今天上山去吧！

ŋa^{31}ɣɯ^{33}　ẓa^{31}ni^{33}　ʑɛ^{31}　t^{h}a^{31}　ke^{33}　mɛ^{55}!

我们　今天　山　上　去　FUT

006　你家有几口人？

niɛ^{24}ʑɔ^{33}　tṣ^{h}o^{33}　k^{h}ɤ^{31}i^{31}ma^{31}　tsuai^{24}?

你　家　人　几个　有

007 **你自己的事情自己做。**

niɛ^{24} ve^{33} si^{24} nɔ^{31} ti^{33}.

你 POSS 事 你 做

008 **这是我的手镯，那是你的手镯。**

tsʰi^{33} ʂi^{35} ŋa^{33} i^{33} la^{31}kɔ^{31}, mi^{33} ʂi^{35} nɔ^{33} i^{33} la^{31}kɔ^{31}.

这 COP 我 POSS 手镯 那 COP 你 POSS 手镯

009 **这些问题他们说自己去解决。**

tsʰi^{33}tɕɛ^{33} wen^{35}tʰi^{33} ɣɔ^{31}ɣɯ^{31} kɔ^{33} ŋa^{31}ɣɯ^{33} ki^{33} niɛ^{33} ti^{33}.

这些 问题 他们 说 我们 去 CONJ 做

010 **他是谁？**

ɣɔ^{31} ʂi^{35} a^{55}si^{33}?

他 COP 谁

011 **你想吃点什么？我什么也不想吃！**

nɔ^{31} kʰa^{31}kiɛ^{33}si^{33} tsʰɤ^{31} mɛ^{33} niɛ^{33}? ŋa^{33} kʰa^{31}kiɛ^{33}si^{33} mɤ^{31} tsʰɤ^{31}!

你 什么 吃 要 INTER 我 什么 NEG 吃

012 **他们从哪儿来的？**

ɣɔ^{31}ɣɯ^{33} kʰai^{24}tɤ^{31}kau^{35} la^{31} niɛ^{33}?

他们 哪儿 来 INTER

013 **你想怎么样？**

nɔ^{31} dɔ^{31} kʰai^{24}kiɛ^{55} ti^{31}?

你 想 怎么 做

014 **你家有多少头牛？**

nɔ^{31} ɛ^{33} ʐɔ^{33} nu^{31} kʰɤ^{31}ni^{31}kʰɤ^{33} tsuai^{24} niɛ^{33}?

你 POSS 家 牛 多少 有 INTER

015 **客人什么时候到？**

tʂʰo^{33} kʰɤ^{31}tʰa^{31} la^{31} gɯ^{31} lɤ^{33}?

人 什么时候 来 玩 INTER

016 **今天的会就开到这里。**

ʑa^{31}ni^{33} i^{33} xui^{35} tʂʰɤ^{33}mɤ^{33}gɯ^{31} gɯ^{31} lɤ^{33}.

今天 那 会 这时候 到 MOOD

017 **粮食运来后就分给大家了。**

tsɤ^{31}lu^{33} gɔ^{31}ɣɔ^{33} la^{31} ta^{31}xɔ^{31} lɤ^{33} piɛ^{31} pi^{31} pɤ^{33}.

粮食 拉 来 大家 OM 分 给 完

018 人家的事情咱们别多管。

ɣɔ^{31}ɣɯ^{33} ʐɔ^{24} si^{33} nɔ^{31} tɤ^{33} kuaŋ^{31}.

他们 家 事 你 NEG 管

019 这件事我也不清楚，你去问别人吧！

tsʰi^{33}tɤ^{31}ma^{31} si^{55} ŋa^{31} lie^{31} mɤ^{31} si^{24}pɤ^{35}, nɔ^{31} kiɛ^{33} niɛ^{33}

这件 事情 我 也 NEG 知道 你 去 CONJ

ɣɔ^{31}ɣɯ^{33} lɤ^{33} nɤ^{33} ni^{33}!

他们 OM 问 INTRJ

020 今天是2015年10月1日。

za^{31}ni^{33} ni^{33}za^{55} ni^{31}tɕʰin^{33} tɤ^{31} ŋɤ^{31} kʰɔ^{31} tsʰi^{33} lɤ^{33} tɤ^{31} ni^{33}.

今天 日子 两千 一 五 年 十 月 一 日

021 那个老奶奶94岁了，是我年龄的两倍左右。

i^{33}tɤ^{31}ma^{31} tʂʰo^{33}mon^{31}mɤ^{33} kɔ^{31}tsʰi^{33}ɤ^{31} kʰɔ^{31} tsɔ^{24}, ʂi^{35} ŋa^{31}

那一个 老奶奶 94 岁 有 COP 我

kʰɔ^{31}ʂu^{35} ni^{31} pei^{35} tsuai^{24}.

年龄 二 倍 有

022 山下那群羊有108只。

kɤ^{33}mo^{31} xɔ^{24} i^{33}tɕɛ^{33} tsʰi^{31} tɤ^{33} ʐɤ^{33} xɤ^{33}ni^{33} xi^{55}

山 下 那群 羊 一 百 零 八

kʰɤ^{33} tsuai^{24}.

只 有

023 我排第一，你排第二，他排老末。

ŋa^{31} pʰai^{31} ɣɔ^{31}ʂɔ^{24} nɔ^{31} pʰai^{31} a^{31}ka^{35}kɔ^{33} ɣɔ^{31} pʰai^{31} ɣɔ^{31}nɔ^{35}.

我 排 前面 你 排 中间 他 排 后面

024 我今天买了一只鸡、两条鱼、三斤肉。

ŋa^{31} za^{31}i^{33} ɣa^{33} tɤ^{31} ma^{31} vɤ^{31} pɔ^{24}, ŋɤ^{31} ni^{33} kʰɤ^{33}, sa^{24} ɕɛ^{33} tɕin^{33}.

我 今天 鸡 一 只 买 PFV 鱼 两 条 肉 三 斤

025 这本书我看过三遍了。

tsʰi^{33} tɤ^{31}pen^{31} su^{33} ŋa^{31} ɕɛ^{33}pɔ^{33} ni^{33} pɔ^{24}.

这 一本 书 我 三次 看 PFV

026 **你数数看，这圈里有几头猪？**

nɔ^{31} suan^{35} ni^{33} na^{33} ts^{h}i^{33} tɤ^{31} k^{h}ɔ^{33} va^{21} k^{h}a^{31}ni^{31} k^{h}ɤ^{33} tsuai^{24} nɛ^{33}?

你 算 瞧 看 这 一 圈 猪 多少 头 有 INTER

027 **这两把雨伞是我的。**

ts^{h}i^{33} ni^{31}pɤ^{31} k^{h}ɔ^{33} si^{33} ŋɛ^{35} ve^{33} ʑɔ^{24}.

这 两把 伞 RM 我 POSS COP

028 **他年年都回家。**

ɣɔ^{31} pɤ^{31}k^{h}ɔ^{31}k^{h}ɔ^{31} ʑɛ^{31}xɔ^{33} kɔ^{31} ɛ^{33}.

他 每年年 家里 回 都

029 **他要去街上买肉。**

ɣɔ^{31} li^{53}t^{h}a^{31} ke^{33} sa^{24} vɤ^{31} mɛ^{24}.

他 街 去 肉 买 FUT

030 **我正在山上砍柴。**

ŋa^{31} k^{h}ɤ^{33} men^{53}kɤ^{33} liɛ^{31} t^{h}a^{31} ʂɤ^{33} tɔ^{33}.

我 这 时候 山 上 柴 砍

031 **昨天我背粮食去了。**

a^{31}mi^{31}ni^{33} ŋa^{31} ɔ^{24} pu^{31} si^{33} ke^{33}.

昨天 我 粮食 背 CON 去

032 **你们俩一定要好好地学习。**

nɔ^{31}ɣɯ^{33} ni^{31}ma^{31} ʑi^{31}tin^{33} xɤ^{33} k^{h}ɤ^{33}men^{33}k^{h}ɤ^{33}men^{33} tiɛ^{31} su^{33}ʂɤ^{33}.

你们 两个 一定 要 认认真真 地 学

033 **他们看电影去了。**

ɣɔ^{31}ɣɯ^{33} ŋɤ^{33}lɤ^{33}zɤ^{31} ni^{33} si^{33} ke^{33} ʑɔ^{31}.

他们 电影 看 RM 去 MOOD

034 **他在山上看见过野牛。**

ɣɔ^{31} liɛ^{33} t^{h}a^{31} liɛ^{31}nu^{31} mɔ^{31} kuai^{53}.

他 山 上 野牛 看见 过

035 **你们今后一定要互相学习，互相帮助，互敬互爱！**

nɔ^{31}ɣɯ^{33} a^{33}ʂɔ^{33} zi^{31}tin^{35} xɤ^{33} ta^{31}xɔ^{31} su^{33}ʂɤ^{33}, ta^{31}xɔ^{31} gʌ^{33},

你们 以后 一定 要 互相 学习 互相 帮忙

ta^{31}xɔ^{31} ʐɤ^{33}ka^{55}!

互相 照顾

036 请你帮他把衣服收起来。

nɔ^{31} ko^{33} niɛ^{33} ɣɔ^{31} ve^{33} p^{h}ɤ^{33}kɤ^{33} su^{33} tɔ^{33}la^{31}.

你 说 CONJ 他 POSS 衣服 收 起来

037 地震把新修的路震垮了。

mi^{31}ŋɤ^{33} niɛ^{33} a^{31}sɤ^{55} ɕiu^{33} si^{33} ɣɤ^{33}kɔ^{33} ŋɤ^{33} pa^{53} pɔ^{24}.

地震 CONJ 新 修 RM 路 震 塌 PFV

038 你们俩把鸡杀了。

nɔ^{31}ɣɯ^{33} ni^{31} ma^{31} min^{33} ɣa^{33} si^{55} pɤ^{33}.

你们 两 个 CONJ 鸡 杀 PFV

039 你看见那个乞丐了吗?

nɔ^{31} i^{33} ɔ^{24}lɔ^{31}lɔ^{31}si^{33} lɤ^{33} mɔ^{31} ɛ^{33}?

你 那 乞丐 OM 看见 INTER

040 他笑了。我把他的小孩逗笑了。

ɣɔ^{31} ɣɤ^{31} pɔ^{33}. ŋa^{31} ɣɔ^{31} ɛ^{33} i^{33} zɤ^{31}niɛ^{53} te^{53} ɣɤ^{31} pɔ^{33}.

他 笑 过 我 他 POSS POSS 小孩 把 笑 PFV

041 那个猎人进来以后又出去了，随后拿回来一只野鸡。

i^{33} tɤ^{31} ma^{31} sa^{24}pɔ^{33}liɛ^{31}si^{33}tʂ^{h}o^{33} lui^{33} pɤ^{33} zou^{53} tɔ^{53}la^{31}.

那 一 个 猎人 进去 PFV 又 UPW

ɣɔ^{31}nɔ^{24} liɛ^{55}ɣa^{33} tɤ^{31} ma^{31} zu^{31} k^{h}o^{31} lɛ^{33}.

然后 野鸡 一 只 拿 回 来

042 我亲眼看见那只花狗跳上跳下，可好玩了。

ŋa^{31} tɕin^{33}zi^{33} miɛ^{33} mɔ^{31}ɛ^{33} i^{33} tɤ^{31}k^{h}ɤ^{33} p^{h}ʌ^{31} kɤ^{33}lɤ^{31}

我 亲自 眼 看见 那 一只 狗 花

pɔ^{33}ta^{33} pɔ^{33}k^{h}ɤ^{33}, gɯ^{31}sɛ^{33} zɛ^{24}.

跳上 跳下 好玩 MOOD

043 朝上背四十里，朝下背五十里。

a^{55}nɔ^{33} ɤ^{31}ts^{h}i^{33} li^{31} pu^{31}, a^{31}xɔ^{55} ŋɤ^{31}ts^{h}i^{33} li^{31} pu^{31}.

向上 四十 里 背 向下 五十 里 背

044 这个东西拿来拿去太费事了，你就别拿了。

ts^{h}i^{33} tɤ^{31} ma^{31} a^{35}t^{h}i^{31}t^{h}i^{31} zu^{31}k^{h}ɤ^{33} zu^{31}ta^{33} mɤ^{33} mɤ^{33},

这 一 个 东西 拿去 拿来 NEG 好

nɔ^{31} tɕiu^{35} tɤ^{31} zu^{31} zo^{31}.

你 就 NEG 拿 了

045 那个穿破衣裳的家伙一会儿过来、一会儿过去的，到底在做什么？

i^{33} tɤ^{31} ma^{31} pʰɤ^{33}kɤ^{33} sa^{33}la^{33} vɤ^{31} si^{33} tʂʰo^{33},

那 一 个 衣服 破烂 穿 RM 人

tɤ^{31}kʰi^{55} tɔ^{53}la^{31}, tɤ^{31}kʰi^{55} tɔ^{53}kui^{31}e^{31},

一会 过来 一会 回去

kʰai^{33} ti^{33} niɛ^{33} mɤ^{33} si^{24}pɤ^{35}?

什么 做 CONJ NEG 知道

046 他是藏族，不是回族。

ɣɔ^{31} tsaŋ^{35}tsʰu^{31} ʑɛ^{24}, xui^{31}tsʰu^{31} mɤ^{31} xiɛ^{31}.

他 藏族 COP 回族 NEG 判断词

047 他们家有三个孩子，一个在学校，一个在家里，还有一个已经工作了。

ɣɔ^{31}ɣɯ^{33} ʑɔ^{24} ʐɤ^{33}niɛ^{24} ɕɛ^{33} ɣɤ^{31} tsuai^{24}, tɤ^{31} ma^{31} ʂu^{24}ʂɤ^{33}ɣɔ^{33}

他们 家 小孩 三 个 有 一 个 学校

mɤ^{33}, tɤ^{31} ma^{31} ʑɛ^{31} xɔ^{33} mɤ^{33}, i^{55} tɤ^{31} ma^{31}

在 一 个 家 里 在 那 一 个

ʑi^{31}tɕin^{33} koŋ^{33}tsɔ^{31} tsɔ^{35}.

已经 工作 做

048 我们很愿意听爷爷讲故事。

a^{55}bu^{31} ko^{33}li^{31} kʰuan^{31} ŋa^{31}ɣɯ^{33} tsa^{31}si^{33} nɛ^{35}fan^{31} nɛ^{33}.

爷爷 故事 讲 我们 特别 愿意 听

049 这只狗会咬人。

tsʰi^{33} tɤ^{31} kʰɤ^{33} pʰʌ^{31} tʂʰo^{33} lɤ^{33} tsʰi^{31} pɛ^{55}.

这 一 只 狗 人 OM 咬 会

050 她不敢一个人睡觉。

ɣɔ^{31} tɤ^{31} ɣɤ^{31} tʂʰo^{33} mɤ^{33} i^{55}pɤ^{31} ɣɤ^{33}.

她 一 个 人 NEG 睡 敢

051 你能来吗？我能来。

nɔ^{31} ɣɤ^{33} la^{31} niɛ^{55}? ŋa^{31} ɣɤ^{33} la^{31}.

你 敢 来 INTER 我 敢 来

052 这些人我恨透了。

tsʰi^{33}kʰɤ^{33}ɕiɛ^{33} tʂʰo^{33}, ŋa^{31} tsa^{31}si^{33} xen^{35} ʑɛ^{33}.

这些 人 我 特别 恨 很

053 **达娃家的稻子收完了，但格西家的稻子还没有收完。**

ta^{31}wa^{33} ʑɔ^{24} i^{33} tsa^{31}si^{24} su^{33} pɤ^{33} pɔ^{24}, kʰɛ^{33} te^{33}

达娃 家 POSS 稻子 收 完 PFV 怎么 做

kɤ^{33}ɕi^{33} i^{33} tsa^{31}si^{24} mɤ^{31} su^{33} pɤ^{31} nɛ^{33}.

格西 POSS 稻子 没 收 完 还

054 **我找了一遍又一遍，终于找着了。**

ŋa^{31} tɤ^{31} pɔ^{24} ʑou^{35} tɤ^{31} pɔ^{24} tsɤ^{33} na^{55}, ɣɔ^{31}nɔ^{24} tsɤ^{33} zọ^{33} pɔ^{24}.

我 一 遍 CONJ 一 遍 找 瞧 后来 找 PAST PFV

055 **你先休息休息，我试着跟她谈谈。**

nɔ^{31} tɕʰɛ^{33}pan^{31} mɯ^{33}ta^{31} mɯ^{33}ta^{31}, ŋa^{31} ʂi^{55} ta^{31} nɤ^{33} ɣɔ^{31} kʰɤ^{33} ko^{33}.

你 先 休息 休息 我 试 CON 提顿词 她 去 说

056 **他们边唱边跳，玩得可高兴了。**

ɣɔ^{31}ɣɯ^{33} tɤ^{31}pɤ^{33} men^{31} tɤ^{31}pɤ^{33} pɔ^{33}, gɯ^{31} sɤ^{33} ni^{33}mʌ^{31} ta^{31}.

他们 一边 唱 一边 跳 玩 好 心 好

057 **吃的、穿的都不愁。**

tsɤ^{33} si^{33}, vɤ^{33} si^{33} na^{53} mɤ^{31} kʰi^{55}.

吃 NMLZ 穿 NMLZ 都 NEG 愁

058 **这些猪呢，肥的宰掉，瘦的放到山上去。**

tsʰi^{33}kʰɤ^{33}tɕɛ^{33} va^{21} niɛ^{33}, bɯ^{55} si^{33} si^{55} pɤ^{31},

这些 猪 CONJ 肥 NMLZ 杀 完

gɔ^{31}kʰɛ^{33} si^{33} tɕɛ^{33} liɛ^{33}tʰa^{31} pʰiɛ^{31} pɤ^{33}.

瘦 NMLZ 那些 山上 放 完

059 **他的脸红起来了。**

ɣɔ^{31} vi^{33} miɛ^{33}pʰu^{31} ni^{33}ku^{33} tɔ^{53}la^{33}.

他 POSS 脸 红 UPW

060 **碗里的饭装得满满的。**

kʰɤ^{31}ku^{55} xɔ^{33} ɔ^{24} to^{33} niɛ^{33} piɛ^{33}piɛ^{33} tiɛ^{31}.

碗 里 饭 装 CONJ 满满 CRS

061 **山边的雪是白的，山坡上的雪更白，而山顶的雪最白。**

kɤ^{33}mo^{31} pɔ^{24} ʑɛ^{33} vɤ^{31} lɛ^{31} pʰu^{33} ɛ^{33},

山 边 RM 雪 COP 白 CRS

kɤ^{33}mo^{31} tʰau^{35} ʑɛ^{33} vɤ^{31} pʰu^{33} ʂi^{35} miɛ^{24},

山 上 RM 雪 白 COP 多

ʌ^{31} kɤ^{33}mo^{31} tu^{31}ku^{33} ʐɛ^{33} vɤ^{31} pʰu^{33} ni^{33} pʰu^{33}.

CONJ 山 头 RM 雪 白 最 白

062 **这把刀好是好，就是太贵了点。**

tsʰi^{33} tɤ^{31} pɤ^{31} a^{55}kʰɔ^{31} nɤ^{33} la^{31} nɛ^{33}, tɕiu^{31}si^{24} tsɤ^{55} a^{31}tsi^{33}

这 一 把 刀 好 COP 好 就是 贵 一点

mo^{33} ɛ^{33}.

高 MOOD

063 **弄坏了人家的东西是一定要赔偿的。**

si^{33} vi^{33} a^{33}tʰi^{31}tʰi^{31} gu^{33} ba^{53} pɤ^{33} lɛ^{31} kʰa^{31}kiɛ^{33} ko^{33} pi^{31} kʰɔ^{31} mɛ^{24}.

人家 POSS 东西 弄 坏 PFV 是 怎么 说 给 还 要

064 **他经常去北京出差。**

ɣɔ^{31} mo^{31}ʂi^{33} pɤ^{31}tɕin^{33} ke^{33} si^{55}pan^{24}.

他 经常 北京 去 办事

065 **昨天他答应了我的要求，说是明天再来玩。**

ŋa^{31} ko^{33} ʂi^{33} ʐɛ^{33} a^{31}mi^{33}ni^{33} ɣɔ^{31}ɣɤ^{33} tɔ^{33} pɔ^{24},

我 说 事 COP 昨天 他们 答应 PFV

ko^{33} nɤ^{33} pɤ^{33} a^{31}ʂɔ^{35}pɔ^{33} la^{31} niɛ^{33} gɯ^{31} lɤ^{33}.

说 好 PFV 明天 来 CONJ 玩 PERF

066 **我一会儿就回来。**

ŋa^{31} tɤ^{31}kʰiɛ^{53} xɤ^{33} tɕiu^{35} kɔ^{31}lɔ^{35}.

我 一会 要 就 回来

067 **村长可是个好人。**

tsʰun^{33}tʂaŋ^{31} tʂʰo^{33} nɤ^{33}mɤ^{33} tɤ^{31} ma^{31} ʐɛ^{24}.

村长 人 好 一 个 COP

068 **这条鱼至少有五斤重。**

tsʰi^{33} tɤ^{31} kʰɤ^{33} ŋɤ^{31} xaŋ^{31} ɣɔ^{33} kʰai^{24}kɛ^{53}ko^{33} ŋɤ^{31} tɕin^{33} tsuai^{24}.

这 一 条 鱼 重 处 怎么 五 斤 有

069 **这条河最多有五米宽。**

tsʰi^{33} tɤ^{31} kʰɤ^{33} lɔ^{31} fi^{33}ɣɔ^{33} ŋɤ^{31} mi^{31} mɤ^{31} miɛ^{31}.

这 一 条 河 宽度 五 米 NEG 多

070 **他全家人我都熟悉。**

ɣɔ^{33} tɤ^{31} ʐɛ^{33} tʂʰo^{33} ŋa^{31} ɣɔ^{33}tson^{31} si^{31}pɤ^{33}.

他 一 家 人 我 全部 认识

071 妈妈不会来了。妈妈还没回来。你别回去了。

a^{33}ma^{33} mɤ^{31} la^{31} pɔ^{55}. a^{33}ma^{33} xa^{31} mɤ^{31} kɔ^{31}la^{31}.

妈妈 NEG 来 PFV 妈妈 还 NEG 回来

nɔ^{31} tɤ^{31} kui^{31} ɕau^{35}.

你 NEG 回去 MOOD

072 客人们都在悄悄地议论这件事。

ts^{h}i^{33} tɤ^{31} ma^{31} si^{35} la^{31}si^{33}tʂ^{h}o^{33} ɣɯ^{33} ʑi^{53}tson^{31} ta^{31}tsɤ^{33}tiɛ^{31} ko^{33}kɛ^{33}.

这 一 件 事 客人 在 都 悄悄地 议论

073 你们究竟来了多少人?

nɔ^{31}ɣɯ^{33} tau^{31}ti^{53} k^{h}a^{31}k^{h}ɤ^{33}tɕɛ^{33} tʂ^{h}o^{33} la^{31} nɛ^{33}?

你们 究竟 多少 人 来 INTER

074 他不去也行，但你不去不行。

ɣɔ^{31} mɤ^{33} ke^{33} li^{31}tɛ^{24}, tan^{24} nɔ^{31} mɤ^{33} ke^{33} mɤ^{31} ta^{31}.

他 NEG 去 也行 CONJ 你 NEG 去 NEG 得

075 这是我的衣服，那是你的，床上摆着的是人家的。

ts^{h}i^{33} lɛ^{31} ŋa^{31} ɛ^{33} p^{h}ɤ^{33}kɤ^{33}, i^{33} lɛ^{31} nie^{31} ve^{33},

这 COP 我 POSS 衣服 那 COP 你的 POSS

ʑi^{53}ɣɔ^{33} t^{h}a^{31} p^{h}iɛ^{31} ta^{35} ʂi^{35} la^{31} ɣɔ^{31}ɣɤ^{33} ve^{33}.

床 上 摆 CON COP 来 他们 NMLZ

076 猎人打死了兔子。/猎人把兔子打死了。/兔子被猎人打死了。

sa^{24}bɔ^{33}si^{33}tʂ^{h}o^{33} fa^{33}t^{h}ɔ^{31}la^{33} bɔ^{33} piɛ^{31} pɔ^{33}.

猎人 兔子 打 死 PFV

sa^{24}bɔ^{33}si^{33}tʂ^{h}o^{33} i^{33} fa^{33}t^{h}ɔ^{31}la^{33} bɔ^{33} kɔ^{31} pɔ^{33}.

猎人 那 兔子 打 死 PFV

fa^{33}t^{h}ɔ^{31}la^{33} lɛ^{31} sa^{24}bɔ^{33}si^{33}tʂ^{h}o^{33} bɔ^{33} piɛ^{31} pɔ^{33} sɤ^{33}.

兔子 COP 猎人 打 死 PFV IND

077 他给了弟弟一支笔。

ɣɔ^{31} niɛ^{33}niɛ^{33} lɤ^{33} pi^{31} tɤ^{31} ka^{55} pi^{31} pɔ^{33}.

他 弟弟 OM 笔 一 只 给 PFV

078 妈妈为我缝了一件新衣服。

a^{33}ma^{33} ŋa^{31} lɤ^{33} p^{h}ɤ^{31}kɤ^{33} sɤ^{55} tɤ^{31} k^{h}u^{33} kɤ^{55} pi^{31} pɔ^{33}.

妈妈 我 OM 衣服 新 一 件 缝 给 PFV

079 学生们用毛笔写字。我用这把刀切肉。

su^{33}sɤ^{33}si^{33}tʂ^{h}o^{33} a^{31}mon^{33}pi^{31} ʐu^{31} nɛ^{33} miɛ^{55}niɛ^{33}k^{h}ɤ^{33} ga^{21}.

学生 毛笔 拿 来 字 写

ŋa^{31} ts^{h}i^{33} tɤ^{31} pɤ^{31} a^{55}k^{h}ɔ^{31} ʐu^{31} nɛ^{33} sa^{24} ɣɤ^{31}.

我 这 一 把 刀 拿 来 肉 割

080 人们用铁锅做饭。

tʂ^{h}o^{33}ɣɯ^{33} a^{31}ts^{h}i^{33} ʐu^{31} nɛ^{33} ɔ^{24} tsa^{55}.

人们 铁锅 拿 来 饭 煮

081 树上拴着两匹马。

ʂɤ^{33}tɕɛ^{31} lɤ^{33} mon^{31} ni^{31} k^{h}ɤ^{33} p^{h}ɤ^{33} tɛ^{31}.

树 CONJ 马 两 匹 拴 CON

082 水里养着各色各样的鱼。

i^{55}ka^{33} xɔ^{33} k^{h}ai^{24}kɛ^{53}si^{33} ŋɤ^{31} nɤ^{33} ʐu^{31} tɛ^{24}.

水 里 各种 鱼 提顿词 养 CON

083 桌子下躺着一只狗。

p^{h}en^{33} xɔ^{35} p^{h}ʌ^{31} tɤ^{31} k^{h}ɤ^{33} i^{55} tɛ^{24}.

桌子 下 狗 一 条 躺 CON

084 山上到山下有三十多里地。

kɤ^{33}mo^{31} t^{h}au^{24} ni^{33} kɤ^{33}mo^{31} xɔ^{35}ʐɤ^{33} ɕɛ^{33}ts^{h}i^{33} tɔ^{33} li^{53} tsuai^{24}.

山 上 看 山 下地 三十 多 里 有

085 哥哥比弟弟高多了。

a^{31}vi^{55} lai^{31} a^{33}ni^{33} t^{h}a^{31} mɔ^{33} si^{33} miɛ^{24}.

哥哥 CONN 弟弟 上 高 得 多

086 小弟跟爷爷上山打猎去了。

niɛ^{33}niɛ^{33} a^{33}bu^{31} ɣɔ^{31}nɔ^{35} min^{31} ta^{24} liɛ^{31}t^{h}a^{31} sa^{24}bɔ^{33}si^{33} ke^{33} ʑɔ^{31}.

弟弟 爷爷 后边 跟 CON 山上 打猎 去 MOOD

087 今天、明天和后天都有雨，爷爷和奶奶都不能出门了。

za^{31}ni^{33}, a^{33}sɔ^{35} xɯ^{33} p^{h}a^{31}ni^{33} ʑi^{35}tsi^{31} mon^{31}zi^{31} tsuai^{24},

今天 明天 CONJ 后天 一直 雨 有

a^{55}bu^{31} xɯ^{33} a^{31}bi^{24} ɣa^{33}mi^{35} k^{h}ɔ^{33} mɤ^{31} tɔ^{53} e^{33}.

爷爷 CONJ 奶奶 门 前 NEG 出 IND

088 买苹果或香蕉都可以。

a31pɔ35si24ga55mo33 xɯ33 a35pɔ31si24 khai33 tɤ31 ʐa33 vɤ31 ɛ33 ta31.

苹果 CONJ 香蕉 哪 一 种 买 NMLZ 可以

089 哎呀！好疼！

a55la33! na31 ʑɛ33!

哎呀 疼 很

090 昨天丢失的钱找到了吗？

a31mi31ni33 miɛ33 pɤ33 si33 a31pa33la33 tsɤ33 phu31 pɔ33 niɛ31?

昨天 丢失 PFV RM 钱 找 到 PFV INTER

091 他们早已经走了吧？

ɣɔ31ɣɯ33 dzu31 pɤ33 si33mɔ33 pɔ53?

他们 走 完 早 PFV

092 我走了以后，他们又说了些什么？

ŋa31 dzu31 pɤ33 ɣɔ31nɔ24, ɣɔ31ɣɯ33 ʐou35 khai24kɛ33 si33 ko33?

我 走 完 以后 他们 又 什么 NMLZ 说

093 叔叔昨天在山上砍柴的时候，看见一只大大的野猪。

a55su31 a31mi31ni33 liɛ31tha31 ʂɤ33 tɔ33 kɤ33 liɛ33va21 ga55mo33 tɤ31

叔叔 昨天 山上 砍 柴 时候 野猪 大 一

khɤ33 mɔ31 ɛ33.

只 看见 IND

094 藏族住在上游，纳西族住在下游。

tsaŋ35tshu31 a55nɔ33 men33, na31ɕi33tshu31 a31xɔ55 men33.

藏族 上面 住 纳西族 下面 住

095 他不单会说，而且也很会做。

ɣɔ31 ko33 pɤ55 mɤ31 tshi33, ti33 si33 lie31 ti33 du31 niɛ33.

他 说 会 NEG 单 做 NMLZ 也 做 COMPL 好

096 是扎西留下，还是卡佳留下？

tsa31ɕi33 lɤ33 men33 xa24, mɤ33tɕu33 kha31tɕa33 men33 xa33?

扎西 TOP 住 下 还是 卡佳 住 下

097 虽然我也不想去，但又不便当面说。

ŋa31 le31 mɤ31 ke33 gʌ31kɛ33 dɔ31, tan31 tɤ31gʌ31

我 也 NEG 去 那样 想 CONJ 当面

men^{31}　ta^{35}　mɤ^{31}　ko^{33}　nɤ^{33}.

在　CON　NEG　说　好

098　**因为我实在太累了，所以一点都不想去。**

ŋa^{31}　tɤ^{31}kɔ^{33}tɤ^{31}mɤ^{33}　nu^{31}　zɔ̧^{33}　ʑiɛ^{24},　i^{33}kiɛ^{55}　niɛ^{33}

我　全身　软　酸　MOOD　那样　CONJ

a^{31}tsi^{35}　na^{55}　mɤ^{31}　ke^{33}　gʌ^{31}.

一点　都　NEG　去　想

099　**如果天气好的话，我们就收玉米去。**

mon^{33}　i^{33}kɛ^{55}　niɛ^{33}　kɛ^{55}　ko^{33}　la^{31},　ŋa^{31}ɣɯ^{33}　kɔ^{33}

天　那样　CONJ　好　话　来　我们　话

sɤ^{33}mɤ^{33}　su^{33}　si^{33}　ke^{33}.

玉米　收　NMLZ　去

100　**我们现在多积肥，是为了明年多打粮食。**

ŋa^{31}ɣɯ^{33}　k^{h}ɤ^{33}mɯ^{55}gɯ^{33}　fen^{35}k^{h}au^{33}　miɛ^{33}　miɛ^{33}　ta^{31}　ta^{24},

我们　现在　肥料　多　多　摆　CON

kɤ^{31}tɤ^{33}　ni^{31}ʑa^{55}k^{h}ɔ^{31}　tsɤ^{31}lu^{33}　k^{h}ɤ^{31}　miɛ^{33}　miɛ^{33}　su^{33}ɤ^{33}　pi^{31}.

为了　明年　粮食　去　多　多　收　给

第二节

话语材料

一　谜语及俗语

1. mon^{31}tʰa^{31} tɕʰɛ^{33} ti^{33}, mon^{31} xɔ^{33} min^{31} ŋɤ^{33}.
天上 碓 舂 天 下 地 震
谜面：天上舂碓，地上摇。
谜底：mɔ^{31}tʰɔ^{33} “打雷”

2. a^{31}bi^{35}zɣ^{31} kɤ^{33} a^{31}non^{33}pi^{33}, mon^{31} la^{31} a^{33}ni^{33}ko^{33}.
小 时候 绿油油 老 来 红彤彤
谜面：小时绿油油，长大红彤彤。
谜底：la^{35}tʂɤ^{31} “辣子”

3. vi^{33}ni^{33} ɕɛ^{33} vi^{33} u^{33}tʰi^{31} tɤ^{31} kʰɤ^{31} ni^{33}.
兄弟 三 个 包头 一 条 裹
谜面：哥仨共用一包头。
谜底：a^{33}kʰɤ^{33} “三角架”

4. mɔ^{31}ʂɔ^{33} ke^{31} kʰai^{33} mɔ^{31}ʑa^{33} xo^{33} loŋ^{31}.
早上 打 开 晚上 关 拢
谜面：早上开来晚来关。
谜底：ɣa^{31}min^{35} “大门”

5. vi^{33}ni^{33} ŋɤ^{31} vi^{33} ʑɛ^{31} tɤ^{31} ʑɛ^{31} men^{33}.
兄弟 五 个 房子 一 处 住

谜面：五兄弟一起住。

谜底：kʰɯ^{33}nu^{33} “脚”

6. kʰai^{24}kɛ^{33}si^{33} tɔ^{53}la^{31} mo^{33} ni^{33} mo^{33}, kʰai^{24}kɛ^{33}si^{33} tɔ^{53}la^{31} a^{31}ka^{33}kɔ^{33}.

什么 出来 高 INFX 高 什么 出来 中间

谜面：什么东西生出来高，什么东西生出来在中间。

谜底：nu^{55}lo^{31} “高粱”、sɤ^{33}mɤ^{33}pʰu^{33} “玉米苞”

7. pɤ^{33} ʂɤ^{33} pɤ^{33} tʰiɛ^{33} ɛ^{33} dzi^{33} si^{33} mɤ^{31} dzi^{33} bi^{35} ɣɤ^{31}.

能 砍 能 断 NMLZ 破 是 NEG 破 开 得

谜面：能砍能断就是破不开。

谜底：tsu^{33}kʰɤ^{33} “头发”

8. kʰai^{24}kɛ^{33}si^{33} a^{55}si^{55} nɔ^{31} a^{31}vi^{33} mɤ^{31} vi^{33}.

什么 谁 结果 花 NEG 开

kʰai^{24}kɛ^{33}si^{33} a^{31}vi^{33} vi^{33} a^{55}si^{55} mɤ^{31} nɔ^{31}.

什么 花 开 谁 NEG 结果

谜面：什么结果不开花，什么花开不结果。

谜底：ma^{55}niaŋ^{33} “枇杷果”、bɔ^{31}tʂʰɔ^{33}da^{31} “甘蔗”

9. nu^{31} ni^{33} nu^{31} na^{33} kʰiɛ^{31}pi^{33} liɛ^{31}.

牛 红 牛 黑 屁股 舔

谜面：红牛舔黑牛屁股。

谜底：a^{31}min^{33}lɤ^{33} “火焰”

10. i^{55}kɤ^{33} la^{31}kɤ^{33} vɤ^{31}, ɤ^{31} lɤ^{33} la^{31}kɤ^{33} ke^{33}.

小时候 裤子 穿 大 PERF 裤子 脱

谜面：少时穿裤，长大时脱。

谜底：vɤ^{31}pʰu^{33} “竹笋”、vɤ^{31}tɕɛ^{31} “竹子”

11. mɔ^{31}xɔ^{33} la^{31}xɔ^{33} xɔ^{33}, min^{31} xɔ^{33} ɣa^{33} tɤ^{31} tsɤ^{55}.

高处 篾帽 顶 地 上 鸡 一 窝

谜面：高处一顶帽，地上一窝鸡。

谜底：piɛ^{31}si^{24} “毛芋头”

12. pʰɤ^{33}pʰɤ^{33}pʰu^{33}pʰu^{33} tɤ^{31}kʰɤ^{33} ʐai^{31} kʰai^{24}kɛ^{33}si^{33} a^{33}kʰɔ^{31} mɤ^{31} pɯ^{55} tiɛ^{33} ɣɤ^{31}.

灰灰白白 一条 下 什么 刀 不 砍 断 得

谜面：灰灰白白一条，什么刀都砍不断。

谜底：i^{55}ka^{33} “水”

13. i^{55} kɤ^{33} tu^{31}ko^{33} tɤ^{31} pɤ^{33} p^{h}iɛ^{33}, ɤ^{24} la^{31} tɤ^{31}kɤ^{33} la^{31} tsa^{55} la^{31}.

小 时候 头 一 边 偏 大 来 一起 手 牵 手

谜面：小时不对头，大时手牵手。

谜底：la^{31}tsa^{55}si^{24} “豌豆”

14. a^{33}t^{h}a^{31} miɛ^{33} miɛ^{31} tsu^{33}lo^{33}lo^{33}, a^{31}xɔ^{33} ŋɤ^{33}p^{h}ɯ^{33} p^{h}ɤ^{31}p^{h}ɤ^{31}ʐa^{31}.

上面 眼 多 团团转 下面 霜 飘飘落

谜面：筛子眼多团团转，下面白霜飘飘落。

谜底：tsɤ^{31}men^{33}kɤ^{33} “筛面”

15. nɔ^{31} ɣɯ^{31} ɣɔ^{31} ɣɯ^{31}, nɔ^{31} xɔ^{33} ɣɔ^{31} xɔ^{31}.

你 笑 他 笑 你 哭 他 哭

谜面：你笑他就笑，你哭他也哭。

谜底：ŋɤ^{33}lɤ^{33}ʐɤ^{31} “镜子”

16. nɔ^{31} ʐu^{33} ɣɔ^{31} ʐu^{33}, nɔ^{31} men^{33} ɣɔ^{31} men^{33}, nɔ^{31} i^{55} ɣɔ^{31} ma^{31} tsɔ^{31}.

你 站 他 站 你 坐 他 坐 你 睡 他 NEG 有

谜面：你站他也站，你坐他也坐，你睡他不见。

谜底：lɤ^{33}ʐɤ^{31} “影子”

17. ɣɔ^{31}ʂɔ^{24} a^{31}vi^{33}vi^{33} ɣɔ^{31}nɔ^{33} a^{31}p^{h}u^{33}p^{h}u^{31}, nɔ^{31} a^{31}p^{h}u^{33} ʂu^{33} pɤ^{33}

前面 开花 后面 结果 你 果子 收 PREF

va^{53}vi^{33} xai^{31} tsɔ^{31} tɛ^{24}.

花 还 有 CON

谜面：先开花后结果，收了果实花还开。

谜底：sɤ^{33}mɤ^{33} “玉米”

18. i^{33} kɤ^{33} gɯ^{31} ɛ^{33} tʂ^{h}o^{33}mon^{31} di^{31}, ɤ^{24} lɤ^{33} gɯ^{31} ɛ^{33} ʑɛ^{31}

小 时候 玩 NMLZ 老人 骂 大 PFV 玩 NMLZ 家

men^{31} me^{24}.

做 FUT

儿时玩笑要被骂，成人玩笑要担责。

19. k^{h}ai^{24} tɤ^{31} ɣɤ^{31} i^{33} kɤ^{33} mɤ^{31} gɯ^{31} ɛ^{33},

哪 一 个 小 时候 NEG 玩 NMLZ

k^{h}ai^{24} tɤ^{31} ɣɤ^{31} ɤ^{24} lɤ^{33} ʑɛ^{31} ma^{31} men^{31}.

哪 一 个 大 PERF 家 NEG 当

谁人少时不玩耍，谁人大来不当家。

20. ʐɤ^{31}niɛ^{33} gɯ^{31} ɛ^{33} ʐɤ^{31}niɛ^{33} men^{31}, ɤ^{24} la^{31} gɯ^{31} ɛ^{33} ʑɛ^{31} ti^{33} mɛ^{24}.
小孩 玩 NMLZ 小孩 过 大 来 玩 NMLZ 家 做 FUT
儿时玩笑别当真，长大玩笑要当责。

21. ɣɯ^{31}kɛ^{33} ɣɯ^{31}kɛ^{33} nɔ^{31} tɤ^{31} ti^{33}, k^{h}ai^{24}kau^{33} mɤ^{31} xɔ^{31} nɔ^{31} ko^{33} mɛ^{24}.
咪笑 咪笑 你 NEG 做 哪里 NEG 对 你 说 FUT
咪笑咪笑你别做，哪里不对你要说。

22. xɔ^{31}xɔ^{31}ti^{33}ti^{33} nɔ^{31} ta^{31} ti^{33}, ni^{33}mʌ^{33} to^{33} ta^{31} ŋa^{31} ko^{33} la^{31}.
哭哭啼啼 你 NEG 做 心 装 CON 我 说 来
你不要哭哭啼啼的，心里想什么和我说。

23. i^{33} kɤ^{33} ʐɤ^{33} men^{31} nu^{31} tsa^{33} ts^{h}i^{33},
小 时候 田 犁 牛 绳 断
ɤ^{24} lɤ^{33} tʂ^{h}o^{33} men^{31} k^{h}ai^{24} mɤ^{31} tʂuai^{24}.
大 TAM 人 做 什么 NEG 有
少时偷懒老来空。

24. ʑɛ^{24} ʑau^{33} men^{33} ta^{24} nɔ^{31} mɤ^{31} gɯ^{31}.
娘 家 在 CON 你 NEG 玩
ʐɔ^{31}mɤ^{33} ʑau^{33} ke^{33} pɤ^{33} nɔ^{31} mɤ^{31} ɣɤ^{33} gɯ^{31}.
婆 家 去 PFV 你 NEG 得 玩
娘家给玩你不玩，去到婆家不得玩。

25. ts^{h}i^{33} ʂɤ^{24} xi^{55} k^{h}ɔ^{33} ʐɤ^{31}mi^{31} la^{53},
十 七 八 岁 姑娘 小
nɔ^{31} lɤ^{33} gɯ^{31} ɛ^{33} nɔ^{31} mɤ^{31} gɯ^{31}, a^{33}ʂɔ^{35} mon^{33} la^{33} nɔ^{31} k^{h}i^{55}lɤ^{33}.
你 OM 玩 NMLZ 你 NEG 玩 以后 老 来 你 后悔
十七八岁小姑娘，该你玩笑你不玩，以后老来你后悔。

26. i^{33} kɤ^{33} ʂu^{33} ʂɤ^{33} nɔ^{31} ma^{31} ʂɤ^{33}, ɤ^{24} la^{31} ʂu^{24}mɛ^{24} nɔ^{31} mɤ^{31} kɔ^{31} pɤ^{24}.
小 时候 书 读 你 NEG 读 大 来 字 你 NEG 写 会
小时不读书，长大不会写。

27. ɕɛ^{33} lɤ^{33} ɣɤ^{31} ni^{33} lɔ^{53} ts^{h}o^{33} ti^{33}, ti^{33} lɔ^{53} mɤ^{31} nu^{33} i^{33}ka^{55} vi^{33}.
三 月 水 田 秧 插 栽 栽 秧 NEG 绿 水 干
三月栽下浑水秧，秧不发芽水也干。

二　歌谣

1．摇篮曲

pa^{24}　ʑɛ^{33}　ʐɣ^{31}niɛ^{33}　ɕɛ^{33},
爸　妈　小孩　生
爸妈生了小孩,

ʐɣ^{31}niɛ^{33}　ɕɛ^{33}.
小孩　生
生小孩。

ʐɣ^{31}niɛ^{33}　i^{33}　ɣ^{33}　tɣ^{33}　ma^{31}　i^{33}ɕɛ^{33}　nɣ^{33},
小孩　小　大　一　个　带　难
大一点的小孩带小一点的小孩有点难,

kʰai^{31}　tɣ^{33}　ɣɣ^{31}　ʐɣ^{31}niɛ^{33}　naŋ^{33}　tɣ^{31}　ʑaŋ^{33}　ɕɛ^{33}　naŋ^{31}.
每　一　位　小孩　了　一　样　带　EMPH
每一家的小孩都是一样的养育。

tsʰaŋ^{33}　a^{33}tɕi^{55}xɯ^{33}　ʐɣ^{31}miɛ^{33}　tɣ^{31}　ni^{33}　tɕɛ^{33}　ɕɛ^{33}　lɣ^{33}　mɣ^{31}　roŋ^{31}ʑi^{31}　ma^{31}?
从　小时候　小孩　一　天　就　带　CONJ　NEG　容易　INTER
从小带到大容易吗?

ʐɣ^{31}niɛ^{33}　i^{55}　mɣ^{33}　le^{31}　xu^{33},
小孩　睡　FUT　CONJ　哭
小孩想睡觉要哭,

ku^{33}ku^{33}xu^{33}xu^{33}　ɣ^{33}　ʐɣ^{31}niɛ^{33}　ɛ^{33}　ɕɛ^{33}　ʐa^{35}　ʑɛ^{33}　ɛ^{33}.
哭哭叫叫　NMLZ　小孩　NMLZ　带　难受　COP　NMLZ
哭哭叫叫,带小孩真的很难受。

ʐɣ^{31}niɛ^{33}　a^{33}ɕɛ^{33}　i^{55}　mɣ^{31}　kɣ^{33}　pi^{33}　ma^{33}.
小孩　领　瞌睡　NEG　听　给　MOOD
带小孩带得瞌睡。

kɣ^{33}mɣ^{31}　la^{33}tsʰɔ^{33}　ke^{33},
这时候　老人　去
老人要去睡的时候,

pɤ^{33} ta^{33} li^{33} ɤ^{33}neŋ^{33} pi^{33} ɛ^{31} neŋ^{33} pi^{33} ɛ^{31},
背 CON CONJ 摇 给 NMLZ 摇 给 NMLZ
一直背着摇啊摇，

ɤ^{33} pɔ^{33}tɔ^{33} pɔ^{33}k^{h}ɤ^{33} neŋ^{33} pi^{33} mɛ^{33} neŋ^{33} nɤ^{33},
衬字 跳出 跳下 摇 给 要 摇 TOP
不停地摇，

neŋ^{33} ta^{33} la^{31} i^{55} lɤ^{33} ʂɔ^{33}.
摇 CON 来 睡 CON FUT
摇着摇着就睡着了。

ʐɤ^{31}niɛ^{33} xiɛ^{33} lɛ^{31},
小孩 哄 CON
哄着小孩，

pɤ^{33} ta^{33} i^{55} mɤ^{31}kɤ^{33} tsɤ^{31} nɤ^{33},
背 CON 睡 时候 吃 好
背着的孩子睡着后大人才能吃（东西）

lɤ^{33}lɤ^{33} ɤ^{31} pi^{33}.
快快 长 给
小孩快快长大。

2．对山歌

kɤ^{33}t^{h}a^{31} kɤ^{33}mon^{31} mon^{33}xɤ^{33}xɤ^{33},
高山 梁子 刮风
高山梁子风萧萧，

sɤ^{33}p^{h}iɛ^{31} men^{33}pɔ^{31} kɤ^{33}mon^{33} p^{h}ɔ^{33},
树叶 吹响 梁子 翻
吹响树叶音袅袅

a^{33}si^{33} sɤ^{33}p^{h}iɛ^{31} men^{33} nie^{33} pɔ^{31},
树 树叶 吹 CONJ 响

吹响树叶音袅袅，

ʐɣ^{31}mi^{31} kɣ^{31}pɣ^{33} lai^{31} a^{33}sɣ^{33}men^{31} k^{h}ɔ^{31} lɣ^{33}

小姑娘 听见 CONJ 调子 唱 OM

女孩听见把歌对，

ʂɣ^{33}p^{h}iɛ^{31} men^{33} pɔ^{33} ni^{33}mʌ^{33} men^{31} za^{31},

树叶 吹 CONJ 心 在 焦虑

树叶吹得妹心焦，

tɣ^{31} ʑɛ^{31} ti^{33} mɔ^{24} nɔ^{31} ʐa^{31} la^{31},

一 家 做 FUT 你 下 来

要在一起你来瞧，

k^{h}ai^{24}kɛ^{33} tʂ^{h}o^{33} men^{31} nɔ^{31} ko^{33} mɛ^{31},

怎么 人 做 你 说 MOOD

怎么做人依你说，

nɔ^{31}mɣ^{33} k^{h}ai^{24}kiɛ^{33} ko^{33} ŋa^{31} k^{h}ai^{24}kiɛ^{33} nɣ^{31} a^{31}.

妹子 怎么 说 我 怎么 听 INT

妹子心意我知晓。

la^{31} mɔ^{24} la^{31} mɔ^{24} ŋa^{31} la^{31} mɛ^{24},

来 FUT 来 FUT 我 来 FUT

要来要来我就来，

ŋa^{31}ɣɯ^{33} ni^{31} ma^{31} tɣ^{31}kɣ^{33} men^{31},

我们 两 个 一起 坐

我和你来坐一起，

tʂ^{h}o^{33} ti^{33} si^{33} ti^{33} ŋa^{31} ni^{31} mɣ^{33} ɣ^{33} ti^{33},

人 做 RM 做 我 两 个 CONJ 做

做人做事两个人，

ni^{31} ma^{31} a^{33} tʂ^{h}o^{33} lai^{31} ni^{33}mʌ^{33} tɣ^{31} ma^{31} ʑɛ^{33},

两 个 INT 人 CONJ 心 一 个 COP

虽是两人一条心，

nɔ^{31} k^{h}ai^{24}kiɛ^{33} ko^{33} lai^{31} ŋa^{31} k^{h}ai^{24}kiɛ^{33} nɣ^{33}.

你 怎么 说 CONJ 我 怎么 听

你说什么我都听。

nɔ^{31} lɤ^{33}pɤ^{33} lai^{31} ɣɔ^{31}ʂɔ^{33} dzu^{31},
你 月亮 做 前面 走
你是月亮朝前走，

ŋa^{31} sɤ^{33} mɤ^{31}kɤ^{33} lai^{31} ɣɔ^{31}nɔ^{31} mi^{31},
我 RM 星星 做 后面 跟
我是星星跟着你，

tɔ^{31} ti^{33} ko^{33} ʂɤ^{33} ni^{33}mʌ^{33} lɤ^{33} nɛ^{33},
说 做 讲 NMLZ 心 OM 好
说的讲的合我心，

ŋa^{31}ɣɯ^{33} tɤ^{31} kɤ^{33} men^{31} loŋ^{31} lai^{31} a^{33} tɤ^{31} ʑɛ^{31} ti^{33}
我们 一 起 在 拢 CONJ INT 一 家 做
想做一家做得成。

ni^{33}ʑa^{55} kɔ^{33} nɤ^{33} mɤ^{31} ɕiau^{33} ko^{33},
日子 过 好 NEG 消 说
日子好过不用说，

tɤ^{31} k^{h}ɔ^{31} tɤ^{31} pi^{31} tɤ^{31} k^{h}ɔ^{31} t^{h}a^{31} nɛ^{33} a^{31},
一 年 一 给 一 年 上 好 INT
一年更比一年好，

k^{h}ai^{33}k^{h}ai^{33}ɕin^{31}ɕin^{31} nɛ^{33} tɤ^{31}kɤ^{31} kɔ^{33},
开开心心 TOP 一起 过
欢欢喜喜到白头，

ts^{h}i^{33}kɛ^{33}si^{33} ni^{33}ʑa^{55} ŋa^{31}ɣɯ^{33} tsuai^{24}.
这种 日子 我们 有
幸福日子一起过。

三 故事

1. 骗子张三的故事

i^{33}gɤ^{33}t^{h}a^{31}, ŋa^{31}ɣɯ^{31} ko^{31}tʂ^{h}o^{33} mon^{31}mi^{31} xie^{24}lie^{31} si^{33} tʂ^{h}ɔ^{33} tʂaŋ^{33}san^{33}
以前时候 我们 苦聪 地方 骗吃 RM 人 张三

tɤ^{31} ma^{31} tʂuai^{24}. a^{31}dzi^{31}a^{31}nɔ^{33} tʂʰɔ^{33} si^{31}pɤ^{33} ɣɔ^{31} tʂʰɔ^{33} lɤ^{33} xie^{31} kʰɛ^{33} ʑɛ^{35}.
一 个 有 附近 人 知道 他 人 OM 骗 会 EMPH

ti^{33}lie^{31}si^{33}tʂʰɔ^{33} kɤ^{31} pɤ^{33} tsʰi^{33}tʂʰɔ^{33} xie^{24}lie^{31} pɛ^{55} ko^{33} ʂi^{31} tʂʰɔ^{33} tʂuai^{24},
财主 听 PERF 这人 骗吃 很 说 RM 人 有

ŋa^{31} ma^{33} si^{31}pɯ^{33} ma^{31}. kʰai^{24}kɛ^{53} tɤ^{31} ma^{31} ʑɛ^{31} nɛ^{33}? tʂʰɔ^{31} lɤ^{33} ki^{33}nɛ^{33}
我 NEG 知道 MOOD 怎么 一 个 是 INTER 人 OM 随从

ku^{31} ɣɔ^{33}la^{31}, ku^{31} ɣɔ^{33}la^{31} tʂaŋ^{33}san^{33} lɤ^{33} ko^{33}: ŋa^{31} kɤ^{31} ʂɤ^{33} nɔ^{31} tʂʰɔ^{33}
叫 过来 叫 过来 张三 OM 说 我 听 说 你 人

lɤ^{33} xie^{24}lie^{31} pɤ^{55} ʑɛ^{55} ko^{33} kɛ^{33} ma^{31}, ŋa^{31} lɤ^{33} tɤ^{31}xui^{31} xie^{24} lɤ^{33}.
OM 骗吃 会 EMPH 说 这样 MOOD 我 OM 一次 骗 TAM

tʂaŋ^{33}san^{33} ko^{33}: ŋa^{31} nɔ^{31} lɤ^{33} ma^{31} xie^{24} pɤ^{55}, ŋa^{31} lɤ^{31}mɤ^{33}ko^{33} ni^{33}mʌ^{33}
张三 说 我 你 CONJ NEG 骗 会 我 豹子 心

mɤ^{31} tʂɤ^{31} zɔ^{33}, liɛ^{31} kɯ^{33} lie^{31} mɤ^{33} tʂɤ^{31} zɔ^{33}, lɤ^{31} kɯ^{33} lɤ^{31} mɤ^{31}
NEG 吃 着 熊 肝 也 NEG 吃 着 CONJ 胆 也 NEG

tʂɤ^{31} zɔ^{33}, nɔ^{31}ɣɯ^{33} mɤ^{31} xie^{24} pɤ^{55} mɤ^{31} kɤ^{55}. ti^{33}lie^{31}si^{33}tʂʰɔ^{33} ko^{33}: mɤ^{31}
吃 着 你们 NEG 骗 会 NEG 敢 财主 说 NEG

kɤ^{55}, nɔ^{31} ŋa^{31} lɤ^{33} xie^{24}lie^{31} lɤ^{33} ŋa^{31} mɤ^{31} dʑɛ^{55} nɔ^{31} ŋa^{31} lɤ^{33} xie^{24} zɔ^{33}
怕 你 我 OM 骗吃 CONJ 我 NEG 信 你 我 OM 骗 着

lɤ^{31}. xie^{24}lie^{31} ʂi^{33} tʂaŋ^{33}san^{33} ko^{33}: ŋa^{31} mɤ^{31} xie^{24} pɤ^{55} nɔ^{31} lɤ^{33}.
MOOD 骗吃 RM 张三 说 我 NEG 骗 会 你 MOOD

ti^{33}lie^{31}si^{33}tʂʰɔ^{33} ko^{33}: xie^{24} lɤ^{33} xie^{24} lɤ^{33} nɔ^{31} xie^{24} lɤ^{33} ŋa^{53} lɤ^{33} ŋa^{31}
财主 说 骗 CONJ 骗 CONJ 你 骗 CONJ 瞧 CONJ 我

lɛ^{33}. xie^{24}lie^{31} si^{33} tʂaŋ^{33}san^{33} kui^{31} ɛ^{33} tɕiu^{35} dɔ^{31} na^{33}, dɔ^{31} dɔ^{31} pɤ^{33},
MOOD 骗吃 RM 张三 回 TAM 就 想 瞧 想 想 PERF

tɕiu^{35} a^{31}dzi^{31}pɔ^{24} tʂʰɔ^{33} lɤ^{33} nɤ^{33} na^{33}. tsʰi^{33} ti^{33}lie^{31}si^{33}tʂʰɔ^{33} kʰai^{24}kɛ^{33} ʂi^{33}
就 附近 人 OM 问 瞧 这 财主 什么 COP

ken^{35} ɕi^{31}xau^{33} lɤ^{33} ma^{31}. nɤ^{33} na^{33} pɤ^{33}, si^{33}pɤ^{33} tsʰi^{33} tʂʰɔ^{33} ti^{33}lie^{31}si^{33}tʂʰɔ^{33}
更 喜欢 MOOD MOOD 问 问 SUF 知道 这 人 财主

xa^{53}pa^{33}ŋɤ^{31} nɛ^{35}fan^{33} tʂɤ^{31} ʑɛ^{33}. tsui^{24} ɕi^{31}xuan^{33} tʂɤ^{31} ʂi^{33} xa^{53}pa^{33}ŋɤ^{31}.
石扁头鱼 喜欢 吃 EMPH 最 喜欢 吃 COP 石扁头鱼

xie^{24}lie^{31} si^{33} tʂaŋ^{33}san^{33} nɤ^{33} tɕiu^{35} i^{33} ti^{33}lie^{31}si^{33}tʂʰɔ^{33} pɔ^{31} i^{33} tʂʰɔ^{33} ko^{33}
骗吃 RM 张三 TOP 就 那 财主 旁 POSS 人 说

lɤ^{33} pi^{31}. tɔ^{33}kɔ^{33} lɔ^{31} tɤ^{31} kʰɤ^{33} tʂɔ^{33} si^{33} xa^{53}pa^{33}ŋɤ^{31} mie^{31}li^{33}mie^{31}. i^{55}ka^{33}
OM 给 山崖 LOC 一 处 有 NMLZ 石扁头鱼 很多 水

a^{31}dzi^{33}pɔ^{33} men^{33} ta^{24} pɔ^{31} ɛ^{33} pɔ^{33}kʰɤ^{33}pɔ^{33}ta^{31}. ti^{53}lie^{31}si^{33}tʂʰo^{33} tɕiu^{35} kɤ^{33}
附近 在 CON 附近 TOP 跳上跳下 财主 就 听

pɤ^{33}, tsʰi^{33} ŋɤ^{31} mie^{31} ʑɛ^{35}. ke^{33}ni^{33} ŋa^{33} mɛ^{24}, ke^{33}ni^{33} ʐu^{31} lie^{31} mɛ^{24}.
PERF 这 鱼 多 EMPH 去看 瞧 FUT 去看 拿 吃 FUT

xie^{24}lie^{33} si^{33} tʂaŋ^{33}san^{33} lɤ^{33} ke^{33}ni^{33} ko^{33} ku^{33} a^{53} la^{31}, xie^{24}lie^{33} si^{33}
骗吃 RM 张三 CONJ 去看 说 叫 CONJ 来 骗吃 RM

tʂaŋ^{33}san^{33} tɕiu^{35} ko^{33}: vɤ^{31} ʑɛ^{35}! ti^{33}lie^{31}si^{33}tʂʰɔ^{33} lɤ^{33} ko^{33}, nɔ^{31} mɤ^{31} ke^{33}
张三 就 说 远 EMPH 财主 OM 说 你 NEG 去

kɤ^{31} a^{31}, nɔ^{31} pɤ^{35}ɕiau^{31} dɔ^{31}. ti^{33}lie^{31}si^{33}tʂʰɔ^{33} ko^{33}: ke^{33} mɛ^{24}, ke^{33} lɤ^{33}
到 IND 你 不用 想 财主 说 去 FUT 去 CONJ

ʐu^{31} lie^{31} mɛ^{24}, nɔ^{31} ŋa^{31} ɕɛ^{33} ta^{24} ke^{33}. xie^{24}lie^{33} si^{33} tʂaŋ^{33}san^{33} ko^{33}: ke^{33}
拿 吃 FUT 你 我 带 CON 去 骗吃 RM 张三 说 去

mɤ^{31} ke^{33}, nɔ^{31} a^{33}tʰi^{31}tʰi^{31} i^{33}kʰɤ^{33}tɕɛ^{33} tʂɤ^{31} si^{33} i^{33} xɯ^{33} si^{33} i^{33}kʰɤ^{33}tɕɛ^{33}
NEG 去 你 东西 那些 吃 NMLZ 那 要 NMLZ 那些

tʂɔ^{31}pi^{53} ta^{31} mɛ^{24}.
准备 好 FUT

很久以前，苦聪人中有个骗子叫张三，亲朋好友以及周围寨子里的人都被他骗过。有一个财主听说后想，“张三到底是个什么样的人呢？我还从未见过这么能骗的人。”于是派人把张三叫过来问道：“我听说你很会骗人，要不你来骗我一次试试？”张三摇摇头说：“我不敢骗您。”财主说：“不要怕。”张三说：“我真的不敢骗您。”财主说：“如果你能骗得了我，我就服你。”张三说：“我怎么敢骗您呢？除非吃了熊心豹子胆！即使吃了熊心豹子胆，我也不敢骗您呀！”财主说：“你骗不了我的！无论如何，我是不会上当的。”张三说：“行，不说了。”于是起身离开。离开后，张三心想，真的好好骗他一次，于是四处打听财主的喜好，想知道财主喜欢吃什么，打听到财主喜欢吃一种叫石扁头的鱼。过了几天，张三把一切都谋划好了，于是对财主身边的人说：“有一个地方，有许多石扁头鱼，站在水边就能看到鱼儿在水里游来游去。”财主听到这话就特别想去看看，于是对张三说：“我们俩一起去那儿找石扁头鱼？”张三对财主说：“那里太远了，还很难找。”财主说：“我很想去，石扁头鱼很好吃，我们明天就出发吧。”张三说：“您就不要想了，那里路途遥远，您可能走了一半，就要返回来了。”财主仍坚持要去，张三说：“好吧，既然决定去了，那就准备好干粮，我们明天一早出发。”

ti^{33}lie^{31}si^{33}tʂ^{h}ɔ^{33} tʂɔ^{31}pi^{53} nɤ^{33} pɤ^{33} ʐi^{31}xou^{35} nie^{33}, tɕiu^{35} tʂ^{h}ɔ^{33} tɤ^{31}ni^{31}ma^{31}

财主 准备 好 PERF 以后 TAM 就 人 几个

ku^{33} ta^{24} tɕiu^{35} tɤ^{31}kɤ^{33} ke^{33}. ke^{33} i^{33} ɣɔ^{31}kɔ^{33}, dzu^{31} ta^{24} dzu^{31} ta^{24},

叫 CON 就 一起 去 去 RM 路 走 CON 走 CON

kɤ^{33}mɔ^{31} lie^{31} p^{h}ɔ^{33} lɔ^{31}kɔ^{33} lie^{31} ẓai^{31} dzu^{31} ɣɤ^{33} mɤ^{31} dzu^{31} ɣɤ^{33}, nɤ^{31} na^{33}

山梁 陡 坡 山崖 陡 在 走 得 NEG 走 得 问 瞧

xie^{24}lie^{31} si^{33} tʂ^{h}ɔ^{33}, ke^{33} kɤ^{31} nɤ^{33} ʂɔ^{31}nie^{33} xie^{24}lie^{31} si^{33} tʂaŋ^{33}san^{33} ko^{33}:

骗吃 RM 人 去 到 TOP EVID 骗吃 RM 张三 说

ai^{31} xai^{31} a^{31}tɕi^{33} vɤ^{31} ʐɛ^{35} ʂɔ^{33}. tɔ^{33}ɣɔ^{33} miɛ^{33} kɤ^{33}mon^{31} p^{h}ɔ^{33}pɤ^{33}, tɔ^{31}kɔ^{33}

哎 还 一点 远 EMPH EVID 远处 多 山梁 边 说着

i^{33} mɤ^{31} xie^{33} ke^{33} kɤ^{33} ẓai^{33}. dzu^{31} ta^{24} dzu^{31} ta^{24} xɤ^{33}, ti^{33}lie^{31}si^{33}tʂ^{h}ɔ^{33}

那 NEG 是 去 到 IND 走 CON 走 CON CONJ 财主

dzu^{31} fa^{24} pɤ^{33} nɛ^{33}, tɕiu^{35} lɔ^{31}dzi^{33}pɔ^{24} i^{55} ta^{24} i^{55} ta^{24}, tɤ^{33} ɣɤ^{33} lie^{31}

走 累 PERF TAM 就 河边 睡 CON 睡 CON 一 群 随从

ɣɔ^{31} lɤ^{33}mɤ^{31} ku^{33} tɤ^{31} lɤ^{33}, i^{55} toŋ^{31} tɔ^{33}la^{33} mɤ^{31} tʂ^{h}ɤ^{33} nɤ^{33} ɕɛ^{33} lɔ^{31}k^{h}ɤ^{33}

他 旁边 叫 NEG 大 睡 醒 起来 NEG 成 TOP 带 山崖

lɤ^{33} ʂɔ^{33}, xie^{24}lie^{33} si^{33} tʂaŋ^{33}san^{33} tɕiu^{35} ko^{33}: za^{21}ni^{55} mɤ^{31} ke^{33} ɔ^{33}!

到 EVID 骗吃 RM 张三 就 说 今天 NEG 去 TAM

kui^{31}liau^{33}! ti^{33}lie^{31}si^{33}tʂ^{h}ɔ^{33} ko^{33}: ŋa^{31} ke^{33} kui^{33} mɤ^{31} ʂi^{33} kui^{31} ɕu^{31} ɛ^{33}

回去 财主 说 我 去 回 NEG 知道 回 熟悉 MOOD

mɔ^{33}ɣɤ^{33} p^{h}ɤ^{31} k^{h}ɔ^{33}lɔ^{33}. i^{33}kɛ^{33} ko^{33}lai^{31}, xie^{24}lie^{31} si^{33} tʂaŋ^{33}san^{33} tɕiu^{35} ko^{33}:

饿得 爬 回去 那样 CONJ 骗吃 RM 张三 就 说

nɔ^{31} ɣɔ^{31}ɣɯ^{33} lie^{31} men^{31} mɔ^{31}kɔ^{33} mɤ^{31} tsu^{31} ɛ^{33}. ŋa^{31} ɣɔ^{31}ʂɔ^{24} kui^{31} nɛ^{33}

你 他们 也 在 这里 NEG 有 IND 我 前面 回 CONJ

p^{h}ɤ^{33}kɤ^{33} ẓu^{31} ɣɔ^{31}la^{31} ŋa^{31} ẓu^{31} kui^{33} xie^{33} ɣɔ^{31}ɣɯ^{33} k^{h}ɤ^{33} tɕɛ^{33}, nɔ^{31} a^{31}ʐɛ^{33}ʐɛ^{33}

衣服 拿 过来 我 拿 回 CONJ 他们 才 信 你 慢慢

kui^{33} ɛ^{33} ŋa^{31} tɤ^{31}tsu^{33} ku^{31} ɣɔ^{31}la^{31}. xie^{24}lie^{33} si^{33} tʂaŋ^{33}san^{33} tɕiu^{35} p^{h}ɤ^{33}kɤ^{33}

回 来 我 帮手 叫 过来 骗吃 RM 张三 就 衣服

ti^{33}lie^{31}si^{33}tʂ^{h}ɔ^{33} i^{33} p^{h}ɤ^{33}kɤ^{33} ẓu^{31} ta^{31} tɕiu^{35} tsi^{33} k^{h}ui^{31}, tsi^{33} k^{h}ui^{31} tɕiu^{35}

财主 POSS 衣服 拿 CON 就 跑 回 跑 回 就

ʐɛ^{31}xɔ^{33} tʂ^{h}ɔ^{33} lɤ^{33} ko^{33} pi^{31}, xɤ^{33}ẓɤ^{33} mɤ^{33} lɤ^{33} ni^{33} ɛ^{33}ʐau^{33} ti^{33}lie^{31}si^{33}tʂ^{h}ɔ^{33},

家里 人 OM 说 给 夫人 NEG 好 你 POSS 财主

i^{55}ka^{33} pu^{31} ɕɛ^{31} ʐɔ^{33}, ŋa^{31} tɤ^{31} la^{31}pa^{33} xɤ^{33} tsʰi^{31} pʰɤ^{33}kɤ^{33} tɤ^{31}tsʰu^{31} kʰɔ^{33}
水 背 带 着 我 一 抓 CONJ 这 衣服 一件 拉

xie^{33} zɔ̧^{33} kʰɔ^{31}lai^{31}, lɤ^{33}lɤ^{33} nie^{33} ɣa^{31}min^{33} pa^{33} zu̧^{31} ta^{24} niɛ^{33}, a^{31}tʂʰɤ^{31}
CONJ 得 回来 赶快 你家 大门 门板 拿 CON TAM 水流

ke^{33}ni^{33} lɔ^{31} ta^{24} lɔ^{33} tɔ^{53}la^{33}. xe^{33} tʂʰɤ^{33} pʰu^{33} gu^{33}, nɔ^{31} ɣu^{33}la^{33} lo^{33}lo^{33} la^{31}
去看 堵 CON 堵 起来 才 扯 出 弄 你 后面 慢慢 来

ta^{24}. ti^{33}lie^{31}si^{33}tʂʰɔ^{33} i^{33} zɤ̧^{31}mɤ^{33} kɤ^{31} pɤ^{33} tɕiu^{35} miɛ^{33}ɣɯ^{31}miɛ^{33}tsu^{33}, xie^{24}lie^{31}
CON 财主 POSS 夫人 听 PERF 就 泪流满面 骗吃

si^{33} tʂʰɔ^{33} tʂaŋ^{33}san^{33} tɕiu^{35} lɤ^{33}lɤ^{33} ɣɔ^{31}ʂɔ^{24} ke^{33} ʐo^{33}. ti^{33}lie^{31}si^{33}tʂʰɔ^{33} lɤ^{33}
RM 人 张三 就 急忙 前面 去 PERF 财主 OM

ko^{33}: ni^{33} ɛ^{33} ʐɛ^{31}xɔ^{33} a^{31}mi^{33} tu^{31} pɔ^{24}, ŋa^{31} tɤ^{31} tʂʰɔ^{33} mɤ^{31} zu̧^{31} tɔ^{33}la^{31},
说 你 POSS 家里 火 着 PERF 我 一 人 NEG 拿 出来

ɣa^{31}min^{33} pa^{33} tɤ^{31} pa^{33} xie^{33} tɕʰia^{33} ʐɔ^{31} ɛ^{33}. ti^{53}lie^{31}si^{33}tʂʰɔ^{33} mɔ^{31} pɤ^{33}
大门 门板 一 块 CONJ 抢 着 IND 财主 看 PERF

nɤ^{33}, ŋa^{31} tɕi^{33} ʐɛ^{33} a^{31}mi^{33} tu^{31} pɔ^{24}, kɛ^{53}xɤ^{33}la^{31} la^{33} kʰo^{33} lɤ^{33} tʂʰɔ^{33}
IND 我 POSS 家 火 着 PERF 这样 CONJ 剩 RM 人

kɔ^{33} lie^{31} mɤ^{31} tsɔ^{31}, ni^{33}mʌ^{33} za̧^{24} tɕiu^{35} xɔ^{33}, xɔ^{33} ɛ^{33} mi^{31}ma^{33} ʂi̧^{33}
说 CONJ NEG 有 心 难过 就 哭 哭 CON 媳妇 CONJ

dzu^{31} ta^{24} tɕiu^{35} ʐɛ^{31}xɔ^{33} kui^{31}. ni^{31}ɣɯ^{31} ɣɔ^{31} kɔ^{33} lɤ^{33} i^{33} zɔ̧^{33}, tou^{24} zɔ̧^{33}
走 CON 就 家 回 你们 他 说 CONJ 那 得 遇 得

i^{33} a^{31} mi^{33}mɤ^{33} lie^{31} xɔ^{31}xɔ^{31}ti^{33}ti^{33}, ti^{53}lie^{31}si^{33}tʂʰɔ^{33} lɤ^{33} ko^{33}: tɤ^{31}ɤ^{33} tɤ^{31}ɤ^{33}
那 TOP 媳妇 CONJ 哭哭啼啼 财主 OM 说 一字 一字

nɤ^{33} nɔ^{31} kʰai^{24}kɛ^{55} xɔ^{31} nɛ^{33}? ti^{33}lie^{31}si^{33}tʂʰɔ^{33} zɤ̧^{31}mɤ^{33} ko^{33}: nɔ^{31} i^{55}ka^{33} pu^{31}
问 你 为什么 哭 INTER 财主 媳妇 说 你 水 背

ɕɛ^{31} ko^{31}kʰɤ^{31}ko^{31}ɕɛ^{31} ɛ^{33}, i^{33} zɤ̧^{33}mɤ^{33} ko^{33}: nɔ^{31} kʰai^{24}kɛ^{33} xɔ^{31} nɛ^{33}?
带 冲下去 PERF 那 媳妇 说 你 为什么 哭 INTER

ti^{33}lie^{31}si^{33}tʂʰɔ^{33} ko^{33}: i^{33} ŋɛ^{24} ʐɛ^{31} a^{31}mi^{33} tu^{31} pɔ^{24} tie^{33}, kɛ^{55} pʰɤ^{31} ʂɤ̧^{33}
财主 说 那 我的 家 火 烧 PERF MOOD 这样 全部 RM

ko^{33} ʂi̧^{33} ɛ^{33}. xie^{24}lie^{31} si^{33} tʂaŋ^{33}san^{33} mɔ^{31} pɤ^{33} ʐi^{31}xou^{35} tɕiu^{35} ko^{33}:
说 NMLZ MOOD 骗吃 RM 张三 看 PERF 以后 就 说

tsʰi^{33}tsʰi^{31} ɕɛ^{31} nɔ^{31} ɣɔ^{31} lɤ^{33} xie^{24}lie^{31} mɤ^{31} ta^{31} a^{31}, nɔ^{31} ŋa^{31} lɤ^{33} kuai^{35}
这次 COP 你 他 OM 骗吃 NEG 好 TAM 你 我 OM 怪

mɤ^{31} ta^{33}. ʂi^{55} nɔ^{31} ŋa^{31} lɤ^{33} xie^{24}lie^{31} ku^{33} lɤ^{33} xie^{31} ʂɔ^{33}. tsʰi^{33} xui^{31}
NEG 好 是 你 我 OM 骗吃 叫 CONJ 骗 EVID 这 回
nɔ^{31} lɤ^{33} xie^{24} zɔ̣^{33} ma^{33}. ti^{33}lie^{31}si^{33}tʂʰɔ^{33} ni^{33}mʌ^{33} ko^{33}, fu^{31} ɔ^{33} tɕiu^{35} dɔ^{31}:
你 OM 骗 着 IND 财主 心 说 服 PERF 就 想
tsʰi^{53} tɤ^{31} xui^{31} ŋa^{31} tsen^{31} nie^{33} nɔ^{31} lɤ^{33} fu^{31}.
这 一 回 我 真 CONJ 你 OM 服

第二天，张三与财主及随从一行出发了。走了很久，财主问道："快到了吗？"张三回答："还早着呢。"又走了一段时间，财主又问："我们快到了吗？"张三说："快到了。翻过前边那座大山后，再往下走就到了。"张三和财主又走了好久，翻过了那座大山，一路上爬坡过坎，十分艰难。财主说："我们休息一下吧。"休息了一会，财主便睡着了，谁都不敢叫醒他。他一直睡到太阳落山才醒过来。张三说："今天去不了啦，我们过几天再来。"于是财主只得和张三一起往回走。天快黑的时候，财主饿得走不动了。张三说："你们慢慢来，我先将你的衣服当作信物拿回去，再带着随从来接你们。"于是张三拿着财主的衣服先回去了。到了财主家，财主的妻子见到张三，问："为什么只有你一个人回来了？"张三说："别提了，财主被大水冲走了！我伸手去抓他，只抓到了一件衣服，您赶快把门板卸下来给我，我去堵住水救财主。"于是，张三抬着财主家的门板往回走，财主看到张三抬着门板回来，便问："你抬着门板来做什么？"张三说："您家着火了，火势太大，烧得就只剩下一块门板了，还好我手脚麻利抢回来了。"财主急急忙忙地跑回去，看到自己的老婆。两个人泪眼婆娑地相互问道："你为什么哭呢？"财主说："张三说家里着火了，烧得只剩下一块门板了。"妻子说："张三还说你被河水冲走了呢！"这时，在旁边的张三暗自心喜，想这次可不只骗了财主，连他老婆都一起骗了。张三对财主说："您可不能生气哟，这可是您让我骗您的。"财主虽然受了一肚子委屈却倒不出来，对张三佩服得五体投地。

（龚家祥讲述，2023年）

2．苦聪人打猎庆典

i^{33}gɤ^{55}tʰa^{31} ŋa^{31}ɣɯ^{33} ko^{31}tʂʰo^{33} tɕʰɔ^{33} tu^{33}ʂi^{33} ʐɛ^{31}pʰi^{31} ma^{24}xɔ^{33} men^{33} zɔ̣^{33}.
很久以前 我们 苦聪 人 都是 深山 深处 在 CON
ʐɛ^{31}pʰi^{31} a^{24}dzi^{31}pɔ^{24} kɯ^{31} tɤ^{31}liɛ^{33}liɛ^{33} lie^{33}mon^{31} ʂi^{33} miɛ^{31} ʐɛ^{33}. ʂɤ^{33}mɤ^{33} liɛ^{33}nu^{31}
大山 附近 处 每一处 野兽 是 多 很 比如 野牛

a^{33}, sa^{24}ni^{33}ku^{55} a^{33}, fa^{33}men^{33}bɤ^{31} a^{33}, fa^{33}t^{h}ɔ^{33}la^{55} a^{33}, i^{33}k^{h}ɤ^{33}tɕɛ^{33} fa^{33}po^{33}
TOP 麂子 TOP 松树 TOP 兔子 TOP 那些 刺猬

a^{33}, i^{33}k^{h}ɤ^{33}tɕɛ^{33} miɛ^{31}niɛ^{33}miɛ^{31}. tɤ^{31}k^{h}ɔ^{21} tɤ^{33}k^{h}ui^{31} k^{h}ɔ^{31} kɔ^{35} pɤ^{33}, ŋa^{31}xɯ^{33}
TOP 那些 多了多 一年 一回 年 过 PERF 我们

ko^{31}tʂ^{h}o^{33} tɕ^{h}ɔ^{33} tɕiu^{35} kɛ^{55} niɛ^{33} sa^{24}bɔ^{33} liɛ^{31} sa^{24}ga^{31} liɛ^{31}. ts^{h}i^{33}k^{h}ɤ^{33}tɕɛ^{33} te^{33}
苦聪 人 就 这样 TOP 打猎 吃 撵山 吃 这样 做

ʂi^{33} ŋa^{31}ɣɯ^{33} ko^{31}tʂ^{h}o^{33} tɕ^{h}ɔ^{33} ʂi^{33} liɛ^{31}ʂɤ^{31} tɤ^{31} ma^{31} mɛ^{24}. k^{h}ɛ^{35}ke^{55}xɤ^{33} ɤ^{33}
CONJ 我们 苦聪 人 POSS 猎神 一 个 需要 这样 TOP

ʑɛ^{31}pɤ^{33} xa^{33}pa^{33} tɤ^{31} ma^{31} tʂɤ^{55}, xa^{33} a^{31}tsi^{55} tsu^{33}tie^{33} tɤ^{31} ma^{31} tʂɤ^{55},
山上 石头 一 个 找 石头 一点 平滑 一 个 找

k^{h}ɤ^{33}mon^{31} mɔ^{31}ɣɔ^{33} ʂɤ^{33}tɕɛ^{31} tɤ^{31} tɕɛ^{31} tʂɤ^{55}, xa^{33}pa^{33} ʂɤ^{33} ts^{h}i^{33} lɤ^{33} ni^{33}
山头 高处 树木 一 棵 找 石头 树 这 OM 靠

pa^{24} lɛ^{33} mɤ^{33} tɛ^{33} ta^{24}. xa^{33} kɤ^{33} lɤ^{33} ʂɤ^{33}tɕɛ^{31} lɤ^{33} k^{h}au^{24} niɛ^{33} ta^{24},
着 CONJ 放 留 CON 石头 底部 CONJ 树 OM 靠 贴 CON

gu^{33} nɤ^{33} pɤ^{33} niɛ^{33} i^{33} xa^{33}pa^{33} nɤ^{33} ʂi^{55} tie^{33} mon^{31} tie^{33}, ʂi^{55} liɛ^{31}ʂɤ^{31}
弄 好 PERF CONJ 那 石头 TOP 是 献 天 献 是 猎神

tiɛ^{33} ʑɛ^{55}. k^{h}u^{31} ku^{35} tɤ^{33} tɕu^{31} tɕɤ^{53} tɤ^{31} tɕu^{31} i^{53} kɤ^{33} ta^{24} niɛ^{33}. xa^{33}
献 COP 话 说 一 些 念 一 些 那 放 CON MOOD 石头

k^{h}ɔ^{33} tɤ^{31}ɣɔ^{33} ʂɤ^{33}tɕɛ^{31} ts^{h}i^{33} pɔ^{33} nɤ^{33}, ɕiaŋ^{33} ɕɛ^{33} tɕu^{53} nɤ^{33} tiɛ^{33} gu^{33} nɤ^{33}
里面 一处 树 这 边 TOP 香 三 炷 TOP 献 弄 好

pɤ^{33} ʑi^{31}xou^{35} niɛ^{33}. ts^{h}i^{33} sa^{24}ni^{33} te^{31} ʂi^{33} i^{33} ɣa^{33}p^{h}u^{33}ko^{33} ʂi^{33} a^{31}
PERF 以后 MOOD 这 猎神 做 TOP 那 公鸡 是 TOP

ni^{31}ko^{33}lo^{33} ʑi^{31}ɕɛ^{33} xɯ^{33} ɕau^{24}, ɣa^{33}p^{h}u^{33}ko^{33} ni^{31}ko^{33}lo^{33} nɤ^{33} kɔ^{31}ʐen^{33} ʑɛ^{31}xɔ^{33}
红色 一些 要 FUT 公鸡 红色 TOP 自己 家里

i^{33} mɤ^{31} xɯ^{33} a^{33}dzi^{31}pɔ^{35} ʂi^{55} ʑɛ^{31}xɔ^{33} ke^{33} niɛ^{33} k^{h}o^{31} ɣɔ^{33} la^{31}. k^{h}o^{31}
POSS NEG 要 旁边 RM 家里 去 CONJ 偷 回 VEN 偷

ɣɔ^{33} la^{31} ʂi^{55} k^{h}o^{31} pɤ^{33} ʂi^{55} ʑɛ^{31}tʂ^{h}ɔ^{33} mɤ^{31} si^{33}pɤ^{55}, mɤ^{31} si^{33}pɤ^{55},
回 VEN CONJ 偷 PERF POSS 家人 NEG 知道 NEG 知道

a^{33}miɛ^{33}pɤ^{33} tɕiu^{53} ku^{33} k^{h}ɤ^{33} ku^{33} ta^{33} te^{33} bɤ^{33} te^{33} nɤ^{33} ʂɔ^{33}, a^{53}si^{33} tʂ^{h}ɔ^{33}
一会儿 就 叫 下 叫 上 做 滚 做 TAM EVID 谁 人

k^{h}o^{31} ŋɛ^{24} ɣa^{33} k^{h}o^{31} lie^{33} pɤ^{33}. ku^{31} di^{31} ʑɛ^{31}fa^{33} bɯ^{31}di^{31} ʑɛ^{31}fa^{33} ku^{31} di^{31}
偷 我的 鸡 偷 吃 PERF 叫 骂 越来 咒骂 越来 叫 骂

ʑɛ31fa33 nɛ33 ʑɛ31fa33 tui24xɛ33 i33 lie33mon31 xɯ33 tʂɤ55 a33, ʐɤ33 xɛ33 tɔ31
越来 好 越来 容易 那 野兽 要 找 TAM 幼崽 也 打
ʑɔ33 bɛ33. ten31tau24 ke33 nie33 lie33mon31 bɔ33, bɔ33 kʰɔ31 la31 i33 sa24
着 死 等到 去 CONJ 野兽 打 打 回 VEN 那 肉
lie33mon31 sa24 tɕiu35 i33 ɣa33 kʰo31 ʂi33 tɤ31ʑɛ31 a31tsi33 ʐu31 piɛ31 pi31 mɛ24,
野兽 肉 就 那 鸡 偷 RM 一家 一点 拿 分 给 FUT
piɛ31 pi31 pɤ33 tɕiu35 ko33: ni33 ɛ33 ɣa33pʰu33ko33 ʂi33 ŋa31 kʰo31 ɕɛ33 ʂɔ33,
分 给 PERF 就 说 你们 POSS 公鸡 是 我 偷 带 EVID
ŋa31 ke33 niɛ33 lie31ʂɤ31 te33 nɤ33 kɛ33xɤ33 za31ni33 lɔ31la31 sa24 ʐu31 kʰua31
我 去 CONJ 猎神 祭 TOP 这样 今天 来到 肉 拿 还
pi31. kɛ33 nɔ31 a31 ku33li33 ku33pɔ33 tsʰi33 ŋa31 sa24 ʑu31 ɕɛ33 ti33ti33 xɤ33
给 这样 你 TOP 说也 说了 现在 我 肉 拿 带 一点 还
ɛ33. a31dzi24pɔ33 ke33 niɛ33 sa24 bɔ33 xai31ʂi55 tou33 ʐɔ31 pɛ35 a31 ɤ24
MOOD 以后 去 CONJ 肉 打 还是 遇 着 会 CONJ 大
ʂi55 i35 ʂi55 i33 nɤ33.
NMLZ 小 NMLZ 都 好

古时候，苦聪人住在深山老林里。林子里有野牛、鹿子、兔子、刺猬等各种各样的动物，人们的生活平淡而快乐。按照苦聪人的传统习俗，每次过完年后，猎人会选择吉日祭拜猎神，一般选择山上最高的一棵树，树下放置两块平滑的石头，其中一块横放，上面摆放祭品，另一块石头立起来，靠着树根，象征山神。猎人们点上三炷香，香插在竖放的石头根前方，然后供奉一只鸡，念诵祭词：今日我在此虔诚地向猎神献祭，希望山上的、山谷里的猎物，都被我遇上！在这些祭品里，鸡不能是自己家的鸡，而是要去偷别人家的鸡献上，并且公鸡还只能是红色羽毛的。被偷的那家人会痛骂偷鸡“贼”，其骂声越大越好。骂得越凶、骂声越大意味着出猎就越顺利。打猎归来后，猎人会多分一些猎物给被偷鸡的人家，并告诉那家人，你家的鸡是我偷去供奉猎神了，打的猎物多给你们家一些，你们多多担待，别生气！

xɯ33 kɯ35 nɤ33 tui33la31 ʑou31ɕɛ33 ʂi31xou55 mon31lɔ31kɔ33 nɛ33, ɤ33 ʂi55
然后 时刻 TOP 出来 有些 时候 白天 CONJ 大 NMLZ
tʂa31ʂi33 mɤ31 ʑɔ33 a33 pɤ55. lie33mon31 i55 ta24 niɛ33, i33 tsʰi33kɛ33ʂi33 a31
真的 NEG 看见 得 会 野兽 睡 CON CONJ 那 比如 TOP
fa33men33bɤ31 a33, kɛ33 ʂi33 ŋa31ɣɯ33 kʰai24kɛ53ʂi33 ta53 pɔ33 ɣɤ31 pɛ33.
松鼠 TOP 这样 NMLZ 我们 什么 打 PERF 得 会

tsʰi^{33}kʰɤ^{33}tɕɛ^{33} ɤ^{33} ʂi^{33} mɤ^{31} ʑɔ^{31} pɤ^{55} nɛ^{33}, lie^{33}bɔ^{33} lie^{33} ʂi^{33} tʂʰɔ^{33} mɤ^{31}
这些 大 NMLZ NEG 看见 会 TAM 猎 吃 的 人 NEG

kɔ^{31} la^{31}, mɤ^{31} kɔ^{31} la^{31} tɕiu^{35} i^{33}kɛ^{33} niɛ^{33} mɔ^{31}ʑa^{55} ke^{33} ne^{33} i^{55}ka^{31}
过 DIR NEG 过 DIR 就 那样 TAM 晚上 去 CONJ 水

piɛ^{31}pɔ^{33} kɤ^{33} a^{33}, lɔ^{53}tʂʰa^{31}ʐɤ^{31}pɔ^{33} kɤ^{33} ke^{33} niɛ^{33} ʂɔ^{33} ta^{24}, ʂɔ^{33} ta^{31}
水洼 处 CONJ 小溪边 处 去 了 守 CON 守 CON

xɯ^{31} mɔ^{31}ʑa^{55} tʂʰa^{31}pu^{53}tɔ^{33} xɤ^{33} miɛ^{31}fu^{35}pɤ^{31} xɤ^{31}ɛ^{33}, lie^{33}mon^{31} la^{31} nɛ^{33}
到 晚上 大约 CONJ 黎明 左右 野兽 来 了

i^{55}ka^{31} dɔ^{31} lɤ^{33}, i^{55}ka^{31} dɔ^{31} lɤ^{33} lie^{33}bɔ^{33} ʂi^{33} tʂʰɔ^{33} tɕiu^{35} bɔ^{33} tɔ^{33}. bɔ^{33} nɤ^{33}
水 喝 着 水 喝 着 猎 的 人 就 打 出 打 TOP

ʑou^{31}ɕɛ^{33} ʂi^{33}xou^{35} nɤ^{33}a^{31}, i^{33} ʂi^{33} tʂa^{31}ʂi^{35} mɤ^{31} ɤ^{33} tsʰi^{33}kɛ^{33}ʂi^{33} bɔ^{33} ɣɤ^{33}
有些 时候 TOP 那 是 真 NEG 大 这些 打 得

la^{31} tɕiu^{35} pu^{33} ta^{24} kɔ^{31}lɔ^{31}. ɤ^{33} ʂi^{33} bɔ^{33} kɛ^{53}, ko^{31} la^{31} ʑɛ^{31}xɔ^{33} tʂʰɔ^{33}
VEN 就 背 CON 回去 大 NMLZ 打 这样 告诉 VEN 家里 人

xɔ^{31}tʂɤ^{33}ʂi^{55} a^{31}vi^{35}a^{31}ni^{33} lɤ^{31} ku^{33} a^{31} nɛ^{31} ta^{53} kui^{31} mɛ^{24}. ta^{53} kui^{33} nɛ^{33}
或者 亲亲戚戚 OM 叫 来 TOP 抬 回 FUT 抬 回 TOP

i^{33} kʰɤ^{33}la^{31} la^{31} pʰɤ^{33} nie^{33} xɤ^{33} ʂɤ^{33}ka^{55} tɕʰuan^{33} nɛ^{33} pu^{33} tɕiu^{35} ta^{53} kui^{31}
那 脚 手 这些 TOP 和 树干 穿 好 背 就 抬 回

ɕau^{24}. ta^{53} kui^{24} ʑɛ^{31}xɔ^{35}, ko^{33} lie^{31} kɛ^{55} ko^{33} la^{31} ɤ^{33} ʂi^{33} i^{33}. lie^{33}mon^{31}
FUT 抬 回 家里 叫 吃 这样 叫 来 大 NMLZ 那 野兽

i^{33} a^{31}pʰi^{31} a^{31}pa^{33} tɤ^{31}tsu^{31} a^{33} i^{33}kʰɤ^{33}tɕɛ^{33} nɛ^{33} a^{31}sa^{24} na^{31}, ɣɤ^{33} tɔ^{53} xɤ^{31}
POSS 肩膀 肘子 这些 呢 那些 呢 肉 拿 割 出 CONJ

lu^{53} i^{33} lu^{53} i^{33} tɕiu^{24}, ŋa^{31}ɣɯ^{33} kɔ^{31}tʂʰo^{33} tɔ^{31} lɤ^{33} tɕiu^{35} ʂi^{33} sa^{24}ku^{33} ʑɔ^{33}.
晒 那 晒 那 就 我们 苦聪 说 CONJ 就 是 肉干 EMPH

sa^{24}ku^{33} ta^{31} tɔ^{33} la^{31} i^{33} a^{33}kʰɤ^{35}a^{33}la^{31} tu^{31}ku^{33} tɤ^{31}tʂu^{31}, a^{31}fu^{35}a^{31}vu^{31} xɤ^{31}
肉干 抬 出 DIR 那 手脚 头 这些 内脏 还

lɤ^{33} pʰi^{31} mu^{31} mɤ^{35}ta^{31} kʰɤ^{33}pa^{33} tsʰi^{33}kʰɤ^{33}tɕɛ^{33} nɤ^{33}, tʂa^{55} tʂa^{55} mie^{31} xɯ^{31}
CONJ 皮 毛 尾巴 脚掌 这些 TOP 煮 煮 熟 CONJ

kɛ^{33}niɛ^{33} i^{33} lie^{31}ʂɤ^{31} lɤ^{33} kɛ^{33}niɛ^{33} tie^{33} mɤ^{31}ɕau^{31}. a^{31}kɛ^{33}niɛ^{33} tie^{33} tʂɤ^{31} ʐu^{31}
这样呢 那 猎神 OM 去 献 FUT 这样 献 吃 拿

ta^{24}, ɕiaŋ^{33} tu^{35} ta^{24}, xɤ^{31} kɔ^{31} tie^{33}. tɛ^{33} tɕiu^{35} ku^{33} ɣɔ^{33} a^{31}: za^{31}ni^{33} lie^{31}ʂɤ^{31}
CON 香 点 CON 要 过 献 放 就 说 着 呢 今天 猎神

lɤ^{33} ku^{33} nɔ^{31} ŋa^{31} lɤ^{33} tsau^{35}k^{h}an^{33} ta^{31} niɛ^{33}, ŋa^{31} xiɛ^{33} kɛ^{53}xɤ^{33}nie^{33}

MOOD 叫 你 我 MOOD 关照 CON TAM 我 厉害 这样呢

xiɛ^{33} lie^{33}mon^{31} bɔ^{33} ɣɤ^{31} ɕau^{24}. k^{h}ɤ^{33} ts^{h}i^{33}tɤ^{31}xui^{31} nɔ^{33} lɤ^{33} ts^{h}i^{33}kɛ^{33} tiɛ^{31} lɤ^{31}

厉害 野兽 打 得 PERF 这样 这一回 你 OM 这样 献 了

ɕɔ^{35}, nɔ^{33} lɤ^{33} ʐi^{31}xou^{35} kɤ^{31}t^{h}ɤ^{33}. ŋa^{31}ɣɯ^{31} ʐi^{31}xou^{35} a^{31}dzi^{33}pɔ^{24} tɔ^{54} la^{33}

要 你 OM 以后 给它 我们 以后 外面 出 DIR

lie^{33}bɔ^{33} kɤ^{31}t^{h}ɤ^{31} xai^{31}ʂi^{35} lie^{33}mon^{31} tou^{35} ʐɔ^{31} pi^{31} ʐu^{35} ʐɔ^{31} pi^{31}. xai^{31}ʂi^{33}

打猎 给它 还是 野兽 遇 着 给 拿 着 给 还是

ti^{31}tɤ^{31} ts^{h}i^{33}tɤ^{31}xui^{31} kɛ^{33}nɛ^{33} dɔ^{33} ɛ^{33} lɛ^{31} ʐɔ^{31} ɣɤ^{33} pi^{31} ŋa^{31} xai^{31}ʂi^{33} a^{31},

就像 这一回 这样 打 的 CONJ 着 得 给 我 还是 MOOD

ɕɔ^{35}ɣɔ^{33} xɔ^{31} nɔ^{31} lie^{31} nɔ^{31} lɤ^{33} xai^{31}tie^{33} mɛ^{33}. kɤ^{33}t^{h}ɤ^{33} ɣɔ^{31}nɔ^{35} nɛ^{33} bɔ^{33}

以后 会 你 吃 你 OM 还做 FUT 给它 以后 呢 打

ɣɤ^{33} ʂi^{33} piɛ^{33} ɣɤ^{33} pi^{31} ken^{35} miɛ^{33} pi^{31}.

得 RM 分 得 给 更 多 给

苦聪人白天打猎通常只能遇到像松鼠这样的小动物，大的野兽几乎不见踪影，有经验的猎人会到水塘或者小溪这样的水源地守候。半夜至黎明这段时间，大型的野兽都会到水源地饮水，这样捕获猎物的几率就大大增加。猎人打到较小的猎物就直接提回家；若是打到中型的猎物则会回家召集家人，将猎物四肢捆到树枝上抬回家；若是大型的猎物就只能先割下一部分肉回家，然后召集亲戚一同上山把猎物抬回寨子。猎物特别大的时候，苦聪人会把多余的肉制成肉干，然后把猎物的肉煮熟，头、脚、内脏、尾巴等一起拿上去祭献给猎神。并对猎神说，感谢山神的保佑让我打到了猎物，现在我把猎物敬献给您，以后请您继续保佑我打到更多的猎物，我会把这些东西都拿来供献给您。

（龚家祥讲述，2023年）

3. 孤儿娶地主女儿的故事

i^{33}gɤ^{33}t^{h}a^{31} ko^{31}tʂ^{h}o^{33} mu^{31}mi^{31} ni^{31}tʂ^{h}o^{33}ʐɤ^{31} tɤ^{31} ma^{31} tsɔ^{31}. pa^{24}ʐɛ^{33} si^{33}

古时候 苦聪 地方 孤儿 一 个 有 爹妈 死

ɕe^{33} na^{31}, i^{33}kɛ^{33}niɛ^{33} men^{33}ɣɔ^{33} lie^{33} mɤ^{31} tsɔ^{31}, tʂɤ^{31} si^{55} lie^{31} mɤ^{31}
PERF 早 那样 住所 也 NEG 有 吃 NMLZ 也 NEG

tsɔ^{31}, xa^{33}k^{h}o^{31} ʂɤ^{33}k^{h}o^{31} kɯ^{31} i^{55} ʂʅ^{55} va^{21}k^{h}ɔ^{33} ɣa^{33}k^{h}ɔ^{33} pɔ^{24} kɯ^{31} i^{55}. ɔ^{24}
有 山洞 树洞 处 睡 RM 猪圈 鸡圈 边 处 睡 饭

nɤ^{33} tɤ^{31}li^{33}li^{33} lɔ^{31}lie^{31}, ni^{33}mʌ^{33} nɤ^{33} ʂʅ^{55} tʂ^{h}ɔ^{33} tou^{31} ʐɔ^{33} lie^{31} ʂi^{33} k^{h}ɤ^{33}mɤ^{33}
TOP 一处处 讨吃 心 好 RM 人 遇 着 CONJ 是 请吃

tie^{31} a^{31}, gu^{33} tʂa^{33} pi^{31}. ni^{33}mʌ^{33} mɤ^{31} nɤ^{33} ʂʅ^{55} tʂ^{h}ɔ^{33}la^{33} lɤ^{33} mɔ^{31} lɤ^{33}
做 TAM 弄 吃 给 心 NEG 好 RM 人家 OM 见 CONJ

xai^{31} k^{h}ɤ^{33}k^{h}ɤ^{33}di^{31}di^{31} ɣa^{31}min^{33} mɤ^{31} ɣɤ^{33} liu^{31}, ga^{31} tɔ^{33} pɤ^{33} xai^{31} ko^{33}
还 骂骂咧咧 大门 NEG 得 进 赶 出 PERF 还 说

mɤ^{33}nɤ^{33} ko^{33}: nie^{35} ts^{h}i^{35} ɔ^{24}lɔ^{31}p^{h}ɤ^{31} ŋa^{31}ɣɯ^{33} ʑɛ^{31}xɔ^{33} la^{31} mɤ^{31} da^{31}, nɔ^{31}
嘴巴 说 你 这 讨饭鬼 我们 家里 来 NEG 好 你

la^{31} kɛ^{53} ŋɛ^{35} ʑɛ^{31}xɔ^{33} ʑin^{35}ts^{h}i^{35} i^{33}tʂon^{31} mɤ^{31} nɤ^{33} ʂɤ^{33}ka^{55} ʐu^{31}ni^{33} dɔ^{31}.
来 这样 我的 家里 运气 全部 NEG 好 棍子 拿着 打

ʐɤ^{31}tʂ^{h}ɔ^{31}ʐɤ^{31} nie^{33} tɤ^{31}ni^{33}tɤ^{31}ni^{33} ʂɤ^{33}lie^{33}t^{h}a^{21} sa^{24}si^{33}sa^{24}lie^{31} lɔ^{31}xɔ^{33} tʂɤ^{33} ta^{31}
孤儿 TOP 一天天 森林里 野果 摘 吃 好

ʂi^{33} k^{h}ai^{24}kɛ^{53}si^{33} zi^{31} ta^{53} k^{h}ai^{24}kɛ^{53}si^{33} ŋɤ^{31} tɤ^{31}tʂu^{31} a^{33}, ʐu^{31} k^{h}ua^{21} lie^{31}
是 什么 有 CON 什么 靠 这些 TAM 拿 回 吃

gu^{33} lie^{31} a^{33}kaŋ^{33}laŋ^{33} tɤ^{31}tʂu^{31}. tɤ^{31}ni^{33}tɤ^{31}ni^{33} ɣɔ^{31}nɔ^{35} ɤ^{33} tɔ^{33}lɔ^{33} ɤ^{33} tɔ^{33}la^{33}
弄 吃 螃蟹 这些 一天 以后 大 出来 大 起来

i ʐɤ^{31}tʂ^{h}ɔ^{31}ʐɤ^{33} nie^{33} ni^{33}mʌ^{33} k^{h}u^{33}nɤ^{33}k^{h}u^{33} ni^{33}mʌ^{33} nɤ^{33} ʑɛ^{24}. tʂ^{h}ɔ^{33}mon^{31} lɤ^{33}
那 孤儿 TOP 心 善良 心 好 很 老人 OM

mon^{31} tʂ^{h}ɔ^{33}mon^{31} lɤ^{33} tʂ^{h}ɔ^{33}mon^{31} pu^{31} ta^{24} ʂi^{33} ta^{53} ta^{24} ʂi^{33} gʌ^{33} pɤ^{33}
老 老人 OM 老人 背 CON NMLZ 扶 CON NMLZ 帮 会

pu^{31} gʌ^{33} pɤ^{33}. ʐɤ^{31}nie^{33} k^{h}ai^{24}kau^{33} li^{53}pa^{24} ta^{33}, ʐɤ^{31}nie^{33} lɤ^{33} ɕɛ^{31} pɤ^{33}. k^{h}a^{33}ʂɔ^{35}
背 帮 会 小孩 哪里 摔倒 CON 小孩 OM 带 会 村里

p^{h}ɤ^{33}ʐɤ^{31} tɤ^{31}tʂon^{31} ɣɔ^{31} lɤ^{33} ko^{33}: ts^{h}i^{33} ni^{31}tʂ^{h}ɔ^{31}ʐɤ^{33} ni^{33}mʌ^{33} nɤ^{33} ʑɛ^{35} tʂ^{h}ɔ^{33}
老小 全部 他 OM 说 这 孤儿 良心 好 很 人

nɤ^{33} mɤ^{33} tɤ^{31} ma^{31} ʐau^{35}. tʂ^{h}ɔ^{33}kɛ^{53} ʐɤ^{31}nie^{33} xie^{31} ɣɔ^{31} lɤ^{33} p^{h}ei^{35}fu^{31}
问 媳妇 一 个 要 大人 小孩 CONJ 他 OM 佩服

nɤ^{33} p^{h}ei^{35}fu^{31}. ɣɔ^{31}nɔ^{35} nɤ^{33} tɤ^{31}k^{h}ɔ^{21} t^{h}a^{21} tɤ^{31}k^{h}ɔ^{21} ɤ^{33} tɔ^{33}la^{33} nɤ^{33} ts^{h}i^{33}
CONJ 佩服 后面 TOP 一年 上 一年 大 起来 了 这

ni31tʂʰɔ33ʐɤ33 nɤ33 tsʰa33pu35tɔ33 ʑɛ31ʂi33 mi31mɤ33 tʂɤ55 tɤ31la31 ʂɔ33.
孤儿 TOP 差不多 也是 媳妇 找 可以 TAM

很久以前，我们苦聪人生活的地方有一个孤儿，他爹娘早逝，过着居无定所、食不果腹的日子。他有时睡在岩洞石缝里，有时睡在牛羊猪圈里。没有吃的东西，他就在山上摘野果吃，或者捉一些老鼠、小鸟吃，或者吃山上的树叶与野菜，有时候还会去寨子里讨点饭。寨子里有些好心人可怜他，会送一些饭菜给他。有些心肠不好的人，不但不给他饭吃，还会一边大骂一边驱赶："你这个讨饭鬼，给我家带来坏运气，以后不要来了。你若再来，我就放狗咬你，用木棍打你，用石头砸你。"日子一天一天、一年一年地过去了，孤儿也长大了。他对人客气，急人所急，看见老人背着或抬着东西，他都会去帮忙。寨里有老人身体不好，他都会主动去帮忙照看。小朋友倒在地上，他会立刻扶起来。老人们说，这个孤儿是好人，知道什么事能做，什么事不能做，以后肯定能过上好日子。随着时间的推移，孤儿也到了找媳妇的年龄，他也幻想着能找个媳妇，生几个孩子，过上幸福的生活。

ʑɛ31xɔ33 tɤ31 tʂʰɔ33 mɤ31 tsɔ31 ɣɔ31 tɕiu35 dɔ31, dɔ31 lɤ33 tɕiu35 ke33ni33
家里 一 人 NEG 有 他 就 想 想 了 就 去

lie33tʰa31 ŋa33ʐɤ31 tɤ31 ma31 bɔ33 ɣɤ33. bɔ33 ɣɤ33, ɣɔ31ɣɯ33 kʰa53xɔ33 dzo31mon31
山上 小鸟 一 个 打 得 打 得 他们 村里 地主

tɤ31 ʑɛ31 tsɔ31, dzo31mon31 tɤ31ʑɛ31tsɔ31 nɤ33 ʐɤ31mi31 ni33kɤ31 kɤ35tie31 tɤ31
一 家 有 地主 一家 TOP 姑娘 漂亮 美丽 一

ma31 tsuai24. dzo31mon31 tsʰi33 ʐɤ31mi31 nɤ33 a31dzi31pɔ24 mɤ31 tɤ31 pi31 kɛ33.
个 有 地主 这 姑娘 TOP 外面 NEG 出 给 这样

tsʰi33 ni31tʂʰɔ31ʐɤ31 tɕiu35 dɔ31 kʰai24kɛ53te33 tsʰi33 dzo31mon31 i33 ʐɤ31mi31 nɤ33
这 孤儿 就 想 怎么样 这 地主 POSS 女儿 呢

tʂɤ55 ʐɔ33? kʰai24na33kɛ53 ɣɔ31 ni33ʑa55 kɔ24 nɤ33 pɛ33? kɛ33 dɔ31 ke33ni33
找 着 怎么问 他 日子 过 好 成 这样 想 去看

ŋa33ʐɤ31 mon33 kɔ31kʰiɛ33 kʰiɛ33 tɕian31tsʰau33pa24 pʰi33 tɔ33pɤ33 pʰi33tɔ33pɤ33, i33
小鸟 毛 拔掉 掉 笕槽边 刨 开 刨开了 那

dzo31mon31 i33 ɕiu31kan33 kɔ33 i33kɔ35 lu24pɤ31. ŋa33ʐɤ31 li33 pʰi33i33 ʐɤ31
地主 POSS 水缸 摆 进去 漂到 小鸟 呢 刨开 小鸟

i33lɤ33 pʰi31lɤ33 i33 tɕi33tʂʰa31 pʰi31tɔ33pɤ33 i33 dzo31mon31 ʑɛ31 tsʰi33 lui31 kau33
那 刨开 那 内脏 刨开了 那 地主 家 这 进 地方

i55ka31 xɔ33to33 pu53liu33 pɤ33. ɣɔ31 ke33ni33 i33 dzo31mon31 ɣa31min35 lɤ33
水 水池 漂着 PERF 他 去看 那 地主 大门 OM

ke^{33}ni^{33} ɣa^{31}min^{35} lɤ^{33} tɔ^{33} tɕiu^{35} ko^{31}: ŋɛ^{35} i^{33} ŋa^{33}ʑɤ^{31} ni^{33} tʂʰɔ^{31}lɔ^{31} pɔ^{35}

去看 大门 OM 敲 就 说 我的 那 小鸟 按 进去 PERF

a^{31}. pu^{33}lɔ^{33} lɔ^{31} ɣa^{31}min^{35} tɤ^{31}kʰiɛ^{33} kɛ^{31} ŋa^{31} ŋa^{33}ʐɤ^{31} ʐu^{33} lɔ^{33} mɛ^{24}

TAM 漂去 去 大门 一下 这样 我 小鸟 拿 去 FUT

dzo^{31}mon^{31}ʐɤ^{31}mi^{31} nɤ^{33}, tɕiu^{35} ɣa^{31}min^{35} kɛ^{31} pi^{31} kɛ^{31} pi^{31} ɛ^{33}. ni^{31}tʂʰɔ^{31}ʑɤ^{31}

地主女儿 呢 就 大门 样 给 样 给 TAM 孤儿

lui^{31} e^{33} tɕiu^{35} ŋa^{33}ʐɤ^{31}ka^{33} ʐu^{33} tɔ^{33}la^{31} tɕiu^{35} a^{31}ʑɛ^{24}ʑɛ^{24} gu^{33} lie^{31} mɤ^{31}

进去 PERF 就 小鸟 拿 出来 就 慢慢 弄 吃 NEG

kɛ^{55} ko^{33} i^{33} dzo^{31}mon^{31}ʐɤ^{31}mi^{31} ko^{33}: ŋa^{33}ʐɤ^{31} mɤ^{31} gu^{33} lie^{31} pi^{31}, ŋɛ^{35}

急 说 那 地主女儿 说 小鸟 NEG 弄 吃 给 我的

i^{33} pa^{24}ʑe^{33} kɔ^{31}la^{31} ŋa^{31} lɤ^{33} di^{31} lau^{33}, nɔ^{31} lɤ^{31} tsi^{33} ŋa^{31} ʑɛ^{31}xɔ^{31}

POSS 爸妈 回来 我 OM 骂 FUT 你 呢 跑 我 家里

tɤ^{31} men^{31}. tsʰi^{33} ni^{33}tʂʰɔ^{31}ʐɤ^{33} ko^{33}: ŋa^{31} tsʰi^{53} tɤ^{31}ni^{33}ni^{33} ɣɔ^{31}ɤ^{33} tɤ^{31}tʂu^{33}

NEG 在 这 孤儿 说 我 这 几天 力气 这些

mɤ^{31} tɤ^{31} pɔ^{33} mɤ^{31} ɣɤ^{33} tʂɤ^{31}, fu^{35} mɤ^{31}niɛ^{33}mɤ^{31} tɤ^{31}tʂʰu^{33} a^{31}sa^{35} mɤ^{31}

NEG 得 PERF NEG 得 吃 肚子 饿了饿 这些 气 NEG

tsɔ^{31}, ŋa^{31} ŋa^{33}ʑɤ^{31} ɣɔ^{31}tʂʰɔ^{33} tsʰi^{33} lie^{31} mɛ^{24}. tsʰi^{33} lie^{31} pɤ^{33} ʑou^{24} tsai^{31}

有 我 小鸟 这里 烧 吃 FUT 烧 吃 PERF 又 再

ko^{33} kɛ^{35}ko^{33}lie^{33}. i^{33} dzo^{31}mon^{31}ʐɤ^{31}mi^{31} ko^{33}: nɔ^{31} a^{31}lɤ^{33}lɤ^{33} lie^{33} ko^{33}

说 EVID 那 地主女儿 说 你 快点 吃 说

ŋɛ^{24} tʂʰɔ^{33}kɛ^{35} kɔ^{31}la^{33} ŋa^{31} lɤ^{33} di^{31} ʐɔ^{33}. ni^{31}tʂʰɔ^{31}ʐɤ^{31} ɣɔ^{31}ʂɔ^{24} ko^{33} tsʰi^{33}

我的 大人 回来 我 OM 骂 会 孤儿 后面 说 烧

kɛ^{33} ko^{33} ko^{33} ɤ^{31} tɕiu^{35}, dzo^{31}mon^{31}ʐɤ^{31}mi^{31} kɛ^{55} lɤ^{33} tsʰi^{33}lie^{31} nɔ^{31}

这样 说 说 TAM 就 地主女儿 急 了 这样 你

tsʰi^{33}tsʰi^{33} lie^{31} pɤ^{33} a^{31}, tui^{35} ni^{31}ɛ^{31} ʑɛ^{31}xɔ^{33} kui^{33}. ni^{31}tʂʰɔ^{31}ʐɤ^{31} niɛ^{33}

烧烧 吃 PERF TAM 推 拉 家里 回 孤儿 TOP

ŋa^{33}ʐɤ^{33} tsʰi^{33} nɤ^{33} pɤ^{33} tɕi^{33}miɛ^{35} tɕi^{33}miɛ^{35} tɤ^{31}tɕʰɛ^{33} liɛ^{31} tɕʰɛ^{33}, liɛ^{31} xɤ^{33}

小鸟 烤 好 PERF 一点 一点 一下 吃 CON 吃 CONJ

dzo^{31}mon^{31}ʐɤ^{31}mi^{31} tɕiu^{35} ni^{33}mʌ^{33} tɕiu^{35} tʂɔ^{33}tɕi^{33} ʂi^{33} mɔ^{31}to^{33} pa^{24}ʑe^{33} kua^{31}la^{33}

地主女儿 就 心 就 着急 得 很 爹妈 回来

lɤ^{33} ʂɔ^{31} tsʰi^{33} kɛ^{55} xɤ^{33} tɕiu^{35} ga^{31}ga^{31}nɤ^{33}. tsʰi^{33} ni^{31}tʂʰɔ^{31}ʐɤ^{31} nɤ^{33} kɛ^{35}

OM 说 这 样 CONJ 就 快快地 这 孤儿 TOP 怎么

ko^{31} lie^{31} tui^{35}ga^{31} ma^{53} tui^{53}ga^{31}, xɤ^{33}tɔ^{33} tɤ^{31}k^{h}iɛ^{33} ʐu^{35}ʐu^{35} tie^{33}tie^{33} ɣɔ^{31}nɔ^{35}
说 都 出去 NEG 出去 依然 一下 慢慢 悠悠 之后

ts^{h}i^{33} dzo^{31}mon^{31}ʐɤ^{31}mi^{31} ko^{33} k^{h}ai^{24}te^{33}mɤ^{33}nɛ^{33} ŋa^{31}pa^{24} ŋa^{31}ʐe^{33} kɔ^{31}la^{33} to^{33} nɔ^{31}
这 地主女儿 说 怎么办呢 我爸 我妈 回来 的话 你

lɤ^{33}lɤ^{33} ŋa^{31} i^{55}ɣɔ^{31} xɔ^{33} va^{21} ta^{24}, i^{55}ɣɔ^{31} k^{h}ɔ^{33} va^{21} ta^{31} ʐou^{35} ko^{33}. ts^{h}i^{33}
快快 我 床 下 藏 CON 床 里 藏 着 又 说 这

ni^{31}tʂ^{h}ɔ^{31}ʐɤ^{31} tɕiu^{35} i^{35}tʂon^{31} ʐɤ^{31}mi^{31} i^{55}ɣɔ^{31}k^{h}ɔ^{33} k^{h}a^{35}lu^{33} i^{35} ta^{31}. va^{21} ta^{31}
孤儿 就 那样 姑娘 床里 被子 睡 CON 藏 CON

va^{21} ta^{31}, mɔ^{31}ʐa^{53} kɤ^{33} ka^{53}niɛ^{31}niɛ^{33} ka^{53}niɛ^{33} ts^{h}i^{33} ni^{31}tʂ^{h}ɔ^{31}ʐɤ^{31} tɕiu^{35} ko^{33}:
藏 CON 晚上 时候 冷 冷 这 孤儿 就 说

ka^{53} ʐɛ^{35}! ka^{53} ʐɛ^{35}! tɤ^{31}pɤ^{33} ta^{31} tɤ^{31}pɤ^{33} ku^{33} ʂɤ^{33} ɤ^{24}. dzo^{31}mon^{31}ʐɤ^{31}mi^{31}
冷 啊 冷 啊 一句 CONJ 一句 叫 声 大 地主女儿

tsɔ^{33}tɕi^{31} ni^{31}mʌ^{33} xɔ^{33} tan^{33}ɕin^{33} tɕiu^{35} ko^{33}: ka^{53} ʐɛ^{35}! ta^{53}la^{31} ta^{53}la^{31} i^{55}ɣɔ^{33}
着急 心 里 担心 就 说 冷 啊 上来 上来 床

lɤ^{33}, ts^{h}i^{33} ŋa^{31} k^{h}ɯ^{53}ma^{33} mi^{31} i^{55}lɤ^{33}. ni^{31}tʂ^{h}ɔ^{31}ʐɤ^{31} ta^{33}niɛ^{33} i^{55} k^{h}ɯ^{53}ma^{33}mi^{31}
嘛 这 我 脚 边 睡 孤儿 上来 睡 脚边

i^{55} i^{55} nie^{33} i^{55} ta^{24}, i^{33} ni^{33}tʂ^{h}ɔ^{33}ʐɤ^{31} ʐou^{35} ko^{33}: ni^{33}ɛ^{33} k^{h}ɯ^{53}ʐa^{53}pa^{33}
睡 睡 TAM 睡 CON 那 孤儿 又 说 你的 脚丫

i^{33} k^{h}iɛ^{33} nu^{31} ʐɛ^{33}! k^{h}ɯ^{53}ʐa^{53}pa^{33} k^{h}iɛ^{33} nu^{31} ʐɛ^{33}! i^{33}kɛ^{53}ko^{33} tɤ^{31}pɤ^{33} ta^{31}
那 屎 臭 很 脚丫 屎 臭 很 那样 一句 CON

tɤ^{31}pɤ^{33} ɤ^{33} tɔ^{53}la^{31}, ɤ^{33} tɔ^{53}la^{31} dzo^{31}mon^{31}ʐɤ^{31}mi^{31} ko^{33}: ɛ^{35} ta^{53}la^{31} ta^{53}la^{31}
一句 大 起来 大 起来 地主女儿 说 哎 过来 过来

ŋa^{31}ɛ^{33} to^{31}ko^{33} ʂɔ^{33} ta^{24} nɛ^{33}, tɤ^{31}kɤ^{33} i^{55} i^{55} ɛ^{33} xɯ^{33} ke^{33}ni^{33}. mon^{31}t^{h}i^{31}
我的 头 躺 CON TAM 一起 睡 睡 TAM 然后 去看 天亮

kɤ^{33}lɤ^{33} ʂɔ^{31}, mon^{31}t^{h}i^{31} mon^{33} lɤ^{33} ni^{31}tʂ^{h}ɔ^{31}ʐɤ^{31} tɕiu^{35} lɤ^{33}lɤ^{33} ke^{33}ni^{33}, a^{31}mi^{31}
时候 EVID 天亮 天 呢 孤儿 就 快快 去看 火

tu^{33} miɛ^{33}p^{h}u^{31} ts^{h}i^{31} si^{33} i^{55}ka^{31} lie^{31}, mi^{33}si^{33} ʐu^{31} ta^{24} ʐɛ^{31}xɔ^{33} tɤ^{31}lie^{33}lie^{33}
烧 脸 洗 RM 水 热 扫把 拿 CON 家里 一处处

si^{33} si^{33} nɤ^{33}, ɕɛ^{33} tie^{31} xɤ^{33} si^{33} i^{33} tie^{31} xɤ^{33}. ts^{h}i^{33} dzo^{31}mon^{31}ni^{31}ɣɯ^{31}
扫 扫 TAM 这 放 一下 CONJ 那 放 一下 这 地主夫妇

tɕiu^{35} mɔ^{31} pɤ^{33} i^{33} niɛ^{31} tu^{31} ta^{24} pɤ^{31} a^{33}. k^{h}ai^{24}ke^{33} nɔ^{31} ŋɛ^{35} ʐɛ^{31} tɔ^{53}la^{31}
就 看 PERF 那 孤儿 在 CON PERF TAM 怎样 你 我的 家 出来

pɤ33 nɛ33? tsʰi33 ni31tʂʰɔ31ʐɤ31 tɕiu35 ko33: ŋa31 a31mi31ni33 tɕiu35 ni31ɛ33
PERF INTER 这 孤儿 就 说 我 昨天 就 你的
ʑɛ31xɔ33 men33 ta24 ʂɔ35 ŋa31 i33 lie31 mɤ53 tɕɔ31. kʰɤ33 ni31ɛ33 ʑɛ31xɔ35
家里 在 CON EVID 我 睡 也 NEG 有 然后 你的 家里
a31mi31nɛ33 i55 ʐɔ33 nɔ31 mɤ31 tɕe33 nɔ31 ʐɤ31mi31 lɤ33 na33. dzo31mon31 tɕiu35
昨晚上 睡 着 你 NEG 信 你 姑娘 OM 问 地主 就
ni33mʌ33 tɕiu35 dɔ31 a31, tsʰi33 ʐɤ31nie31 tɔ33 lɤ33 i55pɤ31 la31 a31dzi31pɔ24
心 就 想 TAM 这 孩子 说 呢 睡处 来 附近
ga33 tɔ33pɤ33 kɛ33 ŋɛ24 ɣɔ33 ŋa31ʐɤ31mi31 miɛ33pʰu31 ta31 mɤ31 tʂɔ31. i33kɛ55
赶 出来 这样 我 POSS 我姑娘 脸 上 NEG 有 那样
xɤ33 tɕiu35 men31 gʌ31 tɔ33 men33 ta24, tsʰi33 ni31tʂʰɔ31ʐɤ31 tɕiu35 men33 la33
的话 就 活 帮 出 在 CON 这 孤儿 就 在 了
kʰai24lie31 ti33 pɤ35 ʐɤ33lie55 men31 pɤ55, kʰai33kɛ35si33 ti33 kʰai33kɛ35si33 lie31
什么都 做 会 什么都 活 会 任何 做 什么都 CONJ
ti33 lie33 nɤ33 tʂʰen31 na31. dzo31mon31 ni33mʌ33 ti53 ni33ɣɯ33 tɕiu35, tsʰi33
做 CONJ 好 成 TAM 地主 心 做 夫妇 就 这
tʂʰɔ33 xai33si35 nɛ33 tʂʰɔ33nɤ33 tɤ31ma31 ʑau55 tʂʰɔ53 tɤ31ma31 ʑau35tɤ31 xɤ33. tɕiu35
人 还是 好 孤儿 一个 要 人 一个 要的 TAM 就
ɣɔ31 ʑau35 men33 ta24, tɕiu35 ko33: men33 ta24 xou35 i33 dzo33mon31ʐɤ31mi31
他 要 在 CON 就 说 在 CON 后 那 地主女儿
ŋa31 si55 tsʰi33 tʂɤ33mon31 ɣɔ33 tsʰi33 tɤ31ma31 la31mon31 tʂɤ33 pi31. ŋa31la31
我 是 这 老公 他 这 一个 人 找 给 我
tʂʰɔ33 ma31 men33 ʑɔ33 tʂʰɔ33 la31 ti33 mɤ33 la31 ti33 kɤ31 ŋa31 si33 mɛ24.
人 NEG 在 着 人 要 做 NEG 要 做 给 我 死 FUT
ɣɔ31ɛ33 kɛ53 ko33, dzo31mon31ni31ma31 tɕiu35 ko33 a31 tɤ31ɣɤ31 tɕiu35 ʂɔ31,
他的 这样 说 地主夫妇 就 说 TAM 一个 就 说
kɛ53xɤ33niɛ33 i33kɛ55 tʂi31nɤ31ʂi33 xai35ʂi35 kɤ31tʰɤ33, ʐɤ31niɛ33 lɤ33 ɣɔ31ɣɯ33 ni31ma31
这么一来 那样 只能是 还是 给他 孤儿 呢 他们 两个
men33 lon33 pi31. men33 lon33 pɤ33 e33, tsʰi33 ʐɤ31tʂʰɔ31ʐɤ31 tɕʰin31tsɔ31kʰuai24
在 拢 给 在 拢 PERF TAM 这 孤儿 勤快
ʂi33 nɤ33 kʰai24kɛ33si33 ti33 ɛ33 ʐɤ31 nɤ33li33nɤ33, ɣɔ31nɔ35 nɛ33 ʐɤ31niɛ33 lie31
的 呢 什么 做 得 孤儿 很好 后面 TOP 孩子 也

tsɔ^{31}. ɣɔ^{33} ɣɯ^{33}ɣɯ^{33}i^{33}i^{33} ʑɛ^{31}xɔ^{33} lie^{31} ʂi^{33} i^{53}tʂon^{31} nɤ^{33} ʑe^{31}ʂi^{33} tɤ^{31}ni^{33} tʰa^{31}
有 他 大大小小 家里 也 是 全部 呢 也是 一天 上

tɤ^{31}ni^{33} kɔ^{35} nɤ^{33}. kʰai^{24} dɔ^{31} a^{33} tɕiu^{35} kʰai^{24} nɤ^{33}, kʰai^{24} ti^{33} tɕiu^{35} kʰai^{24}
一天 过 好 怎么 想 呢 就 怎么 好 怎么 做 就 怎么

ʂun^{31}. ɣɔ^{31}ɣɯ^{33} ni^{33}ʑa^{55} tɕiu^{35} tɤ^{31}kʰɔ^{21} tʰa^{31} tɤ^{31}kʰɔ^{21} kɔ^{35} nɤ^{33}. ɣɔ^{31}nɔ^{35} nɤ^{33}
顺 他们 日子 就 一年 上 一年 过 好 后面 呢

tsʰi^{33} ni^{31}tʂʰɔ^{31}ʑɤ^{31} nɤ^{33} xai^{31}ʂi^{33} fu^{31}tɕʰi^{35} tɕiu^{35} tsɔ^{31}. sɔ^{31}ʑi^{31} ʑɛ^{31}xɔ^{33}tʂʰɔ^{33} nɤ^{33},
这 孤儿 呢 还是 福气 就 有 所以 家人 呢

tɕiu^{35} xai^{31}ʂi^{33} kɔ^{31} tsʰi^{33} tʂʰɔ^{33} nɤ^{33} men^{33} ʑau^{55}!
就 还是 说 这 人 好 在 EMPH

孤儿的住所附近，有一个地主。地主家有个漂亮的女儿，他从不让女儿出门，所以女儿从来没见过外面的世界。有一天，孤儿上山，抓到了一只小鸟。孤儿把小鸟带到地主家附近，把毛拔掉，放在地主家引水的笕槽里。孤儿看小鸟顺水漂到了地主家，就跑到大门口大喊："我的小鸟掉进你家里去了，请把大门打开一下，我要拿走我的小鸟。"地主的女儿来打开大门，说："你赶快把你的小鸟拿走。"孤儿说："我好久没吃饭了，饿得都走不动了，能在你家里把这个小鸟烤了吃吗？"地主家的女儿不答应，说："你拿了赶紧走，要是我爹妈回来，看到只有我和你在一起，会骂我的。"孤儿说："我一点力气都没有了，你看我怎么能走出去呢？"地主家的姑娘没办法，就说："那你进来烤吧！吃完了赶紧走。"孤儿就在火塘边慢吞吞地烤小鸟，烤熟后，一点一点撕着吃。地主的女儿催促孤儿离开，孤儿磨磨蹭蹭不肯走。最后地主家的女儿说："我父母要回来了！现在跑已经来不及了，你快去我的床下躲着！"到了晚上，孤儿说："阿啾啾，阿啾啾，冷呐冷呐。"姑娘说："别叫，我父母会听见的。"但是孤儿却喊得一声比一声大。姑娘没办法，说："你这人怎么这么不听话？"孤儿说："我好冷，好冷，冷得受不了了！"姑娘说："那你去我脚边睡。"睡着睡着，孤儿又喊起来："脚丫子太臭了，脚丫子太臭了！"地主家的女儿说："你这人好麻烦！让你睡床，你又不好好睡，还说我脚丫臭，来和我一头睡吧！"鸡叫后天亮了，孤儿起床烧洗脸水，拿着扫把打扫房子。地主看见了问他："你是谁？怎么会在我家，你来我家做什么？"孤儿说："我昨天和你姑娘睡在了一起，不信的话，可以去问她。"地主想，我要是把他赶走了，我姑娘就没脸活了。于是跟孤儿说："那你就在我的家里做活儿吧。"孤儿什么事都会做，什么事情都做得好。地主看着看着，觉得这个孤儿挺好的。地主家的女儿也随着与孤儿相处的时间变长，慢慢喜欢上了他。于是，她跟父母说："我要嫁给这个孤儿，你们要是不让我嫁给他，我就不活了！"地主没办法，就把姑娘嫁给了孤儿。地主的女儿和孤儿成了家。

后来，两个人过得十分幸福，儿女双全，地主的家事也顺风顺水，日子一天比一天过得好。

（龚家祥讲述，2023年）

4. 太阳的故事

i^{33}gɤ^{33}tʰa^{31}, ŋa^{31}ɣɯ^{33} ko^{31}tʂʰo^{33} men^{33} ɣɔ^{33} mon^{31}tʂʰɤ^{33} mɤ^{31} tsɔ^{31}, lɤ^{33}pɤ^{33}
古时候 我们 苦聪 在 处 太阳 NEG 有 月亮

tɤ^{31} kʰie^{33} tsuai^{24}. lɤ^{33}pɤ^{33} tɤ^{31} kʰie^{33} tsɔ^{31} ɛ^{33} nɛ^{33}, min^{31}tʰa^{31} nɤ^{33} tɕiu^{35}
一 片 有 月亮 一 个 有 的 呢 地上 TOP 就

ma^{31} mɔ^{31} pɤ^{33}. ma^{31} mɔ^{31} pɤ^{33} tsʰi^{33} nu^{31} tɔ^{31}e^{33} ʂi^{55} na^{53}kʰo^{31} nu^{31}
NEG 看 PERF NEG 看 PERF 羊 牛 出去 是 鼻子 闻

ta^{24} lɛ^{33} ẓi^{31}pu^{33} tʂɤ^{55} lie^{31}, ɣɔ^{31}kɔ^{33} dzu^{31} mɔ^{31} mɤ^{31} pɤ^{24} tɕiu^{35} lɔ^{31}kɔ^{33}
CON CONJ 草 找 吃 路 走 看 NEG PERF 就 山沟

kɯ^{33} kɯ^{31} kʰɔ^{33} ɣɔ^{33} kɯ^{31} pʰu^{33} kʰɛ^{31} pɤ^{33}, tʂʰɔ^{33} ʐɤ^{33}mɤ^{31} ti^{33} lie^{31},
滚 滚 下 它 滚 倒 去 PERF 人 劳动 做 吃

ʂɤ^{33}mɤ^{33} ti^{33}, mɤ^{31}tʂa^{33} ti^{33} lie^{31} mɤ^{31} nɤ^{33}. ti^{33} tɔ^{33}la^{31}, tʂɤ^{31} mɤ^{31} tʂɤ^{31} bɔ^{33}
玉米 种 山药 种 吃 NEG 好 种 出来 吃 NEG 吃 饱

a^{31}, i^{33} tʂʰen^{31}liaŋ^{35} mɤ^{31} tʂɔ^{31}. i^{33}kɛ^{55}xɤ^{33} tsʰi^{33}kʰɤ^{33}tɕɛ^{33} tʂʰɔ^{33} nɤ^{33} ni^{33}ʑa^{55}
TAM 那 光线 NEG 有 那样 这些 人 TOP 日子

mɤ^{31} kɔ^{35} nɤ^{33}, mɔ^{31}lɔ^{31}kɔ^{33} mɔ^{31}ʑa^{33} lie^{31} ʑou^{31}ɕɛ^{33}ʂi^{31}xou^{33} ʂi^{33} mɤ^{31} si^{31}pɤ^{33},
NEG 过 好 白天 夜晚 CONJ 有时 是 NEG 知道

ma^{31} mɔ^{31} pɤ^{33}, lɤ^{33}pɤ^{33} mɔ^{33} nɤ^{33} mɤ^{31} ni^{33}pʰu^{31} pɤ^{33} min^{31}tʰa^{31}.
NEG 看 PERF 月亮 看 呢 NEG 灰色 全 地上

古时候，天上没有太阳，只有一个月亮。牛羊出去觅食全靠嗅觉，有时一不小心还会跌落山谷。苦聪人日子也不好过，在地里种玉米山药等这些能充饥的粮食，可是由于没有阳光，收成也不好难以果腹。那个时期，人间不分昼夜，灰蒙蒙一片，收成不好，牲畜难养，日子难熬。

tɤ^{31}ni^{33} tsɔ^{31}, i^{33}tʂʰɔ^{33} tɕiu^{35} a^{31}dzi^{31}pɔ^{33} tui^{33}, tui^{33} e^{33} ɣɔ^{33} ɣɔ^{31}pɔ^{33} tɕiu^{35}
一天 有 那人 就 外面 出 出 去 他 面前 就

tʂʰɔ^{33}mon^{31} tɤ^{31}ma^{31} la^{31}, tʂʰɔ^{33}mon^{31} tɤ^{31}ma^{31} la^{31} nɛ^{33} tɕiu^{35} ko^{33}: nɔ^{31}ɣɯ^{33}
老人 一个 来 老人 一个 来 CONJ 就 说 你们

tsʰi^{33} min^{31}xɔ^{33} taŋ^{33} lɤ^{33}pɤ^{33} xie^{33} tsuai^{24}, ni^{33}ʑa^{55} mɤ^{31} kɔ^{35} nɤ^{33}, mɤ^{31} kɔ^{35}
这 人间 仅 月亮 才 有 日子 NEG 过 好 NEG 过

pɤ^{33}, nɔ^{31} kʰa^{55} tɤ^{31} ma^{31} kɯ^{33}, kʰa^{55} tɤ^{31} ma^{31} gu^{33}, xɤ^{33} i^{33} kɤ^{33}mon^{31}
成 你 弓 一 个 装 弓 一 个 弄 要 那 山梁

mɔ^{31} ɣɔ^{33} kʰa^{31} tɛ^{31}, kɤ^{33}mon^{31} mɔ^{31} ɣɔ^{33} kʰa^{31} tɛ^{31} lɤ^{33}pɤ^{33} tɔ^{33} la^{33}, kʰa^{55}
高 LOC 爬 留 山梁 高 LOC 爬 留 月亮 出 来 弓

tsʰi^{33} lɤ^{33}pɤ^{33} lɤ^{33} tiɛ^{33}ta^{31} lɛ^{33}, bɔ^{33} kʰɤ^{33}la^{31} tsʰi^{33} tʂʰɔ^{33} kui^{33} nɤ^{33}, tɕiu^{35}
箭 月亮 OM 射 EMPH 打 下来 这 人 回 TAM 就

dɔ^{31} na^{33}: dɔ^{31} ku^{33} tsʰi^{33} tʂʰɔ^{33} mon^{31}kʰɛ^{31}ko^{33} tʂʰɔ^{33} ʐɛ^{31}mɤ^{33} mɤ^{31} si^{31}pɤ^{33}
想 瞧 想 说 这 人 神仙 人 大官 NEG 知道

ɣɔ^{31} dɔ^{31} dɔ^{31} xɤ^{33} kʰɔ^{31}nɔ^{35} tsʰi^{33}kɛ^{53}si^{33} si^{31}tɕʰin^{33} mɤ^{31} tsɔ^{31} pɤ^{33}, mon^{31}tʰa^{31}
他 想 想 CONJ 后面 这样 事情 NEG 有 PERF 天上

i^{33} lɤ^{33}pɤ^{33} xɤ^{33}, mɤ^{31} bɔ^{33} ʐɔ̩^{31} ɤ^{31} ma^{31}, mɤ^{31} bɔ^{33} ʐɔ̩^{33} ɣɤ^{31} vɤ^{31} ʐɛ^{35},
那 月亮 如果 NEG 打 着 TAM IND NEG 打 着 光 暗 EMPH

nɔ^{31} dɔ^{31}kʰɤ^{33}i^{33}dɔ^{31} na^{33}, tʂʰɔ^{33}mon^{31} kɛ^{53} kɔ^{33} ɤ^{33} xai^{31} ʂi^{31} si^{33}na^{33} mɛ^{24}.
你 想来想去 IND 老人 那样 说 嘛 还 是 可行 FUT

ɣɔ^{31} tɕiu^{35} ke^{31} e^{33} kʰa^{33}ʂɤ^{33}tɕɛ^{31} tʰu^{33} kʰɔ^{31}la^{31} nɤ^{33}, kʰa^{55} gu^{33}, vɤ^{31}pa^{33}la^{31}
他 就 去 了 紫木树 砍 回来 呢 弓 做 篾条

ʐu^{31} kʰɔ^{31}la^{31} nɛ^{33} a^{31}, tou^{31} tɔ^{33} pɤ^{33}, ʐɔ̩^{33}tɕɛ^{31} ɣɔ^{31} tɔ^{53}la^{31} nɛ^{33}, kʰa^{55}tsa^{33}
拿 回来 IND TAM 装 出 PERF 棕榈树 搓 出来 TAM 弓弦

ti^{33}, vɤ^{31}pa^{33}la^{31} pie^{33} tɔ^{31} ɛ^{33} nɛ^{33}, kʰa^{55} tsʰi^{33} ti^{33}, gu^{33} nɤ^{33} pɤ^{33}
做 篾条 分 出 MOOD IND 弓 箭 做 弄 好 PERF

ʑi^{31}xou^{33} nɛ^{33}, ɣɔ^{31} tɕiu^{35} ɣɔ^{31}nɔ^{35} tɤ^{31}ni^{33} ke^{33} lie^{33} kɤ^{33}mon^{31} tʂiu^{35} mɔ^{31}
以后 呢 他 就 后面 一天 去 CONJ 山梁 最 高

ɣɔ^{33} kʰa^{33} ta^{24} nɛ^{33} lɔ^{33} ta^{24}, ɣɔ^{31} tɔ^{31} na^{31} kɛ^{55} lɔ^{33} ta^{24}, lɔ^{31} ta^{24}
处 爬 CON 呢 等 CON 他 出 问 这样 等 CON 等 CON

lɤ^{33}pɤ^{33} tɔ^{33}lɔ^{31}, lɤ^{33}pɤ^{33} tɔ^{33}la^{33} tsʰi^{33} ɕiau^{31}xɔ^{31}tsi^{33} nɤ^{33} tɕiu^{35} tsʰi^{33} ʐɔ̩^{31}kʰa^{31}ʐɤ^{31},
月亮 出来 月亮 出来 这 小伙子 呢 就 这 小伙子

lɤ^{33}pɤ^{33} lɤ^{33} tiɛ^{33} ta^{24} nɛ^{33}, kʰa^{55} kɤ^{33} tɔ^{31} pɤ^{33} lɤ^{33} lɤ^{33}pɤ^{33} tiɛ^{33} ta^{24},
月亮 OM 射 CON IND 弓 背 出 PERF CONJ 月亮 射 CON

kʰa55 tsʰi33 tie33 tsɔ31 pɤ33xɤ31o33, bɔ33 tɔ33 pɤ33. lɤ33pɤ33 tɕiu35 kɛ33 kʰɤ31lɔ33
弓 箭 射 中 PERF 打 出 PERF 月亮 就 这样 下来

poŋ31-o31! tɤ31kʰie31 bɔ31 tɕiu35 kɤ33 kʰɤ33la31, kɤ33 kʰɤ33la31 i33 lɤ33pɤ33 tɕiu35
轰 一声 打 就 掉 下来 掉 下来 那 月亮 就

ni33mʌ33 pʰɔ31 pɔ33, ʂi33kɛ55nie33, ni33mʌ33 pʰɔ31 pɔ33 ʂi33kɛ33 tɤ31pɤ31 tɤ31ma31,
心 破 PERF 这样呢 心 破 PERF 这样 一边 一个

i33 mɤ33 tɤ31pɤ33 lɤ33 xie33 tsɔ31 ta24, kɛ55 ni33 ta24 ʂi33 tɤ31pɤ33 xie33
那 尾部 一边 CONJ 还 有 CON 这样 看 CON 呢 一边 还

tsɔ31 tɛ33. tie33 bɔ33 kʰa31pɤ31 ɛ33, tɕiu35 min31xɔ33 i33 toŋ33-o31 mɔ31 tsi31
有 留 射 打 全部 TAM 就 人间 那 咚 看 清

pɔ24, tɕiu35 ni33 ɛ33 tie31 tɔ33 tɔ33lɔ33, ni33 tie31 tɤ31ma31 tɔ33 tɔ33la31 ʂi33
PERF 就 红 CRS 出 起 起来 红 出 一边 起 起来 是

a31. min31xɔ33 lie31 mɔ31lie31mɔ33 tɤ31lie31lie31 ʂi33 a33pɔ31 tsɔ31 tie33 kʰai24kau33
MOOD 人间 也 清晰 每处 是 亮 有 出 哪里

mi31 mɔ31 pɤ33, kʰai24kau33 ni33 lie31 mɔ31 lie31 i33 tie31 nɛ33, tɕiu35 ni31
看 瞧 PERF 哪里 见 也 瞧 也 那 出 TAM 就 见

mɔ31 kʰai24kɛ33 ni33. ʑi31xou35 tɕiu35 i33mɔ31 pɔ33 kʰa31pɤ33 ɛ33 tu53 tɔ31 si33
瞧 什么 见 以后 就 瞧 PERF 全部 的 长 出 的

i33 a31ni33ko33 i33 tɕɛ33 lɤ33 mon31tʂʰɤ33 pʰɤ31 pɤ33 ʂi33 ʑɔ55! mon31tʂʰɤ33
那 红色 那 些 呢 太阳 分 PERF 是 EMPH 太阳

pɔ31 pɤ33 lɤ33 i33 ɣɔ31nɔ33 ʑi31xou35 nɛ33 min31xɔ33 nɛ33 mon31tʂʰɤ33 nɤ33
生 PERF CONJ 那 后面 以后 呢 人间 呢 太阳 呢

tɕiu35 mɔ31ʂɔ35 lɤ33 tɔ33 tɔ33la31, kʰai24tɤ31ni33 lɤ33 kɛ55, ʐan31xou33 tʂɤ31
就 白天 TOP 出 出来 每一天 TOP 这样 然后 吃

ʂi33 ti33 ʂi33 lie31 tɕiu35 kʰai24 ti33 lie31 kʰai24 lie31 ɣɤ33 lie31, tsʰi33
NMLZ 种 NMLZ 也 就 什么 种 吃 什么 吃 得 吃 羊

nu33 ʐu33 lie31, tɕiu35 ʐu33 nɤ33 lɔ33nie31lɔ33 nɤ33, ni33ʑa55 tsʰi33kɛ33 tɕiu35 kɔ33
牛 养 也 就 养 得 多 MOOD 日子 这样 就 过

nɤ33 tɔ33la31, kɛ53xɤ33 lɤ33pɤ33 nɛ33 i33 tɤ31 pi33 lie31 mɤ31 tsɔ31 ta24 nie33
好 起来 这么 月亮 呢 那 一 旧 也 NEG 有 CON 呢

i33 tʂʰɔ33mon31 ʑou35 la31 nie33 ko33: ni33 i33 lɤ33pɤ33 kɔ31kʰɤ33 ʐu31 nie33,
那 老人 又 来 CONJ 说 你们 那 月亮 还是 拿 了

i^{33} lɤ^{33}pɤ^{33} tɤ^{31}pɤ^{33} lɤ^{33} tsɔ^{31}, tsɔ^{31} ta^{24} ɕe^{33}, kɤ^{33} nɤ^{33} pɤ^{33} xai^{31}ʂi^{33}
那 月亮 一边 呢 有 有 CON 还 装 好 PERF 还是

lɤ^{33}pɤ^{33} lie^{33} mɔ^{31}ʑa^{24} dzu^{31}, mon^{31}tʂ^{h}ɤ^{33} lɤ^{33} mɔ^{31}kɔ^{33} dzu^{31}, kɛ^{53} ko^{31}
月亮 CONJ 夜晚 走 太阳 呢 白天 走 这样 说

pɤ^{33} ɛ^{33}. tɕiu^{35} kɛ^{33} i^{33} tʂ^{h}ɔ^{33}mon^{31} kɤ^{33} ʂi^{33} si^{33} kɛ^{55} ko^{33} tɕiu^{35} kɛ^{55}
PERF IND 就 这样 那 老人 留 的 是 这样 说 就 这样

ti^{33}, ŋa^{31}ɣɯ^{33} kɛ^{53} ti^{33}, ʐɔ^{33}k^{h}a^{53}ʐɤ^{31} kɛ^{53} ti^{33}, kɛ^{53} ti^{33} pɔ^{33} ɣɔ^{31}nɔ^{35} tɕiu^{35}
做 我们 这样 做 小伙子 这样 做 这样 做 PERF 以后 就

mɔ^{31}lɔ^{31}kɔ^{33} tɕiu^{35} mon^{31}tʂ^{h}ɤ^{31} tsɔ^{31}, mɔ^{31}ʑa^{55} tɕiu^{35} lɤ^{33}pɤ^{33} tsɔ^{31}, ni^{33}ʑa^{55} tɕiu^{35}
白天 就 太阳 有 夜晚 就 月亮 有 日子 就

tɤ^{31}ni^{33} tɤ^{31}ni^{33} kɔ^{35} nɤ^{33} tɔ^{33}la^{31}, ɣɔ^{31}nɔ^{35} ts^{h}i^{33} ʐɔ^{33}k^{h}a^{33}ʐɤ^{31} tɔ^{31}k^{h}ɔ^{33} ko^{33} ts^{h}i^{33}
一天 一天 过 好 起来 后来 这 小伙子 传说 讲 这

tʂ^{h}ɔ^{33}mon^{31} nɛ^{33} ʂi^{33} ʑi^{31}pan^{33} i^{33} tʂ^{h}ɔ^{33}mon^{31} mɤ^{31} xiɛ^{31}, mon^{31}t^{h}a^{31} i^{33}
老人 呢 是 一般 的 老人 NEG 是 天上 POSS

tʂ^{h}ɔ^{33} ʑau^{31}. ŋa^{31}ɣɯ^{33} ko^{31}tʂ^{h}o^{33} kɛ^{55} lie^{33} kɔ^{31} ʂi^{33} ʂi^{33}, ko^{31}tʂ^{h}o^{33} tɔ^{31}kɔ^{33}
人 COP 我们 苦聪 这样 CONJ 说 的 是 苦聪 说法

ʂi^{33} mon^{31}t^{h}a^{31} tʂ^{h}ɔ^{33}, ɕian^{33}ʐen^{31} a^{33}xɤ^{31} tɔ^{31}kɔ^{33} ɕian^{31}ʐen^{31} xie^{33} ko^{33} ʂi^{33},
是 天上 人 仙人 汉族 说法 仙人 是 说 IND

kɔ^{33}pɤ^{33}ɛ^{33}. ni^{33}ʑa^{55} tɕiu^{35} mɔ^{31}lɔ^{31}kɔ^{33} mɔ^{31}ʑa^{55} tɕiu^{35} kɛ^{33} tsɔ^{31} la^{31}. mon^{31}tʂ^{h}ɤ^{33}
EVID 日子 就 白天 夜晚 就 这样 有 CONN 太阳

lie^{33} ts^{h}i^{33}kɛ^{53} tsɔ^{31}, ɣɔ^{31}nɔ^{35} ʑi^{55}xou^{35} tɕiu^{35} mon^{31}tʂ^{h}ɤ^{31} lɤ^{31}pɤ^{31} kɛ^{53} piɛ^{31}
CONJ 这样 有 后面 以后 就 太阳 月亮 这样 分

k^{h}ai^{33}tɤ^{31}ɣɤ^{31}, mon^{31}tʂ^{h}ɤ^{33} mɔ^{31}lɔ^{31}kɔ^{33} tɔ^{33}, lɤ^{33}pɤ^{33} mɔ^{31}ʑa^{55} dzu^{31}, ni^{31}ʑa^{55}
每一个 太阳 白天 出 月亮 夜晚 走 日子

tɕiu^{35} kɛ^{53} ʑɔ^{31}.
就 这样 EMPH

一天，一个小伙子被一个老人拦住。老人告诉他："明天，月亮没有出来的时候，你拿着一把弓，去最高的山上等着，月亮一出来你就一箭把它射下来，天上会有比月亮还亮的东西。"说完，老人就不见了。小伙子回到家里了，想起老人说的话，想着哪有射得到月亮的弓啊，老人说的话恐怕不可靠吧。但不管怎么说，他还是按照老人说的话去做了。他在家里忙活着准备，砍了棵紫木树，找来一根麻绳，做了一个大弓。第二天早上，月亮还没出来，小伙子就背着大弓上山去了。他选了一座最高的山，爬到山的最高处，等到月亮慢慢升起来，小伙子按照老人说的，一箭射向月亮的中心。过了一会，小伙子听到“轰”的一声，月亮没有了，天上只剩下一个圆环。随后，出来一个红月亮，天地间一下子亮了起来，天上地下什么都看得清清楚楚。粮食也长得好了，动物也长肥了。为了让被打破的月亮好看，天神修补了它，于是苦聪人就过上了有白天和夜晚的日子。苦聪人将那个老人称为天上人，当地汉族叫他“仙人”。日子就这样一天天过得越来越好，太阳和月亮按照各自的运行规律运行，苦聪人也过上了幸福的日子。

（龚家祥讲述，2017年）

5．大米的故事

i^{33}gɤ^{33}t^{h}a^{31} ko^{31}tʂ^{h}o^{33} mon^{31}mi^{31} tʂɤ^{31} si^{33} i^{33} tsa^{31}k^{h}ɤ^{33}, a^{35}piɛ^{31} u^{33} kɛ^{53} niɛ^{33}
古时候 苦聪 地方 吃 的 那 大米 鸭 蛋 一样 CONJ
ɤ^{24} e^{33}. k^{h}ɯ^{33}men^{33}kɤ^{33} tʂɤ^{31} si^{33} u^{33} tsa^{31}k^{h}ɤ^{33} i^{33} a^{31} ts^{h}i^{33}men^{33}kɤ^{33}
大 MOOD 以前 吃 的 蛋 大米 那样 TAM 现在
tɕiu^{35} a^{31}tɕi^{33} xɯ^{33} ɤ^{24} xie^{33}. ts^{h}i^{33} nɛ^{33} ko^{31}tʂ^{h}o^{33} mon^{31}mi^{31} ku^{31}li^{31} tɤ^{31} ma^{31} tsuai^{24}.
就 一点 CONJ 大 是 这 TOP 苦聪 地方 故事 一 个 有

远古的时候，人类吃的大米有鸭蛋那么大，现在的大米没有以前的那般大。大米变小这事，苦聪人有一个故事。

i^{33}gɤ^{33}t^{h}a^{31} ven^{31}niɛ^{33}vei^{31} i^{33}gɤ^{33}ʑa^{33}ma^{31} ts^{h}i^{33} ko^{31}tʂ^{h}o^{33} tʂ^{h}ɔ^{33} nɤ^{33} tʂɤ^{31}si^{33}
古时候 很远 古时候 这 苦聪 人 呢 稻谷
mɤ^{31} tʂɔ^{31}. liɛ^{33}t^{h}a^{31} i^{33} sa^{33}si^{24} liɛ^{33}t^{h}a^{31} i^{33} ɣu^{53}tsa^{35} ʂɤ^{53}ts^{h}i^{33} ʂɤ^{33}gɯ^{31} i^{33}k^{h}ɤ^{33}tɕɛ^{33}
NEG 有 山上 那 野果 还有 那 野菜 树根 树皮 那样
lɤ^{33} tʂɤ^{55} k^{h}ɔ^{31}la^{31} ɛ^{33} tʂɤ^{31}, ni^{33}ʑa^{55} ʂi^{33} kɔ^{24} nɤ^{33} tɤ^{31} tʂɤ^{31} lɔ^{33} lie^{31}
CONJ 找 回来 TAM 吃 日子 是 过 得 NEG 吃 饱 也
mɤ^{31} tʂɔ^{31}. ni^{33}ʑa^{55} kɔ^{35} ʐa^{31} ʑɛ^{55}! kɔ^{35} ʐa^{31} nɛ^{33}, mon^{31}t^{h}a^{31} i^{33} tʂ^{h}ɔ^{33}
NEG 有 那样 过 难 EMPH 过 难 TAM 天上 POSS 人
tɕiu^{35}ʂi^{35} t^{h}ian^{33}si^{33} ʑau^{31}, t^{h}ian^{33}si^{33} a^{31}ʑɛ^{35} kɛ^{53} ku^{33} ʑau^{33}. i^{33} si^{33}pɤ^{35} pɤ^{33}
就是 天师 COP 天师 官 这样 叫 COP 那 知道 PERF
niɛ^{33} ni^{33} ta^{24} ts^{h}i^{33} mi^{31}xɔ^{33} tʂ^{h}ɔ^{33} ʐɤ^{33}ka^{24} ʑɛ^{24}, ko^{31}tʂ^{h}o^{33} tʂ^{h}ɔ^{33} tʂ^{h}ɔ^{33}mɔ^{33} ɤ^{33}
呢 看 CON 这 地下 人 可怜 很 苦聪 人 老人 大

tsʰi33kʰɤ33tɕɛ33 tɤ31 lie31 mɤ31 ɣɤ33 tʂɤ31 liɛ31tʰa31 i33 lie31ma21 tʂɤ33 ʐɔ31
这些 NEG 也 NEG 得 吃 山上 那 野菜 吃 EMPH

ɣɤ31. kʰɛ53ko33 mon31tʰa31tʂʰɔ33 tɕiu35 ʐa31la31 niɛ33, min31xɔ33tʂʰɔ33 lɤ33 ko33
MOOD 这样说 天上人 就 下来 TAM 地下人 TOP 说

tʂa31kʰɤ33 ʐu31 pu33 kʰɔ33la31 niɛ33 si35 pi31. kɤ33mon31 tʰa31 lie31 si35 kɤ33mon31
大米 拿 背 下来 了 是 给 山 上 吃 的 山

tʰa31 si35 si33 i33 lai31, lie33tsa31 kɛ33 ko33 sau33. i33 ti33 ʐɤ33 xɔ33 lie31
上 的 是 那 CONN 野谷子 这样 叫 说 那 种 活 CONJ 也

si33 i55ka33 pʰe31 tu33 nɤ33. ti33 nɤ33 xɔ33 si33si33 la31 i33 tsa31si35 kɛ55
是 水 洒 出 TAM 种 呢 CONJ 发芽 了 那 稻谷 这样

ko31 lie33tsa31ɤ33tsa31 kɛ55 ko31 ʂo33. ti33 tɔ53a31 lɛ33 si54tu33pɤ33, si53tu33pɤ33
叫 旱谷 样 叫 说 种 出来 CONJ 发出来 发出来

min31xɔ35 niɛ33 tɤ31lie33lie33 tou33 tsa31kʰɤ33 tɔ33 tsa31kʰɤ33 si54tu33pɤ33 tɤ31lie33lie33
地下 呢 每处 都 大米 出 大米 发出来 每处

tsa31kʰɤ33 miɛ31lie33miɛ31, tsa31kʰɤ33 i33 tsa31 kʰɤ33tɕɛ31 mɤ33 ku31tsʰi31 xi35 ku31tsʰi31
大米 很多 大米 那 米 这类 呢 弄的 CONJ 弄的

kɛ55 mɔ31 ɛ33 a24pɔ31tɕɛ31 kɛ55 nɛ33, o31 ɤ33 tɤ31lie33lie33 lie31 a24pɔ31tɕɛ31
那样 高 NMLZ 芭蕉树 那样 呢 那 大 每处 CONJ 芭蕉树

kɛ55 nie33 tsa31kʰɤ33 tɕɛ31, tɔ54la31 tsa31si24 tɤ31lie33lie33 na53xie33 tsa31si24 su33
那样 呢 大米 树 出来 粮食 每处 都是 新米 收

ʐɔ33 ɛ31, ʐou31ɕɛ33 ma31 su33 pɤ31 ɕe31 mi31kɔ31 kɤ33kʰɤ33 pɤ33, ʐou31ɕɛ33
着 PERF 有些 NEG 收 完 还 地里 放 PERF 有些

mɤ31su33 kɔ33 ʂi33 i55ka33 pu33kɤ33 lɤ33 pɤ33 xɤ33 kɤ33pɤ33 lie33si35 tʂɔ31.
没收 的话 是 水 冲走 CONJ 完 了 下了 吃的 有

kɛ53xɤ33ɛ33 ko31tʂʰo33 tʂʰɔ33 ni33ʐa55 tɕiu35 tʂɤ31 si33 lie31 tʂɔ31, min31xɔ35tʂʰɔ33 lɤ33
这样 苦聪 人 日子 就 吃 的 也 有 地下人 呢

tʂɤ31 kʰai24 ti33 kʰai24 na33, tsa31si33tsa31kʰɤ33 miɛ31tʰɤ31na31. ɣɔ31nɔ35 nɛ33 tsʰi33
吃 怎么 种 怎么 好 新米大米 丰收 之后 呢 这

tɔ54la33 pɤ55 tʂɤ31lɔ55 lie33 ʐɛ33lai31ʐɛ33miɛ31, miɛ31 tɔ54la33 lai33 tɔ33ʂu35 tʂʰɔ33
出来 会 吃饱 CONJ 越来越多 多 出来 CONN 多数 人

xai31ʂi35 tsʰi33 tsa31kʰɤ33 mɤ31 lan35fei35, a31dzi33pɔ24 mie35 xai31 tʂɤ31 ɛ33. ʐou31
还是 这 大米 NEG 不浪费 外面 多 还 吃 着 又

tɤ^{31}ma^{31} tsɔ^{31} si^{35} tʂ^{h}ɔ^{33} lai^{31}, tsa^{31}k^{h}ɤ^{33} a^{31}dzi^{33}pɔ^{24} pɔ^{31}mie^{53}pɔ^{33} tɕiu^{35} mɤ^{31}
一个 有 的 人 CONN 大米 外面 多了多 就 NEG

tʂɤ^{31}, xai^{31} tɤ^{31}ma^{31} tʂ^{h}ɔ^{33} tʂɔ^{31} si^{35} pu^{31}ta^{35} mɤ^{31} tʂɤ^{31}, tsa^{31}k^{h}ɤ^{33} ʐu^{31} nie^{33}
吃 还 一个 人 有 的 背着 NEG 吃 大米 拿 了

tɤ^{31}lie^{33}lie^{33} pa^{31} pɤ^{33}, xɔ^{31}tʂɤ^{33}si^{33} lan^{35}fei^{35} pɤ^{33}, xa^{31} ken^{35} tʂu^{31}ʑau^{33} si^{33}
每处 丢 PERF 或者是 浪费 PERF 还 更 主要 是

i^{33} tɤ^{31}ma^{31} tʂɔ^{31} si^{33} tʂ^{h}ɔ^{33} tsa^{31}k^{h}ɤ^{33} i^{33} a^{35}piɛ^{31} u^{33} ɤ^{33} si^{33} kɛ^{55} nie^{33}, ʐu^{31}
那 一个 有 的 人 大米 那 鸭子 蛋 大 的 那样 呢 拿

ta^{24} nie^{33} k^{h}i^{33}pi^{35} si^{33}. mon^{31}t^{h}a^{31}tʂ^{h}o^{53} mɔ^{31} pɤ^{33} si^{33}pɤ^{35} pɤ^{33} ʑi^{31}xou^{35} nie^{33}
CON 呢 屁股 擦 天上人 看见 PERF 知道 PERF 以后 呢

ts^{h}i^{33} min^{31}xɔ^{33}tʂ^{h}ɔ^{33} k^{h}ai^{24}ti^{33} ts^{h}i^{33}kɛ^{53} si^{33} tʂ^{h}ɔ^{33} tʂɔ^{31} pɤ^{33} nɛ^{31}. ts^{h}i^{33} tʂ^{h}ɔ^{33}
这 地下人 怎么做 这样 是 人 有 PERF 呢 这 人

tɤ^{31} tʂ^{h}ɔ^{33} tau^{35}li^{53} nɤ^{33} ma^{31} tʂɔ^{31}. mon^{31}t^{h}a^{31}tʂ^{h}ɔ^{33} tɕiu^{55} ʐa^{53}a^{31} nɤ^{33} tsa^{31}kɤ^{33}
一 人 道理 呢 NEG 有 天上人 就 下来 呢 大米

ɕɔ^{33}k^{h}ui^{31} ɕɔ^{33}k^{h}ui^{31} pɤ^{33}, min^{31}xɔ^{33}tʂ^{h}ɔ^{33} tɕiu^{35} tʂ^{h}ɔ^{33} ma^{31} tsɔ^{31} tʂɤ^{31} lo^{33}
收回 收回 PERF 地上人 就 人 NEG 有 吃 够

ʐou^{33}! tsa^{31}k^{h}ɤ^{33} tɤ^{31}tʂon^{31} ma^{31} tɕɔ^{31} e^{35} ɕɔ^{33}k^{h}ui^{31} pɤ^{33} min^{31}xɔ^{33}tʂ^{h}ɔ^{33}
EMPH 大米 这种 NEG 有 MOOD 收回 PERF 地下人

ni^{31}ʐa^{55} ʐou^{35} ɣɔ^{31}ʂɔ^{35} ke^{33}ni^{33} ʐou^{33} ʐa^{35}niɛ^{33}ʐa^{35}. mon^{31}t^{h}a^{31}tʂ^{h}ɔ^{33} tɕiu^{35} ko^{33}
日子 又 前面 一样 又 很艰难 天上人 就 说

ts^{h}i^{33}kɛ^{33}si^{33} i^{35}tʂon^{33} nɤ^{33} ɕɔ^{33}kua^{31} lie^{33} mɤ^{31} xɔ^{31} ma^{31}, ɕɔ^{33}k^{h}ui^{31} pɤ^{33}
这样 全部 呢 收回 也 NEG 对 嘛 收回 PERF

ts^{h}i^{33} min^{31}xɔ^{33}tʂ^{h}ɔ^{33} mɤ^{31} ɣɤ^{33} lie^{31}, ʐan^{31}xou^{33} nɤ^{33} ts^{h}i^{33} vu^{33}li^{35}vu^{35}lɤ^{33}
这 地下人 NEG 得 吃 然后 呢 这 不懂规矩

si^{33} tʂ^{h}ɔ^{33} pi^{35}tɕin^{33}si^{33} mɤ^{31} miɛ^{31}, xai^{31}si^{35} tʂ^{h}ɔ^{33} nɤ^{33}mɤ^{33} ken^{35} mie^{31}.
RM 人 毕竟是 NEG 多 还是 人 善良 更 多

mon^{31}t^{h}a^{31}tʂ^{h}ɔ^{33} kɛ^{53} tɔ^{31} niɛ^{33} t^{h}ian^{33}si^{33} lɤ^{33} i^{33} ʐou^{35} ɣɔ^{31}la^{31}, ʐɤ^{31}la^{31}
天上人 这样 想 呢 天师 TOP 那 又 回来 下来

i^{33} tɕa^{33}kɤ^{33} tɕiu^{35} ken^{35} i^{33} pɤ^{33}. ken^{35} i^{33} pɤ^{33} tɕiu^{35} ʐu^{31} k^{h}a^{31}la^{31} i^{33}
那 大米 就 更 小 PERF 更 小 PERF 就 拿 下来 那

ti^{33} ʐou^{35} si^{33} ti^{33} si^{33} xɤ^{33} tɤ^{31}lie^{33} mon^{31}ʐɤ^{31} min^{31}xɔ^{35} lɛ^{33} xai^{31}si^{33} ɣɔ^{31}ʂɔ^{35}
种 又 是 种 的 CONJ 每处 发芽 地方 也 还是 以前

ke33ni33 kɤ33mon31 tʰa31 lie31 ti33 tɔ33la31 lie33tsa31 ʐan31xou35 ɤ24 ʐɤ33xɔ35 lie31
一样 山 上 也 种 出来 旱谷 然后 大 收集 吃

ti33 tɔ33pɤ33. tsa31si33 i55ka33 tʂa31ʐɤ31lɤ33tʂa31, ti55 tɔ33la33 ni33ʑa55 zou35 kɔ35
种 出来 大米 水 长满 种 出来 日子 又 过

nɤ33 tɔ33lo33, ɣɔ31ʂɔ35 ke33ni33 ʑou35 tʂɤ31 lu35 lie31 tsɔ31, tsa31si33 tɤ31 tʂon31
好 起来 后面 一样 又 吃 饱 也 有 大米 一 种

ti33 tɔ33lɔ33, kɤ33mon31 tʰa31 ti33 si33 lie31 nɤ33, i55ka33 xɔ33 ɣɯ31ʐɤ33 xɔ33 ti33
种 出来 山 上 种 的 也 好 水 里 小河 里 种

si33 lie31 nɤ33, tʂɤ31 si33 tɕiu35 mɤ31 tʂʰou31 zɔ33. tsʰi33kʰɛ33 ni33ʑa55 tɕiu35
的 也 好 吃 NMLZ 就 NEG 愁 EMPH 这样 日子 就

kɔ35 nɤ33 tɔ33la31. kɔ35 nɤ33 tɔ33la31 niɛ33, ni33ʑa55 kɔ35 nɤ33 pɤ33 ʂi33
过 好 起来 过 好 起来 了 日子 过 好 PERF 是

min31xɔ33tʂʰɔ33 tɕiu35 ko33 ŋa31ɣɯ33 tʂʰɔ33 nɛ33 ni33mʌ33 mɤ31 nɤ33 si33 tʂʰɔ33,
地下人 就 说 我们 人 TOP 心 NEG 好 RM 人

vu33li35vu33lɤ33 tsʰi33 kɛ53 si33 tʂʰɔ33 te33 mɤ31 ta31, ʐɤ33men31 mɤ31 si33 tʂʰɔ33,
不懂规矩 这 样 RM 人 做 NEG 好 活计 NEG 懂 人

mɤ31 ɣɤ33 tsʰi33 ɣɔ31 lɤ33 mɤ33 fa35pɔ31si55 tʂʰɔ33 nɤ33, tsʰi33 tɤ31 tʂʰɔ33 mɤ31
NEG 得 这 他 OM 叫 懒鬼 人 TAM 这 一 人 NEG

ti35kɤ31 si33 tʂʰɔ33 nie33, ŋa31ɣɯ33 ko31tʂʰo33 tɔ31 lɤ33 fa35pɔ31si55 mɤ31 ɣɤ33
做活 RM 人 呢 我们 苦聪 话 TOP 懒鬼 NEG 得

lie31 pɤ55, tsʰi33kɛ53 si35 tʂʰɔ33 nɤ33 tɕiu35, ŋa31ɣɯ33 ko31tʂʰo33 tɕiu35 ku33 si33
吃 会 这样 RM 人 TOP 就 我们 苦聪人 就 说 是

pei35ʂi31kui31 ʑo31! pei35ʂi31kui53 tɕiu35 mɤ31 nɤ33 si33 tʂʰɔ33.
背时鬼 EMPH 背时鬼 就 NEG 好 RM 人

很久以前，苦聪人没有见过大米，只会吃野菜、野果、树皮、草根，生活很苦。一天，神仙看到地上的人们没有粮食吃，日子不好过，就来到人间种了很多稻谷。田里种的叫水稻，山上种的叫旱稻。神仙种了稻谷之后，田里、山上都长满了稻谷，一粒谷子有鸭蛋大。苦聪人有这种粮食以后就不愁吃了。自此以后苦聪人的日子就好起来了，再也不用到山上找野菜、野果、树根、树皮吃了。肚子饿了，到处都有粮食可以吃，剥了稻谷皮就可以煮成饭。那时候，家家户户都有饭吃，天下的稻谷年年月月都生长着，长在水里、长在山上，越长越好，长得和芭蕉林一样，水里山上一片金黄。成熟落下的稻谷，五六天又长出新的谷米。谷子吃也吃不完，收也收不尽，很多谷粒掉进水中，腐烂成了泥土。那时候，有些人盖了茅草房存放谷子，也会存放到干燥的地方。而有个人，谷子腐烂了就不要了。这个人，人们叫他“背时鬼”。他故意毁坏谷子，还拿谷子擦屁股。神仙看到他那样做，十分生气，气愤地说：“怎么会有人这么不珍惜粮食！”神仙就把粮食收回去了。之后，苦聪人又回到从前艰难的生活中。神仙看了想，并不是每个人都不珍惜粮食啊，心一软就把鸭蛋一般大的谷子磨小之后给地上的人去种。地上的人开始自己劳动，从此，鸭蛋那般大的谷子就没有了，只有细小的谷子了。后来，苦聪人知道了人们没有大米吃，是因为“背时鬼”惹神仙生气，大米都被收回去了，要劳动才有吃的。从那时起，地上的人类就很恨“背时鬼”。如今，不好好劳动的人，苦聪人就会骂他是“背时鬼”。

（龚家祥讲述，2023年）

6．小气鬼的故事

tɤ^{31}ni^{33} tɕɔ^{31} ni^{31}ɣɤ^{31} tʂ^{h}o^{33} t^{h}ɤ^{33}na^{24}na^{24} tu^{33}tɔ^{33}, ɔ^{24}tie^{31} si^{33} ɣu^{31}tɕa^{53}

一天 有 夫妻 人 一早 起来 献饭 CONJ 蔬菜

gu^{33} ɣa^{33} si^{55}, ɣa^{33} si^{55} nɤ^{33} gu^{33} nɤ^{33} pɤ^{33}. mu^{31}k^{h}u^{33}kɔ^{33} tsa^{33}, tsa^{33} ta^{24}

弄 鸡 杀 鸡 杀 呢 弄 好 PERF 土锅 煮 煮 CON

tu^{31}ko^{33} tɕiu^{35} dɔ^{33} ɣa^{31}min^{35} xo^{33} tɔ^{53} la^{33} mɛ^{35}. a^{31}dzi^{33}pɔ^{24} ʑɔ^{53}lo^{31} si^{33} tʂ^{h}ɔ^{33}

脑袋 就 想 门 锁 起 来 FUT 外面 进来 RM 人

mɤ^{31} lo^{33}la^{31} pi^{53}.

NEG 进来 给

有一天一对夫妻很早起来准备给祖先献饭，将蔬菜和鸡处理好后放到土锅里炖，炖着的时候就想：要赶快把门关上，以免外面的人进来分肉吃。

ɣa^{31}min^{35} gɛ^{31}ta^{31} kɛ^{33}si^{33} tsi^{33} lo^{31}la^{31} pɛ^{33} ɣa^{33} mu^{31}k^{h}u^{33} tsa^{33} ta^{24}, i^{33}

门 关好 这样 跑 过去 分 鸡 土锅 煮 CON 那

tsa^{33} pɤ^{31} pɤ^{33}, i^{33} a^{31}sa^{35} tɕiu^{35} ʑɛ^{31}xɔ^{33} a^{31}dzi^{33} tɔ^{33}lo^{33} zɔ̧^{53} ɛ^{33}. i^{33} ɣa^{33}sa^{24}

煮 完 PERF 那 气味 就 屋里 外面 飘 去 了 那 鸡肉

tsa^{33} si^{33} i^{33} a^{31}k^{h}ɛ^{55} kɛ^{53} tɔ^{31}, ts^{h}i^{33} tʂ^{h}ɔ^{33} ni^{31}ɣa^{31} lɛ^{33} ɣa^{31}min^{35} ma^{31}

煮 RM 那 味道 这样 出 这 人 夫妻 CONJ 门 NEG

gɛ^{31}, tɤ^{33}ɣɤ^{31} tsɔ^{31} si^{33} tʂ^{h}ɔ^{33}, la^{31} nie^{33} ɣɔ^{31} ʑɛ^{31}xɔ^{33} xɯ^{53}kɯ^{33} ts^{h}i^{31} lɤ^{33},

关 一个 有 的 人 来 呢 他 家里 筛子 借 CONJ

xɯ^{53}kɯ^{33} tsʰi^{31} lɤ^{33}, ɣa^{31}min^{35} lɤ^{33} dɔ^{31}, ɣa^{31}min^{35} dɔ^{31} tsʰi^{33} ni^{31}ɣɤ^{31} nɛ^{33}
筛子 借 CONJ 门 OM 敲 门 敲 这 夫妻 呢

tʂen^{35}tʂai^{33} ko^{33}nɤ^{33}pɤ^{33} nɤ^{33}, ɔ^{24}tie^{31} tie^{31} nɤ^{33} pɤ^{33} nɛ^{33}, ɣɔ^{31} ɣa^{33}sa^{24}
正在 商量 呢 献饭 献 好 PERF 呢 他 鸡肉

tsʰi^{33}men^{31} te^{33} kɯ^{33} dɔ^{31}, kʰai^{24} nɤ^{33}, ɣa^{31}min^{35} dɔ^{31} kɯ^{33} tsʰi^{33} ni^{31}ɣɤ^{31}
这会 一 时候 想 谁 INTER 门 敲 时候 这 夫妻

tɕiu^{35} ni^{33}mʌ^{33} xɔ^{33} tɕiu^{35} dɔ^{31}: tsʰi^{33} kʰai^{24} tɤ^{31}ɣɤ^{31} tʂʰɔ^{33} la^{31} mɤ^{31} si^{33}pɤ^{33}
就 心 里 就 想 这 哪 一个 人 来 NEG 知道

ɕe^{33}. ŋa^{31}ɣɯ^{33} tʂen^{35}tʂai^{31} tsɤ^{31}mɔ^{33} tɕiu^{35} la^{31}, a^{31}kʰɔ^{31} lɤ^{33} ke^{33}nie^{33} ɣa^{31}min^{35}
还 我们 正在 要吃 就 来 家里 呢 去看 门

dɔ^{31}, a^{31}tɕi^{33}miɛ^{31} ɤ^{33} tie^{31} tɕiu^{35} a^{31}kʰie^{31} na^{33}: ɣa^{31}min^{35} mɤ^{31} kɛ^{31} ɤ^{33},
敲 一点 大 CONJ 就 一声 问 门 NEG 这样 大

tʂʰɔ^{33} tɤ^{31}ma^{31} la^{31} tɕiu^{35} ko^{33}: ni^{33} ɛ^{33} ʐɛ^{31}xɔ^{33} xɯ^{33}kʰɯ^{33} ŋa^{31} lɤ^{33}
人 一个 来 就 说 你们 POSS 家里 筛子 我 OM

tɤ^{33}kʰiɛ^{33} tsʰi^{33} pi^{33} la^{31}. tsʰi^{33} ni^{31}ma^{31} dɔ^{31}: ŋa^{31}ɣɯ^{33} ɣa^{33}sa^{24} tsʰi^{33} ni^{31}ma^{31}
一下 借 给 MOOD 这 两个 想 我们 鸡肉 这 两个

tɕiu^{35} ɣa^{33}sa^{24} tsʰi^{33} ni^{31}ma^{31} tʂɤ^{31}mɤ^{33} tie^{31} xɯ^{33} dɔ^{31} ta^{24}, tɕiu^{35} xɯ^{33}kʰɯ^{33}
就 鸡肉 这 两个 要吃 点 要 想 CON 就 筛子

ʐu^{31} pi^{31} pɔ^{24}. tsʰi^{33} pʰin^{21}tʂʰaŋ^{31} i^{33}kɛ^{53} ko^{33} lai^{33} ɣɔ^{31}ɣɯ^{33} tɤ^{31}tʂʰuan^{33} si^{33}
拿 给 PERF 这 平常 那样 说 CONJ 他们 马上 是

lɤ^{31} mu^{33} ŋa^{31} mɤ^{31} ʐu^{31} pi^{33}, tsʰi^{33} tɕʰi^{33} si^{33} tʂʰɔ^{33} ni^{31}ɣɤ^{31} nɛ^{33} ʐu^{31}
呢 东西 我 NEG 拿 给 这 小气 RM 人 夫妻 呢 拿

ta^{24} tɕiu^{35} ko^{33}: a^{31}lɤ^{33}lɤ^{33} kɯ^{33} pi^{31}, ŋa^{31}ɣɯ^{33} ɣa^{33}sa^{24} tʂɤ^{31} mɛ^{24}. tsʰi^{33} tʂʰɔ^{33}
CON 就 说 快点 放 给 我们 鸡肉 吃 FUT 这 人

ʐou^{35} ko^{33}: ŋa^{31} xɯ^{33}kɯ^{33} ʐu^{31} lɤ^{33} nɔ^{31}ɣɯ^{33} ʐu^{31} ɕe^{31} te^{33}te^{33} xɤ^{33}
又 说 我 筛子 拿 CONJ 你们 拿 去 用用 CONJ

nɔ^{31}ɣɯ^{33} ʐu^{31} kʰɔ^{31}la^{31}. nɔ^{31}ɣɯ^{33} lɤ^{33} ʐu^{31} kʰua^{31} pi^{33} mɛ^{24}, tsʰi^{33} ʐɔ^{33}kʰa^{33}
你们 拿 回 你们 OM 拿 回 给 FUT 这 丈夫

tɕiu^{35} dɔ^{31}: xai^{31}ʂi^{33} lɤ^{33}lɤ^{33} kɤ^{31}tʰɤ^{33} kɛ^{53} pi^{31}. tɤ^{31}xɤ^{33} ɣa^{31}min^{35} lɤ^{33}
就 想 还是 快点 给他 这样 给 一下 门 OM

kʰɯ^{33}pa^{33} te^{33} nie^{33} pɤ^{33}, ɣɔ^{31} ʐɔ^{31}kʰa^{31} kʰɯ^{33}pa^{33} tɕiu^{35} ɣa^{31}min^{35} kʰɯ^{33}pa^{33}
脚 做 呢 PERF 她 丈夫 脚 就 门 脚

ke^{33}ni^{33} pɤ^{33}. t^{h}i^{33} niɛ^{33} pɤ^{33} mɤ^{31} tɕiu^{35} si^{31} pɔ^{24}, lɤ^{33}lɤ^{33} tɕe^{33} mu^{31}k^{h}u^{33}

去看 PERF 提 呢 PERF 么 就 想 PERF 快点 接 土锅

xɔ^{33} ɣa^{33} t^{h}i^{33} ta^{24} niɛ^{33}, i^{55}ɣɔ^{33} nɤ^{33} ke^{31}ni^{33} fa^{55}, fa^{55} ɤ^{33} ts^{h}i^{33} ni^{33}ma^{33}

里 鸡 提 CON 呢 睡处 TOP 去看 藏 藏 呢 这 夫妇

tɕ^{h}i^{33} si^{33} ʑɔ^{33}k^{h}a^{31} lɛ^{33} tɕiu^{35} lɤ^{33}lɤ^{33} tɕiu^{35} xɯ^{33}kɯ^{33} ʐu^{31} pi^{31} pɤ^{33}

小气 RM 丈夫 CONJ 就 快快 就 筛子 拿 给 PERF

nɤ^{31} nan^{31} tu^{33} pɤ^{33}, ɣa^{31}min^{35} k^{h}ɔ^{33} nan^{31} tu^{33} pɤ^{33}, xɤ^{33}kɯ^{33} ts^{h}i^{33} si^{33}

呢 推 出 PERF 门 里 推 出 PERF 筛子 借 RM

tʂ^{h}ɔ^{33} tɕiu^{35} ni^{33}mʌ^{33} k^{h}ɔ^{33} tɕiu^{35} dɔ^{31}: ts^{h}i^{33} tʂ^{h}ɔ^{33} ni^{31}ma^{31} nɛ^{33} p^{h}in^{31}ʂi^{31}

人 就 心 里 就 想 这 人 两个 呢 平时

kɛ^{55} ma^{31} pe^{31} za^{31}ni^{33} tɤ^{33}k^{h}ie^{33} tɕiu^{35} ŋa^{31} lɤ^{33} pi^{31} ni^{35}? ʑou^{35} dɔ^{31}

这样 NEG 像 今天 一下 就 我 OM 给 INTER 又 想

ta^{24} i^{33} lɔ^{31}kua^{31} mɤ^{33} kɛ^{55} te^{33}. lɔ^{31}kua^{31} mɤ^{33} kɛ^{53} pi^{31} ʂi^{33} ni^{33}ma^{31}

CON 那 打扰 NEG 这样 做 打扰 NEG 这样 给 是 两口子

tɕiu^{35} ko^{33}: lɤ^{31}ke^{33} lɤ^{31}ke^{33} tɤ^{31} lɔ^{31}kua^{31} ʑɔ^{31}! nɔ^{31} k^{h}ai^{24} xɯ^{33} kɤ^{31}

就 说 这次 这次 NEG 打扰 EMPH 你 什么 要 装

lie^{31} nɔ^{33} ʐu^{31} pi^{31} pɔ^{24}. i^{33} tʂ^{h}ɔ^{53} tɕiu^{35} ke^{33} ʑɔ^{31}! xɯ^{33}kɯ^{33} ʐu^{31} ta^{24}

也 你 拿 给 PERF 那 人 就 去 EMPH 筛子 拿 CON

nie^{31} ke^{33} pɤ^{33}. xie^{33}pɤ^{33} ts^{h}i^{33} ni^{31}ɣɤ^{31} lɛ^{33} tɕiu^{35} ɣa^{31}min^{35} mɤ^{33} lɤ^{33} kɔ^{33}

呢 去 PERF 现在 这 夫妻 CONJ 就 门 嘛 OM 关

pi^{31}. kɔ^{33} pi^{31} lɤ^{33} i^{33} mu^{31}k^{h}u^{33} xɔ^{33} ɣa^{33}sa^{24} t^{h}i^{31} k^{h}ɔ^{31}la^{31} tʂɤ^{31} mɔ^{31} lɤ^{31}

给 关 给 了 那 土锅 里 鸡肉 提 回 吃 FUT 了

kɛ^{53} ti^{31}. ɣa^{31}min^{35} ke^{33}ni^{33} ʑɛ^{31} ɣɔ^{31}nɔ^{24} ɣa^{33}sa^{24} t^{h}i^{31}, mu^{31}k^{h}u^{33} pa^{24}tɔ^{31} i^{33}

这样 做 门 去看 房子 你 鸡肉 提 土锅 翻倒 那

mu^{31}k^{h}u^{33} xɔ^{33} ɣa^{33}sa^{24} lie^{33} ma^{31} tsɔ^{31} tɔ^{33}. mu^{31}k^{h}u^{33} dzi^{31}pɔ^{24} ɣa^{33}sa^{24} ɣɯ^{31}

土锅里 里 鸡肉 也 NEG 有 IND 土锅 外面 鸡肉 汤

min^{31}xɔ^{33}min^{31}t^{h}a^{21} t^{h}ɔ^{33} si^{31} ta^{24}, ni^{33} na^{55} ɣa^{33}sa^{24} tɕi^{33}miɛ^{33} mɤ^{31} tsɔ^{31} ta^{24},

遍地 倒 是 CON 看 问 鸡肉 这么多 NEG 有 CON

vu^{31}ku^{33} lie^{31} mɤ^{31} tsɔ^{31} ta^{24}, i^{33} p^{h}ʌ^{31} la^{31} nie^{33} i^{33} mu^{31}k^{h}u^{33} xɔ^{33} ɣa^{33}sa^{24}

骨头 也 NEG 有 CON 那 狗 来 CONJ 那 土锅 里 鸡肉

i^{35}tʂon^{31} tʂɤ^{31} ka^{33} pɤ^{33}, lie^{31} vu^{31}ku^{33} tu^{33} pɤ^{33} lie^{31} pɤ^{33}. ts^{h}i^{33} ni^{33}ma^{31}

全部 吃 干 PERF 连 骨头 啃 PERF 也 PERF 这 两个

nɤ^{33} kɔ^{31}la^{33} ʑɛ^{31}xɔ^{33} ɔ^{24} gu^{33} lie^{31} mɤ^{31} tie^{33} ti^{33}, ɣa^{33}sa^{24} tʂɤ^{31} mɤ^{31} tie^{31}
呢 回来 屋里 饭 做 吃 NEG 献 做 鸡肉 吃 NEG 献
ti^{33} tɕiu^{35} mɤ^{31} ɣɤ^{33} tʂon^{31}. tsʰi^{33} ku^{31}li^{31} tɕiu^{35} ni^{33}ɣɤ^{33} tɕʰi^{33} si^{33} tʂʰɔ^{33} tsʰi^{33}
做 就 NEG 得 吃 这 故事 就 夫妻 小气 RM 人 这
ni^{31}ɣɤ^{33} nɤ^{33} ɣɔ^{31}nɔ^{24} tɕiu^{35} tsʰi^{33}kɛ^{33} dɔ^{31} tɕiu^{35} ʂɔ^{31}: tsʰi^{33}tʂʰɔ^{33} xai^{33}si^{35} ni^{33}mʌ^{33}
夫妻 呢 后面 就 这样 想 就 说 这人 还是 心
tɕʰi^{33} ma^{31} ta^{31} ma^{31}, ni^{33}mʌ^{33} tɕʰi^{33} ɣɔ^{31}nɔ^{24} tsʰi^{33}kɛ^{53} tʂʰɔ^{33} mɤ^{31} ɣɤ^{33} lie^{31},
小气 NEG 好 MOOD 心 小气 以后 这样 人 NEG 得 吃
ʂi^{33} lie^{31} tɛ^{33} ɣɔ^{33} xai^{31} tsʰi^{33} dɔ^{31} lie^{31} dɔ^{31} ni^{33}ɣɤ^{33} tɕʰi^{33} si^{33} tʂʰɔ^{33} i^{33}
是 也 留 处 还 这 想 了 想 夫妻 小气 RM 人 那
ku^{31}li^{31} tsʰi^{33}kʰɛ^{33} la^{31} ɕɛ^{33} ʑɔ^{31}!
故事 这样 来 的 EMPH

他们煮肉的时候，特意关着门，害怕别人看到。鸡煮好了，两口子先祭完祖先，之后准备吃鸡，这时外面有人敲门。两口子想，这门不能乱开，开大了别人就看到他们在吃鸡肉了，所以只敢把门打开一个小缝。他们向外一看，是寨子里来借筛子的人。夫妻俩很生气。那个人看见两口子把门打开了，闻到有鸡肉的味道，就问："兄弟，你家里是在煮肉吗？"吝啬的夫妻俩说："什么都没有煮。"丈夫乘势踢了妻子一脚，妻子会意后，把土锅搬到院子后面，藏了起来。平常他们的东西是不会借给别人的，这次他们很爽快地把筛子借给了那个人。他们对那个人说："赶快拿着筛子走吧！"然后把那人推走了。那人走后吝啬夫妻随即把门关上。回来的路上那个人觉得奇怪，这对吝啬夫妻今天借东西怎么这么爽快。吝啬夫妻想，这下应该不会再有人来了。丈夫对妻子说："鸡肉藏在哪里，赶快拿出来吃。"妻子赶紧跑出去到藏土锅的地方取鸡肉。土锅里哪里还有鸡肉，一看藏土锅的地方一地鸡汤，原来鸡肉被狗吃得连骨头都没有了。自此之后吝啬夫妻就想人还是不能太小气，这样做不太好。吝啬夫妻的故事就是这样来的！

（龚家祥讲述，2023年）

参考文献

曹培培 2014 镇沅苦聪话拉祜纳方言音系对比研究，云南民族大学硕士学位论文。

常竑恩等编著 刘劲荣、张蓉兰修订2009《拉祜语简志》，北京：民族出版社。

常俊之 2009《元江苦聪话参考语法》，北京：中央民族大学出版社。

戴庆厦、常俊之 2009 元江苦聪话概况，《民族语文》第3期。

傅爱兰 1998《普米语动词的语法范畴》，北京：中国文史出版社。

关东晨 2017 新平苦聪话方位词研究，云南民族大学硕士学位论文。

郭晨阳 2019 新平苦聪话否定范畴研究，云南民族大学硕士学位论文。

郭 锐 2002《现代汉语词类研究》，北京：商务印书馆。

郭 锐 2012 形容词的类型学和汉语形容词的语法地位，《汉语学习》第10期。

韩玉国 2011 现代汉语形容词的句法功能及再分类，《语言教学与研究》第2期。

胡裕树、范晓 1994 动词形容词的“名物化”和“名词化”，《中国语文》第2期。

黄伯荣、廖序东 2011《现代汉语（下册）》，北京：高等教育出版社。

贾改琴 2011 形容词性谓语句的逻辑语义分析，《重庆理工大学学报》第5期。

金有景 1992《中国拉祜语方言地图集》，天津：天津社会科学院出版社。

李春风 2011 拉祜语的差比句，《兴义民族师范学院学报》第6期。

李春风 2012a 拉祜语的差比标记及其探源，《云南民族大学学报》第2期。

李春风 2012b《邦朵拉祜语参考语法》，中央民族大学博士学位论文。

李 洁、张伟 2003 苦聪话概况，《民族语文》第1期。

李 洁 2003 苦聪话研究，南开大学硕士学位论文。

李云兵 2008《中国南方民族语言语序类型研究》，北京：北京大学出版社。

刘丹青 2005 形容词和形容词短语的研究框架，《民族语文》第5期。

刘丹青编著 2017《语法调查研究手册（第二版）》，上海：上海教育出版社。

刘莉娟 2015 镇沅苦聪话亲属称谓的语义分析，云南民族大学硕士学位论文。

陆丙甫、金立鑫 2015《语言类型学教程》，北京：北京大学出版社。

马庆株 1992《汉语动词和动词性结构》，北京：北京语言学院出版社。

启 龙 2003《现代汉语形容词计量研究》，北京：北京语言大学出版社。

乔 明 2018 新平苦聪话动词研究，云南民族大学硕士学位论文。

沈家煊 1997 形容词句法功能的标记模式，《中国语文》第4期。

盛益民 2021《吴语绍兴（柯桥）方言参考语法》，北京：商务印书馆。

石 锓、杨红、朱丽师 2015 邢福义先生的汉语形容词研究，《湖北师范学院学报》第2期。

孙宏开 1998 论藏缅语动词的使动语法范畴，《民族语文》第6期。

孙剑艺 1992 拉祜语苦聪话的若干特点，《民族语文》第5期。

孙鹏飞 2015 现代汉语形容词谓语句研究综述，《宁夏大学学报》第11期。

谭 妮 2017 新平苦聪话代词研究，云南民族大学硕士学位论文。

魏昆昆 2014 镇沅苦聪话单字音声调的统计分析，云南民族大学硕士学位论文。

邢福义、李向农、丁力、储泽祥 1993 形容词的AABB反义叠结，《中国语文》第5期。

闫 蕊 2018 新平苦聪话形容词研究，云南民族大学硕士学位论文。

扎 拉 2008《拉祜语基础教程》，昆明：云南民族出版社。

张伯江 2011 现代汉语形容词做谓语问题，《世界汉语教学》第1期。

张国宪 2006《现代汉语形容词功能与认知研究》，北京：商务印书馆。

张蓉兰 1987 拉祜语动词的语法范畴，《民族语文》第2期。

赵 军 2016 现代汉语形容词的重叠形式与程度量的表达，《湖北社会科学》第3期。

朱德熙 2003《语法讲义》，北京：商务印书馆。

调查手记

拉祜苦聪人主要分布在云南普洱市镇沅县、红河州金平县和玉溪市新平县、元江县境内，人口5万余人。早期的苦聪人以狩猎、游牧、采集为生，过着游猎生活。20世纪80年代开始，国内相关专家通过对苦聪风俗、宗教信仰等方面的调查，确认“苦聪人就是拉祜族”。1987年将其正式确定为拉祜族。

我对苦聪话的调查始于2002年。当时，苦聪话调查被列为云南民族大学与南开大学合作的省院省校合作项目的子课题，具体由我和南开大学邢凯教授负责。2002年7月我与邢凯教授和南开大学硕士研究生李洁第一次到新平县水塘镇旧哈村调查苦聪话，之后又到金平县者米乡调查苦聪话。2012年暑假我带领拉祜语教研室的四位老师和九位硕士研究生，对镇沅县苦聪人的语言使用情况展开调查。这几次调查让我对苦聪话有了一个较为全面的认识。2006年我和张蓉兰老师共同对《拉祜语简志》进行修订再版，按照《中国少数民族语言简志丛书》“不做大的改动”“只做适当增补”，增补内容不得超过2000字，因此，我们的要求是，在该书修订中不把苦聪话列为单独的一个方言，而是把它暂时划归在拉祜纳和拉祜熙两个方言中。这不得不说是拉祜语方言划分中的一大缺憾。2016年我有幸承担“中国语言资源保护工程”濒危语言专项课题，有机会对苦聪话进行更为深入的调查和研究，并撰写《云南新平苦聪话》濒危语言志。课题组对所取得的语料进行科学认真的分析和研究后，认为苦聪话应作为拉祜语的一种方言来处理，并把苦聪话作为拉祜语的一个方言写入书中。这是对拉祜语研究的一些贡献。

2016年7—8月，我们课题组前往新平县红星村进行田野调查。课题组成员张琪（云南民族大学）、张劲夫（云南民族大学）、熊开万（昆明学院）和硕士研究生关东晨、谭妮、张海琳、张晓光、蒋金晶、闫蕊、乔明、何根源、刘洋、陈华等，集体乘坐大巴车前往玉溪新平。调查过程中，得到原新平县委常委统战部部长王鹏、统战部副部长肖壹、县委党校副教授龚家祥、原县文联干部陶贵学和新平县莫沙镇副镇长李晓忠、小坝多村党总支书记李学应、漠沙镇小坝多村民委员会主任罗家平、村民委员会副主任王世友、村民监督委员会主任杨凯等领导和人员的热情帮助及苦聪同胞的大力支持。在大家的帮助下，课题组确定了5位发音合作人，即龚家祥、李发良、田有民、李正昌、龚家有，其中龚家祥为主要发音人。确定好发音合作人后，课题组按照民语《语言调查手册》调查了3000个词条和100个语法例句，记录了口传文化以及新平苦聪话的相关特色词，顺利完成了第一阶段苦聪话的语料整理工作。2016年下半年至今，我们多次到调查点进行补充调查，收录了千余条语法例句和十多篇长篇语料，为该书的撰写打下了基础。

从第一次调查苦聪话到现在，转眼20多年过去了，当时我们选取的调查点是新平县水塘镇旧哈村三岔沟村民小组。该小组的苦聪话虽已处于濒危状态，但村寨中还有部分人能讲苦聪话。然而，2014年10月我再次到该小组调查，通过对不同年龄段的人进行400词测试以及语言态度问卷调查，发现几乎全村苦聪人的语言均已改用汉语，能流利使用苦聪话的村民不足十人，并且年龄都在70—86岁之间。可见，该村苦聪话此时已处于即将消亡的状态。当时，我们找到当年的发音合作人李奇，再次对其进行调查，当年记录的

课题组成员与部分发音合作人合影　新平县小坝多村 /2016.7.13/ 肖壹 摄

2000个词汇竟有近三分之一的词他不能流利地说出。老人说这十多年村子里很少有人讲苦聪话，大多被汉语替代，自己的苦聪话也就忘了不少。经我们调查，其他七位会讲苦聪话的老人情况基本和他一样。在寨子里会讲苦聪话的人极少，为了方便与他人的沟通，这几位老人之间也改用了汉语交流，长久没有讲母语的条件和环境，他们的母语能力正在衰退。

这次我们选取的调查点是红星村和羊山箐村，这两个村的苦聪话的情况要比旧哈村好一些。因其地处偏僻的半山区，交通不便，人口也相对集中，所以母语才得以保留。但随着脱贫攻坚的推进和完成，2020年红星村已整村搬迁至交通便利的坝区，苦聪话的传承和保护又面临着严峻的挑战。2016年调查期间，发音合作人带领课题组全体成员到红星村调查苦聪话的使用情况，大家走村串户了解苦聪人生活生产和语言使用情况，通过调查发现，村寨里基本见不到穿苦聪服饰的村民，苦聪话也正处于濒危之中。造成苦聪话濒危的原因是多方面的，一方面由于苦聪人的社会经济发展相对落后。特别是在中华人民共和国成立前夕，仍有一部分苦聪人居住在深山老林之中，居住较为分散，社会地位不高，让他们不愿意教自己的下一代学习本民族语言。另一方面，受通用语及周围语用环境的影响，寨子里可以讲苦聪话的人数正在减少。孩子们入学后的交流用语转用普通话，年轻人外出务工

语言测试调查　新平县羊山箐村 /2016.7.14/ 张劲夫 摄

后也转用普通话，造成现在村寨内不仅能用苦聪话讲故事或唱民歌的人较少，而且能流利讲苦聪话的人逐年在减少。

在红星村调查时，我们住在简陋的村公所接待室，在村公所食堂搭伙吃饭。在这里，我们吃到了城市里吃不到的柴火饭，更是尝遍了城市里难得吃到的野菜山珍。主发音合作人龚家祥老师是当地苦聪语言文化研究的学者，发表了不少有关新平苦聪历史与文化的著作和论文。调查期间，龚老师和我们一起讨论苦聪话的语音系统以及各类词的句法功能。作为发音合作人，龚老师发音清晰可辨，对词义和语法的理解很到位，不用我们过多的解释，为我们的调查节省了大量的时间。另外几位红星村的发音合作人李发良、田有民、李正昌、龚家有的家庭所在地离村公所记音点有十多公里的路程。路程虽不算远，但山路崎岖、雨天路滑，开车需一个小时，即使是农忙时他们也每天骑摩托车往返，很是辛苦。每次课题组成员进村入户调查时，他们都放下自己家里的农活，全力配合我们的调查工作，还不辞辛劳地带着我们到田间地头沉浸式体验农耕生活。

龚老师热情地为我们介绍新平苦聪的社会历史发展情况，包括苦聪人的节日文化、饮食文化、服饰文化和宗教信仰等。在调查之余，龚老师还带着我们参观苦聪人的传统民居建筑，参加苦聪文化节，让我们充分感受到了新平苦聪传统文化的独特魅力。龚老师对我们说，拉祜苦聪人是云南"直过民族"之一，苦聪语言文化传承和保护非常重要。他愿意为保护苦聪语言文化贡献自己的力量，也希望有更多的专家学者来到新平调查民族语言文化。龚老师还资助苦聪贫困家庭小孩读书，其中一位考上了省外的一所大学，龚老师时常给他寄去生活费，帮助他顺利完成了学业。

特别令人难以忘却的是，发音合作人带领课题组成员攀登苦聪人的祖地——大尖山。大尖山是该村苦聪人最早的居住地，海拔2700米，是当地最高的山峰，深山无路且多蚂蟥。这次爬山让课题组成员体验到了先民们当时艰难蹒跚的生活。勤劳和智慧的拉祜族苦聪人，在漫长的繁衍生息过程中，不断创造生活所必需的物质财富和大量的精神财富，形成了底蕴深厚、富有特色、多姿多彩的习俗文化，构成了拉祜族苦聪人政治经济、家庭伦理、道德观念等历史文化宝库和精神家园。

在撰写中国濒危语言志《云南新平苦聪话》的几年时间里，我们与新平苦聪人结下了深厚的友谊。在我的积极努力和帮助下，当地于2019年3月成立了新平县拉祜族苦聪学会，他们聘请我为该学会的顾问。期间还举办了2期苦聪话培训班，课题组部分成员抽出时间为当地苦聪干部群众培训苦聪话，使大家认识到传承苦聪话的重要性和必要性。由我担任总顾问，龚家祥和陶贵学主编的《新平拉祜族苦聪人历史文化》一书于2021年由云南民族出版社出版发行。我一直在关注着新平苦聪语言文化的传承与保护，帮助拉祜族苦聪学会起草了加强苦聪语言与文化保护的建议。在龚家祥的努力下，该建议得到了玉溪市政协的采纳，并拨出专款给予支持。能为新平拉祜苦聪人做一点力所能及的工作，这是我一生的荣幸。

我有幸承担了三项国家语言资源保护工程项目，参与了一项《中国语言文化典藏·澜沧拉祜语》的撰写。这次撰写的濒危语言志丛书《云南新平苦聪话》经过多次修改，书稿质量得到进一步提升。能参加国家语言资源保护工程项目我深感使命光荣、责任重大。我将带领我们课题组全体成员，认真负责地做好语言资源保护工作，为少数民族语言文化的保护和传承献出自己的一份力量。

后　记

《云南新平苦聪话》是2016年中国语言资源保护工程专项任务“民族语言调查·云南拉祜语苦聪话”（项目编号YB1624A106）的最终成果。本书按照中国濒危语言志书的统一体例及框架要求，主要从语音、词汇和语法三个方面对云南省玉溪市新平彝族傣族自治县的苦聪话进行较全面、深入的探究，并且对苦聪人的自然地理情况、文化习俗、语言使用现状及濒危程度等做了简单介绍。

我作为拉祜族母语人，大半辈子都在进行拉祜语言的教学和研究。我对苦聪话的调查和研究始于2002年，当时与南开大学共同承担省院省校合作项目，并与南开大学邢凯教授和硕士研究生李洁到新平县水塘乡进行第一次苦聪话调查。之后又到金平、镇沅、元江等地进行过多次苦聪话调查。2014年再次到水塘乡调查时，发现该乡能讲苦聪话的人不到十人，苦聪话已处于濒危状态，该地的苦聪人大多已转用汉语和彝语，与当时调查结果相比，苦聪话濒危情况较为明显。

2016年，我主持的中国语言资源保护工程专项任务“民族语言调查·云南拉祜语苦聪话”获得批准立项。在完成该项目的几年时间里，我和我的项目组团队成员先后十余次前往新平县红星小组进行苦聪话的记录和调查，累计时间长达三个多月。这期间，我和我的团队成员全身心地投入到语料收集、记录和整理的工作当中，虽然有胼胝之劳、栉风沐雨，但却也有硕果累累、稇载而归的喜悦。

感谢丛书主编曹志耘教授、王莉宁教授和李大勤教授。特别感谢李大勤教授及其团队成员。濒危语言志的撰写工作时间紧、任务重、质量要求高，为使濒危语言志的撰写工作能按时修改完成，李大勤教授及其团队成员刘宾副教授和林鑫同学等人，为濒危语言志的撰写工作做出了重要贡献，从濒危语言志的撰写规范要求到格式审核，无不倾注了李大勤教授及其团队成员的时间和心血。他们通过对书稿的认真审阅，给作者提出详尽的修改意见，使书稿的质量得到了进一步的提升。他们这种一丝不苟的精神让人感动。

原新平县委常委兼统战部部长王鹏（现通海县县委书记）、新平县统战部副部长肖壹、原新平县文联干部陶贵学、新平县莫沙镇副镇长李晓忠、小坝多村党总支书记李学应、村民委员会主任罗家平、村民监督委员会主任杨凯、村民委员会副主任王世友等人给予了大力的支持和帮助。他们不仅多次陪同课题组到调查点进行调查，还为调查提供诸多便利条件。本课题的发音合作人龚家祥、李发良、田有民、李正昌、龚家有等人都付出了艰辛的劳动。特别是龚家祥老师，作为苦聪母语人，把苦聪语言文化的传承与保护作为自己的事业去奋斗，不厌其烦地为本项目的调查和研究提供了大量的语料。我们对以上各位领导和发音合作人一并表示感谢。

项目组成员张琪、何根源、张劲夫、熊开万、莫源源、刘航宇、关东晨、郭晨阳、苗雨思、刘陇凤、柴畅、乔明、闫蕊、蒋金晶、刘洋、陈华、谭妮、李利行、余群萧参与了调查，安英姬博士对书稿提出了修改意见。特别感谢在读博士生何根源在后期的修改和补充完善中停下博士论文的撰写，做了大量的修改校对工作。还要特别感谢我的夫人张琪，在繁忙的教学科研工作中为书稿的撰写和修改花费了大量的时间和精力。

最后，还要感谢我的姐姐，多年来她一直精心照顾着我年迈的老母亲，才让我有更多的时间和精力来完成田野调查和书稿撰写工作。

由于时间、能力所限，书中仍有错漏不当之处，请各位学者专家批评指正！

刘劲荣

云南民族大学

2022年12月